本书受中国历史研究院学术出版经费资助

中国历史研究院
Chinese Academy of History
学术出版资助

魏玛德国的
社会政策研究

孟钟捷　王琼颖　著

中国社会科学出版社

图书在版编目(CIP)数据

魏玛德国的社会政策研究 / 孟钟捷,王琼颖著. —北京:中国社会科学出版社,2021.9

ISBN 978-7-5203-8897-9

Ⅰ.①魏… Ⅱ.①孟…②王… Ⅲ.①魏玛共和国—社会政策—研究 Ⅳ.①D751.69②K516.43

中国版本图书馆 CIP 数据核字(2021)第 159613 号

出 版 人	赵剑英
责任编辑	张 湉
责任校对	赵雪姣
责任印制	李寡寡

出 版	中国社会科学出版社
社 址	北京鼓楼西大街甲 158 号
邮 编	100720
网 址	http://www.csspw.cn
发 行 部	010-84083685
门 市 部	010-84029450
经 销	新华书店及其他书店
印刷装订	北京君升印刷有限公司
版 次	2021 年 9 月第 1 版
印 次	2021 年 9 月第 1 次印刷
开 本	710×1000 1/16
印 张	26.75
字 数	373 千字
定 价	158.00 元

凡购买中国社会科学出版社图书,如有质量问题请与本社营销中心联系调换
电话:010-84083683
版权所有 侵权必究

中国历史研究院学术出版编委会

主　　任　高　翔
副 主 任　李国强
委　　员　(按姓氏笔画排列)
　　　　　卜宪群　王建朗　王震中　邢广程　余新华
　　　　　汪朝光　张　生　陈春声　陈星灿　武　力
　　　　　夏春涛　晁福林　钱乘旦　黄一兵　黄兴涛

中国历史研究院学术出版资助项目
出版说明

  为了贯彻落实习近平总书记致中国社会科学院中国历史研究院成立贺信精神，切实履行好统筹指导全国史学研究的职责，中国历史研究院设立"学术出版资助项目"，面向全国史学界，每年遴选资助出版坚持历史唯物主义立场、观点、方法，系统研究中国历史和文化，深刻把握人类发展历史规律的高质量史学类学术成果。入选成果经过了同行专家严格评审，能够展现当前我国史学相关领域最新研究进展，体现我国史学研究的学术水平。

  中国历史研究院愿与全国史学工作者共同努力，把"中国历史研究院学术出版资助项目"打造成为中国史学学术成果出版的高端平台；在传承、弘扬中国优秀史学传统的基础上，加快构建具有中国特色的历史学学科体系、学术体系、话语体系，推动新时代中国史学繁荣发展，为实现"两个一百年"奋斗目标、实现中华民族伟大复兴的中国梦贡献史学智慧。

中国历史研究院
2020 年 3 月

目　录

导　言 ·· （1）
　　一　问题的提出 ·· （1）
　　二　研究回眸 ·· （5）
　　三　结构与材料 ··· （18）

第一章　雇员保护政策：以8小时工作制为例 ················ （21）
　第一节　1918年前德国的劳动时间概览 ························ （22）
　第二节　8小时工作制在德国的确立（1918—1922年） ····· （25）
　　一　复员时期的劳动时间政策 ································ （25）
　　二　实践中的8小时工作日 ··································· （28）
　　三　魏玛政府的经济转向 ····································· （31）
　　四　《劳动时间法》的难产 ··································· （34）
　第三节　8小时工作制危机（1922—1923年） ················· （37）
　　一　南德五金工人大罢工 ····································· （37）
　　二　1923年《授权法》与劳动时间标准弹性化 ············ （41）
　　三　国家在劳动时间问题上的强制调解 ···················· （47）
　第四节　8小时工作制走向衰亡（1924—1933年） ··········· （51）
　小　结 ··· （58）

第二章　住房政策：以社会福利房建设为例 (61)
第一节　德意志帝国的住房改革尝试与问题 (62)
　　一　住房短缺与住房改革理念 (62)
　　二　帝国时代的住房改革尝试 (66)
　　三　第一次世界大战中的居住保障政策 (69)
第二节　革命与社会福利住房政策的最初确立 (72)
　　一　战后初期的住房危机 (72)
　　二　短期租赁立法 (75)
　　三　社会福利住房立法 (78)
第三节　社会福利住房政策的发展（1919—1931年）(80)
　　一　1919—1923年社会福利住房政策的试验阶段 (80)
　　二　利益纠葛与通货膨胀 (86)
　　三　1924年之后的住房建设大发展 (90)
第四节　社会福利住房政策的断裂及其原因 (96)
　　一　大萧条与社会福利住房建设的停滞 (96)
　　二　转变原因分析 (98)
小　结 (103)

第三章　劳动力市场政策：以失业保险体制为例 (106)
第一节　德意志帝国时期失业保险观念的出现及其争议 (107)
　　一　失业问题的恶化 (107)
　　二　失业保险观念的提出与各阵营角逐 (110)
　　三　"一战"期间从济贫体制到公共失业救济
　　　　体制的转型 (114)
第二节　失业保险体制的建立 (118)
　　一　复员时期公共失业救济体制的实践 (119)
　　二　恶性通货膨胀期间的公共失业保险法草案的
　　　　起草及其失败 (123)
　　三　失业保险法的出台 (126)

第三节　失业保险体制的崩溃 ……………………………… (130)
　　　一　1927年失业保险体制的特征及其制度缺陷 ………… (130)
　　　二　失业保险投保费争议与最后一届民主内阁的倒台 … (135)
　　　三　三届总统内阁与失业保险体制的衰亡 ……………… (140)
　　　四　共和国末期的失业者群体 …………………………… (144)
　　小　结 ………………………………………………………… (148)

第四章　传统社会保险政策：以"新穷人"与医生群体的
　　　　斗争为中心 ……………………………………………… (152)
　　第一节　传统社会保险政策在共和国
　　　　　　时期的延续和跳跃 ……………………………… (154)
　　　一　帝国时期的传统社会保险政策 ……………………… (154)
　　　二　共和国在传统社会保险体制领域内的发展 ………… (158)
　　第二节　社会保险改革中的"新穷人"与医生群体 ……… (168)
　　　一　"新穷人" ……………………………………………… (168)
　　　二　医生群体 ……………………………………………… (175)
　　小　结 ………………………………………………………… (184)

第五章　家庭政策：以"堕胎禁令"的改革与争议为
　　　　中心的探讨 ……………………………………………… (186)
　　第一节　"堕胎禁令"的出现及其早期实践 ……………… (187)
　　　一　"堕胎"的社会认识变迁 ……………………………… (187)
　　　二　"堕胎禁令"的出现 …………………………………… (190)
　　　三　"堕胎禁令"的早期实践与争议 ……………………… (192)
　　第二节　魏玛舞台上的"堕胎禁令"存废之争 …………… (196)
　　　一　讨论"堕胎禁令"改革的新舞台 ……………………… (196)
　　　二　"堕胎禁令"存废之争的第一次高潮 ………………… (199)
　　　三　"堕胎禁令"存废之争的第二次高潮 ………………… (202)

  四 "堕胎禁令"存废之争的第三次高潮 ………………（208）
 第三节 1933年后"堕胎禁令"的命运 ……………………（213）
 小 结 ………………………………………………………（216）

第六章 历史政策：以国名、纪念日和公共历史书写为核心的探讨 …………………………………………（219）

 第一节 什么是"Reich"？——从魏玛初期的国名之争看德国人的帝国观念 ……………………………………（221）
  一 魏玛初期的国名之争 ………………………………（222）
  二 德意志历史上的帝国观念 …………………………（229）
  三 1918年后的帝国方案及其实践 ……………………（232）
 第二节 魏玛共和国的11月9日：杂糅记忆的历史包袱 …………………………………（236）
  一 "回到"11月9日：现场与记忆 …………………（239）
  二 11月9日记忆的国家化努力及其失败 ……………（246）
  三 取代11月9日？国家庆祝日的其他选项与持续性困顿 …………………………………………………（255）
 第三节 1928年"历史通俗文学之争"与公共历史书写的权力 …………………………………………………（262）
  一 19世纪末20世纪初公共历史书写的兴起 ………（264）
  二 1928年"历史通俗文学"之争 ……………………（270）
  三 公共历史书写权力争夺战的结局 …………………（275）
 小 结 ………………………………………………………（279）

第七章 特殊群体政策：以社会矫正措施为例 ……………（281）

 第一节 "教化"青少年 …………………………………………（282）
  一 从立法惩戒到救济教养机制的形成 ………………（283）
  二 魏玛"社会教育"思想确立及相关立法争议 ………（286）
  三 青少年矫正实践与问题 ……………………………（293）

第二节 "约束"吉卜赛人 …………………………………… (302)
  一 帝国时代的"吉卜赛人"问题 ………………………… (303)
  二 魏玛"约束"政策的各种表现和争议 ………………… (306)
第三节 "矫正"同性恋 …………………………………………… (316)
  一 "同性恋"在1918年前德意志社会的地位 ………… (316)
  二 魏玛时期"第175条"修订争议 ……………………… (319)
  三 魏玛时期的同性恋"矫正"实践 ……………………… (323)
小　结 …………………………………………………………… (325)

结　语 …………………………………………………………… (330)

附　录 …………………………………………………………… (342)

译名表 …………………………………………………………… (372)

参考文献 ………………………………………………………… (383)

后　记 …………………………………………………………… (413)

导　　言

本书旨在回溯德国历史上的第一个"福利国家"——魏玛共和国为何以及如何应对社会问题、尝试解决社会危机的历程。尽管魏玛德国最终让位于纳粹政权，其社会政策也被视做民主体制失效的根源之一，但这并不能否认它在社会治理方面的先驱性。魏玛德国的社会政策历史，能够帮助我们认识资本主义国家在20世纪发展进程中的经验和教训。尤其是在当代中国日益重视"加强和创新社会治理"（党的十九大报告）的背景下，本书希望能够提供某种历史之镜，以供参鉴。

一　问题的提出

"社会政策"（Sozialpolitik），顾名思义，是"针对社会的政策"。它是国家政策的组成部分。在德语圈中，该词至少在19世纪中叶已经流行开来，而其大致内涵可追溯到18世纪末19世纪初。当时，由工业革命和农业社会转型带来的一系列变化，产生了大规模贫困问题，进而影响社会稳定。为此，一些有识之士开始讨论国家出手保障社会的可能性及必要性等问题，如洪堡（Wilhelm von Humblodt）在1792年便谈道"政府必须关照民族的身体和道德上的健康"①，劳伦茨·冯·施坦因（Lorenz von Stein）在1848年革命前夕已直言不讳地告诫君主制国家"必须以社会改革的方法来回应社会问题，从而预防不可避免的革命"②。在普鲁士改革中，首相哈登贝格（Karl August von Hardenberg）于1817年下达命令，要求各省针对工厂中出现的一系列问题加以积极干预，以"发现解决社会结构危机的办法"。随后十余年间，限制童工、推行义务教育等措施成为普鲁士王国最早针对社会问题所采取的社会政策。"社会政策"一词也由此正式出现在1839年公布的《普鲁士规章》（*Preußisches Regulativ*）中。③

1848年革命后，"社会政策"受到了更多人的关注。教会、企业、政党都竭力把"社会政策"作为自己凝聚人心、稳定教徒或雇员或选民的重要手段。在此影响下，德意志各邦政府也不得不把社会政策作为执政工具，来诊治所谓"社会病态"。不过，从此时延至德意志帝国成立，"社会政策"基本上是"工人政策"的代名词，因为政府面对的主要社会问题就是不断成长的工人运动对于专制统治的抗拒心理。"铁血宰相"俾斯麦（Otto von Bismarck）的三大社会保险立法正是针对工人而抛出的"棉花糖"。

尽管如此，社会保险体制的出现，宣告了德国社会政策发展历史大幕的开启。随后，"社会政策"的内涵随着时间的推移而不断增添新的内容。到魏玛时期，它被延伸到更为广阔的社会领域，即从"工人政策"转变为真正的"社会"（Gesellschaft）之政策，其中"社会"涵盖着所有需要保障的阶层，政策宗旨也从保障最低生存扩

---

① Waldemar Adler, "Gedanken zur Sozialpolitik", in W. Rohrbeck (Hrsg.), *Beträge zur Sozialversicherung. Festgabe für Dr. Johannes Krohn zum 70. Geburtstag*, Berlin: Duncker & Humblot, 1954, S. 1 – 5, 此处是 S. 3.

② Manfred G. Schmidt, *Sozialpolitik in Deutschland. Historische Entwicklung und Internationaler Vergleich*, 2. Aufl., Opladen: Leske + Bidrich, 1998, S. 17.

③ Johannes Frerich & Martin Frey, *Handbuch der Geschichte der Sozialpolitik in Deutschland*, Band 1, München: R. Oldenbourg, 1993, S. 12 – 18. 《普鲁士规章》全称为《青少年工人工厂劳动的规章》（*Regulativ Über die Beschäftigury judgendlicher Arbeiter in Fabrik*）是德意志地区首部限制童工并提及劳动保护的法规。

展至公正公平之维护。时至今日,德语圈对于"社会政策"一词的理解,大致便源于魏玛共和国的实践,其要旨如下:社会政策是国家推行的某种政治机制。它有狭义和广义之分。狭义的"社会政策"主要指国家确保其国民在出现年老、失业、残疾、疾病、事故、死亡或因怀孕、主要供养者去世而引发的特定家庭负担时仍然获得最低社会安全之保障。广义的"社会政策"则在狭义理解之上增加保障社会公正、增进社会一部分人或者整体之福利、支持经济主体的自我救助能力与自我规制能力。① 最终,社会政策的终点是建成一个"福利国家"(Wohlfahrtsstaat),或者按照19世纪末20世纪初德语圈社会政策学家的话来说,建成一个"社会国家"(Sozialstaat)②。

然而,为什么全面启动"社会政策",并试图建成德国历史上第一个"福利国家"的魏玛共和国却并未因其社会政策领域的诸多贡献而获得民众拥护、迅猛发展?事实正好相反,魏玛历史只有短短十四年,甚至还以和平的方式把权力拱手送给了纳粹政权。这一巨大反差同样是八十多年来魏玛研究的重要出发点之一。

在既往研究③中,存在着三种基本理论框架。第一种理论认为,魏玛共和国是一种"即兴创作的民主"(improvisierte Demokratie)。④源于战争与革命的各种临时措施,持久性地影响着民主政权的构造与延续。因此,从魏玛初期的各种问题入手,探寻整个十四年政治、

---

① Manfred G. Schmidt, *Sozialpolitik in Deutschland. Historische Entwicklung und Internationaler Vergleich*, S. 17; "Sozialpolitik", in Erwin Carigiet, Ueli Mäder, Jean-Michel Bonvin, *Wörterbuch der Sozialpolitik*, Zürich: Rotpunktverlag, 2003; Hans F. Zacher, "Das soziale Staatsziel", in: Hans F. Zacher (Hrsg.), *Abhandlungen zum Sozialrecht*, Heidelberg: Müller Juristischer Verlag, 1993, S. 3 – 18. 此处是 S. 15。

② "Sozialstaat"也可被译作"福利国家",它体现的是自由主义者把"社会"置于"国家"之上的理念。此外,用"Sozial"来代替"Wohlfahrt",体现了德语圈社会政策学家从广义上来理解社会政策的一种倾向。

③ 关于魏玛共和国研究的整体情况及个案研究,可参见 Eberhard Kolb 编写的综述类著作:Eberhard Kolb, *Die Weimarer Republik*, mit Dirk Schumann, 8. Aufl., München: R. Oldenbourg, 2012。

④ Theodor Eschenburg, *Die improvisierte Demokratie. Gesammelte Aufsätze zur Weimarer Republik*, München: Piper, 1964.

经济、文化等一系列困境，成为研究者的惯常思路。所谓"危机前的危机"（Krisen vor den Krisen）在一定程度上也可被视做这一理论的产物。① 第二种理论认为，魏玛共和国是一种"未完成的民主"（unvollendete Demokratie）。② 由于战后环境复杂，时间短促，魏玛政府来不及完成原定的民主建构，从而为纳粹夺权留下了可乘之机。尽管如此，魏玛民主仍然是值得推崇的体制。从这一理论出发，魏玛才被视做波恩（即联邦德国）的前身，而希特勒上台只不过是一系列偶然事件的结果。第三种理论认为，魏玛德国是一个"被过度要求的共和国"（überforderte Republik）。③ 在短短十四年间，一系列现代转型的诉求被投射于共和肌体之上，从19世纪延续下来的"经典现代性的危机"（Krisenjahre der klassischen Moderne）④ 最终爆发于魏玛时期。在这里，从帝国到纳粹的延续性问题再次得到了积极回应，但同时超越了仅仅把"魏玛共和国"视做"纳粹前奏"的简单认识。⑤

本书是在第三个理论层面上的聚焦和延伸。作为现代性的表现之一，"社会政策"体现了现代国家对自身职能的一种新界定。其目的从帝国时代的"控制社会"出发，到魏玛时期形成"服务社会"的宗旨，即"福利国家"（Sozialstaat）这一词汇所显现的那样，"社会"高于"国家"——既留下了转折的印痕，特别是把公正公平性诉求置于首位，体现了质的飞跃，又在具体事务上反映出一系列的

---

① Knut Borchardt, *Wachstum, Krisen, Handlungsspielräum der Wirtschaftspolitik*, Göttingen: Vandenhoeck & Ruprecht, 1982.
② Horst Möller, *Weimar. Die unvollendete Demokratie*, München: dtv, 1985.
③ Ursula Büttner, *Weimar: Die überforderte Republik 1918–1933, Leistung und Versagen in Staat, Gesellschaft, Wirtschaft und Kultur*, Stuttgart: Klett-Cotta, 2008.
④ Detlev Peukert, *Die Weimarer Republik: Krisenjahre der Klassischen Moderne*, Frankfurt a. M.: Suhrkamp, 1987.
⑤ 在最近的一些研究里，学术界关注的问题已经出现了从"魏玛何以失败"到"魏玛失败了吗"这样的转变。研究者更多去挖掘魏玛时代的一些具有持久效应的创新之举，以便讨论它的"正面遗产"。参见 Eric D. Weitz, "Weimar Germany and its Histories", *Central European History*, Vol. 43, No. 4, 2010, pp. 581–591; Colin Storer, *A Short History of The Weimar Republic*, London etc.: Bllomsbury Academic, 2013。

延续性特征，如社会保险项目的增加、覆盖人群的扩大、国家开支的提升。这样一种现代性的成长，在不断满足社会各群体需求的同时，也在无限放大国家的责任，赋予政府以更沉重亦更强大的干涉力，从而最终颠倒了社会政策的目标，让国家置于社会之上，以致为纳粹一类的独裁政权打开了大门。这便是社会政策历史所透露出来的"经典现代性的危机"。当然，在把社会政策作为"被过度要求的共和国"这一理论的聚焦点之外，本书还试图从政治文化史的角度延伸出来，进一步考察社会政策作为现代国家的政治斗争场域，究竟如何一步步地加深共和国的政治认同危机，并最终成为资本主义民主体制遭到颠覆的"滑铁卢"。

具体而言，本书提出的问题是：

第一，魏玛德国究竟在哪些社会政策领域内做出了贡献？它为何以及如何推出这些社会政策？换言之，在社会政策的扩展中，民主意识、危机控制、集团私利、个人需求之间究竟存在哪些共性特征？

第二，这些社会政策怎样对魏玛政治进程产生影响，特别是那些负面效应是如何出现的？简言之，在社会政策失败的原因中，经济问题（国家负担过重）、运行机制（国家强制日益明显）、交往方式（国会内外斗争激烈）、时代因素（合作立场不被认同）之间是否以及如何产生一种共同的负面效应？

第三，魏玛德国的社会政策之命运，在多大程度上构成所谓"经典现代性的危机"的组成部分？这些社会政策的兴衰怎样表现了西方社会（特别是德国社会）追求现代性但又纠结于现代性的复杂心理？

这些问题或能为"魏玛何以失败"提供一种思考路径。

二　研究回眸

本书研究的对象既是一个老问题，又是一个不断推陈出新的领域。

早在魏玛共和国尚未解体之前，当时人已将目光投向社会政策的发展。中央劳动部在1928年回顾了此前十年的社会政策进展，条分缕析地总结了共和国在劳动权和劳动保障、工资政策与调解机制、劳动力市场与失业救济、传统社会保险、社会救济、住房与迁居政策等领域的成就。[1] 在英语世界，埃米尔·弗莱克（Emil Frankel）对德国8小时工作制的发展历史进行了梳理。[2] 法学博士生约瑟夫·施特莱歇尔（Joseph Streicher）以"1918年以来劳资关系"为其博士学位论文主题，讨论了社会政策对劳资关系变化趋势的影响。[3] 除此之外，各大报刊也偶尔刊登一些回忆性文章，对共和国在住房、社会保险、劳动保护等领域的做法加以回溯。总体而言，这些观察尽管属于当时代人的直接感受，具有第一手档案价值，但因身处过程之中，缺乏对于魏玛时期社会政策总体发展的综合把握，部分评述或过于乐观，或失于公正。

1945年以来，德语学界出版过几本有关德国社会政策的通史著作。阿尔宾·格拉登（Albin Gladen）率先分析了德国社会政策出现的条件、形式、目标转换及其影响。[4] 弗洛里安·滕施泰特（Florian Tennstedt）从社会史出发简单概述了德国社会政策发展的不同阶段。[5] 弗尔克尔·亨特舍尔（Volker Hentschel）集中关注了社会政策中的社会保障与集体劳动权。[6] 约翰内斯·福雷里希（Johannes Fre-

---

[1] Reichsarbeitsministerium, *Deutsche Sozialpolitik 1918 – 1928*, *Erinnerungsschrift des Reichsarbeitsministeriums*, Berlin: Verlag von Ernst Siegfried Mittler und Sohn, 1929.

[2] Emil Frankel, "The Eight-Hour Day in Germany", *The Journal of Political Economy*, No. 3, 1924, pp. 315–334.

[3] Joseph Streicher, *Die Beziehungen zwischen Arbeitgeber und Arbeitnehmer seit 1918*, *Eine Untersuchung über die Entwicklung des Kräfteverhältnisses zwischen den beiden Parteien unter besonderer Berücksichtigung ihrer Organisionen der Gewerkschaften und Unternehmerverbände*, 德国弗赖堡大学1924年博士学位论文。

[4] Albin Gladen, *Geschichte der Sozialpolitik in Deutschland*, *Eine Analyse ihrer Bedingungen*, *Formen*, *Zielsetzungen und Auswirkungen*, Wiesbaden: Franz Steiner Verlag GmbH, 1974.

[5] Florian Tennstedt, *Sozialgeschichte der Sozialpolitik in Deutschland*, Göttingen: Vandenhoeck & Ruprecht, 1981.

[6] Volker Hentschel, *Geschichte der deutshen Sozialpolitik*, *Soziale Sicherung und kollektives Arbeitsrecht*, Frankfurt a. M. : Suhrkamp, 1983.

rich）和马丁·弗雷（Martin Frey）合作编写了有关德国社会政策历史的手册，比较详细地关注到魏玛时期的劳动保障、劳动力市场、社会保险、公共救济和住房保障等五个领域。① 曼弗雷德·G. 施密特（Manfred G. Schmidt）则从历史发展与国际比较两个角度出发，全面而概览式地勾勒了19世纪80年代以来德国社会政策的演进及其在国际上的地位。② 这些通史类著作一般篇幅不大，涉及魏玛部分的内容也不多，主要为我们呈现了德国社会政策在历史上的纵横发展脉络。

迄今为止，唯一一本针对魏玛社会政策历史全貌的研究是由路德维希·普莱勒（Ludwig Preller）在1949年推出的《魏玛共和国的社会政策》（*Sozialpolitik in der Waimarer Republik*）③。作者是魏玛时期的劳动部官员，对相关情况与数据熟稔于心。他以时间为序，逐年介绍了当时主要社会政策的演进历程，其中包括劳动力市场政策、劳动时间政策、住房政策、社会保险政策等。作者使用了大量一手档案材料和统计数据，其目的并非仅仅记录史实，而是希望后来者思考："为什么围绕在魏玛社会政策上的斗争与魏玛民主的命运联系在了一起？"换言之，对于魏玛社会政策史的研究，主要是去考察各种社会政策出台的经济与政治背景，反思各种社会力量介入社会政策立法的动机与成效，追问社会政策的是非成败与魏玛民主兴衰历程之间的关联。这些问题至今仍拥有超越时空的价值，也是本书的出发点之一。当然，该书出版时间较早，一些档案材料尚未开放，且作者主要关注当时人们最感兴趣的政策范围，还没有涉及如家庭政策、矫正政策、历史政策等领域，故而留下不少空白。此外，该书以时间为序的叙述方式，不利于读者了解各种社会政策的前因后果。

随后出现了大量个案研究成果。按照本书所关注的重点领域④，

---

① Johannes Frerich & Martin Frey, *Handbuch der Geschichte der Sozialpolitik in Deutschland*, Band 1, München: R. Oldenbourg, 1993.

② Manfred G. Schmidt, *Sozialpolitik in Deutschland. Historische Entwicklung und Internationaler Vergleich*.

③ Ludwig Preller, *Sozialpolitik in der Waimarer Republik*, Athenaeum: Droste Taschenbücher Geschichte, 1978.

④ 以下只涉及本书所关注领域，其他如劳资关系等问题，此处不赘。

分别概述如下：

唯一集中关注**劳动时间政策**的研究是格拉尔德·D. 费尔德曼和伊姆加德·施泰尼施（Gerald D. Feldmann & Irmgard Steinisch）的长篇论文《在福利国家和经济国家之间的魏玛共和国：抵制 8 小时工作制的决定》。[①] 该文十分详细地梳理了 8 小时工作制在魏玛时期的法制化及其陷入劳资冲突的过程。其他涉及这一领域的研究还有贝恩德·魏斯布罗德（Bernd Weisbrod）的名著《魏玛共和国中的重工业：在稳定与危机之间的利益政策》。作者提供了资本家（特别是重工业家）在劳动时间问题上的立场及其一系列行动。[②] 与之相对，克里斯托弗·雷·杰克森（Christopher Rea Jackson）的博士学位论文《在革命与镇压之间的产业工人：德国的劳工法与社会，1918—1945》则为我们描述了劳方在 8 小时工作制上的各种努力。[③] 约翰内斯·拜尔（Johannes Bähr）的著作《魏玛共和国中的国家调解：在通货膨胀与萧条之间集体合同政策、合作主义与工业斗争，1919—1932》和宋吉春（Gi-Chul Song）的博士学位论文《在 1918/1919 年革命与 1923/1924 年货币改革之间的德国的国家劳动力市场政策：魏玛共和国在劳动力市场上实行国家干预主义的可能性与局限》详细阐释了魏玛政府调控劳动时间及其他相关工人政策上的立法根源、过程及问题。[④]

德国史学界对于**住房政策**发展历程的研究兴趣始于 20 世纪 70

[①] Gerald D. Feldmann & Irmgard Steinisch, "Die Weimarer Republik zwischen Sozial- und Wirtschaftsstaat, Die Entscheidung gegen den Achtstundentag. Hans Rosenberg zum kommenden 75. Geburtstag gewidmet", *Archive für Sozialgeschichte*, 1978, S. 353 – 439.

[②] Bernd Weisbrod, *Schwerindustrie in der Weimarer Republik, Interessenpolitik zwischen Stablisierung und Krise*, Wuppertal: Hammer, 1978.

[③] Christopher Rea Jackson, "Industrial Labor between revolution and repression: Labor law and society in Germany, 1918 – 1945", 美国哈佛大学 1993 年博士学位论文。

[④] Johannes Bähr, *Staatliche Schlichtung in der Weimarer Republik, Tarifpolitik, Korparatismus und industrieller Konflikt zwischen Inflation und Deflation, 1919 – 1932*, Berlin: Colloquium Verlag, 1989; Gi-Chul Song, *Die Staatliche Arbeitsmarktpolitik in Deutschland zwischen der Revolution 1918/19 und der Währungsreform 1923/24. Möglichkeiten und Grenzen des arbeitsmarktpolitischen Staatsinterventionismus in der Weimarer Republik*, Hamburg: Kraemer, 2003.

年代中期，在迪特·赫林（Dieter Häring）和乌利希·布卢门罗特（Ulrich Blumenroth）的政策史研究基础上，以彼得-克里斯蒂安·维特（Peter-Christian Witt）、君特·舒尔茨（Günter Schulz）、米夏埃尔·鲁克（Michael Ruck）、蒂尔曼·哈兰德（Tilman Harlander）为代表的多位历史学家率先关注共和国政府在住房领域贯彻"福利国家"原则的核心问题之一——住建促进机制。在《通货膨胀、住房统制经济和房租税：魏玛共和国住房建设与住房市场的调整》[1]中，维特对魏玛住建促进政策从产生到调整的必然性及这一政策的具体实施效果进行分析，运用大量的统计数据论证了在战后紧急状况下这一国家干预住建措施的"相对"成功。而鲁克的两篇论文则立足魏玛共和国资金不足的背景，呈现住建促进机制的内在设计缺陷。他将保障住房的建设资金短缺根源从住建领域拓展至现房政策扩张，尤其是通过论述房租税及租房统制经济的内在缺陷为后人展现魏玛住房政策体系在设计上的先天不足。[2] 进入80年代，舒尔茨在其《住房政策的连续性与断裂：从魏玛共和国到联邦德国》[3] 一文中明确强调由魏玛共和国开创的国家福利住房政策与当代德国福利住房体系之间的传承与演变。但上述研究主要考察住房政策的制度性变化，并未涉及太多住房政策演变与政治环境、社会心理之间的互动。即便鲁克的研究部分涉及政党因素及不同利益团

---

[1] Peter-Christian Witt, "Inflation, Wohnungszwangswirtschaft, und Hauszinssteuer: Zur Regelung von Wohnungsbau und Wohnungsmarkt in der Weimarer Republik", in Luth Niethammer (Hrsg.): *Wohnen im Wandel. Beiträge zur Geschichte des Alltags in der bürgerlichen Gesellschaft*. Wuppertal: Peter Hammer Verlag, 1979, S. 385–407.

[2] Michael Ruck, "Finanzierungsprobleme der Althaussanierung in der Weimarer Republik", in Christian Kopetzki u. a (Hrsg.): *Stadterneuerung in der Weimarer Republik und im Nationalsozialismus. Beiträge zur stadtbaugeschichtlichen Forschung*, Kassel: Gesamthochsch, 1987, S. 223–238; "Die öffentliche Wohnungsbaufinanzierung in der Weimarer Republik. Zielsetzung, Ergebnisse, Probleme", in Axel Schildt, Arnold Sywottek (Hrsg.): *Massenwohnung und Eigenheim. Wohnungsbau und Wohnen in der Großstadt seit dem Ersten Weltkrieg*, Frankfurt/ New York: Campus, 1988, S. 150–200.

[3] Günter Schulz, "Der Wohnungsbau industrieller Arbeitgeber in Deutschland bis 1945", in Hans J. Teuteberg (Hrsg.): *Homo habitans. Zur Sozialgeschichte des ländlichen und städtischen Wohnens in der Neuzeit*, Münster: F. Coppenrath, 1985, S. 373–389.

体对住房政策变动的影响,但他也仍未跳出制度研究的框架。率先将住房问题从制度研究转向社会史研究的历史学家是卢茨·尼特尔哈默(Lutz Niethammer)。他在1979年编纂的论文集《居住的变迁:市民社会日常生活史论文集》围绕"居住"主题所涉及的行为方式、聚居生活、居住环境、住房政策及建设展开,首次投向各色人等(如资产阶级、工人和雇员)的居住形式、城市与乡村的居住差异以及家庭环境和生活习惯等过去被忽视的"细枝末节"。卡尔·克里斯蒂安·费勒尔(Karl C. Führer)1995年出版的教授授职论文《租户、房主、国家与住房市场:1914—1960年德国住房短缺与住房统制经济》[①],则是德国学界并不多见的系统讨论租户权利与租户群体的专著。费勒尔利用大量档案材料通过现房统制模式开局时代的研究,明确指向魏玛社会因住房问题而导致的社群碎片化问题,而这一问题正是除未能妥善解决建设资金以外另一个导致住房政策合理性遭普遍质疑的关键所在。其研究明确指出,这一矛盾在魏玛公共领域所引发反响的广泛度和严重性甚至要高于资金问题,而公共领域妥协基础的破碎化又加速了政策失败。

在**劳动力市场政策**中,特别是失业保险政策,尤其值得一提的研究成果是理查德·J. 埃文斯和迪克·吉尔里(Richard J. Evans and Dick Geary)主编的论文集《失业的德国人:从魏玛共和国到第三帝国大规模失业的经历与结果》。该书收集了多篇从政治史、社会史、经济史角度探讨大规模失业问题的缘由及其后果。[②] 卡尔·克里斯蒂安·费勒尔的专著《失业与德国失业保险体制的诞生,1902—1927年》和彼得·勒维克(Peter Lewek)的专著《失业与魏玛共和国的失业保险体制,1918—1927年》是该领域最近三十年间最重要的研

---

① Karl C. Führer, *Mieter, Hausbesitzer, Staat und Wohnungsmarkt: Wohnungsmangel und Wohnungszwangswirtschaft in Deutschland 1914 – 1960*, Stuttgart: Stein, 1995.

② Richard J. Evans and Dick Geary, *The German Unemployed: Experiences and Consequences of Mass Unemployment from the Weimar Republic to the Third Reich*, London: Croom Helm, 1987.

究作品。两者特别关注失业保险体制建立进程中的立法问题，提供了比较详尽的各派立场和争议过程。① 大卫·F. 克鲁（David F. Crew）的《福利中的德国人：从魏玛到希特勒》是目前学界比较少见的社会文化史著作。它从接受福利者的视角出发，特别是以失业者的感受为基础，来反思魏玛福利制度的问题。②

在**传统的社会保险**领域里，最重要的仍然是路德维希·普莱勒的前述著作。它保留了大量一手统计资料和各大保险机制逐年改革的成果。弗洛里安·滕施泰特的长篇论文《德国的百年社会保险：周年庆典与研究成果》③ 与弗尔克尔·亨特舍尔的长篇论文《历史视角下的社会保障体系，1880—1975 年》④ 不仅概述了社会保险体制的历时性发展，而且还逐一评点了 70 年代末 80 年代初问世的重要成果。瓦尔特·博格斯（Walter Bogs）的博士学位论文《魏玛民主的社会保险体制》从法学角度梳理了社会保险体制在魏玛时期的法律进展。⑤ 洪永孙（Young-Sun Hong，音译）的著作《福利、现代性与魏玛国家，1919—1933 年》讨论了社会保险体制扩大中出现的"新穷人"。⑥ 与此相关，疾病保险制度中的医生群体，在最近二十年里也得到了人们的关注，特别值得一提的是彼得·汤姆森（Peter Thomsen）的专著《医生在通往"第三帝国"的道路上：对于魏玛共和国时期医生群体在国家社会保险体制面前的劳动力市场情况、

---

① Karl C. Führer, *Arbeitslosigkeit und die Entstehung der Arbeitslosenversicherung in Deutschland: 1902 - 1927*, Berlin: Colloquium-Verlag, 1990; Peter Lewek, *Arbeitslosigkeit und Arbeitslosenversicherung in der Weimarer Republik 1918 - 1927*, Stuttgart: Franz Steiner, 1992.

② David F. Crew, *Germans on Welfare: From Weimar to Hitler*, Oxford: Oxford University Press, 1998.

③ Florian Tennstedt, "Hundert Jahre Sozialversicherung in Deutschland. Jubiläumsaktivitäten und Forschungsergebnisse", *Archiv für Sozialgeschichte*, 1981, S. 554 - 564.

④ Volker Hentschel, "Das System der sozialen Sicherung in historischer Sicht 1880 bis 1975", *Archiv für Sozialgeschichte*, Vol. 18, 1978, S. 307 - 352.

⑤ Walter Bogs, *Die Sozialversicherung in der Weimarer Demokratie*, München: J. Schweitzer Verlag, 1981.

⑥ Young-Sun Hong, *Welfare, Modernity, and the Weimar State, 1919 - 1933*, Princeton / New Jersey: Princeton University Press, 1998.

自我理解与阶层政策之研究》。① 在这一领域中，中国学者李工真也曾有过精彩论述。②

对于**家庭政策**，比特·福克斯（Beat Fux）的专著《家庭政策讨论：关于家庭政策、生育力和家庭相互关系及转换的理论性和经验性研究》③ 从历时性角度梳理了 20 世纪有关家庭政策的各种讨论，特别描绘了有关生育政策的变化。科内利·乌斯鲍内（Cornelie Usborne）的研究《魏玛德国的堕胎文化》④ 延续了 20 世纪 70 年代有关堕胎政策讨论的政治关怀。特别是卢克·约希姆森（Luc Jochimsen）的材料汇编《第 218 条：有关一种百年困顿的文件集》⑤ 从社会文化史的视角，进一步讨论了家庭文化及其观念变化下的堕胎禁令延废之争。延斯·弗莱明（Jens Flemming）等主编的资料集《危机阴影下的家庭生活：魏玛共和国社会史档案及分析，1918—1933 年》⑥ 从当时一代人的家庭观、政府的家庭政策、家庭规划、家庭开支、住宅变化、妇女角色、青少年教育、利益集团政治、失业感受等多角度呈现了有关家庭形象的各种画面。1991 年，卡伦·哈格曼（Karen Hagemann）主持举办了有关魏玛时期生育政策的展览。随后，她推出了相关档案集《有关妇女的日常生活和生育政策，1919—1933

---

① Peter Thomsen, *Ärzte auf dem Weg ins "Dritte Reich". Studien zur Arbeitsmarksituation, zum Selbstverständnis und zur Standespolitik der Ärzteschaft gegenüber der staatlichen Sozialversicherung während der Weimarer Republik*, Husum: Matthiesen Verlag, 1996.

② 李工真：《德国魏玛时代"社会福利"政策的扩展与危机》，《武汉大学学报》（哲学社会科学版）1997 年第 2 期。

③ Beat Fux, *Der familienpolitische Diskurs. Eine theoretische und empirische Untersuchung über das Zusammenwirken und den Wandel von Familienpolitik, Fertilität und Familie*, Berlin: Duncker & Humblot, 1994.

④ Cornelie Usborne, *Cultures of Abortion in Weimar Germany*, New York/Oxford: Berghahn Books, 2007.

⑤ Luc Jochimsen (Hrsg.), *§ 218. Dokumentation eines 100 jährigen Elends*, Hamburg: konkret Buchverlag, 1971.

⑥ Jens Flemming & Klaus Saul & Peter-Christian Witt (Hrsg.), *Familienleben im Schatten der Krise. Dokumente und Analysen zur Sozialgeschichte der Weimarer Republik 1918–1933*, Düsseldorf: Droster Verlag, 1988.

年：展览会档案集》。① 该书充分注意到不同社会阶层对生育控制的差异性观念及其对魏玛家庭政策所产生的不同反馈效应。此外，还有一些论文关注到魏玛时期的"新女性"问题，如阿提纳·格罗斯曼（Atina Grossmann）的《"新女性"与魏玛共和国的性合理化》②；或医生群体在家庭政策中的角色，如科内利·乌斯鲍内的《魏玛德国的堕胎：医生职业群体中的争议》。③ 部分涉及纳粹时期家庭政策的专著，也多少在回顾中提供了魏玛德国家庭政策的大致面貌，如吉尔·斯蒂芬逊（Jill Stephenson）针对"多子女全国联盟"（Reichsbund der Kinderreichen）这一组织的个案研究④，或亨利·P. 大卫（Henry P. David）等有关纳粹时期的优生学思想和堕胎法令之间关系的梳理⑤，又或丽萨·派纳（Lisa Pine）对纳粹家庭政策的整体研究。⑥

历史政策是比较新的研究领域。"历史"作为社会文化意识的重要建构手段，在19世纪以来民族国家建构的进程中已经发挥了重要作用。⑦ 到20世纪，政府越来越主动地介入有关过去的形塑和教育中。在这一方面，理论上的重要论文是埃德加·沃尔弗鲁姆（Edgar Wolfrum）的《作为政治场域的历史——历史政策：19—20世纪的国际研究》。⑧ 塞巴斯蒂安·乌尔里克（Sebastian Ullric）最早注意到

---

① Karen Hagemann (Hrsg), *Eine Frauensache Alltagsleben und Geburtenpolitik 1919 – 1933. Eine Ausstellungsdokumentation*, Pfaffenweiler: Centaurus-Verlagsgesellschaft, 1991.

② Atina Grossmann, "Die 'Neue Frau' und die Rationalisierung der Sexualität in der Weimarer Republik", in Ann Shitow, Christine Stansell, Sharon Thompson (Hrsg), *Die Politik des Begehrens. Sexualität, Pornographie und neuer Puritanismus in den USA*, Berlin: Rotbuch Verlag, 1985, S. 38 – 62.

③ Cornelie Usborne, "Abortion in Weimar Germany-the debate amongst the medical profession", *Continuity and Change*, 5, 1990, pp. 199 – 224.

④ Jill Stephenson, "'Reichsbund der Kinderreichen'. The League of Large Families in the Population Policy of Nazi Germany", *European History Quarterly*, Bd. 9, Nr. 3, 1979, S. 351 – 375.

⑤ Henry P. David, Jochen Fleischhacker and Charlotte Hohn, "Abortion and Eugenics in Nazi Germany", *Population and Development Review*, Vol. 14, No. 1 (Mar. 1988), pp. 81 – 112.

⑥ Lisa Pine, *Nazi Family Policy, 1933 – 1945*, Oxford: Berg, 1999.

⑦ 最新的重要研究成果是：Stefan Berger and Chris Lorenz, *Nationalizing the Past. Historians as Nation Bilders in Modern Europe*, London: Palgrave Macmillan, 2010.

⑧ Edgar Wolfrum, "Geschichte als Politikum-Geschichtspolitik. Internationale Forschungen zum 19. und 20. Jahrhundert", *Neue Politische Literatur*, Nr. 41, 1996, S. 376 – 401.

魏玛初期有关国名问题的斗争。① 汉斯－于尔根·佩里（Hans-Jürgen Perrey）、埃贝哈德·科尔布（Eberhard Kolb）、米夏埃尔·金茨勒（Michael Kienzle）和克里斯蒂安·戈拉德曼（Christian Gradmann）等人透过历史传记作家埃米尔·路德维希（Emil Ludwig）与职业历史学家之间的一场所谓"历史之争"，看到了共和国在历史政策与现实政治之间的缺位问题。②

最后，在**特殊群体**领域内，德国学界最早将**青少年救济**纳入社会史研究领域，同时做出最重要成果的历史学家首推德特勒夫·J. K. 波伊克特（Detlev J. K. Peukert）。波伊克特在1986年和1987年先后出版了《福利纪律化的边界：1878年至1932年德国青少年救济的崛起与危机》及《介于战争与危机之间的少年：魏玛共和国工人子弟的生活世界》③ 两部专著，围绕青少年（尤其是工人子弟的）救济教养问题，对"人道主义干预"与国家要求绝对掌控青少年教养的主张之间存在的紧张关系进行了分析。尽管波伊克特已注意到男女"不良青少年"在行为方式与后果上的差异，但他的研究仍主要集中于缺乏家庭教养的男性青少年，他之后的历史学家如伊丽莎白·哈维（Elisabeth Harvey）和伊莲娜·威廉（Elena Wilhelm）则

---

① Sebastian Ullric, "Der Streit um den Namen der ersten deutschen Demokratie 1918 – 1949", in Moritz Graf Rüdiger Föllmer (Hrsg.), *Die "Krise" der Weimarer Republik: Zur Kritik eines Deutungsmusters*, Frankfurt/New York: Campus Verlag, 2005, S. 187 – 207.

② Hans-Jürgen Perrey, "Der 'Fall Emil Ludwig' -Ein Bericht über eine historiographische Kontroverse der ausgehenden Weimarer Republik", in: *Geschichte in Wissenschaft und Unterricht*, N. 43, 1992, S. 169 – 181; Eberhard Kolb, "'Die Historiker sind ernstlich böse'. Der Streit um die 'Historische Belletristik' in Wermar-Deutschland", in: ders., *Umbrüche deutscher Geschichte 1866/71-1918/19-1929/33. Ausgewählte Aufsätze*, München: Oldenbourg, 1993, S. 311 – 329; Michael Kienzle, "Biographie als Ritual. Am Fall Emil Ludwig", in: Rucktäschel, Zimmermann (Hrsg), *Trivialliteratur*, München: Fink, 1976, S. 230 – 248; Christian Gradmann, *Historische Belletristik. Populäre historische Biographien in der Weimarer Republik*, Frankfurt a. M., 1993.

③ Detlev J. K. Peukert, *Grenzen der Sozialdisziplinierung. Aufstieg und Krise der deutschen Jugendfürsorge von 1878 bis 1932*, Köln: Bund-Verlag 1986; *Jugend zwischen Krieg und Krise. Lebenswelten von Arbeiterjungen in der Weimarer Republik*, Köln: Bund-Verlag 1987.

开始涉足这一时期对女性"不良青少年"的矫正措施。[1] 进入 21 世纪，马丁·吕克（Martin Lücke）沿袭波伊克特的研究路径，将目光对准其中更为特殊的群体，即男性同性恋青少年[2]，从而进一步充实魏玛共和国青少年教养问题的研究范围。在**吉卜赛人政策**方面，最早全面梳理德意志帝国及魏玛共和国涉及约束吉卜赛人的国家、邦及地方立法的成果甚至可以追溯至 20 世纪 20 年代末的维尔纳·K. 赫内（Werner K. Höhne）的博士学位论文。[3] 而在当代，尽管围绕纳粹政权迫害吉卜赛人的相关研究早已启动，但直到 80 年代中后期才出现针对帝国和魏玛共和国时期出于治安原因抗击所谓"吉卜赛困境"研究。1985 年，沃尔夫冈·君特（Wolfgang Günter）最先以汉诺威及其下属县官方对吉卜赛人的约束为例，在呈现帝国至魏玛时期普鲁士吉卜赛人政策极端化的演变及地方政府（邦/州—省—城市）在实践过程中出现矛盾的同时，也为基层地方早在第三帝国之前就对吉卜赛人"零容忍"并最终导致驱逐和灭绝意识形态的形成提供了具体例证。[4] 赖纳尔·赫尔曼（Rainer Hehemann）[5] 则在 1987 年将 1871—1933 年官方"抗击吉卜赛困境"的法规、措施作为第三帝国迫害犹太人的前史加以系统论述。但针对吉卜赛人在这一时期实际遭受的迫害，米夏埃尔·齐默尔曼（Michael Zimmermann）在其有关德国警方对吉卜赛人加以迫害的长时段研究中指出，帝国时代

---

[1] Elisabeth Harvey, *Youth and the Welfare State in Weimar Germany*, Oxford: Clarendon Press 1993; Elena Wilhelm, *Rationalisierung der Jugendfürsorge: die Herausbildung neuer Steuerungsformen des Sozialen zu Beginn des 20. Jahrhunderts*, Bern: Haupt, 2005.

[2] Martin Lücke, *Männlichkeit in Unordnung. Homosexualität und männliche Prostitution in Kaiserreich und Weimarer Republik*, Frankfurt/New York: Campus 2007, S. 150 – 233.

[3] Werner K. Höhne, *Die Vereinbarkeit der deutschen Zigeunergesetze und-verordnungen mit dem Reichsrecht, insbesondere der Reichsverfassung*, 德国海德堡大学 1929 年博士学位论文。

[4] Wolfgang Günter, *Die preußische Zigeunerpolitik seit 1871 im Widerspruch zwischen zentraler Planung und lokaler Durchführung. Eine Untersuchung am Beispiel des Landkreises am Rübenberge und der Hauptstadt Hannover*, Hannover: ANS, 1985.

[5] Rainer Hehemann, *Die "Bekämpfung des Zigeunerunwesens" im Wilhelminischen Deutschland und in der Weimarer Republik 1871 – 1933*, Frankfurt a. M.: Haag und Herchen, 1987.

针对吉卜赛人警察措施由于各邦各自为政的现实效果并不明显。① 利奥·鲁卡森（Leo Lucassen）的研究从社会治理领域中的"吉卜赛人"概念切入，他认为这一概念从最初想象的民族概念到19世纪下半叶起成为警方便捷区分"定居"与"非定居"乃至"好人"与"坏人"的演变，为魏玛共和国及第三帝国警方普遍采取措施"约束"吉卜赛人奠定理论基础。② 但作为一部梳理概念及措施演变的长时段作品，该书对于19世纪末20世纪初德国警方对吉卜赛人观点的呈现却略微简单。在**同性恋矫正**方面，除前述马丁·吕克的作品之外，由曼弗雷德·赫尔策（Manfred Herzer）编纂的论文集《"第175条"的历史——反同性恋的惩戒》③，在多位作者的共同努力下完整呈现德国刑法"第175条"（即同性恋入刑条款）从诞生到被废除的整个演变历程。其中，约尔根·胡特尔（Jörg Hutter）和博多·门德（Bodo Mende）的论文主要涉及德意志帝国与魏玛共和国围绕"第175条"的修改、同性恋去刑化倡议与反同性恋社会思潮之间的激烈冲突。④

上述研究成果各有侧重，但都对我们认识魏玛德国的社会政策演进有所助益。当然，这些研究基于档案开放的程度不同，仍有继续深入探究的空间。不同个案之间的联系性也需要进一步加强。更为重要的是，如何从政治文化史的角度来重新认识社会政策发展中的贡献和问题，特别是衡量魏玛民主机制如何制造并推动了社会政

---

① Michael Zimmermann, "Ausgrenzung, Ermordung, Ausgrenzung. Normalität und Exzeß in der polizeilichen Zigeunerverfolgung in Deutschland (1870 – 1980)", in Alf Lüdtke (Hrsg), "Sicherheit" und "Wohlfahrt". Polizei, Gesellschaft und Herrschaft im 19. und 20. Jahrhundert, Frankfurt a. M.: Suhrkamp, 1992, S. 344 – 370.

② Leo Lucassen, Zigeuner: Die Geschichte eines polizeilichen Ordnungsbegriffes in Deutschland 1700 – 1945, übersetz. von Annegret Bönner, Rolf Binner, Köln: Bohlau, 1996.

③ Manfred Herzer (Hrsg.), Die Geschichte des § 175-Strafrecht gegen Homosexuelle, Berlin: Verlag rosa Winkel, 1990.

④ Jörg Hutter, "§ 175 RStGB im Zweiten Deutschen Reich von 1890 – 1919", in Manfred Herzer (Hrsg.), Die Geschichte des § 175-Strafrecht gegen Homosexuelle, S. 62 – 81; Bodo Mende, "Die antihomosexuelle Gesetzgebung in der Weimarer Republik", in Ebenda., S. 82 – 102.

策发展与经典现代性危机之间张力的形成及其影响，还未得到学术界的认识。

基于此，本书试图结合整体视角与个案研究，以七大社会政策——雇员保护政策、住房政策、劳动力市场政策、传统社会保险政策、家庭政策、历史政策和特殊群体政策为观察对象，从中各自截取一个侧面作为具体分析的切入点。它们分别是劳动时间规范、社会福利房建设、失业保险、"新穷人"及"医生群体"的反抗、"堕胎禁令"存废、国名和纪念日及公共历史文化书写之争、针对青少年和吉卜赛人及同性恋者的矫正措施。

笔者将论述这些社会政策的出台背景、讨论过程、立法特点、实践手段和实施效果。其中，主要政党、社会团体、政治家、学术界的相关论述将被视作社会政策出台的思想根源。笔者还将涉及部分负责实施具体社会政策的机构发展史，并描述具体社会政策实施对象的相关体验。

针对每一个具体社会政策而言，本书的问题意识在于：

第一，该社会政策是在怎样的社会背景中、由谁提出的，其主要理由是什么？反对者有哪些，其观点又是什么？

第二，该社会政策在国家层面上是如何获得通过的？这包括内阁商议、国会讨论与公共舆论的关注。

第三，该社会政策的主要特点是什么？它同此前法案相比具有哪些进步的地方，又有哪些不足？

第四，负责实施该社会政策的国家机构是如何成立或改革的？它如何同该社会政策的对象建立联系并进行交往？在拥有足够材料的地方，笔者还将讨论。

第五，接受该社会政策援助的弱势群体是如何看待它的？他们的命运是否因此而得到改变？最终在整体层次上，本书需要回答。

第六，这些社会政策如何在体现魏玛民主的同时成为共和国"无法承受的负担"？在这些政策的背后，社会权利的扩展究竟存在哪些"现代性的陷阱"？它们反映了资本主义发展路径上的哪些极限问题？

三 结构与材料

除导言和结语外,本书分为七章。

第一章从 8 小时工作制规范出发,讨论魏玛德国的雇员保护政策。该章分为四节。第一节概述 1918 年前德国雇员劳动时间的一般情况及工人阶级追求"8 小时工作制"的努力。第二节探讨"8 小时工作制"在魏玛初期得以确立的原因及经过。第三节集中关注 1923 年 8 小时工作制危机的前因后果。第四节描写 8 小时工作制走向衰亡的历程。

第二章以社会福利房建设为例,探讨魏玛德国的住房政策。该章分为四节,分别讲述住房政策的理论与实践起源、作为"一战"后紧急措施的住房保障政策、20 世纪 20 年代中期的社会福利住房建设发展以及住房政策的中断。

第三章从失业保险体制来谈魏玛德国劳动力市场政策的演变。该章分为三节。第一节首先勾勒德意志帝国时期的失业保险观念及其存在的争议。第二节重点描述 1927 年失业保险体制建成的过程。第三节探讨魏玛末期失业保险体制走向崩溃的重要原因。

第四章讨论传统社会保险政策在魏玛德国扩大和改革时遭到的困境,特别是来自"新穷人"和"医生群体"的抗议。该章首先从整体角度对魏玛共和国在传统社会保险政策中的变化做一概述,特别关注它与德意志帝国之间的延续性和跳跃性问题;然后集中关注三大社会保险体制中的两类反对派,一类是社会保险领取者,他们以残疾军人及遗属、社会保险金领取者(Sozialrentner)和普通养老金领取者(Kleinrentner)为代表,自称为"新穷人"群体;另一类是社会保险的重要参与者医生群体。该章将着重探讨此二类群体参与社会保险体制改革的原因及其影响。

第五章以"堕胎禁令"的存废之争为中心,探讨魏玛德国的家庭政策。该章分为三节。第一节首先回顾"堕胎禁令"的出现及其早期实践。第二节重点分析魏玛时期有关"堕胎禁令"存废的三次讨论高潮。第三节延伸到纳粹时期，探讨禁令及其争议本身带来的现实后果。

第六章以国名、纪念日和公共历史书写为核心，探讨魏玛共和国的历史政策。该章首先针对共和国的正式国名何以延续德意志帝国的问题，描述"帝国"（Reich）观念在德意志人的历史意识中的延续性特征；其次叩问共和国为何无法创制一个广为接受的纪念日，来保存当时代的革命记忆，从中总结魏玛政治文化的重大缺陷；最后从一场历史传记之争出发，探求"一战"后德国各阶层公共历史书写权力意识上的矛盾立场，反思共和国政府在公共历史文化机制建设中的缺位问题。

第七章面向青少年、吉卜赛人和同性恋者三类特殊群体，讨论魏玛德国针对特殊群体的矫正措施。该章分为三节。第一节以"教化"为主题，讨论共和国针对"问题"青少年的一些做法。第二节以"约束"为主题，讨论共和国针对吉卜赛人的排斥政策。第三节以"矫正"为主题，讨论共和国针对同性恋者的压制手段。

本书除了参考相应研究论著外，主要运用的一手材料包括：魏玛共和国的内阁讨论档案集[①]、国会讨论档案集[②]、外交部档案集[③]、临时经济议院档案[④]、普鲁士财政部档案[⑤]、德意志暨普鲁士城市议

[①] 魏玛共和国内阁档案集，网上资料库，http：//www. bundesarchiv. de/aktenreichskanzlei/1919-1933/，2016 年 5 月—2018 年 10 月查阅，下文不再标注具体网页，只标注相应档案信息。

[②] *Reichstagsprotokolle*，1918 – 1933。网上资料库，https：//www. reichstagsprotokolle. de/rtbiiizu. html，2016 年 5 月—2018 年 10 月查阅，下文不再标注具体网页，只标注相应档案信息。部分通过纸质文本 *Verhandlungen der verfassunggebenden Deutschen Nationalversammlung*，Berlin，1919 – 1933。

[③] *Akten zur Deutschen Auswärtigen Politik 1918 – 1945. Aus dem Archiv des Auswärtigen Amts. Serie B*：1925 – 1933. Band XXI. 16. August 1932 bis 29. Januar 1933，Göttingen：Vandenhoeck & Ruprecht，1983.

[④] 联邦档案馆（Bundesarchiv Deutschland，BArch）；R 401/1409，der vorläufige Reichswirtschaftsrat（临时经济议院）Standort 51 Magazin M 201 Reihe 25，4. 2. 1922 – 31. 7. 1925.

[⑤] 普鲁士国立秘密档案馆（Geheimes Staatsarchiv preußischer Kulturbesitz，GStA PK）：I. HA Rep. 151C Finanzministerium（普鲁士财政部）。

会档案①、普鲁士内政部档案②、刑法文库③、同时代的相关报刊、公告、当时代人的日记等。

  考虑到行文阅读的方便，本书还把相关重要档案文本或文本节选放在最后，以供读者参鉴。

  本书的部分成果已通过论文形式在一些专业期刊上发表，目前文本在发表的基础上做过一些修改。特此说明。

---

① 普鲁士国立秘密档案馆（Geheimes Staatsarchiv preußischer Kulturbesitz, GStA PK）：I. HA Rep. 193A，Deutscher und Preußischer Städtetag（德意志暨普鲁士城市议会）。

② GStA PK I. HA Rep. 77B, Ministerium des Innern（普鲁士内政部）。

③ 德国刑法文本，网上资料库，http：//lexetius.com/StGB/，2016年5月—2018年10月查阅，下文不再标注具体网页，只标注相应档案信息。

第 一 章

雇员保护政策：以 8 小时工作制为例

德国社会政策的第一个面向群体就是工人以及广义上的"雇员"。进入工业社会后，封建时代略带人情气息的"师徒关系"已被日益紧张化的"劳资关系"所取代。如马克思在《共产党宣言》中所言："资产阶级抹去了一切向来受人尊崇和令人敬畏的职业的神圣光环。它把医生、律师、教士、诗人和学者变成了它出钱招雇的雇佣劳动者。资产阶级撕下了罩在家庭关系上的温情脉脉的面纱，把这种关系变成了纯粹的金钱关系。"[1] 在此背景下，如何防止资产阶级对雇员的过度剥削以至于造成社会关系紧张，甚至动荡，便成为19世纪以来德意志各地邦国政府不得不认真思考的问题。其结果就是一系列雇员保护政策的出台，如童工保护令、减少劳动时间、改善工作环境、鼓励劳资团体签订集体合同等。其中，有关劳动时间的规范是核心举措。"8小时工作制"是雇员群体（特别是工人阶级）自19世纪80年代以来最为重要的社会政策诉求之一。本章便围绕这一目标展开。

本章首先概述1918年前德国雇员劳动时间的一般情况及工人阶级追求"8小时工作制"的努力，其次探讨8小时工作制在魏玛初

---

[1] 《共产党宣言》，中央编译局编译，人民出版社2014年版，第30页。

期得以确立的原因及经过,再者集中关注 1923 年 8 小时工作制危机的前因后果,最后描写 8 小时工作制怎样走向衰亡。[①]

第一节 1918 年前德国的劳动时间概览

工业化之初,产业工人的劳动时间往往超乎现代人的想象。据记载,19 世纪前半期,德意志地区工人群体的平均劳动时间呈上升趋势:1800 年为 12 小时,1820 年为 12—14 小时,1830—1860 年为 12—17 小时;妇女和儿童的劳动时间为 10—14 小时。[②] 在 19 世纪中叶,一位资本家直言不讳地表示,16 小时工作是"正常的"。[③] 直到 1912 年,多数德国工人的劳动时间仍达 10 小时/日。据统计,1912 年,只有 7.6% 的工人每日工作 8 小时,30.5% 的工人工作 9 小时,57.7% 的工人工作 10 小时,超过 10 小时的工人也有 4.2%。[④]

[①] 国际学术界在这一问题上的最早成果是 Emil Frankel, "The Eight-Hour Day in Germany", in: *The Journal of Political Economy*, No. 3, 1924, pp. 315 – 334; 最重要的成果是 Gerald D. Feldman, Irmgard Steinisch, "Die Weimarer Republik zwischen Sozial- und Wirtschaftsstaat. Die Entscheidung gegen den Achtstundentag. Hans Rosenberg zum kommenden 75. Geburtstag gewidmet", in: *Archive für Sozialgeschichte*, 1978, S. 353 – 439. 此后 30 年间,以下著作中对此也有涉及: Bernd Weisbrod, *Schwerindustrie in der Weimarer Republik, Interessenpolitik zwischen Stablisierung und Krise*, Wuppertal: Hammer, 1978; Johannes Bähr, *Staatliche Schlichtung in der Weimarer Republik. Tarifpolitik, Korparatismus und industrieller Konflikt zwischen Inflation und Deflation*, 1919 – 1932, Berlin: Colloquium Verlag, 1989; Christopher Rea Jackson, "Industrial Labor between revolution and repression: Labor law and society in Germany, 1918 – 1945", 美国哈佛大学 1993 年博士学位论文; Gi-Chul Song, *Die Staatliche Arbeitsmarktpolitik in Deutschland zwischen der Revolution 1918/19 und der Währungsreform 1923/24. Möglichkeiten und Grenzen des arbeitsmarktpolitischen Staatsinterventionismus in der Weimarer Republik*, Hamburg: Kraemer, 2003.

[②] Hans-Ulrich Wehler, *Deutsche Gesellschaftsgeschichte*, 3. Aufl., Bd. 2, München: Verlag C. H. Beck, 1996, S. 249.

[③] [民主德国]洛塔尔·贝托尔特等编:《德国工人运动史大事记》第 1 卷,葛斯等译,人民出版社 1983 年版,第 1 页; Eda Sagarra, *A social history of Germany 1648 – 1914*, London: Methuen & Coltf, 1977, p. 364.

[④] Joseph Streicher, *Die Beziehungen zwischen Arbeitgeber und Arbeitnehmer seit 1918. Eine Untersuchung ueber die Entwicklung des Kraefteverhaeltnisses zwischen den beiden Parteien unter besonderer Beruecksichtiung ihrer Organisationen der Gewerkschaften und Unternehmerverbaende*, 德国弗赖堡大学 1924 年博士学位论文, S. 10.

对此，工人的不满情绪与日俱增。一位五金工人便抱怨说："谁可以一天抢着 11 磅的铁锤干 11 小时的活呢？"① 最早如 1848 年 3 月 26 日柏林（Berlin）两万人集会便提出过缩短劳动时间的要求。当然，各行业对劳动时间的期待值并不完全相同。一些危险行业，如矿工早在 1890 年 9 月的哈勒（Halle）矿工大会上就提出了 8 小时工作制；大多数行业则大多要求 9—10 小时，如 1871 年 10 月的开姆尼茨（Chemnitz）五金工人罢工就要求法定 10 小时工作制，1888 年 5 月汉堡（Hamburg）钳工要求 9.5 小时工作日，1889 年 5 月柏林泥瓦匠提出 9 小时工作日；少数以计件工资为基础的行业仍然渴望 11—12 小时，如 1896 年 2 月科特布斯 Cottbus 纺织工人要求推行 11 小时工作制，11 月汉堡码头工人要求星期日工作 8 小时、平时工作 12 小时。②

事实上，工人团体与政党为缩减劳动时间发起的斗争从未停歇过。工人利益团体（如全德工人联合会）多次把取消星期日劳动、10 小时工作日作为代表大会的议题之一。社会民主党党团曾于 1877 年、1885 年两次向国会提交立法草案，分别提出了 9 小时工作制、10 小时工作制。1889 年 7 月，国际工人代表大会特别提出了 8 小时工作制的要求，并决定次年 5 月 1 日在各国举行争取 8 小时工作制示威游行。这对 8 小时工作制思想在德国社会的传播起到了推波助澜的作用。1890 年，社民党党团在国会就递交了以 8 小时工作制为目标的三段式发展方案，即从 1890 年起推行 10 小时工作日、从 1894 年起推行 9 小时工作日、从 1898 年起推行 8 小时工作日。《爱尔福特纲领》同样是以 8 小时工作制作为党的奋斗目标。1904 年，社民党第三次妇女代表大会也把 8 小时工作制作为自己的斗争目标。③

但是，当时的邦国政府与帝国政府均无意介入被视做"企业内

---

① Eda Sagarra, *A social history of Germany 1648–1914*, p. 364.
② ［民主德国］洛塔尔·贝托尔特等编：《德国工人运动史大事记》第 1 卷，葛斯等译，人民出版社 1983 年版，第 24、171、105、158、163、199、202 页。
③ ［民主德国］洛塔尔·贝托尔特等编：《德国工人运动史大事记》第 1 卷，第 80、83、123、147、163—164、168、178、241 页。

部事务"的劳动时间争议中。罢工者对于劳动时间的要求大多被搁置。不过，当劳动时间过长而造成兵源质量下降时，邦国也会考虑插手企业章程，如1829年普鲁士便率先采取了少量限制措施。① 此外，出于国家保护主义考虑，各时期也出现过针对青少年与妇女工人的劳动时间禁令。1839年普鲁士劳动法规定，在矿区，9岁以下的儿童每日最高劳动时间为10小时②；1869年，北德联盟国会通过《工商业法》，特别规定了法定劳动时间。③ 1872年，帝国政府颁布《工商业条例》，禁止12岁以下的儿童从事工厂劳动，12—14岁的童工每日劳动时间不得超过6小时，14—16岁的青少年工人每日最多劳动10小时；1891年《帝国工商业法修正条例》规定，妇女的每日最高劳动时间为11小时，13岁以下儿童禁止进入工厂劳动，13—16岁儿童每日劳动不得超过6小时，16岁以上男性劳动时间不得超过10小时，禁止妇女、儿童和未成年人参加夜班工作。④ 尽管如此，不仅有关劳动时间的专门法律并未出现，而且在实际生活中，仍然存在着各种特例，如1895年4月后，工业部门本应推行星期日休息制，但居然有80多个工业部门属于例外情况。正因如此，到1914年，产业工人平均劳动时间仍然多达9.5小时。⑤

　　第一次世界大战开始后，超时劳动、夜间劳动与周日劳动的现象屡见不鲜。1916年，五金工业中有57.8%的工人每周劳动时间在54—60小时，只有2.4%的工人能保证8小时工作日。⑥ 由于男性劳

---

　　① Eda Sagarra, *A social history of Germany 1648 – 1914*, p. 364.
　　② Hans Pohl (Hrsg.), Staatliche, Stadtische, Betriebliche und Kirchliche Sozialpolitik von Mittelalter bis zur Gegenwart, Stuttgart：Franz Steiner Verlag, 1991, S. 24.
　　③ [民主德国] 洛塔尔·贝托尔特等编：《德国工人运动史大事记》第1卷，葛斯等译，人民出版社1983年版，第88页。
　　④ Florian Tennstedt, *Sozialgeschichte der Sozialpolitik in Deutschland*, Göttingen：Vandenhoeck & Ruprecht, 1981, S. 25 – 127；[民主德国] 洛塔尔·贝托尔特等编：《德国工人运动史大事记》第1卷，第175页。
　　⑤ [民主德国] 洛塔尔·贝托尔特等编：《德国工人运动史大事记》第1卷，第195、323页。
　　⑥ Ludwig Preller, *Sozialpolitik in der Weimarer Republik*, Athenaeum：Droste Tascenbuecher Geschichte. 1978, p. 9.

动力紧缺，大量女性被迫从事长时间的加班工作（见表1.1）。1916年，普鲁士商业部部长也承认，青少年工人超时劳动的时间总量在当年已达到680万小时。正因如此，1917年成立的独立社会民主党在其宣言中便明确把8小时工作制作为自己的斗争目标之一。[1]

表1.1　第一次世界大战期间普鲁士女性工人的年均超时劳动情况　（单位：小时/周）

时间	超时劳动时间	二班倒 白班与晚班	二班倒 白班和夜班	三班倒
1915	100.8	69	113.3	58.3
1916	152.5	87	117.4	70.5
1917	158.8	72	119.7	98.3
1918	148.2	91	124.8	75.0

资料来源：Ludwig Preller：*Sozialpolitik in der Weimarer Republik*, S.9.

鉴于战争期间物资紧缺，帝国政府不但不阻止这种现象，反而变相地鼓励企业主加快生产。1916年底，《为祖国志愿服务法》（*Gesetz über den Vaterländischen Hilfsdienst*）出台。该法虽然承认工会的合法地位，但依旧对工会提出的缩短劳动时间等要求置之不理。因此，直到战争结束时，德国境内并没有推行8小时日工作制或48小时周工作制。

第二节　8小时工作制在德国的确立（1918—1922年）

一　复员时期的劳动时间政策

1918—1919年革命加速了8小时工作制合法化的步伐。

---

[1] ［民主德国］洛塔尔·贝托尔特等编：《德国工人运动史大事记》第1卷，葛斯等译，人民出版社1983年版，第370页。

1918年11月12日，全部由工人政党代表组成的人民全权代表委员会应允："最迟在1919年1月1日，8小时最高工作时间将得到确立。"① 不过，自由工会（Allgemeiner Deutscher Gewerkschaftsbund, ADGB）显然已经等不及了。在11月15日劳资利益集团达成的《斯廷内斯—列金协议》（Stinnes-Legien-Abkommen）中，8小时工作制已经被列入共识中："所有企业的最长工作时间一般为8小时，但不允许以缩短工时为由减少工资。"② 11月23日，复员部终于发布了《劳动时间令》，宣布在所有工商企业（除交通业外）中推行8小时工作制（含休息时间在内），交通业则根据协商来规范劳动时间。③考虑到农业工人的实际情况，1919年1月24日出台的《关于农业劳动规范的暂时性条令》虽然规定农业劳动时间以8小时为原则，但也允许在农忙时劳动10—11小时，同时要求农业工人必须得到相应的加班津贴。④ 1919年3月18日，8小时工作制被宣布适用于职员，甚至还规定"倘若（雇员）一日劳动时间超过6小时，就必须拥有至少半小时休息时间"⑤。此后陆续出台的《劳动时间令修正案》主要针对某些行业的特殊性，如允许商业职工在一年内可有20天劳动

---

① "Aufruf des Rats der Volksbeauftragten an das deutsche Volk vom 12.11.1918", in Gerhard A. Ritter und Susanne Miller, *Die Deutsche Revolution 1918 – 1919：Dokumente*, Hamburg：Fischer, 1975，S. 103. 见附录1。

② "Vereinbarung zwischen den Arbeitgeberverbänden und den Gewerkschaften, 15.11.1918", in Peter Longerich, *Die Erste Republik. Dokumente zur Geschichte des Weimarer Staates*, München：R. Piper, 1992，S. 60. 该协议的全文见孟钟捷《德国1920年〈企业代表会法〉发生史》，社会科学文献出版社2008年版，第58—59页。

③ "Anordnung des Demobilmachungsamtes über die Regelung der Arbeitszeit gewerblicher Arbeiter vom 23.11.1918［Auszug］", in Gerhard A. Ritter und Susanne Miller, *Die Deutsche Revolution* 1918 – 1919：*Dokumente*, S. 248, 见附录2。

④ "Verordnung betreffend eine vorläufige Landarbeitsordnung vom 24.1.1919", in Gerhard A. Ritter und Susanne Miller, *Die Deutsche Revolution 1918 – 1919：Dokumente*, S. 248 – 254. 其中第3条规定："在4个月里，每日最高劳动时间平均为8小时；在4个月里，每日最高劳动时间平均为10小时；在另外4个月里，每日最高劳动时间为11小时。在此之外的过时劳动必须得到特别补贴。"

⑤ "Verordnung über die Regelung der Arbeitszeit der Angestellten während der Zeit der wirtschaftlichen Demobilmachung. Vom 18. März 1919", in *Deutsches Reichsgesetzblatt*（后文如无特别说明，均将使用缩写 *RGBl*）1919, S. 315.

时间超过 10 小时，农业工人在农忙时节可工作 10—11 小时。①

8 小时工作制之所以能在革命时期得到确立，是由当时的政治、经济与国际环境所决定的。

政治上，革命提高了工人阶级的权力地位。革命后，德国出现了权力新格局：在国家层面上，工人政党掌控了临时政府；在企业层面上，工会的影响力激增，在原本工会势力盲区［如莱茵－威斯特伐伦（Rhein-Westfalen）的钢铁工业与鲁尔矿区］，五金工会会员人数在 1918 年比 1917 年增加了 111%，1919 年又翻了一番，此后到 1923 年的年均增长率均在 2% 以上。② 这种局面让资本家不得不妥协退让，以避开工人运动的锋芒，暂时将工会视作"社会伙伴"。因此，工人对劳动时间缩短的要求能够在短期内连续获得资本家与政府的认同。

经济上，8 小时工作制也是迅速而平稳地完成复员使命，把德国的战时经济转型为和平经济的一种手段。"一战"后，德国面临 600 万军人复员和 250 万军工企业工人转业的艰巨任务。避免失业和保持社会稳定是资本家与复员部的共同想法。为此，降低劳动时间、增加轮班制无疑是一种可供选择的就业方案。早在 1918 年 11 月 13 日，德国雇主协会联合会（Vereinigung der Deutschen Arbeitgeberverbände，VDA）就督促自己的成员在未来几周内要想尽办法扩大雇佣范围，"哪怕是每 4 小时一班都可以"③。12 月初，五金工业就把工作时间缩短到 4 小时。④ 复员部在各地成立复员署，要求"监督各企业通过

---

① Emil Frankel, "The Eight-Hour Day in Germany", p. 319.
② Irmgard Steinisch, "Die gewerkschaftliche Organisation der rheinisch-westfälischen Arbeiterschaft in der eisen- und stahlerzeugenden Industrie", in Hans Mommsen (Hrsg.), *Arbeiterbewergung und industrieller Wandel. Studien zu gewerkschaftlichen Organisationsproblem im Reich und an der Ruhr*, Wuppertal: Hammer, 1980, S. 122.
③ Richard Bessel, *Germany after the First World War*, Cambridge: Cambridge University Press, 1993, p. 143.
④ Fritz Tänzler, *Die deutschen Arbeitgeberverbände 1904–1929, Ein Beitrag zur Geschichte der deutschen Arbeitgeberbewegung*, Berlin: O. Elsner Verlagsges., 1929, S. 139.

缩短劳动时间来提供更多的工作岗位"。① 1919 年 3 月，复员部要求企业主把劳动时间控制在 24—48 小时/周之内。②

从国际环境来看，8 小时工作制已经成为一种发展趋势。众所周知，1886 年芝加哥工人大游行提出了 8 小时工作制的要求。此后，各国工人不断为 8 小时工作制发起斗争。到"一战"结束时，8 小时工作制得到了越来越多民众的认可。1919 年 11 月 28 日—1920 年 1 月 26 日，各国在华盛顿召开国际劳动组织大会，达成有关劳动时间的条款，其中规定："任何企业的就业者的劳动时间不得超过 8 小时/日或 48 小时/周，且不应有任何例外情况。"③ 德国正是这个国际劳动组织的创始国。后来任自由工会主席的特奥道尔·莱帕特（Theodor Leipart）也承认，假如没有国际上的压力，8 小时工作制是不可能实现的。④

除此之外，"一战"后初期的原材料紧缺在客观上也为资本家接受 8 小时工作日原则提供了一定的经济前提。1919 年，德国硬煤产量只有 1913 年的 61.4%，钢铁产量下降到 1913 年的 39.9%，水泥产量为 1913 年的 30.2%。与此相关的是，3036 节火车车厢、4613 辆公车与 77087 辆轻便车被作为赔偿品，移交给战胜国，以致交通运输十分紧张。⑤ 在此情况下，无法正常开工的企业数量激增，减少劳动时间也就不会遇到太大阻力。

二 实践中的 8 小时工作日

在经历艰难的复员进程与如火如荼的革命岁月后，8 小时工作

---

① Gi-Chul Song, *Die Staatliche Arbeitsmarktpolitik in Deutschland zwischen der Revolution 1918/19 und der Währungsreform 1923/24. Möglichkeiten und Grenzen des arbeitsmarktpolitischen Staatsinterventionismus in der Weimarer Republik*, S. 7.
② Christopher Rea Jackson, "Industrial Labor between revolution and repression: Labor law and society in Germany, 1918 – 1945", p. 141.
③ Emil Frankel, "The Eight-Hour Day in Germany", p. 324.
④ Ludwig Preller, *Sozialpolitik in der Wermarer Republik*, S. 270.
⑤ Richard Bessel, *Germany after the First World War*, pp. 91, 95.

制在实践中仍然有不错的表现，一些行业和地区甚至还出现了更低的劳动时间标准。据统计，到 1921 年底，65% 的男性工人与 54.9% 的女性工人实现 48 小时/周的工作量，30% 的男性工人与 37.9% 的女性工人每周工作 46 小时。① 在代表会运动最为激烈的鲁尔矿区，矿工们获得了 7 小时工作制的承诺。巴伐利亚五金工业中心（慕尼黑、奥格斯堡、纽伦堡和福尔特）推行 44 小时/周的劳动协议。②

尽管如此，在这一时期，双方围绕 8 小时工作制仍然发生了一些矛盾和斗争。

资方希望突破 8 小时工作制，或至少用足 8 小时工作制。早在 1918 年 12 月 30 日，重工业家雅各布·威廉·莱歇特（Jakob Wilhelm Reichert）就在埃森（Essen）的大型集会上宣称，8 小时工作制是不得已而为之的结果，"我们有朝一日必定从 8 小时工作制中解放出来"③。从 1919 年下半年开始，重工业家就喊出了"恢复正常状态"的口号。1922 年，各行业的资本家一共递交给政府 22734 份要求延长劳动时间的申请，其中 19% 要求延长 1 小时，56% 要求延长 1.5 小时，9% 要求延长 2 小时；或要求改变三班倒制，如制糖企业希望重新恢复二班倒制，将工人的劳动时间从 8 小时延长到 12 小时。④ 当年 10 月，重工业家代表胡戈·斯廷内斯（Hugo Stinnes）向全国临时经济议院提交议案，要求取消 8 小时工作制。他说，"他们（工人们）将超时劳动，但得不到相应的特殊补贴工资；简言之，延长 8 小时工作制，而且此举必须足够之长，范围必须足够之大"，以便于重新恢复德国的商业活力。他甚至建议，在 10—15 年"至少多

---

① Emil Frankel, "The Eight-Hour Day in Germany", p. 321.

② Gerald D. Feldman, Irmgard Steinisch, "Die Weimarer Republik zwischen Sozial- und Wirtschaftsstaat. Die Entscheidung gegen den Achtstundentag. Hans Rosenberg zum kommenden 75. Geburtstag gewidmet", pp. 361, 365.

③ Bernd Weisbrod, *Schwerindustrie in der Weimarer Republik*, *Interessenpolitik zwischen Stablisierung und Krise*, S. 302.

④ Emil Frankel, "The Eight-Hour Day in Germany", p. 324.

工作 2 小时",才能平衡德国的贸易赤字,完成赔款义务。① 这份发言稿后来被印成小册子,受到各阶层的欢迎,甚至连部分工人也表示赞同。② 在 1922 年 11 月初召开的中央工作组会议上,两个企业家利益团体的主席赫尔曼·布歇尔(Hermann Bücher)和弗里茨·坦茨勒(Fritz Tänzler)轮番强调了延长劳动时间与解决赔款问题之间的正向联系。③ 原本实行 7 小时甚至 6 小时的地区与行业则希望推行 8 小时工作制。1920 年初,西南德国五金工业家达成协议,决定把每周工作时间从 46 小时延长到 48 小时,同时拒绝支付加班津贴。五金工业家保罗·劳歇(Paul Reusch)直截了当地表示:"现在是时候最大限度地利用最高劳动时间标准了!"④

一些社会政策学家虽然也看到了缩短劳动时间对于平稳劳动市场、减少失业率所做出的贡献,但他们现在也不得不正视经济政策与社会政策之间的矛盾。如海因里希·赫克纳(Heinrich Herkner)就倾向于延长劳动时间,首先提高生产率、完成赔款义务。他认为,社会政策"不是关于分配的问题,而是首先在于提高生产率"⑤。

与此相反,工人希望维持既有标准。1922 年 2—4 月,南德地区的工人为维护 46 小时工作周举行了罢工,并最终在劳动部的协调下,达成了 48 小时工作周、2 小时属于加班、工人有权领取津贴的

---

① "Aus dem Stinnes-Plan vom Oktober 1922 zur verstärkten Auspowerung und Unterdrückung der Arbeiterklasse", in Wolfgang Ruge und Wolfgang Schumann, *Dokumente zur deutschen Geschichte 1919 - 1923*, Berlin: VEB Deutsche Verlag der Wissenschaften, 1975, S. 67 - 69.

② Gerald D. Feldman, Irmgard Steinisch, "Die Weimarer Republik zwischen Sozial- und Wirtschaftsstaat. Die Entscheidung gegen den Achtstundentag. Hans Rosenberg zum kommenden 75. Geburtstag gewidmet", S. 384.

③ "Auszüge aus der Niederschrift über die Sitzung des Zentralvorstandes der ZAG am 10. Und 11. November 1922 über die Wirtschaftslage", in Gerald D. Feldman, Irmgard Steinisch, *Industrie und Gewerkschaften, 1918 - 1924: Die überforderte Zentralarbeitsgemeinschaft*, Stuttgart: Deutsche Verlags-Anhalt, 1985, S. 325 - 356.

④ Gerald D. Feldman, Irmgard Steinisch, "Die Weimarer Republik zwischen Sozial- und Wirtschaftsstaat. Die Entscheidung gegen den Achtstundentag. Hans Rosenberg zum kommenden 75. Geburtstag gewidmet", S. 365.

⑤ Ludwig Preller, *Sozialpolitik in der Wermarer Republik*, S. 211.

协议。① 与此同时，1921 年 10 月柏林旅店业的店员和工人罢工、1922 年 2 月的铁路工人罢工、11 月路易港工业区工人大罢工也都包含了维护 8 小时工作制的目标。② 劳资对等组成的中央工作组对矿区出现的 6 小时工作制提出了劝诫，希望人们考虑"目前的紧急状态"，维持既定的 7 小时工作制。③

这种争论也影响到舆论界。一些人认为劳动时间缩短不是一种让德国经济健康发展的手段，劳动时间令成为"不能穿透的丛林"，让富有"自我意志与自我负责精神"的企业主们失去经营积极性。相反，另一些人建议继续降低劳动时间标准，让工人得到更多时间休息，以期获得更强的生产能力。④

三 魏玛政府的经济转向

关于 8 小时工作日原则的争论在 1920—1921 年开始的"净化运动"中变得更为激烈。所谓"净化"，即逐步改变复员期间的非常态性经济政策，实现经济运作正常化。劳动时间也是需要"净化"的对象。虽然魏玛政府继续坚持 8 小时工作日原则，限定超时劳动的发生频率，但据统计，1920 年后，实行超时劳动的企业数量与人数不断攀升。1920 年有 5018 家企业的 197648 名工人每周劳动时间超过 48 小时；1921 年，这两个数据分别增加到 11451 家 569412 人；1922 年继续增加到 13083 家 666048 人。1922 年，在雇主递交给官方

---

① Gerald D. Feldman, Irmgard Steinisch, "Die Weimarer Republik zwischen Sozial- und Wirtschaftsstaat. Die Entscheidung gegen den Achtstundentag. Hans Rosenberg zum kommenden 75. Geburtstag gewidmet", pp. 367 – 376.

② [民主德国] 洛塔尔·贝托尔特等编：《德国工人运动史大事记》第 2 卷，孙魁等译，人民出版社 1986 年版，第 119、125、138 页。

③ Fritz Tänzler, *Die deutschen Arbeitgeberverbände 1904 – 1929, Ein Beitrag zur Geschichte der deutschen Arbeitgeberbewegung*, S. 173.

④ Gi-Chul Song, *Die Staatliche Arbeitsmarktpolitik in Deutschland zwischen der Revolution 1918/19 und der Währungsreform 1923/24. Möglichkeiten und Grenzen des arbeitsmarktpolitischen Staatsinterventionismus in der Weimarer Republik*, S. 315 – 316; Ludwig Preller, *Sozialpolitik in der Wermarer Republik*, S. 273, 210 – 211.

审查的 22734 份要求延长劳动时间的报告中，只有 3% 被拒绝；而在被批准的报告中，19% 的申请要求每日劳动时间延长 1 小时，56% 要求延长 1.5 小时，9% 要求延长 2 小时。① 这表明政府在劳动时间政策上也开始转向经济优先的原则。

造成这种转向的原因主要有三方面：

第一，国家经济形势恶化，赔款压力加重。1919 年末，德国的通货膨胀率已经很高，而战胜国在 1920 年初又提出了巨额赔款要求。魏玛大联盟政府不得不把实现社会公正的美好愿望暂时搁置，转而考虑如何提高经济效益。

第二，政治格局变动，资产阶级势力上升。1920 年 6 月选举之后，社会民主党退出了政府，德意志人民党与中央党和民主党组成了中右联盟。人民党与民主党均代表资本家利益，必须考虑工业界不断提出的延长劳动时间的要求。

第三，劳动部部长易人，社会政策的指导思想有所变化。在复员期间，劳动时间政策由复员部负责。1919 年 4 月，复员结束后，新成立的劳动部接手劳动时间政策。前两届政府的劳动部部长分别是自由工会高层古斯塔夫·鲍尔（Gustav Bauer，曾任自由工会第二主席）与亚历山大·施利克（Alexander Schlicke，曾任五金工人联合会主席）。他们的出身决定了劳动部在 1919—1920 年的政策基本上体现出维护工人利益的倾向。然而 1920 年 6 月后，劳动部部长一职由中央党人海因里希·布劳恩斯（Heinrich Brauns）接任，他在此后的 8 年中一直担任该职，经历了 6 任总理与 12 届内阁。布劳恩斯属于基督教社会主义者，既要求改变资本主义经济体制，又要求劳资双方放弃相互敌视的立场，实现社会和谐。他十分欣赏基督教工会领袖特奥道尔·布劳尔（Theodor Brauer）的理论，即推崇所谓"以生产为导向的社会政策"，劳动时间也应如此。因此，布劳恩斯主政下的劳动部以更为弹性的方式处理劳动时间问题，力图在不突

---

① Emil Frankel, "The Eight-Hour Day in Germany", p. 324.

破 8 小时工作日原则的前提下，允许更多例外情况发生。①

这样一种态度也影响到中央与地方各级官员的立场。如一位普鲁士部长在科隆同其顾问谈话时就表示，延长 1 小时劳动"是必要的"；中央邮政部部长约翰内斯·吉斯贝尔斯（Johannes Giesberts）虽是一位老资格的基督教社会主义者，但同样在中央党会议上赞同"9 小时工作制"。②

与此同时，人们还存在复员部颁布的劳动时间令是否依然有效的疑问。资本家的质疑最多，他们认为，复员已经结束，所有紧急条令应该随之废除，从而让德国经济的发展回到"正常状态"。即便是劳动部内部也存在争议。1922 年 3 月 28 日，卡尔斯鲁厄—曼海姆发生劳动时间争议，劳动部代表、专职负责集体合同事宜的司长宣布，在该地区通行的 46 小时/周原则尚未取消之前，实行 48 小时/周的企业必须对工人支付 2 小时的加班津贴。同年 4 月，法兰克福也发生了类似的劳动时间争议，那里的劳动仲裁官员却表示，只要劳动时间问题还没有形成正式的法律，那么延长劳动时间而不增加津贴的行为是合法的。③

此外，根据 1919 年底 1920 年初国际劳动组织大会的决议，作为成员国的德国必须在一年之内（即在 1921 年 1 月 26 日之前）起草一份符合 8 小时工作制精神的正式法案。④ 如此，魏玛政府的劳动时间政策向经济优先原则的转向，再加上人们对复员紧急令的疑惑，迫使劳动部尽快启动劳动时间立法。

---

① Johannes Bähr, *Staatliche Schlichtung in der Weimarer Republik. Tarifpolitik*, *Korparatismus und Industrieller Konflikt zwischen Inflation und Deflation*, 1919 – 1932, S. 52 – 59.

② Ludwig Preller, *Sozialpolitik in der Wermarer Republik*, S. 272.

③ Gerald D. Feldman, Irmgard Steinisch, "Die Weimarer Republik zwischen Sozial- und Wirtschaftsstaat. Die Entscheidung gegen den Achtstundentag. Hans Rosenberg zum kommenden 75. Geburtstag gewidmet", S. 369.

④ Gerald D. Feldman, Irmgard Steinisch, "Die Weimarer Republik zwischen Sozial- und Wirtschaftsstaat. Die Entscheidung gegen den Achtstundentag. Hans Rosenberg zum kommenden 75. Geburtstag gewidmet", S. 369.

四 《劳动时间法》的难产

在劳动部起草劳动时间法令的同时，劳资双方开始行动起来，试图通过不同方式对起草进程施加压力。双方的争议焦点在于：第一，减少劳动时间是否能减轻失业压力，从而使复员时期非正常态的劳动力市场"恢复正常"？第二，劳动时间政策究竟是一种社会政策，还是一种经济政策？

1920年8月初，社会民主党在新国会中提出十点方案，其中包括把每周劳动时间减少到24小时的建议。这一点引发了争议，特别是遭到了资方代表的抵制。① 但劳方继续坚持这一路线。1921年2月，自由工会执委会向政府和国会政党递交了解决失业问题的10点纲领，再次要求减少劳动时间。国会中的自由工会代表联手基督教工会代表不仅论证了减少劳动时间的经济意义，还不约而同地强调了它的政治价值。与此相反，资方充分利用了新内阁的组成特征，不断直接向部长乃至总理施压，要求延长劳动时间。②

1920年10月2日，劳动部草拟了一份《劳动时间法草案》。该草案试图把此前工商业法草案中的劳动时间条款及1918—1919年颁布的各类劳动时间法令统一起来，根据华盛顿决议来确立8小时工作制的原则，同时也把部分特殊情况排出之外，如交通业。它还规定，超出标准劳动时间的做法，必须得到政府部门的批准。极端情况下，政府允许11小时工作制的出现。这里首次提到了清理和修理工作，还批准进修教学可以每周达到54小时。在集体协商的情况下，政府允许一些领域超出华盛顿决议所规定时间的25%。季节工的劳动时间可以得到特殊处理，但不允许在常规工作时间之外长时

---

① Gi-Chul Song, *Die Staatliche Arbeitsmarktpolitik in Deutschland zwischen der Revolution 1918/19 und der Währungsreform 1923/24. Möglichkeiten und Grenzen des arbeitsmarktpolitischen Staatsinterventionismus in der Weimarer Republik*, S. 219.

② Gi-Chul Song, *Die Staatliche Arbeitsmarktpolitik in Deutschland zwischen der Revolution 1918/19 und der Währungsreform 1923/24. Möglichkeiten und Grenzen des arbeitsmarktpolitischen Staatsinterventionismus in der Weimarer Republik*, S. 292.

期地从事第二职业。青少年劳动时间绝对不能超标。女性在夜间劳动时间必须保持在 5 小时之内。①

1921 年 1 月 15 日，该法案交由内阁讨论。外交部部长提出，在其他国家并未启动 8 小时工作制合法化的情况下，德国也无必要率先实行国际劳动组织的"建议"，部长们认为，在德国经济形势未能明朗之前，有关 8 小时工作制的立法尝试可以推后。② 尽管如此，鉴于当时的国际压力，内阁最终决定于 1 月 19 日把草案交给国会讨论。③ 1 月 26 日，法案递交给参议院。2 月 23 日，劳动部部长布劳恩斯在国会中指出，德国作为国际劳动组织的成员国，必须在 1 月 26 日之前完成大会布置的立法任务，其中之一就是"产业工人的劳动时间"。政府草案原则上坚持 8 小时日工作制与 48 小时周工作制，因为这是华盛顿决议所要求的。④

该草案在社会领域中引发了不少讨论。在 7 月递交临时经济议院时，它已经过了一些修改，如规定 48 小时周工作时间内每日工作时间同样不能超过 9 小时等。当然，有关劳动时间标准和德国经济复兴能力之间的张力问题，继续成为人们胶着对峙的话题。⑤ 由此，并不令人感到奇怪的是，这份草案实际上自此处于被搁置的状态。无论国会还是参议院，抑或临时经济议院，并没有启动相应讨论。由此我们可以推测，费伦巴赫（Constantin Fehrenbach）内阁肯定采取了消极态度，也没有积极跟进此事。

直到维尔特（Joseph Wirth）内阁上台后，立法工作再次启动。1921 年 6 月 23 日，内阁首先在草案上增加了有关公务员劳动时间应

---

① Ludwig Preller, *Sozialpolitik in der Wermarer Republik*, S. 272.
② 当时，只有希腊接受了"建议"。瑞士予以拒绝。而法国、意大利、比利时、捷克斯洛伐克、南非、阿根廷不过是把"建议"转交给立法机构而已。参见 1921 年 1 月 15 日费伦巴赫内阁纪要，第 156 号，魏玛共和国内阁档案集，网上资料库。
③ 1921 年 1 月 21 日费伦巴赫内阁纪要，第 160 号，魏玛共和国内阁档案集，网上资料库。
④ Reichstagsprotokolle, 1920/24, 4，国会讨论集，网上资料库。
⑤ Ludwig Preller, *Sozialpolitik in der Wermarer Republik*, S. 273.

"添加半小时早餐时间"的规定。① 随后在 7 月 13 日再次拿出了上述有关"产业工人劳动时间"的草案。交通部长和邮政部长希望把草案中有关"铁路、公路、水路、邮政和电报管理人员"不受法案限制的规定延伸到整个交通业。这一点得到了内阁赞同。② 8 月 25 日,该草案递交给临时经济议院的社会政策委员会讨论,并于 12 月 15 日在全体大会上得到审读。然而劳资双方代表显然无法在这一点上找到共识。1922 年 10 月 14 日,大资本家奥古斯特·蒂森(August Tyssen)直接致信总理,以"保卫民族和国家避免崩溃"为由,请求总理支持延长劳动时间的立法建议。同月,另一位大资本家斯廷内斯向临时经济议院递交要求延长劳动时间的草案,指出所有德国人必须免费多工作 2 小时,才能解决目前经济困境。工会主席特奥道尔·莱帕特后来回忆说,这种对于劳动时间标准的进攻不仅来自资本家,还几乎得到了所有人的支持,甚至工人也开始认为,德国民族必须通过多劳动才能得到拯救。③ 作为回应,自由工会在 11 月向劳动部递交了一份声明,坚决反对打破 8 小时工作制的任何企图。声明指出,"生产力是否能提高不在于劳动时间的长短,而是在于卡特尔与托拉斯的经济形式何时能得到改革,只有社会化,生产效率才能提高"。临时经济议院看起来陷入了一场遥遥无期的拉锯战中。④

1923 年 2 月 1 日,在"鲁尔危机"已爆发的压力下,劳动部在一份给内阁的报告中写道:"这里(指临时经济议院——引者注)的政党要求,鉴于政治和经济局势,必须中止有关该立法草案的进一步讨论,以便在临时经济议院内为调和协商制造机会……特别是在当下避免劳资之间的新对峙。" 3 月 31 日,劳动部提请临时经济

---

① 1921 年 6 月 23 日维尔特内阁纪要,第 35 号,魏玛共和国内阁档案集,网上资料库。

② 当天内阁没有展开讨论。8 月 5 日,内阁正式讨论了该建议。参见 1921 年 8 月 5 日维尔特内阁纪要,第 64 号,魏玛共和国内阁档案集,网上资料库。

③ Gerald D. Feldman, Irmgard Steinisch, "Die Weimarer Republik zwischen Sozial- und Wirtschaftsstaat. Die Entscheidung gegen den Achtstundentag. Hans Rosenberg zum kommenden 75. Geburtstag gewidmet", S. 383 – 384.

④ Ludwig Preller, *Sozialpolitik in der Wermarer Republik*, S. 274.

议院延长复员时期的劳动时间法令。①8小时工作制合法化之路就此终结。与此同时,有关铁路工人劳动时间的法案也不了了之。②5月有关职员8小时工作制的草案同样如此。③

1918—1922年,德国的劳资关系在8小时工作制的确立过程中获得了重塑的机会。在革命的压力下,此前坚持"企业主人"(Herr-im-Haus)思想的资本家(尤其是重工业家)不得不做出了重大让步,劳资之间的杠杆重心第一次发生了有利于劳方的偏转。正因如此,劳方在1920年卡普危机中坚决站在了共和国一方,成为保卫民主的重要支柱。在这一时期,针对劳资关系,魏玛政府推行的是社会自治政策,亦即在维护8小时工作制的总原则下,鼓励劳资利益团体通过中央工作组与集体劳动谈判的民主模式,就具体实践问题进行谈判。双方即便无法达成妥协,也没有引发大的风波,而是在政府的疏导下,最终达成谅解。然而这种在革命压力下骤然形成的劳资新关系具有不确定性。它更多地出于社会公正的考虑,而忽略了经济效益。因而随着德国经济形势的急转直下,特别是外部赔款压力的持续加强,它必然将经受更为严峻的考验。

第三节 8小时工作制危机(1922—1923年)

一 南德五金工人大罢工

劳动部不仅在法规起草中面对劳资双方的斗争,还必须处理双方已经不断出现的现实冲突。其中最棘手的案例是1922年初的南德

---

① 参见1923年2月6日古诺内阁纪要,第65号,魏玛共和国内阁档案集,网上资料库。
② 这是由铁路工会于1921年12月5日提出的,主要针对年收入在3万马克之下的铁路工人。但总理认为在普遍性的劳动时间法未通过之前,不能展开针对特殊群体的法律之讨论。
③ 维尔特内阁虽然在5月3日批准了草案,并于5月27日将之交给临时经济议院。但直到12月,社会政策小组也未能得出统一结论。参见维尔特内阁纪要,第259号,魏玛共和国内阁档案集,网上资料库。

五金工人大罢工。①

革命之后，南德五金工业的一般劳动时间在 46—47 小时/周。从 1921 年底开始，劳资双方的目标分歧越来越大。劳方不仅希望继续维持既有的劳动时间，还力图进一步削减最高劳动时间标准，以提高加班津贴。相反，资方已经提出了"最大限度地利用最高劳动时间标准"，更计划跟上其他地区与其他行业的发展趋势，在 48 小时劳动时间标准的基础上再行发放加班津贴。

双方矛盾终于爆发。在 1922 年 1 月 11—12 日举行的双方谈判中，资本家提出，48 小时为劳动时间标准，但雇员可享受带薪假期与一定数额的加班补贴。对此，南德五金工会拒绝接受。3 月 4 日，国家调解员作出了偏向资方的判决，批准推行 48 小时/周工作制。这引发了工人强烈不满。到 3 月中旬，慕尼黑、奥格斯堡、纽伦堡与富尔特的 90% 五金工人举行大罢工。作为回应，各地资本家均采取了大规模解雇手段。整个南德五金工业中约 20.5 万工人失业。

4 月初，劳动部部长布劳恩斯亲自组织劳资双方代表在海德堡会谈，试图确立 46.5 小时/周工作制，但被资方拒绝。后者提出的要求是，立即实行 47 小时/周最高劳动时间，并从 6 月 1 日开始推行 48 小时/周。4 月 20 日，工会再次做出了继续罢工的决议。为避免南德工人罢工与失业问题进一步恶化劳动市场，布劳恩斯决定后退一步。4 月 14 日，他提出，可以立即实行 47 小时/周，但最高劳动时间标准仍然是 46 小时/周，增加的劳动时间应算作加班，资方必须支付津贴，并且还应得到企业代表会的同意。

不曾想到，劳动部部长的让步仍然没有得到工业界的满意。卡尔·弗里德里希·冯·西门子（Carl Friedrich von Siemens）在临时经济议院中批评部长的决议牺牲了企业家的利益，而且将对劳动争

---

① 关于南德五金工人大罢工的案例，下文若无特别注明，主要史料均引自 Gerald D. Feldman, Irmgard Steinisch, "Die Weimarer Republik zwischen Sozial- und Wirtschaftsstaat. Die Entscheidung gegen den Achtstundentag. Hans Rosenberg zum kommenden 75. Geburtstag gewidmet", S. 365 – 381.

议产生负面影响。他更担心劳动部的立场将影响到此时正在临时经济委员会中讨论的劳动时间法草案。他的盘算是，南德五金企业主不能随意让步，应该借此机会向政府施压。在给巴伐利亚工业家协会一位教授的信中，西门子这样写道："正如您所知道的那样，工人领袖一直想寻求一条直通的道路，来反对超时劳动，并建议（政府）否决我们已经谈妥的超时劳动合同……我们必须努力把48小时/周作为一个基础，将之巩固到集体合同中，并且能够得到双方认同，即在一定条件下，超时劳动也是必要的。但是，假如在这个时刻就达成每周延长一小时的安排，在我看来，却会影响到我们接下来的会谈。"显然，西门子的意见对南德五金工业家影响很大。他们再次拒绝了布劳恩斯的方案，并在5月8日的大会上，进一步把解雇范围从慕尼黑、奥格斯堡、纽伦堡与富尔特推广到黑森、黑森－拿骚、中巴登等地区。这样一来，劳动部部长的建议不仅没有解决问题，反而激化了劳资双方的矛盾。

在此情况下，即便劳动部部长抱着"以生产为目标的社会政策"，试图适当扭转劳动时间标准，但他现在也不得不考虑长时期罢工将会引发的政治风暴。五金工会内部激进派的影响一直存在，同一地区的纺织业与铁路工人无疑也会受到罢工风潮的影响，一旦工人的不满情绪被激发，那么1918—1919年革命的一幕又将重现。因此，劳动部部长决定不再让步，加大了对南德工业界的压力。5月10—19日，巴伐利亚劳资谈判终于在政府的主导下达成了和解：实行48小时/周，增加的时间作为加班，资本家支付津贴，且必须得到企业代表会的赞同。巴伐利亚妥协模式很快被南德其他地区所接受。5月底，南德的五金工厂全部开工，罢工浪潮告一段落。

在这场罢工风潮中，人们可以深刻地体会到劳动部所面临的两难困境。一方面，资方要求延长劳动时间到48小时/周的方案，仅仅从社会政策角度而言，也并非毫无道理可言。5月4日，南德五金工业家协会在致劳动部的信中公开表示，48小时/周是法定劳动时间，却没有得到普遍认可。这一批评也被当时的社会舆论所接受。

由此，革命时期所定下的劳动时间标准反过来却成为企业主攻击劳动部的有力武器！更何况从经济政策角度来看，资本家的攻击更具杀伤性。他们反复强调劳动时间延长与德国经济复兴之间的正比关系，如果劳动部不能满足他们的要求，便将成为阻碍德国重生、完成赔款义务的罪魁祸首。也正因如此，在5月1日致劳动部的公开信中，南德五金工业家协会可以说出如下威胁的话："一个阴谋迫害其公民的民主国家理应得到反对，并且是没有存在合法性的！"

另一方面，工人要求继续保留47小时/周乃至46小时/周的想法不仅是为了维护1918—1919年革命成果，更具有社会进步的历史象征。在工人看来，1918—1919年的革命成果随着革命浪潮的回落，已经所剩无几：工人代表会从政治领导组织转变为企业内部的经济共决组织；工人政党独领风骚的临时政府变成了工人政党参与的联盟政府，并在1920年6月"退化"成中右联盟，工人政党再次变成了在野党。工人阶级在政治与经济上的失势绝对不能在劳动时间问题上重现。这不是一个简单的经济问题，而是一个重大的政治问题。基督教工会出身的劳动部部长布劳恩斯同样深谙个中道理。更为重要的是，工会认为，8小时工作日或48小时工作周代表了人类社会进步的普遍规律。随着劳动科学的发展，人们也越来越发现劳动时间与劳动效率之间的反比关系。因此，工会希望魏玛作为德国历史上的第一个民主体制、代表进步的共和国政府，绝对不能在劳动时间政策上随意听从资本家的安排，既不能让他们随心所欲，也不能任意取消工人在劳动时间问题上的共决权。

如此一来，劳动部既不能在政治上得罪工人阶级，又必须在经济问题上考虑资本家的意见。在劳资双方的夹击下，劳动部只能暂时搁置了劳动时间法案的起草工作，希望劳动市场平稳之后，再行打算。不料，天不遂人愿，1923年，德国的劳动力市场更为糟糕，由赔款引发的"鲁尔危机"再次激发了劳动时间争议。这一次，斗争的焦点转到了莱茵—威斯特法伦重工业区。

二 1923年《授权法》与劳动时间标准弹性化

1923年是魏玛共和国短暂历史上的危机年。在这一年中,法、比联军借口德国不履行赔款义务,出兵占领鲁尔区,制造"鲁尔危机"。魏玛政府号召民众进行消极抵抗,并大量发行货币,以致引发恶性通货膨胀。左翼革命者与右翼民族主义者对共和政府相继发起挑战,莱茵区还出现了分离主义运动。共和国的政治、经济、外交等各方面均陷入危机之中。8小时工作制也不例外。

鲁尔危机增强了资本家们对于8小时工作制的忧虑。由于魏玛政府对参与消极抵抗的劳资双方都实行"莱茵—鲁尔援助",围绕在劳动时间问题上的争论一度平息。政府要求维持工人的正常工资,所需费用由国家和鲁尔企业主共同承担。此外,在特殊情况下,参加抵抗运动的工人还能得到3倍于普通救济的"莱茵—鲁尔救济金",被占区的短期工也可以拿到全额工资。仅此一项,中央政府在6个月内的花费达到 0.9×10^{18} 马克。[1]

显然,重工业家们并不欢迎这种"非生产性的政策"。斯廷内斯建议,非占领区必须相应拉长劳动时间才能弥补损失。4月,煤炭辛迪加单独与劳动部谈判,要求中央政府承担重工业一定的补偿。最终重工业从政府手中得到了 1.6×10^{18} 马克的补贴金。[2] 然而即便如此,资方仍然不满意。5月25日,德国工业家全国联合会(Reichsverband der Deutschen Industrie,RDI)建议政府立即停止消极抵抗,取消一切政府控制,提高集体谈判在确定劳动时间上的自主权。矿业公司更要求把每周加班3小时的限制延长到5小时。[3] 9

---

[1] Gi-Chul Song, *Die Staatliche Arbeitsmarktpolitik in Deutschland zwischen der Revolution 1918/19 und der Währungsreform 1923/24. Möglichkeiten und Grenzen des arbeitsmarktpolitischen Staatsinterventionismus in der Weimarer Republik*, S. 336, 344.

[2] Gi-Chul Song, *Die Staatliche Arbeitsmarktpolitik in Deutschland zwischen der Revolution 1918/19 und der Währungsreform 1923/24. Möglichkeiten und Grenzen des arbeitsmarktpolitischen Staatsinterventionismus in der Weimarer Republik*, S. 339.

[3] Gerald D. Feldman, Irmgard Steinisch, "Die Weimarer Republik zwischen Sozial- und Wirtschaftsstaat. Die Entscheidung gegen den Achtstundentag. Hans Rosenberg zum kommenden 75. Geburtstag gewidmet", S. 385–386.

月 21 日，斯廷内斯在同美国驻德大使的会谈中，表达了相同意思。他提出，"德意志工人必须更长时间劳动，更为辛苦地劳动"，同时"收入要更少一些"。"只有当 10 小时工作制成为正常制度后，他们的工资才能翻两番或三番"。①

这些想法在工人中还得到了积极回应。5 月 7 日，社民党党报《前进报》居然也提出了"必须迈过 8 小时工作制"的口号。一位社民党编辑这样写道："根据很容易达到的 8 小时工作制得出一项绝对的原则，在这一原则面前，其他的一切理由，由于阶级利益的缘故，都不惜显得毫无声息，这是不民主的。"② 自由工会虽然一再强调 8 小时工作制是革命的重要成果，但迫于经济压力，却在 1922 年底就不得不向政府表态，愿意在保证 8 小时工作制原则不被打破的前提下，允许更多例外情况出现。然而另一方面，由于工人越来越感受到货币贬值的压力，考虑到免费的超时劳动所带来的巨大冲击，工会的让步并不情愿，而且各行业工会的立场也无法统一。例如矿工工会在 11 月仍然反对延长劳动时间。③

尤为重要的是，鲁尔危机改变了革命之后的德国政治格局。一方面，工人力量急剧下降。1923 年 1 月，工会会员完全失业率为 4.2%，短期工比例为 12.6%，到 12 月底，两个比例分别飙升至 28.2% 和 42%。④ 与之相应的是自由工会的会员人数迅速下降，从 1920 年底的 803 万减少到 1923 年底的 580 万。⑤ 这使自由工会心有

---

① "Aus dem Telegramm des Botschafters der USA in Deutschland Alanson B. Houghton an seine Regierung über eine Unterredung mit Hugo Stinnes vom 21. September 1923", in Wolfgang Ruge und Wolfgang Schumann, *Dokumente zur deutschen Geschichte 1919–1923*, S. 80–81.

② [苏] 奥尔洛娃：《1923 年的德国》，虎溪译，高等教育出版社 1959 年版，第 76 页，注释④。

③ Gerald D. Feldman, Irmgard Steinisch, "Die Weimarer Republik zwischen Sozial- und Wirtschaftsstaat. JPDie Entscheidung gegen den Achtstundentag. Hans Rosenberg zum kommenden 75. Geburtstag gewidmet", S. 384.

④ Gi-Chul Song, *Die Staatliche Arbeitsmarktpolitik in Deutschland zwischen der Revolution 1918/19 und der Währungsreform 1923/24. Möglichkeiten und Grenzen des arbeitsmarktpolitischen Staatsinterventionismus in der Weimarer Republik*, S. 373.

⑤ [民主德国] 洛塔尔·贝托尔特等编：《德国工人运动史大事记》第 2 卷，孙魁等译，人民出版社 1986 年版，第 101、161 页。

余而力不足。另一方面，资本家的政治影响力扩大。8月13日，德意志人民党主席古斯塔夫·施特雷泽曼（Gustav Stresemann）取代无党派政治家威廉·古诺（Wilhelm Cuno），成为魏玛政府的第七位总理。这是革命之后首次由右翼政党领袖出面组阁。尽管社民党仍然参与其中，但政治氛围显然已迥然于革命之后。人民党并不反对构建企业内部的劳资和谐局面，但一贯强调保障资本家的自主权。施特雷泽曼在上任前便同斯廷内斯会晤，同意后者提出的延长劳动时间的方案。[①] 具体处理劳资关系的劳动部部长布劳恩斯认为，在不改造工资标准与进一步延长劳动时间的情况下，德国无法稳定货币。10月1日，他正式向总理建议，必须"除去所谓的1918年革命的成果"。[②] 在当天举行的内阁会议上，他表示，"目前形势下的8小时工作制无法维系下去，必须设定一种所谓健康的最高工作制。在矿区，必须再次制定8小时工作制（包括进出矿井口）"。这一点得到了大部分内阁成员的赞同。[③]

然而令资本家们失望的是，9月消极抵抗结束后，8小时工作制并没有被如约废除。由于社民党部长们的反对，施特雷泽曼内阁始终无法达成一致意见。在左翼力量的推动下，原本打算动摇的自由工会也变得更为坚定。

因此，资本家们决定自行解决劳动时间问题。9月30日，鲁尔区的矿业公司在乌纳（Unna）召开大会，达成协议，决定从10月8日起，将矿工的劳动时间从7小时延长到8.5小时。这份决议还得到了法国占领军司令德古特（Jean-Marie Joseph Degoutte）的首肯。他在同鲁尔区工会领袖的会谈中，甚至强调10小时工作制是鲁尔区经济生活正常化的前提。[④]

[①] ［苏］奥尔洛娃：《1923年的德国》，高等教育出版社1959年版，第76页，注释④。

[②] Johannes Bähr, *Staatliche Schlichtung in der Weimarer Republik. Tarifpolitik*, *Korporatismus und industrieller Konflikt zwischen Inflation und Deflation*, 1919–1932, S. 59, 67–68.

[③] 1923年10月1日施特雷泽曼内阁纪要，第97号，魏玛共和国内阁档案集，网上资料库。

[④] Gerald D. Feldman, Irmgard Steinisch, "Die Weimarer Republik zwischen Sozial-und Wirtschaftsstaat. Die Entscheidung gegen den Achtstundentag. Hans Rosenberg zum kommenden 75. Geburtstag gewidmet", S. 388.

这份乌纳决议随后掀起了一场政治风暴。施特雷泽曼的原定计划是，为了得到社民党部长们的支持，保持内阁稳定，8小时工作制的原则不能被破坏，但在具体实践中可通过集体谈判的方式允许例外情况出现，而且以支付必要津贴为前提。但乌纳决议却突破了他的心理底线，人民党的国会党团也站在了矿业公司的一边。这使总理不得不寄希望于社民党的让步。他提出，针对国内的紧张局势，内阁应首先起草一部《授权法》，然后在该法的框架下，调整8小时工作制。然而，社民党部长们在内阁中坚决反对这一提议。[①] 10月3日，社民党党代会也否决了总理提议。多数人指责人民党是"有意识地反对德国合法的发展"，建立一个"反对工人阶级的独裁体制"。社民党在声明中指出，反对8小时工作制的斗争"并非为了更多生产的斗争，而是为了更多统治权的斗争"。唯有前总理赫尔曼·米勒（Hermann Müller）持不同看法。他在党代会的投票现场批评大多数人没有意识到，授权法虽然意味着独裁，但是，如果没有这种合法的独裁，就会让暴力随之而来，因为资本家已经十分强大，完全可以在没有法律的保障下取消8小时工作制。[②] 不过他的意见在当时只能被视作少数派，未能得到人们的重视。

如此一来，施特雷泽曼第一届内阁不得不宣布解散。在魏玛共和国历史上，这是首次由于劳资关系问题而导致的内阁倒台。此前，谢德曼内阁由于拒绝接受《凡尔赛和约》而辞职；鲍尔内阁由于无法满足工人的政治要求而倒台；米勒内阁的更迭是正常议会选举的结果；费伦巴赫内阁和维尔特内阁的倒台均是由外交困境造成的；古诺内阁则是受到鲁尔危机的牵连。

不过，在1923年，劳资矛盾还不足以让魏玛民主体制彻底崩

[①] 1923年10月3日施特雷泽曼内阁纪要，第99—104号，魏玛共和国内阁档案集，网上资料库。

[②] Gerald D. Feldman, Irmgard Steinisch, "Die Weimarer Republik zwischen Sozial- und Wirtschaftsstaat. Die Entscheidung gegen den Achtstundentag. Hans Rosenberg zum kommenden 75. Geburtstag gewidmet", S. 390 – 391.

溃，政治上的转机还没有完全消失。在内阁解散的当日，施特雷泽曼连夜同社民党高层会谈，并取得后者的谅解，"为了国民经济所需的增加生产和降低成本"，社民党愿意在《授权法》问题上做出让步。① 10 月 6 日，第二届施特雷泽曼内阁成立。

社民党的立场之所以会发生变化，一方面是其内部不乏寻求变化者，一些中央委员希望通过《授权法》来保证 8 小时工作制；另一方面施特雷泽曼也做出了巨大让步，承诺不会在本质上改变 8 小时工作制。②

正当内阁变动之际，劳资双方也试图运用一切可能手段对未来的劳动时间标准施加影响。

10 月 5 日，重工业的五人代表团同法国占领军司令德古特会谈，取得了后者的默许，准备从 10 月 8 日起恢复战前的劳动时间标准，亦即井下工人 8.5 小时，井上工人 10 小时。这份计划随即由斯廷内斯亲自带往柏林，等待次日成立的新政府予以批准。10 月 7 日，德古特公开支持重工业区延长劳动时间的计划，并在波鸿等地的报纸上公开表态，试图向魏玛政府施压。重工业家集团已经预料到矿工工会的反对——事实也是如此，10 月 7—8 日，四大矿工工会组成了联合阵线，准备组织大罢工——但他们并不担心，因为他们估计第二届施特雷泽曼内阁在排除了社会民主党之后，一定会支持这份计划的。但他们不知道施特雷泽曼向社会民主党做出过承诺，不会对 8 小时工作制进行大修改。更为重要的是，重工业家还疏忽了一点：虽然社会民主党退出了中央政府，但它还掌控着普鲁士政府，直接负责审批重工业家计划的商业部部长威廉·希尔林（Wilhelm Siering）就是社会民主党成员。如此一来，重工业家本以为胸有成竹，

---

① ［德］威廉·冯·施特恩堡：《从俾斯麦到科尔——德国政府首脑列传》，许右军等译，当代世界出版社 1997 年版，第 281 页。
② Gerald D. Feldman, Irmgard Steinisch, "Die Weimarer Republik zwischen Sozial- und Wirtschaftsstaat. Die Entscheidung gegen den Achtstundentag. Hans Rosenberg zum kommenden 75. Geburtstag gewidmet", S. 391.

并挟法国占领军以威胁的方案面临夭折的危险。为此，斯廷内斯于10月7日向总理提出最后通牒，希望政府于次日必须给出明确意见。① 10月9日，政府仍然保持沉默。于是，倾向资方的《福斯报》（*Vossische Zeitung*）刊登了斯廷内斯对总理提出的十点要求，还重点报道了劳动部、重工业家与德古特将军的三方谈判。② 重工业家集团希望以此来影响公共舆论，继续向政府施压。

得到消息的矿区工会组成联合战线，坚持革命之后实行的7小时工作制标准。10月11日，《前进报》刊登了题为《国家权力与劳动时间》的评论文章，指责矿主们通过野蛮的方式让劳动时间问题的解决变得遥遥无期。它提醒民众绝对不能在劳动时间标准上做出任何让步，否则将面临多米诺骨牌的效应。它还呼吁国家"必须保证革命成果不受侵犯，以免合法政府受到威胁"③。

正是在劳资利益团体和各政党不断施压的背景下，劳动部于10月12日拿出了有关劳动时间的草案。有关这份草案的起草进程，目前还缺少档案说明。但从劳动部部长的内阁发言中，我们可以得知，他此前至少已经与各州政府代表通过气。双方都希望尽快推行。该草案定位于对复员时期的劳动时间令（即1918年11月23日令、12月17日令、1919年3月18日令）的修正，仍然坚持每日8小时、每周48小时工作制原则，但允许在特殊情况下有所偏离，甚至允许资本家能够在一年中的30天内每日最多延长2小时。同时，草案还表示，即便在经济危机中，任何延长劳动时间的做法，都必须经过协商。最后，"任何在集体合同及劳动协议中所规定的劳动时间低于本法规定，则有1个月的有效期"④。当晚，劳动部部长与各政党代

---

① 该信要点载1923年10月8日施特雷泽曼内阁纪要，第120号，注释②，魏玛共和国内阁档案集，网上资料库。
② 谈判内容见施特雷泽曼内阁纪要，第121号，魏玛共和国内阁档案集，网上资料库。
③ Gerald D. Feldman, Irmgard Steinisch, "Die Weimarer Republik zwischen Sozial- und Wirtschaftsstaat. Die Entscheidung gegen den Achtstundentag. Hans Rosenberg zum kommenden 75. Geburtstag gewidmet", S. 393 – 398.
④ 1923年10月12日施特雷泽曼内阁纪要，第130号，魏玛共和国内阁档案集，网上资料库。

表进行了紧急沟通，得到了大多数国会党团的容忍。第二天，在经过了少量措辞修改后，该草案被正式接受，即为 10 月 13 日《授权法》。① 该法虽然允许政府"在其认为处于紧急状态下的财政、经济和社会领域中采取措施"，甚至可以"偏离国家宪法所规定的基本权利"，但特别保证该法"不涉及规范劳动时间"②。换言之，8 小时工作制的原则并没有被动摇。

《授权法》结束了劳资之间的角力，让政府在劳资关系中扮演了更为重要的角色。劳动部部长布劳恩斯与新任经济部部长约瑟夫·克特（Joseph Koeth）也代表政府斡旋于劳资双方。布劳恩斯一方面对矿业公司表示，绝对不接受不经过劳资平等谈判而得出的 8.5 小时工作制；另一方面又劝告矿工工会，"不恰当的愤怒会引发更严重的问题"，因为超时劳动只是短时期的临时措施。克特是原来的复员部长，1918 年 11 月的劳动时间令正是出于他的决定。他在 10 月下旬向总理表示，应该有计划地对劳动时间做一调整，如可以先通过集体谈判来解决问题，假如劳资之间无法达成妥协，政府应该采取强制措施。③ 正因如此，10 月 29 日，施特雷泽曼政府宣布，关于劳动时间的 3 个复员紧急令延长到 11 月 17 日。④ 这表明，此时，政府仍然希望劳资双方能够通过谈判的方式来解决问题。

三 国家在劳动时间问题上的强制调解

然而政府的想法并没有被重工业家所接受。10 月底，西北工业集团提出申请，要求关闭"不再有生产能力的工厂"。10 月 31 日，

---

① 少量措辞修改主要集中于有关交通业、邮政业、电报业职工的就业时间上。参见 1923 年 10 月 13 日施特雷泽曼内阁纪要，第 132 号，魏玛共和国内阁档案集，网上资料库。
② "Ermächtigungsgesetz vom 13. Oktober 1923", in: Wolfgang Ruge und Wolfgang Schumann, *Dokumente zur deutschen Geschichte 1919–1923*, S. 82. 见附录 3。
③ 相关讨论参见 1923 年 10 月 27 日施特雷泽曼内阁纪要，第 186 号，魏玛共和国内阁档案集，网上资料库。
④ "Verordnung über die Verlängerung der Geltungsdauer zweier Demobilmachungsverordnungen vom 29. Oktober 1923", in: *Deutsches Reichsgesetzblatt*, 1923, S. 1037.

斯廷内斯在和政府代表谈判时指出，矿区绝不允许出现7小时工作制，并要求政府出台延长劳动时间的紧急令。① 11月2日，重工业家通知矿工工会，如果无法恢复战前劳动时间，并不能解雇30%的工人，那么法国将拒绝同德国签订和平条约。11月6日，重工业家再次通知矿工工会，要求同时改变工资计算机制，扩大工资差别。11月10日，重工业家代表致信中央劳动部部长，要求政府尽快允许延长劳动时间。

工会也不能完全理解政府的立场。自由工会认为，资本家的要求会导致失业者人数增多；基督教工会与自由主义工会［即"希尔斯—敦克尔工会"（Hirsch-Dunckersche Gewerkvereine）］希望首先得到资本家的物质补偿，再来考虑增加劳动时间的问题。不过，1923年11月的工会已经无法像10个月前那样理直气壮了。根据统计，1923年1月，自由工会会员失业率为4.2%，从事短期工的比例为12.6%；11月，工会会员失业率达到23.4%，从事短期工的比例也达到47.3%。② 工会会员的失业率提高，使得工会的会费收入锐减，财政压力增大。这也是为什么鲁尔区矿工最终并未爆发大罢工，而其他行业的工会也在11月中旬竞相表示"愿意实行具有弹性的8小时工作制"③。

在此情况下，政府放弃了让劳资自由达成妥协的打算，准备加大国家干预的力度。强制调解的想法再次变得强烈起来。早在1919年，劳动部已经成立了264个国家调解机构，用来处理劳资纠纷，其中包括劳动时间、工资待遇、劳动条件等问题。由于这些机构做出的判决并不一定具有法律效应，所以成功率最高也只有2/3。这使得劳动部转向思考建立"强制调解"的可能性。相关草案曾经有三

---

① "Besprechung mit Hugo Stinnes und anschließende Ministerbesprechung vom 31. Oktober 1923"，参见1923年10月31日施特雷泽曼内阁纪要，第208号，魏玛共和国内阁档案集，网上资料库。

② Gi-Chul Song, *Die Staatliche Arbeitsmarktpolitik in Deutschland zwischen der Revolution 1918/19 und der Währungsreform 1923/24. Möglichkeiten und Grenzen des arbeitsmarktpolitischen Staatsinterventionismus in der Weimarer Republik*, S. 373 表格。

③ Emil Frankel, "The Eight-Hour Day in Germany", p. 332.

份，但因鲁尔危机和恶性通货膨胀而被中端。现在，这种想法再次得到了内阁的肯定。10 月 30 日，《调解令》颁布实行，在该令出台之前，劳动部曾小范围地征询了劳资利益团体高层的意见，并在内阁中进行了短暂讨论，但最终是以紧急令方式公之于众。据此，劳动部取得了在劳动争议中的干预权力，它所颁布的调解令具有法律效力。它把调解机构减少到 120 个，直接任命调解员，并通过接下来的执行条例赋予该调解员拥有"独裁权"（Einmannschiedsspruch）。[1]

这种国家强制调解机制为进一步解决劳动时间问题铺平了道路。11 月 15 日，劳动部部长在内阁中建议根据宪法第 48 条，以政府独裁方式确定劳动时间。这一点得到了各部长的赞同。[2] 11 月 17 日，劳动部宣布不再延长《劳动时间令》，而是暂时用强制调解的方式，更为灵活地处理问题。

在此期间，劳动部更为主动地介入集体谈判，规范具体的劳动时间，如 11 月 28—29 日，在劳动部部长的亲自协调下，矿业公司与矿工工会达成协议，将 7 小时/日延长到 8 小时/日，并在 1924 年 2 月 1 日起实行"一战"前的 8.5 小时工作制，矿工为此将得到加班津贴。从 1923 年 12 月 1 日到 1924 年 5 月 1 日，所有增加的劳动时间应支付加班津贴。[3] 12 月 4 日劳动部推动达成的鲁尔区加班合同规定，8 小时之外的工作将得到 1/7 工资与生活用品补贴。12 月 13—14 日，同样在劳动部部长的协调下，钢铁工业家与五金工会也达成了新的劳动时间合同，每周劳动时间从现行的 58 小时减少到 54 小时，两班倒必须在 24 小时之内完成。与矿区不同的是，五金工业的这份合同在 12 月 19 日的五金工人的全体投票中却遭到了否决，

---

[1] Johannes Bähr, *Staatliche Schlichtung in der Weimarer Republik. Tarifpolitik*, *Korparatismus und industrieller Konflikt zwischen Inflation und Deflation*, *1919 - 1932*, S. 24, 77 - 78.
[2] 1923 年 11 月 15 日施特雷泽曼内阁纪要，第 259 号，魏玛共和国内阁档案集，网上资料库。
[3] Gerald D. Feldman, Irmgard Steinisch, "Die Weimarer Republik zwischen Sozial- und Wirtschaftsstaat. Die Entscheidung gegen den Achtstundentag. Hans Rosenberg zum kommenden 75. Geburtstag gewidmet", S. 398 - 399, 403, 406, 411.

只有560人赞成，42580人表示反对，自由工会的五金工人甚至还举行了大罢工。不过由于基督教工会与自由主义工会都愿意妥协，自由工会高层也表示让步，所以到1924年2月6日，五金工人才最终接受这份劳动时间合同。工会年报随后表示"劳动时间问题已经得到解决"①。

在平息鲁尔矿区与钢铁工业的劳动时间纠纷之后，12月14日，新上台的威廉·马克思（Wilhelm Marx）总理首先规定公务员每周至少工作54小时，重工业工人为54小时，其余矿工59小时，加工业工人57.5小时。②次日，留任的劳动部部长布劳恩斯也提交了新的《劳动时间令》，重申8小时工作制是一个正常的劳动标准，但特别规定了出现偏差的具体行业、幅度等，如允许出现10小时/日与两班倒的特殊情况，每周最高劳动时间分别为：公务员54小时、重工业工人54小时、加工业工人57.5小时、矿业工人59小时。③

劳资双方都不欢迎这样的法令。工会严厉指责劳动部"单方面满足了资本家的利益和要求"，使资本家能充分利用最高标准来延长劳动时间。④1924年初，自由工会决定退出中央工作组，革命期间形成的劳资合作模式正式解体。⑤资方认为，该法并未消灭8小时工作制，而且还让国家权力顺势侵入企业运作中，让经济自由权受到

---

① Bernd Weisbrod, *Schwerindustrie in der Weimarer Republik*, *Interessenpolitik zwischen Stablisierung und Krise*, S. 308 – 309.

② 12月5日，经济部首先提出了名为"规范国家公务员服务时间的条例"，而后在12月14日的内阁会议上得到了通过。1923年12月14日马克思内阁，第23号，魏玛共和国内阁档案集，网上资料库。

③ *Deutsches Reichsgesetzblatt* Teil I, 1923, S. 1249 – 1251. 见附录4。

④ Gerald D. Feldman, Irmgard Steinisch, "Die Weimarer Republik zwischen Sozial- und Wirtschaftsstaat. Die Entscheidung gegen den Achtstundentag. Hans Rosenberg zum kommenden 75. Geburtstag gewidmet", S. 411.

⑤ Gerald D. Feldman, Irmgard Steinisch, "Die Weimarer Republik zwischen Sozial- und Wirtschaftsstaat. Die Entscheidung gegen den Achtstundentag. Hans Rosenberg zum kommenden 75. Geburtstag gewidmet", S. 126 – 127.

损害。《德国企业家报》(Deutsche Arbeitgeber-Zeitung) 鼓吹建立"工厂共同体",由企业主自行决定劳动时间。①

1923 年,德国的劳资关系在 8 小时工作制危机中发生了重大变化。在政治与经济环境的恶化中,革命后形成的劳资之间的微妙平衡被打破。12 月 21 日的"新劳动时间令"在原则上维护了 8 小时工作制的法律地位,因而在一定程度上抵制了企业主团体颠覆劳资关系与民主的阴谋。② 但由于它允许更多例外情况出现,从而在实践中加强了资本家的权力地位。③ 此外,国家强制调解体制的出现让劳资关系失去了社会自治的特征。

第四节　8 小时工作制走向衰亡 (1924—1933 年)

1923 年新劳动时间令颁布后,8 小时工作制在实践中几乎不复存在。1924 年,只有 2/5 的工人还能保证 48 小时/周,其余工人中 1/3 每周工作 51—54 小时,1/8 甚至超过 54—60 小时。在金属工业与纺织工业中,大约有 4/5 的工人超过 48 小时/周,化学工业超时劳动者也达到 50%。④ 鲁尔区的钢铁工业与煤矿工人一般每天工作 10 小时,12 小时的两班倒制也较常见。⑤

对于这种情况,工会在一段时期内保持了沉默。工会在 1923 年危机中饱受打击,力量受损严重,五金工会的会员人数几乎下

---

① Johannes Bähr, *Staatliche Schlichtung in der Weimarer Republik. Tarifpolitik, Korparatismus und industrieller Konflikt zwischen Inflation und Deflation*, 1919–1932, S. 72, 94.

② Bernd Weisbrod, *Schwerindustrie in der Weimarer Republik*, *Interessenpolitik zwischen Stablisierung und Krise*, S. 146.

③ Johannes Bähr, *Staatliche Schlichtung in der Weimarer Republik. Tarifpolitik, Korparatismus und industrieller Konflikt zwischen Inflation und Deflation*, 1919–1932, S. 72.

④ Ludwig Preller, *Sozialpolitik in der Wermarer Republik*, S. 146, 305–306.

⑤ Irmgard Steinisch, "Die gewerkschaftliche Organisation der rheinisch-westfälischen Arbeiterschaft in der eisen- und stahlerzeugenden Industrie", S. 133.

降了50%。① 正因如此，早在乌纳决议的斗争中，工会一边抗议，一边却主动表示愿意接受"具有弹性的8小时工作制"②。1923—1924年的冬天，自由工会高层明确反对罢工与任何形式的劳动斗争。③ 他们希望国家调解机制能够帮助工人达成比较合理的劳动时间。④

然而工人们对超时劳动已经忍无可忍了。在五金工会内部，革命派的影响力逐渐扩大。在1924年3月的鲁尔区企业代表会选举中，亲德共的工会取得了34.26%的席位，高于自由工会下属的矿工工会（32.20%）。由此，鲁尔工人从3月底开始向矿业公司提出缩短劳动时间到7小时和提高加班补贴30%的要求。矿业公司以维护集体合同为名，拒绝采纳。劳资双方矛盾加剧，引发4—5月鲁尔大罢工。为此，劳动部接连颁布三个强制调解令，才最终平息事端。工人的部分要求得到满足，但劳动时间仍然维持原状。⑤ 这次罢工是矿工们最后一次想借助自己的力量确立8小时工作制的努力，但由于工会的力量不足，最终只能依靠国家的强制调解来解决问题，鲁尔区的劳资合作现象从此消失。⑥ 尽管如此，7月，社会民主党和共产党代表仍然在国会做出努力，要求中央政府回应华盛顿决议有关8小时工作制的规定。⑦

1924年的鲁尔斗争也让政府认识到劳动时间问题始终是劳资关

---

① Irmgard Steinisch, "Die gewerkschaftliche Organisation der rheinisch-westfälischen Arbeiterschaft in der eisen- und stahlerzeugenden Industrie", S. 135.

② Emil Frankel, "The Eight-Hour Day in Germany", p. 332.

③ Michael Ruck, *Gewerkschaften, Staat, Unternehmer. Die Gewerkschaften im sozialen und politischen Kräftefeld 1914 bis 1933*, Köln: Bund-Verlag, 1990, S. 79.

④ Christopher Rea Jackson, "Industrial Labor between revolution and repression: Labor law and society in Germany, 1918 – 1945", p. 383.

⑤ Gerald D. Feldman, Irmgard Steinisch, "Die Weimarer Republik zwischen Sozial- und Wirtschaftsstaat. Die Entscheidung gegen den Achtstundentag. Hans Rosenberg zum kommenden 75. Geburtstag gewidmet", S. 418 – 434.

⑥ Hans Mommsen, "Soziale und politische Konflikte an der Ruhr 1905 bis 1924", in ders. (Hrsg.), *Arbeiterbewergung und industrieller Wandel. Studien zu gewerkschaftlichen Organisationsproblem im Reich und an der Ruhr*, S. 84.

⑦ *Reichstagsprotokolle*, 1924, Bd. 383, 7月4日, Nr. 319; 7月22日, Nr. 343。

系的火药桶，劳动部和内阁随即着手研究如何减少例外情况的发生。[1] 8月，内阁公开表示，德国一定会遵从华盛顿决议。[2] 1924年10月起，劳动部曾提交过数份《劳动时间令修正案》，特别针对焦煤工、高炉工等的劳动时间，但内阁的争议不断，直到1925年1月9日，修正案才递交给内阁。该修正案规定，在那些出于"整体福利至关紧要原因"而进行的工作，可以"偏离正常劳动时间"（8小时工作制）。1月20日，该修正案正式公布。[3] 此后，政府还对公务员、铁路工人等特殊行业的劳动时间再次加以规范。

虽然1924年后德国经济重新崛起，但在1928年底，仍然有3/5的工人每周劳动时间超过48小时，1/10的工人超过51小时，2%的工人超过54小时，5%的金属工、7.4%的化学工与90%以上的矿工超过54小时。[4] 仅在1924年，矿区发生的劳资冲突案件中，89.5%的解雇与73%的罢工事件都因劳动时间而起。1925年上半年，针对劳动时间争议而实行的国家调解比例达到64.28%。1930年前，针对劳动时间的强制性调解令共14个。[5]

1926年起，德国经济出现了稳定局面，劳资关系似乎有好转的迹象。当年9月4日，德国工业家全国联合会（RDI）主席保罗·西弗尔贝格（Paul Silverberg）发表演说，表示愿意重建革命时期的中央工作组，继续推动劳资和解。[6] 受此鼓舞，再加上会员人数回流，自由工会发出号召，要求重新规范劳动时间标准。1927年2月4日，社民党也递交了修改1923年劳动时间令的提案，提出任何超出8小时工作制的要求都必须得到劳动部门的批准，监督人员应随时进行

---

[1] 内阁曾于1924年5月14日和劳资利益团体代表座谈，协商关于矿区劳动时间的规范问题，但未能达成妥协。参见马克思内阁纪要，第198号，魏玛共和国内阁档案集，网上资料库。
[2] 1924年8月27日马克思内阁纪要，第288号，魏玛共和国内阁档案集，网上资料库。
[3] *Deutsches Reichsgesetzblatt*, 1925, S. 5.
[4] Ludwig Preller, *Sozialpolitik in der Wermarer Republik*, S. 308, 147. S. 109.
[5] Johannes Bähr, *Staatliche Schlichtung in der Weimarer Republik. Tarifpolitik, Korparatismus und industrieller Konflikt zwischen Inflation und Deflation, 1919–1932*, S. 105, 131, 215.
[6] Bernd Weisbrod, *Schwerindustrie in der Weimarer Republik, Interessenpolitik zwischen Stablisierung und Krise*, S. 246.

检查。① 对此，内阁两天后启动了名为"劳动时间紧急法"（Arbeitszeitnotgesetz）的起草和讨论进程。经过 2 月 16 日、3 月 22 日、3 月 23 日的三次讨论，该草案于 3 月 31 日被递交给国会。4 月 14 日，在社民党、共产党、民主党等支持下，该法得以通过，以《劳动时间章程修改法》（*Gesetz zur Abänderung der Arbeitszeitverordnung*）为名颁布实行。其中最重要的内容是规定由国家调解机关负责审批超时劳动的补贴。

这一结果让劳资双方都大失所望。工会认为，政府应该在原则上取消超时劳动。6 月 22 日，工会向劳动部提出了正式抗议，并拒绝配合调解员的工作。1928 年 1 月 21 日，《莱比锡人民报》（*Leipziger Volkszeitung*）将调解制度指责为"工会崛起中的障碍"。② 资本家们也表示不满。保罗·西弗尔贝格的演说只代表了新兴工业（化学与电子）的立场，而传统工业（钢铁与采煤）并未放弃"企业主人"的身份，他们既反对劳资平等，又拒绝国家用调解制度来干预企业运作。③ 德国雇主协会主席弗里茨·坦茨勒要求劳动法规应"充分关注到经济与劳动道德之间的界限"④。因此，当劳动部在 1927 年 7 月 16 日宣布根据上述法案对额外的加班情况进行重新审查，并要求钢铁工业从 1928 年 1 月 1 日起恢复三班倒制时，重工业家们决定联合抗争。西北工业集团成立一个斗争基金，按照工人数量，以每月每人 5 马克的额度进行捐赠，号召中小企业也加入大工业的抵抗行动中。12 月，西北工业集团连续拒绝了国家调解员的两次判决，直到劳动部部长宣布调解令具有强制效应之后，才不得不作罢。但

---

① Reichstagsprotokolle, 1927, Bd. 413, 2. Feb., Nr. 2961.
② Johannes Bähr, *Staatliche Schlichtung in der Weimarer Republik. Tarifpolitik, Korparatismus und industrieller Konflikt zwischen Inflation und Deflation*, 1919 – 1932, S. 201 – 202.
③ Bernd Weisbrod, *Schwerindustrie in der Weimarer Republik, Interessenpolitik zwischen Stablisierung und Krise*, S. 218 – 223.
④ Fritz Tänzler, *Die deutschen Arbeitgeberverbände 1904 – 1929, Ein Beitrag zur Geschichte der deutschen Arbeitgeberbewegung*, S. 219.

从此之后，重工业界与魏玛政府之间的矛盾不可调和，他们开始另行寻觅代理人。①

然而出乎所有人的预料之外，尽管劳资双方都对劳动时间紧急法表示不满，都对国家强制调解机制心存芥蒂，但在1928年之后，双方几乎再也没有围绕劳动时间而爆发大规模的争议。对此，主要原因是德国经济陷入世界性大萧条中，工人失业率快速上升，劳动时间不再被视作斗争焦点。事实上，产业工人每周平均劳动时间都在43小时以下。② 为了保证劳动岗位，工人们甚至拒绝响应工会提出的斗争要求。③ 1932年9月，巴本政府的紧急令正式要求工人的劳动时间减少到每周40小时。④

总体而言，从表1.2中我们可以看到，从1924年到1930年，8小时日工作制/48小时周工作制的执行率是同经济发展形势与行业特征结合在一起的。一开始，48小时周工作制的覆盖面呈上升趋势，特别在1927年所谓"劳动时间紧急法"发布后，超过48小时的特例情况显著下降。但在1930年，受到大萧条的影响，各行业都出现了短期工人数激增，8小时工作制与超时劳动率同时下降的情况。在所有行业中，五金业和印刷业是执行48小时周工作制最好的工业部门，化学工业和木业次之，比较糟糕的是五金工业、鞋业和纺织业。如果我们进一步来观察各州情况，那么工人斗争最激烈的柏林—勃兰登堡地区表现最好（1924年为63.6%，1930年为77.3%），重工业聚集的威斯特法伦则最糟糕（1924年为17.2%，

---

① Johannes Bähr, *Staatliche Schlichtung in der Weimarer Republik. Tarifpolitik, Korporatismus und industrieller Konflikt zwischen Inflation und Deflation, 1919–1932*, S. 202–206.

② Tim Mason, *Social Policy in the Third Reich. The Working Class and the 'National Community'*, Cambridge: Cambridge University Press, 1993, p. 129.

③ Gerard Braunthal, *Socialist Labor and Politics in Weimar Germany: The General Federation of German Trade Unions*, Hamden: Archon Books, 1978, p. 157.

④ Johannes Bähr, *Staatliche Schlichtung in der Weimarer Republik. Tarifpolitik, Korporatismus und industrieller Konflikt zwischen Inflation und Deflation, 1919–1932*, S. 333.

1930 年为 25.2%）。显然，重工业是抵制 8 小时日工作制/48 小时周工作制最激烈的部门。

表 1.2　　　　1924—1930 年德国劳动时间情况一览　　（分行业，单位:%）

时间	短期工	在 100 个就业者中 全职工 48 小时以下	超过 48 小时	其中超过 54 小时
建筑业				
1924. 5	—	89.0	11.0	2.9
1924. 11	0.7	88.8	10.5	3.4
1927. 4	0.2	87.2	12.6	2.9
1927. 10	-	90.4	9.6	2.0
1928. 10	-	91.1	8.9	1.2
1930. 2	-	95.2	4.8	0.5
印刷业				
1924. 5	0.3	50.3	49.4	1.7
1924. 11	0.1	73.4	26.5	0.3
1927. 4	1.5	89.0	9.5	2.0
1927. 10	0.5	80.1	19.4	2.1
1928. 10	1.0	88.0	11.0	2.0
1930. 2	3.6	93.6	2.8	0.3
化学工业				
1924. 5	—	56.0	44.0	7.8
1924. 11	5.5	55.7	38.8	5.9
1927. 4	3.0	51.5	45.5	6.8
1927. 10	2.0	63.3	34.7	8.2
1928. 10	3.0	69.6	27.4	7.4
1930. 2	19.6	73.0	7.4	1.8
木业				
1924. 5	1.3	77.3	21.4	4.6
1924. 11	4.4	80.0	15.6	2.0
1927. 4	4.8	82.6	12.6	2.3
1927. 10	2.4	87.4	10.2	1.5
1928. 10	5.0	86.9	8.1	0.7
1930. 2	20.5	76.8	2.7	0.4

续表

时间	短期工	全职工 48 小时以下	全职工 超过 48 小时	其中超过 54 小时
\multicolumn{5}{c}{五金业}
1924.5	11.1	25.4	63.5	21.1
1924.11	10.2	36.7	53.1	16.6
1927.4	7.1	35.5	57.4	21.3
1927.10	1.8	45.9	52.3	9.5
1928.10	9.4	56.3	34.3	5.0
1930.2	24.7	53.1	22.2	3.0
\multicolumn{5}{c}{制鞋业}
1924.5	1.2	84.3	14.5	0.3
1924.11	27.4	64.5	8.1	0.2
1927.4	5.4	86.2	8.4	0.5
1927.10	10.9	84.6	4.5	1.0
1928.10	59.0	37.1	3.9	0.1
1930.2	36.0	60.6	3.4	0.1
\multicolumn{5}{c}{纺织业}
1924.5	2.2	16.4	82.4	4.3
1924.11	14.0	19.9	66.1	3.3
1927.4	1.9	22.9	75.2	3.9
1927.10	0.8	31.0	68.2	2.7
1928.10	25.9	41.5	32.6	0.9
1930.2	31.9	45.2	22.9	0.9
\multicolumn{5}{c}{以上总计}
1924.5	—	45.3	54.7	13.0
1924.11	9.3	45.3	45.4	10.7
1927.4	4.6	47.4	48.0	12.3
1927.10	1.7	55.6	42.7	6.2
1928.10	11.3	62.1	26.6	3.4
1930.2	22.9	59.9	17.2	2.0

资料来源：Ludwig Preller, *Sozialpolitik in der Wermarer Republik*, S. 147 – 148.

纳粹夺权后，8 小时工作制并不是劳资关系的主要问题。一方面，纳粹政府通过新劳动法，取消集体谈判制度，允许资本家利用工厂规章单方面地规定劳动时间；另一方面，为了保证就业率，纳粹政府同样使用了缩短劳动时间的方法。因此，从 1933 年到 1934 年秋，全国平均劳动时间都在 40 小时/周以下；1935—1936 年，劳动时间有所增加，但大致保持在 47 小时/周左右。与此同时，军工厂的劳动时间大幅提升，如航空工业超过 60 小时/周。"二战"爆发后，为了加快生产，重点工业的劳动时间逐渐上升到 54—56 小时，航空工业在 1944 年甚至达到 72 小时！① 纳粹政权的军事特性可见一斑。

1924 年后，作为一种社会政策的准则，8 小时工作制已经踏上了消亡之路。随之而来的便是劳资关系的紧张化。国家强制调解机制不但无助于缓和双方矛盾，反而让劳资双方对共和国的不满情绪与日俱增。更重要的是，调解本身就否定了 8 小时工作制的原则性，允许大量例外情况出现，事实上变相增加了资本家们的权力，以至于劳资关系之间的杠杆彻底失去平衡。1930 年，自由工会执委弗里茨·塔瑙（Fritz Tarnow）便坦诚"我们在可以预知的将来，面临一种独裁（的危险）"②。

小　结

在雇员保护政策中，劳动时间是极为重要的元素之一。雇员的劳动时间长短，对其身心健康有着不言自明的意义。然而，劳动时

---

① Tim Mason, *Social Policy in the Third Reich. The Working Class and the "National Community"*, pp. 115, 239, 356, 359.

② Werner Abelshauser, "Freiheitlicher Korporatismus im Kaiserreich und in der Weimarer Republik", in ders. （Hrsg.）, *Die Weimarer Republik als Wohlfahrtsstaat：Zum Verhältnis von Wirtschafts- und Sozialpolitik in der Industriegesellschaft*, Stuttgart：Franz Steiner Verlag Wiesbaden, 1987, S. 168.

间并不是一个能够得到科学界定的概念。最初，它取决于资本家的"独裁"决定，因而被视作国家无须介入的领域。当马克思在《资本论》中引入"社会必要劳动时间"这一重要认识后，劳动时间便被纳入工人斗争的场域，成为反对剥削的必由之路，进而被视作工人解放的指示器——"8小时工作制"正是在这一意义上成为工人斗争的重要内容，并被延伸到所有雇员群体。

魏玛共和国成立后，通过宣言和法令的多种形式，确立了8小时工作制的法律地位，响应了工人群体的诉求。从雇员保护政策的历史来看，此举不啻为一种进步。当然，这一发展离不开"一战"后初期的特殊政治氛围，尤其是劳资利益团体之间的相互妥协态度。魏玛政府从建构民主机制、支持社会自治的角度出发，为8小时工作制披上了合法外衣。除此之外，我们还必须承认，共和国初期经济转型和复员就业等压力也在无形中为劳动时间减少提供了一些方便。

然而时隔不久，外部赔款偿付的压力与经济复兴的诉求便崛起为资方抵制8小时工作制的最佳理由。几乎在所有战场，其中包括内阁、国会、参议院和临时经济议院，甚至大众媒体等，我们都能看到资方的此类辩解。对此，劳方却只能以保卫革命成果一类的权利学说加以应对。而人们今天所熟知的劳动时间缩短与生产效益提高之间的正向关联，却很少成为劳方的论证逻辑。于是，劳资之间围绕劳动时间所展开的斗争，实际上是注定无解的。

但即便如此，魏玛政府却从一开始便与这样一种充满张力的社会政策结合在一起。它一方面力图回应国际社会的通行惯例（如华盛顿决议），另一方面期待用一系列法令来满足原则性和灵活性之间的调和期待。然而问题在于：国际社会并没有为共和国经济复兴提供更多机会，特别是赔款问题始终牵制着德国经济走向正常化的道路。这使得魏玛德国的民主意识和民族目标常常处于冲突之中。由此造成的结果是：劳资双方对魏玛政府的失望越来越大，而国家的强制干涉欲望也与日俱增。如此，以8小时工作制为核心的雇员保护政策，并没有实现稳定社会、保护弱者的初衷，反而让共和国既一步步地失去了对于社会的掌控力，成为劳资利益团体竞相指责的对象，又在悄然之间孕育着独断专行的种子，为未来纳粹政权提供了适宜成长的土壤。

第 二 章

住房政策：以社会福利房建设为例

　　住房一直是德国社会工业化时代最重要的民生议题之一。自19世纪下半叶起，伴随工业发展而来的大规模人口流动与城市更新，德国大众住房在数量和质量上的双重匮乏暴露无遗：一方面是建筑质量欠佳，居所内部人满为患，公共卫生条件堪忧；另一方面是缺乏政府监管的土地及住房投机导致的房租高涨且住房供应不稳。以工人为代表的城市贫困群体因此深受其苦，最基本的居住保障亦无法实现。在此背景下，公共领域要求推行土地与住房改革以达成实现"健康居住"目标的呼声日益壮大。在部分社会团体和工矿企业中，还出现私人性质的改良实践。至19世纪90年代，如何解决住房问题正式进入地方政府的视线范围，一些市政当局率先推行包括建筑质量与安全监督、住房建设促进在内的住房保障措施，由此拉开现代德国社会福利住房建设的序幕。本章探讨的对象正是从德意志帝国至魏玛共和国时期德国早期住房政策的重要组成部分——社会福利房建设。

　　本章根据魏玛社会福利住房政策从缘起到中断的全过程，分四个部分加以论述：分别是住房政策的理论与实践起源、作为战后紧急措施的住房保障政策、20世纪20年代中期的社会福利住房建设发展,以及住房政策的中断。①

第一节 德意志帝国的住房改革尝试与问题

一 住房短缺与住房改革理念

1872年9月4日出版的柏林《新社会民主党人》(*Neuer Social-Demokrat*)报道了一户工人家庭的居住情况②:

> 拥有一间小房间、一间卧室和一个厨房(或配房)的六口之家,卧室被转租给一户家庭,小房间转给租床客,他和自己的家庭却要睡在厨房,一方面是丈夫和妻子睡在床上,另一方面四个孩子则不得不打地铺(也没有空间同时放下两张床)。

---

① 德国当代对帝国至魏玛共和国时期住房政策研究开始于20世纪70年代:Dieter Häring, *Zur Geschichte und Wirkung staatlicher Interventionen im Wohnungssektor. Gesellschaftliche und sozialpolitische Aspekte der Wohnungspolitik in Deutschland*, Hamburg: Hammonia-Verlag, 1974; Ulrich Blumenroth, *Deutsche Wohnungspolitik seit der Reichsgründung. Darstellung und kritische Würdigung*, Münster: Insituts für Siedlungs- und Wohnungswesen, 1975。其他的重要成果包括:Lutz Niethammer, "Wie wohnten Abeiter im Kaiserreich?", in: *Archiv für Sozialgeschichte*, V. 14, 1976, S. 61 – 134; Lutz Niethammer (Hrsg), *Wohnen im Wandel. Beiträge zur Geschichte des Alltags in der bürgerlichen Gesellschaft*. Wuppertal: Peter Hammer Verlag, 1979。进入90年代之后有关住房问题的长时段重要研究还有:Karl C. Führer, *Mieter, Hausbesitzer, Staat und Wohnungsmarkt: Wohnungsmangel und Wohnungszwangswirtschaft in Deutschland 1914 – 1960*, Stuttgart: Franz Stein, 1995; Gerd Kuhn, *Wohnkultur und kommunale Wohnungspolitik in Frankfurt am Main 1880 bis 1930. Auf dem Wege zu einer pluralen Gesellschaft der Individuen*, Bonn: Dietz, 1995; Adelheid von Saldern, *Häuserleben. Zur Geschichte städtischen Arbeiterwohnens vom Kaiserreich bis heute* (Aufl. 2), Bonn: Dietz, 1997。

② Die Lebenshaltungskosten und Wohnbedingungen einer Berliner Arbeiterfamilie 1871/72, *Neuer Social-Demokrat*, 4. Sept., 1872, in Johann Friedrich Geist, Klaus Kürvers (Hrsg.), *Das Berliner Mietshaus 1862 – 1945. Eine dokumentatische Geschichte von "Meyer's-Hof" in der Ackerstraße 132 – 133, der Entstehung der Berliner Mietshausquartiere und der Reichshauptstadt zwischen Gründung und Untergang*. München: Prestel-Verlag 1984, S. 106, Zit. 8.

就在这一年，恩格斯发表了他的著名篇章《论住宅问题》。① 统计学家恩斯特·恩格尔（Ernst Engel）则首次将当时的住房困境归纳为两个方面的短缺：现有房屋数量的持续供不应求与建筑质量无法达到最低居住标准。②

以柏林为例，伴随着工业化与城市化的高速推进，柏林单栋建筑内的居住人口密度已经从1875/1880年的58人攀升至1900年的77人，居全德之首；当时尚未并入柏林的夏洛腾堡市更是从之前的28人猛增至60人。尤其是在被称为"出租兵营"的出租屋大楼内，居民人口密度始终居高不下。③ 1900年前后，柏林市政当局发布"超员"概念：居住于一居室住房内的人员超过5名；居住于两居室（均带有厨房）住房内的人员超过10名，即被视为"超员"。而当时，有超过60万柏林人口居住在每间房间容纳人口超5人的住所内。④ 虽然柏林的住房条件被公认为全德最糟糕，但这并不意味着逃离帝国首都就可以获得安居乐业的机会。情况恰恰相反，在工业城市集中的地区，例如西部的鲁尔区、东部的萨克森以及上西里西亚地区，居住状况一样不容乐观。

这一人满为患局面的产生，一方面如恩格斯所言，大量涌入城市的工人或小资产者希望找寻工作机会，却面临自己所能承受的住房因适逢城市更新而被大批拆除的困境；另一方面，由于缺乏相对稳定的居住保障措施，房租价格浮动频繁，收入较低的工人家庭，往往需要通过招揽房客、分摊房租才能维持生计和现有栖身之所。

---

① ［德］恩格斯：《论住宅问题》，《马克思恩格斯文集》第三卷，人民出版社2009年版，第250页。

② Ernst Engel, *Die morderne Wohnungsnoth. Signatur, Ursachen und Abhülfe*, Leipzig: Dunker & Humblot, 1873, S. 2.

③ Adelheid von Saldern, "Kommunalpolitik und Arbeiterwohnungsbau im Deutschen Kaiserreich", in Lutz Niethammer (Hrsg.): *Wohnen im Wandel. Beiträge zur Geschichte des Alltags in der bürgerlichen Gesellschaft*. Wuppertal: Peter Hammer Verlag, S. 344–362, 此处是 S. 345。

④ Adelheid von Saldern, "Kommunalpolitik und Arbeiterwohnungsbau im Deutschen Kaiserreich", in Lutz Niethammer (Hrsg.): *Wohnen im Wandel. Beiträge zur Geschichte des Alltags in der bürgerlichen Gesellschaft*. Wuppertal: Peter Hammer Verlag, S. 344–362, 此处是 S. 345。

转租现象因此一时间蔚然成风,更因此出现由"Schlafgänger"(租床客)、"Aftermieter"(转租者)、"Chambregarnist"(租房者)等一系列时代词汇组成的所谓"家庭陌生人"(Familienfremde)概念。在诸多"家庭陌生人"中,"租床客"的人数最多。他们大多是背井离乡来到城市打工的年轻人,既无法依靠工资来负担自住住房,自身流动性又相对较高,因而通常会选择租一床位暂时落脚。部分房东家庭为了尽可能获取更大经济利益,会将一间房间群租给四名租床客;甚至在少数地区,房东会将同一张出租床按时段租给不同的寄宿者(表2.1)。

表2.1　　　　汉堡的房租与收入比重(1867—1901年)

年收入（马克）	房租占收入的比重（%）				
	1867/1868	1873/1874	1881/1882	1890/1891	1900/1901
900—1200	19.8	20.9	21.9	24.1	24.7
1200—1800	19.9	21.1	18.9	22.2	23.2
1800—2400	20.3	20.9	19.5	22.1	21.6
2400—3000	19.5	19.2	18.8	20.8	20.5
3000—3600	19.6	19.0	17.9	19.1	19.2
3600—4200	19.3	18.2	18.3	18.7	18.3
4200—4800	18.9	17.4	17.2	17.9	17.4
4800—5400	19.2	18.3	18.0	18.0	16.8
5400—6000	18.2	16.7	18.5	17.4	16.6
6000—9000	16.5	15.7	17.3	15.7	15.1
9000—12000	15.4	16.4	16.1	14.2	13.1
12000—18000	13.0	12.1	13.7	11.6	10.9
18000—30000	10.4	9.3	11.2	9.4	8.4
30000—60000	6.7	7.4	8.1	6.2	6.0
60000 以上	3.7	3.8	3.9	3.3	3.0

资料来源:Lutz Niethammer, Franz Brüggemeier, "Wie wohnten Arbeiter im Kaiserreich?" *Archiv für Sozialgeschichte*, 16 (1976), S. 61-134, 此处是 S. 79。

1885年，德国几大主要城市每千户家庭招揽租床客的统计如下：柏林229.6名，慕尼黑275.1名，德累斯顿231.9名，美因河畔法兰克福207.6名，汉堡197.5名；莱比锡则达到366.2名。[1] 由于此类分租或转租现象往往会导致严重的健康及道德风险，因此一些地区也曾出台种种限制转租的措施，但1900年普鲁士12座城市的住房调查显示，7座城市中收容各类陌生房客的家庭比例仍超过25%。至1905年，柏林仍有超过10.4万名寄人篱下的"租床客"。[2]但更糟的情况则是无家可归，甚至出现为此自寻短见的极端事件。[3]许多城市边缘地带还出现了由无处栖身家庭搭建的简易窝棚，例如在柏林各处城门前就出现了被称为"板房城"的大片棚户区。同样的情况也出现在汉堡、法兰克福等地。除此之外，随着住房短缺的不断加剧，无家可归的流浪者开始行动起来，乘业主或者承建商监管不力之机，私自进入一些或烂尾或有待拆除的房屋内居住，并由此引发了与市政当局和警方的冲突。

正因如此，住房短缺越来越被视为"社会问题的空间体现"。若这一问题不能得到妥善解决，那么后果将不堪设想。"社会政策协会"创始人之一的古斯塔夫·施莫勒（Gustav Schmoller）曾在1886年一篇题为《住房问题警告》（*Mahnruf in der Wohnungsfrage*）中这样警告："……一旦触发革命，我们就无法阻止大城市中的底层阶级

---

[1] Christoph Kühn, "Stadtweiterung und hygienischer Städtebau in Leipzig. Zu den administrativen Wurzeln einer Wohnreform um 1900", in Alena Janatkova, Hanna Kozinska-Witt (Hrsg.), *Wohnen in der Großstadt 1900–1939: Wohnsituation und Modernisierung im europäischen Vergleich*. Stuttgart: Franz Steiner, 2006, S. 135–150, 此处是 S. 143。

[2] Michael Arndt, Holger Rogall, *Berliner Wohnungsbaugenossenschaft. Eine exemplarische Bestandsaufnahme und analytische Beschreibung der Merkmale des genossenschaftlichen Wohnens in der Gegenwart*, Berlin: Berlin Verlag, 1987, S. 16.

[3] 例如1872年5月5日《新社会民主》刊登了这样一则社会新闻：一名身上绑缚两名幼儿的母亲从柏林的波茨坦桥上跳入运河寻死，该名妇女在获救后称自杀的动机是自己自4月1日以来未能找到一处住所。参见 "Sociales Elend in Folge von Wohnungsnoth", in *Neuer Social-Demokrat*, 5. Mai, 1872。转引自：Johann Friedrich & Klaus Kürvers, *Das Berliner Mietshaus 1862–1945. Eine dokumentarische Geschichte von "Meyer's Hof" in der Ackerstrasse 132–133, der Entstehung der Berliner Mietshausquartiere und der Reichshauptstadt zwischen Gründung und Untergang*, München: 1984, S. 112, 引文25。

因为他们的居住环境而沦为蛮族，野兽般的存在。"① 而要避免社会革命，在施莫勒看来"只需交一笔适中而克制的保险费"，亦即为"小人物"提供促进其身心健康的合适住所。而所谓"合适住所"，指的是"合乎他们的社会地位，符合本国社会道德与行为规范，不会对身体和精神造成任何损害"，最重要的是属于大众自己的房屋。② 其实施莫勒并非倡导以住房改革来预防社会革命的第一人，但他公开表达的恰恰是一部分资产阶级的心声，即通过住房和土地将大量"无根"的无产阶级重新纳入稳定社会体系之中，以解除后者对现有社会秩序的威胁。

许多原本就出身小资产阶级的新中间阶层或知识分子/技术官僚阶层，则对无产阶级的人口流动和所谓"暴力潜质"有着更为直观的认识。他们对"与无产阶级共同生活的城市经济与物质条件均拥挤不堪"的现状更为不满。这种不满尤其体现在当时人对于大城市人满为患"出租兵营"现象的批判之中。正是出于对德国不合理城市空间布局的不满，这部分人不把供家庭居住的独立产权房视为与出租屋对立的理想居住形式，并要求地方政府承担起住房政策决策者的职责，遏制城市房产投机，改变城市布局。

二 帝国时代的住房改革尝试

人们开始冀望借助团体或公共手段来解决"住房难"的问题，具体措施可以分为合作社建房、工厂住宅与政府政策干预。

合作社建房无疑最契合当时社会改革呼声，即通过一些自发形成、带有合作性质的小团体来缓解作为整个社会问题核心的居

---

① Werner Hegemann, *Das steinerne Berlin. Geschichte der größten Mietskasernenstadt der Welt* (4. Aufl.), 1930 (Nachdruck: Braunschweig/Wiesbaden: 1992), S. 266f.

② Hans Jürgen Teuteberg, "Eigenheim oder Mietskaserne: Mietskaserne: Ein Zielkonflikt deutscher Wohnungsreformer 1850 – 1914", in Heinz Heineberg (Hrsg.), *Innerstädtische Differenzierung und Prozesse im 19. und 20. Jahrhundert. Geographische und historische Aspekte* (Städteforschung A/24), Köln/Wien: Böhlau, 1987, S. 21 –56, 此处是 S. 43。

住贫困。① 这些合作社大多目标明确,即放弃盈利,建造服务低收入群体的小住房。② 总体来说,合作社住房的整体条件较好,且房租价格优惠,不过此类解决方案从19世纪90年代前后解决建设资金问题到1914年"一战"爆发的前夕,却始终在整个德国住建业中处于相对边缘的地位:据统计,1914年时合作社性质建房占整个德国住房市场份额不足0.5%,约在12.5万—15万套。③

所谓工厂住宅,顾名思义是"由雇主,尤其是大型工厂为其职员和工人所兴建,供工人居住的住房"。④ 伴随着德国工业化的高速发展,工厂住宅日益成为继私有住房外第二大住房供应体系,至1898年10月全德由资本家投资兴建的"工人住房"已达到140049栋。⑤ 这些工人住宅区大多集中出现于工业强势增长的地区,例如莱茵兰—威斯特法伦的工业地区,并以矿产行业最为突出。⑥ 以德国最大的煤矿产区鲁尔为例,1873年时的工人住宅逾6772套出租单元,其后更是呈现出快速增长的态势,1893年、1900年和1914年初的建成数字分别是1万套、2.6万套和9.4万套,职工—住房比也相应从1893年的15∶1降至1914年的4.5∶1。⑦ 不仅如此,工厂住宅的

---

① Hans Jürgen Teuteberg, "Einführung der 'Wohnungsfürsorge, genossenschaftlichen Selbsthilfe, Wohnungspolitik'", in Hans Jürgen Teuteberg (Hrsg.), *Homo habitans. Zur Sozialgeschichte des ländlichen und städtischen Wohnens in der Neuzeit*. Münster: F. Coppenrath, 1985, S. 333 – 337, 此处是 S. 334。

② Alfred Körner, *Die Gemeinnützige Bautätigkeit in München*, München: Reinhardt, 1929, S. 53ff.

③ Kai Detlev Sievers, "Anfänge der Baugenossenschaftsbewegung in Norddeutschland zur Zeit des Zweiten Deutschen Kaiserreiche", in Hans Jürgen Teuteberg (Hrsg.), *Homo habitans. Zur Sozialgeschichte des ländlichen und städtischen Wohnens in der Neuzeit*, S. 339 – 355, 此处是 S. 352。

④ Franz Knipping, "Werkwohnungen", in *Handwörterbücher des Wohnungswesens*, Leipzig: Jena Fischer, 1930, S. 754 – 757, 此处是 S. 755。

⑤ Günter Schulz, "Der Wohnungsbau industrieller Arbeitergeber in Deutschland bis 1945", in Hans Jürgen Teuteberg (Hrsg.), *Homo habitans. Zur Sozialgeschichte des ländlichen und städtischen Wohnens in der Neuzeit*. S. 373 – 389, 此处是 S. 375。

⑥ Franz Knipping, u. s. w. (Hrsg,), *10 Jahre Trauhadstelle für Bergmannswohnstätten im rheinisch-westfälischen Steinkohlenbezirk G. m. b. H.*. Essen: Treuhandstelle, 1930. S. 8.

⑦ Günter Schulz, "Der Wohnungsbau industrieller Arbeitergeber in Deutschland bis 1945", S. 375f.

优势还体现在房租上:在1885—1914年的整个高速工业化时期,工厂住宅的房租比私人出租屋低20%—50%。① 从这一点来说,工人住宅确实带给工人一定居住福利,但它的根本出发点还是维持企业经营需要,并通过劳动分工和家庭相结合的方式,将工人纳入由企业所编制的社会网络。

相对于合作社建房与工厂住宅的发展,政府对于住房问题的反应却相对滞后。这一方面是受19世纪自由主义经济观的影响,另一方面也是等级选举制下有产者利益集团支配地方议会的直接体现。迟至19世纪90年代,随着工人政党在政治上的崛起,特别是当工人阶级的"住房问题"日益成为重要政治议题后,这才促使国家开始考虑从社会政策角度采取预防性措施,明确房产业保留私有性质的原则不变的情况下,"如果私有住房市场出现问题,则推行地方住房政策即是合理的"②——尤其是要保障低收入阶层居住需求。

但这一时期的住房干预政策,主要还是以地方政府通过间接或直接手段进行调控为主,包括制定的"建筑警察条例"和市镇当局的"建筑规划"等地方规范,再加上非官方的房屋调查、对房屋建筑质量、居住环境、人口密度进行相应监督;同时地方政府还采取一些间接手段以促进住房建设。例如在慕尼黑、美因河畔法兰克福等大城市,地方政府组织起半官方半公益性质的住房调查部门,会同邦一级警察部门共同监督出租房建筑的建筑质量,例如通风、采光条件及防火措施;同时政府还鼓励公益建筑合作社建房活动,提供包括贷款担保、优惠出让市有土地、减免税费等间接促进措施。③

诚然,进入20世纪后,德意志帝国建国之初住房求大于供、"租户过剩"的极端现象已随着上述种种官方或民间措施的铺开以及

---

① Günter Schulz, "Der Wohnungsbau industrieller Arbeitgeber in Deutschland bis 1945", S. 379.

② Walter Steitz, "Kommunale Wohnungspolitik deutscher Großstädte 1871 – 1914", in Hans Jürgen Teuteberg, (Hrsg), *Homo habitans*, S. 429 – 447, 此处是 S. 428f.

③ Adelheid von Saldern, "Kommunalpolitik und Arbeiterwohnungsbau im Deutschen Kaiserreich", S. 352f.

建筑技术水平的提高而趋于缓和，但这一时期确实未能形成带有社会福利性质的国家住房政策，也是不争的事实。其原因在于包括建筑立法、住房监控在内的手段只是在一定程度上约束了住房投机现象，对中低收入群体的居住条件改善并无太大影响。① 而城市建设条例或规划往往有计划地将工人安置在城市周边的乡村地带（也包括大企业为工人兴建的工厂住宅区），又令一部分工人阶级滋生出被隔离的不安感。除此之外，帝国时代地方自治与邦国（国家）在公共事务上的对立也妨碍了统一政策的形成。《普鲁士住房法》（Das preußische Wohnungsgesetz）的一再难产便是明证。这部住房法直接准备期20年，间接准备期超过50年。② 法规迟迟得不到通过的主要原因在于邦国与地方在警察权上的分歧：住房法规定，警方对基层地方的小型出租屋建设与分配任务负有监管责任，甚至可以由此无视地方议会的反对意见。③ 但这一点被地方政府及议会视为对"地方自治"的严重侵犯。因此直到第一次世界大战爆发，国家才为无障碍介入居住权保障创造了机会。但地方政府这一自治意识也同时保留下来，为日后魏玛共和国住房政策发展演变埋下了伏笔。

三 第一次世界大战中的居住保障政策

国家层面居住权保障措施的出台几乎是与战争爆发同时出现的。它包括了军事和民事两个部分。1914年8月4日，德皇威廉二世（Wilhelm II.）发表"城堡和平"演说，号召全国上下一致对外。出

---

① Lutz Niethammer, "Ein langer Marsch durch die Institutionen. Zur Vorgeschichte des preußischen Wohnungsgesetzes von 1918", in ders. (Hrsg.), Wohnen im Wandel. Beiträge zur Geschichte des Alltags in der bürgerlichen Gesellschaft, S. 363 – 384, 此处是 S. 366f。

② 《普鲁士住房法》于1891年起由部级机关起草、删减及修改，随后又在1904年和1913年两次经过公示，1914年和1916年两度交普鲁士议会一读，但直到1918年大战末期才获颁行。参见 Lutz Niethammer, "Ein langer Marsch durch die Institutionen. Zur Vorgeschichte des preußischen Wohnungsgesetzes von 1918", S. 363。

③ Adelheid von Saldern, "Kommunalpolitik und Arbeiterwohnungsbau im Deutschen Kaiserreich", S. 260; Lutz Niethammer, "Ein langer Marsch durch die Institutionen. Zur Vorgeschichte des preußischen Wohnungsgesetzes von 1918", S. 364。

于战争动员和稳定军心的考虑，帝国政府也于这一天出台了首个旨在保护军人家属居住权的特别法规。它要求战时所有针对开拔部队家属房屋的诉讼，法院在审理过程中必须为军人家属方提供住处。[①] 1915 年 10 月政府再度出台公告，进一步明确对战争遗属居住权的保障，该公告规定，在承租人阵亡的情况下，地方军事长官有权禁止房东解除（与阵亡军人本人签订的）租赁合同，或者合同解除必须得到官方授权。[②]

针对平民的租赁保护也几乎在同一时期启动，而这一起初以统战为目的的租赁保护构成了日后德国居住保障中的一项基本原则，即"承租人保护原则"的基础。1914 年 8 月 18 日，参议院首次就解除房屋租赁合同做出说明，要求法院不得支持房东以租户延迟缴纳房租为由解除合同。[③] 12 月 4 日，参议院在此基础上要求各基层地方成立租赁调解署，以居间调停房东与房客之间的租赁关系；这表明国家在干预公民住房事务问题上迈出实质性的一步。1917 年 7 月 26 日，参议院正式发布《承租人保护公告》（Bekanntmachung zum Schutze der Mieter，也称《承租人保护条例》）。公告明确规定各邦可授权地方租赁调解署依据"公平考量原则"仲裁由房东提起的解约申请为无效；若房东已与第三方签订该房屋的新租约，则立即解除；房东不得对调解局仲裁结果提出申诉。[④] 这一条例可以说从根本上扭转了帝国时代从保护私有财产角度出发对房东权益的保护。而除了解约权保护之外，房租涨跌也不再依据市场法则，而是由调解

---

① Karl Christian Führer：*Mieter, Hausbesitzer, Staat und Wohnungsmarkt. Wohnungsmangel und Wohnungszwangswirtschaft in Deutschland 1914–1960*, S. 47.

② 1915 年 10 月 7 日颁布的《有关参战人员后方驻留家属解约权公告》，参见 Walter Holtgrave, *Neues Miet- und Wohnrecht. Kommentar zum Gesetz über den Abbau der Wohnungszwangswirtschaft und über ein soziales Miet- und Wohnrecht*, Berlin：Vahlen，1960，S. 72。

③ 1914 年 8 月 18 日颁布的《有关未能及时偿还货币债权后果公告》，参见 Walter Holtgrave, *Neues Miet- und Wohnrecht. Kommentar zum Gesetz über den Abbau der Wohnungszwangswirtschaft und über ein soziales Miet- und Wohnrecht*, S. 71。

④ Walter Holtgrave, *Neues Miet- und Wohnrecht. Kommentar zum Gesetz über den Abbau der Wohnungszwangswirtschaft und über ein soziales Miet- und Wohnrecht*, S. 72. 见附录 5。

署，特别是军方出于提振士气及维护社会稳定的需要来进行调控。①

战时的住房保障政策除了体现官方介入房屋租赁，也表现在大力支持和推动主要面向军人及遗属的福利住房建设运动上。从1915年11月起，土地改革活动家阿道夫·达玛施克（Adolf Damaschke）倡议发起"战士家园"（Kriegsheimstätten）的运动。战争初期受空前高涨的民族主义热情及对战局乐观估计的影响，官方和民间均投身这场名为"战士家园"的运动中。这场运动的核心成员除了合作社之类的社会团体，也包括大量地方政府及行政机关，在短时间内就从最初的28家机构与社团增加至超过3700家。②

所谓"战士家园"或"家园"，实际上是由恩格斯所说的"小宅子"（即附带小块耕作园地的独栋平房）组成的定居点。"家园"的建设用地是地方政府或社会团体以优惠价格出让使用权的土地，由此确保较为低廉的房屋建设成本，继而保证租户能够享受低廉的房租。同时，出于保护承租人的考虑，它允许租住房屋在土地租期内由后代继承，但明确禁止借公益牟利："家园"住宅土地用途不得变更，"不得变卖或用于抵债"。从本质上说，"家园"建设项目的出发点与工业化时代用于克服小住房短缺的合作社建房尝试并无不同，它只是在战时被赋予了战争动员宣传的特殊政治意义，因此得到了军方的高度赞赏，兴登堡（Paul von Hindenburg）与鲁登道夫（Erich Ludendorf）就曾分别致信达玛施克表达支持，强调"祖国应当向这些从事崇高工作的人们施以援手，为他们提供免于高利贷侵害的住房"③。但仍需指出的是，这一战时被作为鼓舞士气的住宅建

---

① Walter Holtgrave, *Neues Miet- und Wohnrecht. Kommentar zum Gesetz über den Abbau der Wohnungszwangswirtschaft und über ein soziales Miet- und Wohnrecht*, S. 75.

② Maureen R. Sommer, "Bodenreform im Kaiserreich und in der Weimarer Republik", in Wolfgang Hofmann, Gerd Kuhn（Hrsg）, *Wohnungspolitik und Städtebau 1900 – 1930*, Berlin：TU Berlin Verlag, 1993, S. 67 – 87.

③ 1917年12月16日兴登堡与鲁登道夫分别致达玛施克的信。转引自Martin Wagner, *Neue Bauwirtschaft. Ein Beitrag zur Verbilligung der Baukosten im Wohnungsbau*. Berlin：Karl Hehmanns Verlag, 1918, 附录。

设方案，尤其是土地利用方式，构成了日后 1920 年魏玛共和国用于确保建设保障性住房的《国家家园法》（Reichsheimstättengesetz）中的主要内容。

第二节　革命与社会福利住房政策的最初确立

一　战后初期的住房危机

与帝国时代住房危机主要表现为面向贫困人口的小住房短缺不同，自"一战"末期出现的住房危机则是一场席卷全社会的突发性短缺。这是由战时住房建设停滞、"一战"后劳动力匮乏、建设成本上涨及因战败导致住房需求暴涨而引发的供需严重失衡。

据估计，战后全德住房缺口在 50 万—150 万套，且"极有可能在 100 万上下"①。但实际上战后初期的住房供应短缺在战争前就已有迹可循，从 1913 年起德国新建住房的产量就呈现逐年减少的态势（表 2.2）。随着战事的深入，德国国内的原材料和人力资源越来越优先向军方及军事设施提供，这使得民用住房的建设进度被进一步放缓。最终，1916 年 10 月，国家财政部迫于劳动力缺乏的压力，建议最高军事统帅部提议"尽可能停止一切非军事目的的建设活动"②，德国住房建设全面停滞的序幕因此开启。而 1918 年的战败与战争赔款又使建筑行业复苏变得举步维艰。首先遭遇的问题是劳动力匮乏。国会调研显示，1914 年全国建筑工人总数为 176 万人，至

---

①　由于战争原因及统计方法上的问题，德国学界对于"一战"后全德住房缺口的具体数字至今并无统一的说法，因此上述数据是综合各类研究的结果。参见 Günter Schulz, "Kontinuität und Brüche in der Wohnungspolitik von der Weimarer Zeit bis zur Bundesrepublik", in Hans Jürgen Teuteberg (Hrsg): Stadtwachstum, Industrialisierung, Sozialer Wandel. Beiträge zur Erforschung der Urbanisierung im 19. Und 20. Jahrhundert, Münster: Duncker & Humblot, 1985. S. 135 – 173, 此处是 S. 137。

②　Heinrich Hirtsiefer, Die Wohnungswirtschaft in Preußen, S. 56.

1920 年这一数字下降至 100 万人。[1] 人数的减少，除了战争导致的大量伤亡外，还在于很多已经在战前转岗的建筑工人不愿意在战后重操旧业；即便身处的行业正在面临和平转型的艰难局面，他们也不看好建筑行业，认为"没有必要为一个前景不明朗的行业牺牲自己的稳定收入"。其次原材料价格上涨与国内资本市场上的流动资金短缺进一步抑制了私人投资建房的意愿。

表2.2　　德国 37 座大城市新建住房数量（1912—1918 年 *）

	建成住宅楼数量（栋）	建成公寓数量（套）
1912 年	8912（100%）	61335
1913 年	7017（79%）	45220
1914 年	5667（64%）	32330
1915 年	2464（28%）	13171
1916 年	966（11%）	4685
1917 年	428（5%）	1712

* 1918 年 54 座城市共建成公寓 3923 套。

资料来源：Heinrich Hirtsiefer, *Die Wohnungswirtschaft in Preußen*. Eberwalde：Verlagsgesellschaft R. Müller, 1929, S. 54.

与此相对的是伴随数以百万计人口流动而来的庞大住房需求。最先对住房供给造成冲击的是军事作战人员的回归。当 1917—1918 年冬天第一批军人复员归国，德国国内住房缺口立即在短时内急剧扩大。[2] 随后，战胜国出于削弱德国军事武装力量的意图，迫使其在 1918 年 11 月 11 日签署停战协议后尽快将常备军缩减至 100 万。由于强制军事复员实际于 1919 年夏宣告正式结束，这就意味着在半年多的时间内有 700 万年满 24 周岁以上的德国男性必须离开陆海军重

---

[1] BArch, R401/1429, Abschrift：*Denkschrift über Maßnahmen auf dem Gebiete des Wohnung- und Siedlungswesens von 1914 – 1921*（Reichstag 1. 1920/22. Druck. Zu Nr. 3472）.

[2] Lutz Niethammer, "Ein langer Marsch durch die Institutionen. Zur Vorgeschichte des preußischen Wohnungsgesetzes von 1918", S. 381.

返民用工作岗位，或者至少是回到家人身边。① 然而，魏玛共和政权建立之初的社会动荡，有很大一部分正是由于复员军人安置不力而起。许多军人宁可滞留大城市也不愿返回原籍，但又无法在城市中找到栖身之处，不得不在由学校等公共设施改建的临时安置点落脚。这与战争前期的军方宣传大相径庭。大批前军人对政府的态度由失望转向极度不满，示威游行与骚乱也随之产生，如在1919年和1920年德国多地曾爆发前军人组织的严重示威游行，乃至流血冲突。②

住房危机集中爆发的另一导火线来自难民。1922年德国国会援引红十字组织的数据显示，至1920年12月初德国境内难民总人数接近90万；与此同时，尽管官方统计数据不超过"15万户"，但也不得不承认："对难民迁入德国期间建立的家庭数量只能大致估算得出。"③ 从地域分布来看，由难民潮引发的住房短缺突出集中在领土改划或与邻国接壤的地区，如东普鲁士、西里西亚、巴登、符腾堡和黑森，首都柏林也成为难民涌入的"重灾区"。但难民住房问题最为突出的地区仍是上西里西亚，甚至当国联在1921年10月通过决议强行将上西里西亚东部划归波兰前后，大批原帝国居民选择进入仍属于德国领土的部分，其人数之多，按照当时的官方报告描述——"所有可以公开接收难民的公共和私人空间都塞满了难民"，甚至还因此引发外来的德意志难民对世居于此的波兰裔居民的不满与怨恨。④

生活在大后方的普通德国人也同样面临住房危机考验。尽管

---

① Wolfram Wette, "Die militärische Demobilmachung in Deutschland 1918/19 unter besonderer Berücksichtigung der revolutionären Ostseestadt Kiel", *Geschichte und Gesellschaft* (1986), 12. Jg., H. 1. S. 63–80.

② Ursula Büttner, "Weimar. Die überforderte Republik", in: Wolfgang Benz, Ursula Büttner, *Gebhardt Handbuch der Deutschen Geschichte* (Bd. 18), Stuttgart: Klett-Cotta, 2010, S. 362.

③ BArch, R401/1429, Abschrift: *Denkschrift über Maßnahmen auf dem Gebiete des Wohnung- und Siedlungswesens von 1914–1921* (Reichstag 1. 1920/22. Druck. Zu Nr. 3472).

④ GStA PK, I. HA Rep. 151C Nr. 12354, Aktenvermerk über das Ergebnis einer am 7. Sept. 1922 in Breslau abgehaltene Besprechung, der Reichsminister des Innern, V 4821 B, 8. Sept. 1922.

"一战"造成约 200 万德国士兵战死沙场,但即便是最残酷的死亡数据也未能改变德国国内的住房现状,个中原因在于官方对住房需求的统计并不基于自然人,而是基于"户"。① 因此,青壮年在前线阵亡不仅未必导致后方家庭瓦解、住房出空;相反,侥幸在战场上活下来的人在回国后将马上面临结婚成家的需求,如此导致 1919 年全国结婚人数跃升至将近 85 万对——而战前(1900—1913 年)每年基本保持在 45 万—52 万对。② 与建立家庭的热情形成反差的则是城市住房的一房难求。由于无法自立门户,许多新婚夫妇不得不选择与一方父母或亲属同住。官方则因无力解决住房问题,反其道行之要求新人们慎重考虑婚姻大事,甚至部分城市对申请住房的初婚年龄下限做出规定。例如在斯图加特、卡尔斯鲁厄和多特蒙德,丈夫作为申请者,年龄不得小于 25 岁。在卡塞尔,这一年龄限制被提高到 28 岁,在马格德堡更是被提高至了 30 岁。③

除了住房数量上的供不应求外,居住贫困也在"一战"后的德国城市中持续蔓延,居住之拥挤、条件之恶劣,仿佛一夜回到德意志帝国建国之初。恶劣的住房条件还导致传染病流行,从流感、肺炎一类的呼吸道传染病,到肺结核、伤寒、梅毒等恶性传染病在战后狭窄的居室内肆意传播,儿童成为其中最大的受害者,例如柏林一些住房尤其短缺的地区,拥挤住房内出生的婴幼儿夭折率甚至高达 59%。④

二 短期租赁立法

极度严峻的住房供求形势迫使国家不得不直接介入原本放任自流的房屋租赁市场,由于这一系列措施对社会经济乃至私人生活领

---

① BArch, R401/1429, Abschrift: *Denkschrift über Maßnahmen auf dem Gebiete des Wohnung- und Siedlungswesens von 1914–1921* (Reichstag 1. 1920/22. Druck. Zu Nr. 3472).
② BArch, R401/1429, Abschrift: *Denkschrift über Maßnahmen auf dem Gebiete des Wohnung- und Siedlungswesens von 1914–1921* (Reichstag 1. 1920/22. Druck. Zu Nr. 3472).
③ Karl Chrisitan Führer, *Mieter, Hausbesitzer, Staat und Wohnungsmarkt*, S. 312.
④ Gustav Böß, *Die Not in Berlin. Tatsachen und Zahlen*. Berlin: Zentral, 1923, S. 15.

域的干预强度极高，因此也被称为"住房统制措施"。具体而言，它主要包括三个方面的立法与措施。

1. 确立"承租人保护"的基本原则，限制房屋所有人（及房东）的解约权；

2. 建立房租约束机制，避免租金过快过度上涨；

3. 由政府（主要是基层地方政府）采取行政手段集中控制现有房源（房间）和房屋需求者，统一分配，即政府住房调控。

三者共同构成了魏玛共和国在1918—1923年力图克服现房短缺的主要表现。

"承租人保护"原则最早确立法律地位是在1917年的参议院《承租人保护条例》中。条例经过1918年和1919年两次修订，进一步扩大租赁调解署公平仲裁房屋租赁纠纷的权力，尤其是加强对房东权利的限制，避免租户陷入"被强制不合理解除租赁合同"而无家可归的境地。[1] 修订后的《承租人保护条例》很快适用于德国绝大部分地区（纯农业地区除外），直到1923年为止该条例都是保障租户租赁权益的根本行政依据。

《承租人保护条例》除了强调官方对房东解约权的控制之外，还明确将约束房租涨幅纳入"承租人保护"体系。尽管房租约束机制同样可以追溯到1914年，但修订后《承租人保护条例》首先消除原来房租约束机制中军方干预的战时色彩，取而代之以由各州政府授权调解局调控。除此之外，各州还可根据具体情况制定遏制房租上涨的地方性法规。例如1919年12月出台的普鲁士《最高租金条例》（*Höchstmietenverordnung*）就规定居民人口在2000人以上且住房短缺极其突出的行政区，需征求由房屋产权人和承租人各占一半的委员会意见后设定租金涨幅的上限。[2] 而巴伐利亚则以战前的"和平租

---

[1] Walter Holtgrave, *Neues Miet- und Wohnrecht. Kommentar zum Gesetz über den Abbau der Wohnungszwangswirtschaft und über ein soziales Miet- und Wohnrecht*, S. 71.

[2] Heinrich Hirtsiefer, *Die Wohnungswirtschaft in Preußen*, S. 121.

金"① 为基础，视各地区发展水平及房屋管理与维护的客观情况，制定房租指导价。②

1918 年 9 月 23 日，《克服住房短缺的措施公告》（Bekanntmachung über Maßnahmen gegen Wohnungsmangel，亦可简称为"9 月 23 日公告"）出台。该公告从三个方面对政府强制整合和分配有限的住房资源做出明确规定，这也使得政府住房调控成为战后"住房统制措施"中最具强制色彩的措施。首先，州政府授权各基层行政区政府严禁随意拆除辖区内的整体或部分建筑；禁止变更 1918 年 10 月 1 日前确定并投入使用的居住用房屋用途，房屋所有人有义务向政府机关申报"未使用"住房。其次，各基层行政区有权行使公示闲置房屋，委托专门机构进行评估，为房屋支配人指定有需求的找房者。一旦房屋所有人和被分配人之间无法就房屋租赁达成一致，则通过租赁调解署进行调解后确定租赁合同。再次，基层行政区可以在获得州政府授权的情况下，通过征用补偿的形式将闲置厂房、仓库、商铺或其他空间重新利用，并改为居住用途。③

随后，各州在"9 月 23 日公告"的基础上制定适合本州现状的实施细则。以 1919 年正处于革命最激进状态下的巴伐利亚州为例，其制定的住房调控政策格外严厉，例如在各市镇设立租赁管制机构，所有住房或房间必须得到该机构批准后才能进行分类；城市政府还要求持有房产的人将闲置住房出租给在该机构登记注册的房屋申请者，禁止一切私人中介；所有找房租房信息只有在当局批准的情况下才能在报纸上刊登广告；除此之外，优先照顾"找房尤其困难的"多子女家庭。④ 相比巴伐利亚，其他州的具体调控措施则相对缓和。

---

① "和平租金"指德国各地在 1914 年 7 月 1 日时的平均房租价格。
② Ulrike Haerendel, *Kommunale Wohnungspolitik im Dritten Reich. Siedlungsideologie, Kleinhausbau und "Wohnraumarisierung" am Beispiel Münchens*. München: De Gruyter Oldenbourg, 1999, S. 108. 但巴伐利亚的租金调控手段很快不敌通货膨胀，在 1922 年出台全国性租赁法之前就已弃之不用。
③ Heinrich Hirtsiefer, *Die Wohnungswirtschaft in Preußen*, S. 126.
④ ZfW 17, 1919, S. 250, in Karl C. Führer: *Mieter, Hausbesitzer, Staat und Wohnungsmarkt*. S. 306.

直到1920年国家劳动部出台《克服住房短缺措施试行条例》(Musterverordnung betreffend Maßnahmen gegen Wohnugnsmangel),才明确要求市镇当局有义务对所有房屋(间)的租赁行为进行调控,"特别是那些尚未出现严重住房短缺的地区"①,由此正式确立房屋局作为承担房源及住房申请登记,管理与分配全新职能的重要部门的地位。②

三 社会福利住房立法

但从战争末期开始愈演愈烈的住房危机已不仅仅是单纯的供应问题。1918年2月,时任普鲁士公共劳动部部长的保罗·冯·布莱腾巴赫(Paul von Breitenbach)就曾特别指出,如果不能及时为返乡的士兵及其家属解决住处,"那么除面临工业和农业上的经济困境,在这批人中还出现普遍的不满情绪和强烈愤怒。……由此导致政局动荡。"③ 而就在不久前的1月下旬,刚刚爆发了全国性的政治大罢工,数十万柏林工人走上街头,随后罢工又席卷大部分的工业中心,在要求和平、实现民主化(还包括反对贫困)的口号中将过去目标有限的示威游行推向一场声势浩大的"总罢工"。在此背景下,单凭国家在现房领域延续战时体制对现有房源进行集中管理和分配,并不足以全面解决问题。而帝国政府已经意识到住房事关政权延续与社会稳定,要真正缓和乃至化解住房短缺背后的政治危机,还需要政府在采取现房统制措施之外从源头上增加住房供给,尤其是要为特定群体提供不带或尽量减少营利性目的住房。

这一保障意图首先体现在1918年3月28日颁布的《普鲁士住房法》中。该法第八条(编纂于战争第二阶段)率先提出,普鲁士

---

① Heinrich Hirtsiefer, *Die Wohnungswirtschaft in Preußen*, S. 127.
② 房屋局诞生于20世纪初,但它在帝国时代承担的职能大多为房屋统计和地方房屋质量调查,并非专门的房屋监察机关或社会福利机构。
③ Brief v. Breitenbach vom 20. 2. 1918, in Gerd Kuhn, *Wohnkultur und kommunale Wohnungspolitik in Frankfurt am Main 1880 bis 1930: Auf dem Wege zu einer pluralen Gesellschaft der Individuen*, S. 41.

将拿出总额共计 2000 万帝国马克的邦政府贷款，用于资助公益性建筑团体的生产活动①；并明确公益性建设团体指建设"服务贫困人民"的公益性住宅且盈利不得超过 5% 的团体。② 而在随后的执行条例中，邦政府也提到获得邦政府资金注入的公益性企业，应该就有能力接手诸如对建设本金要求很高的保障型小住宅建设的任务③，从而达到"建造物美价廉，符合社会福利要求的住房"的目的。

最终布莱腾巴赫担心的革命还是如期而至，但国家干预住房机制却在经历政权更迭后被新政府保留下来。不仅如此，保障普通德国人的居住权利，还作为基本人权之一被写入魏玛宪法："……以期德国人均受保障，并有康健之住宅，及德国家庭尤其生齿繁多之家庭……"（第 155 条）④ 由此德国正式明确社会福利导向的国家住房政策。

魏玛共和国作为"德国'福利国家'发展过程中质的飞跃"⑤体现在它将社会政策纳入宪法。但事实上，它依然延续了帝国社会政策"迫于工人运动以及它在城市和社会中的权力，顺应资产阶级社会改革者的要求；但也是出于资产阶级和旧精英阶层对于爆发社会革命的担忧"⑥。尤其在战后极度动荡的社会形势下，出于对数量庞大的受害者考虑和对物资短缺的预估，新政府进一步希望通过"社会改革对抗社会革命"。这在住房政策中表现得尤为明显，即如

---

① Lutz Niethammer, "Ein langer Marsch durch die Institutionen, Zur Vorgeschichte des preußischen Wohnungsgesetzes von 1918", in ders. (Hrsg): Wohnen im Wandel. Beiträge zur Geschichte des Alltags in der bürgerlichen Gesellschaft, S. 363 – 384, 此处是 S. 364, 382。

② GStA, Rep. 120 BB, Abt. VII, Fach I, Nr. 11, adh. 8a, Bd. 1, Blatt 67, in Gerd Kuhn, Wohnkultur und kommunale Wohnungspolitik in Frankfurt am Main 1880 bis 1930. Auf dem Wege zu einer pluralen Gesellschaft der Individuen, S. 323。

③ Heinrich Hirtsiefer, Die staatliche Wohlfahrtspflege in Preußen 1919 – 1923. Berlin: Karl Hehmanns Verlag, 1924, S. 120。

④ 戴学正等编：《中外宪法选编》，华夏出版社 1994 年版，第 210 页。

⑤ Gerhard A. Ritter, "Der deutsche Sozialstaat", in: Hans-Ulrich Wehler (Hrsg), Scheidewege der deutschen Geschichte. Von der Reformation bis zur Wende 1517 – 1989, München: C. H. Beck 1995, S. 146 – 157, 此处是 S. 151。

⑥ Adelheid von Saldern: Häuserleben. Zur Geschichte städtischen Arbeiterwohnens vom Kaiserreich bis heute (Aufl. 2), S. 121。

1921—1932 年担任普鲁士福利部部长的海因里希·希尔齐费尔（Heinrich Hirtsiefer）指出，以帝国时代"出租兵营"为代表的居住模式，"是对应贫困群体居住需求最不具福利性质的安排。……条件有限的居住环境在健康、社会、道德和伦理各方面造成的后果是促使工人疏远国家"①。除此之外，一种新的德意志民族意识也随着新政权的诞生而崛起，即劳动效率成为"在经历了失败的战争后，德国仅剩下唯一能够指引未来的潜在崛起力量"②。而建造健康的住宅还能改善大众的健康状况，提高劳动效率，正是这样的意识构成了魏玛共和国社会福利住房政策的基本出发点。

第三节　社会福利住房政策的发展（1919—1931 年）

一　1919—1923 年社会福利住房政策的试验阶段

一方面是从战争赔款、领土问题到货币贬值，无不侵蚀着整个德国社会稳定的根基；另一方面是社会福利住房政策还处于从无到有的摸索阶段，在此背景下，1919—1923 年的福利住房政策试验色彩颇为浓重，因此无论是在立法还是在实践层面，变动都较频繁。

（一）现房统制政策

现房领域保障源于最初出于统战目的，对租房者基本居住权利的保护。由 1918—1919 年《承租人保护条例》及"9 月 23 日公告"正式确立的承租人保护原则与现房调控措施，主要通过房屋局（Wohnungsamt）与租赁调解局（Mieteinigungsamt）两个重要职能部门加以实现。

房屋局主要负责房源与房屋申请人的登记、管理和房屋分配。

---

① Heinrich Hirtsiefer, *Die Wohnungswirtschaft in Preußen*, S. 15.
② Adelheid von Saldern, *Häuserleben. Zur Geschichte städtischen Arbeiterwohnens vom Kaiserreich bis heute*, S. 121.

在"一战"后住房普遍短缺现实下，房屋局工作的首要任务是多方筹措房源，首先，房屋局会对拥有大量房间的非居住用建筑（例如学校）加以评估，如认为确有必要，这些建筑经过改造后也将改为居住用途。其次，它要求所有拥有闲置房产（间）的房主必须如实申报，同时联合其他部门对隐瞒申报、私自出租房屋的行为（即所谓的"黑租"）进行直接或间接打击。例如在汉诺威，当地房屋局与警方合作，通过增加"黑租户"生存成本的方式迫使其放弃"违法行为"：由于当时食物采取配给制，但食品卡只有在获取由房屋局签发的合法租赁证明并前往警察局申报户口后方能申领。① 而在一些住房短缺尤其严重的市镇，政府不得不采取住房配给的安置手段，此举虽美其名曰"合理化"，但其实质是一种强制征收，即地方政府强行征收私有住宅或出租住房（尤其是豪华住宅）中所谓"尚未被利用"的部分，随后分配给登记在册的房屋申请人。

相比之下，租赁调解局介入房屋租赁事务的程度则更深。事实上，它更像是一个"特别住房法庭"。其首要职责是处理现有租赁关系中的各类纠纷，包括租赁双方要求解除合同、已解约合同的续约以及房租定价等问题。在调解租赁关系方面，尽管调解局强调"公平考量"，但在实践过程中，仍以保护租户利益为优先考虑，除了保护租户不会被无辜解约之外，调解局甚至可以要求房东在室内安装暖气和热水，一旦出租屋缺乏此类设施，还可应租户要求减免房租。②

租赁调解局的另一项重要工作则是监督当地房租价格水平。早在"9月23日公告"中就已明文规定，以提高房租为目的的解约行为"必须事先获得调解局的许可"③。1919年起各州采取的房租限价

---

① Bericht von Städtischer Wohnungsamt Hannover, S. 10, in Karl C. Führer, *Mieter, Hausbesitzer, Staat und Wohnungsmarkt*, S. 309.

② Walter Holtgrave, *Neues Miet- und Wohnrecht. Kommentar zum Gesetz über den Abbau der Wohnungszwangswirtschaft und über ein soziales Miet- und Wohnrecht*, S. 73.

③ Walter Holtgrave, *Neues Miet- und Wohnrecht. Kommentar zum Gesetz über den Abbau der Wohnungszwangswirtschaft und über ein soziales Miet- und Wohnrecht*, S. 76.

令则进一步压制了房租上涨的空间。以普鲁士为例,最初规定州内房租涨幅一般不得超过20%,"特殊情况下,如要超过此额度必须经过当地政府许可"。① 尽管此后这一限额因货币贬值而有所提高,但房租涨幅仍远低于同期的通货膨胀速度。至1922年6月因颁行《国家租赁法》(Reichsmietengesetz)而废除该条例前,普鲁士小城市房租相比1914年7月1日的租金提高60%—75%,大城市涨幅在100%—110%,而同期食品支出已增长37.28倍。②

除此之外,1922年《国家租赁法》正式给出明确官方指导价的"法定租金"概念。③ 官方指导价的出台,进一步从法律上明确将建于战前老式建筑内的房租维持在一个极低水平,以此保证广大民众的居住权利。尤其在1922年之后,虽然马克加速贬值、通货膨胀危害日益显现,但对普通德国人而言,至少房租并不是一笔沉重负担。以一户柏林邮局工作人员家庭为例,1922年5月这个家庭的月净收入为3625马克,用于食物的开支高达3162马克,房租支出却仅有60马克。④ 另据德国雇主协会联合会(VDA)的统计显示:1922年时普通小户型房租支出只占到非技术工人工资收入的2.36%,而1919年时这一比重为9.09%。⑤

(二)福利住房建设促进机制

相比在战时集中制基础上逐步形成相对系统、以保障承租人为基本导向的房屋租赁管理体系,福利住房建设政策受经济形势和资本条件影响更深,因此这方面的措施在1919—1923年的变动更为频繁和激烈。

---

① Karl Christian Führer: *Mieter, Hausbesitzer, Staat und Wohnungsmarkt*, S. 134.
② Heinrich Hirtsiefer, *Die Wohnungswirtschaft in Preussen*, S. 122.
③ 所谓"法定租金",是指以1914年7月1日开始起租的基本房租(不包括房屋维修费、暖气费、管理费及其他费用在内)的基础上,重新计算维修基金(包括在修项目的花费)、商业用途附加费、管理费和投资利息等费用后得出的金额,而受"法定租金"约束的住房主要是兴建于1918年7月以前的私有住房。参见 Walter Holtgrave, *Neues Miet- und Wohnrecht. Kommentar zum Gesetz über den Abbau der Wohnungszwangswirtschaft und über ein soziales Miet- und Wohnrecht*, S. 77f.
④ Karl Christian Führer, *Mieter, Hausbesitzer, Staat und Wohnungsmarkt*, S. 136.
⑤ Karl Christian Führer, *Mieter, Hausbesitzer, Staat und Wohnungsmarkt*, S. 138.

福利住房建设政策主要表现是由国家到地方的各级政府提供或筹措建设资金，即政府补贴，促进住房建设生产。这一政策可以追溯到 1918 年 10 月 31 日出台的《采取国家资金保障建设补贴的决议》（Bestimmung für die Gewährung von Baukostenzuschüssen aus Reichsmitteln）。但在这一由帝国政府专门为住房建设活动提供约 5 亿马克无须偿还国家补贴的决议中，对克服住房短缺的生产性考虑要大于福利性。[1] 起初，为了降低建设成本，国家补贴主要用于建设成本中通货膨胀的部分，只有在极少数情况下才会被要求还本付息——它因此也称"沉没补贴"，且金额上不封顶。但这样一来就出现了大肆铺张的奇怪现象，"随处可见相比战前更宽敞、更牢固、造价也更昂贵的在建项目"[2]，对政府财政构成极大负担。数据显示，从"10 月 31 日公告"颁布至 1919 年底，中央政府实际支出的补贴已达 6.5 亿马克。[3] 此外，还必须考虑地方政府的补贴支出，以巴登为例，1919 年国家、州及地方政府的沉没补贴超过 1.01 亿马克（其中中央和两级地方财政各占一半）。[4] 首都柏林的情况更胜一筹，1919 年它从中央和州政府手中获得高达 1.38 亿马克建设补贴，市政府另外拨付资金 4600 万马克，但建成的永久住房仅有 3697 套。[5]

　　为了扭转形势，1920 年 1 月 10 日，参议院发布《关于保障新房

---

[1] Peter-Christian Witt, "Inflation, Wohnungszwangswirtschaft und Hauszinssteuer: Zur Regelung von Wohnungsbau und Wohnungsmarkt in der Weimarer Republik", in Lutz Niethammer (Hrsg): *Wohnen im Wandel. Beiträge zur Geschichte des Alltags in der bürgerlichen Gesellschaft*, S. 385 – 407, 此处是 S. 392f。

[2] Lübbert, "Die staatlichen Beihilfeverfahren für den Kleinwohnungsbau. Kritik des bisherigen Verfahrens nebst einem Verbesserungsvorschlag für 1921", *Volkswohnung. Zeitschrift für Wohnungsbau und Siedlungswesen*, H. 2, JG. 2, 1920, S. 281 – 284。

[3] Peter-Christian Witt, "Inflation, Wohnungszwangswirtschaft und Hauszinssteuer: Zur Regelung von Wohnungsbau und Wohnungsmarkt in der Weimarer Republik", S. 393。

[4] GStA, I. HA. Rep. 193A Nr. 39, *Bericht des Haushaltsausschusse*, Beilage zur Niederschrift über die 66. Sitzung vom 4. 10. 1921, Badischer Landtag。

[5] 此外柏林市新建 1690 套临时安置房（如棚户）并在普通住宅楼内安排出 12200 个临时居住点，数据来源于 Tabelle 24 Baukostenzuschüsse und ihre Verwendung *1919 – 1923* (Quelle: Volkswohnung), Statistischer Amt der Stadt Berlin: *Statistisches Taschenbuch der Stadt Berlin* 1923, Berlin, 1924, S. 15。

建设国家贷款》的新公告（*Über die Bewährung von Darlehen aus Reichsmitteln zur Schaffung neuer Wohnungen*，简称"1月10日公告"），对此前的补贴政策做出根本调整。① 新规首先明确补贴不再是毫无节制的"沉没补贴"，而是改为一定期限内无息的建设贷款的形式发放；并且贷款按照实居住面积发放，例如1920年的标准为各乡镇每平方米最高补贴165马克，大中城市放宽至180马克/平方米。但最为关键的是，该公告首次明确建设贷款补贴的对象面积不超过70平方米的"小住房"，只有多子女家庭才可适当放宽至80平方米。此外，公告还对接受资助兴建的住宅使用和交易做出规定，限制屋主利用此类房屋牟取私利。因此，从"1月10日公告"开始，魏玛时期的住房建设政策开始真正全面贯彻社会福利属性，关注除伤残军人、失业者、重病患者之外的普通贫困群体、多子女家庭的住房需求。

但由于通货膨胀持续，工资及原材料价格上涨的缘故，在一部人看来，"国家补贴标准过低，而仅凭政府一味追加金额除增加财政负担、拉高通胀风险外并不能完全解决实际问题，最好的办法是让房地产业自行筹措出生产新住房的资金"（希尔齐费尔语），具体办法就是由已经享受到低廉房租的租户们以纳税的方式回馈社会，分摊从中央到地方的财政压力。1921年6月26日，《关于征收促进住房建设税国家法》（*Reichsgesetz über die Erhebung einer Abgabe zur Förderung des Wohnungsbaus*，简称"住建税法"）正式出台，要求各州政府开征主要面向老式建筑的"住建税"，即"在1921—1941财年期间，从房屋使用人手中征收房产'和平时期使用价值'（即租金）的5%；同时基层地方政府开征相同比例的地方附加费（但这一比例并不固定，可由地方政府自行决议）"。②

---

① Weber, "Die Unterstützung der Neubautätigkeit mit öffentlichen Mitteln im Jahre 1920", *Volkswohnung*. H. 2, JG. 2, 1920, S. 21 – 23; Lübbert, "Die staatlichen Beihilfeverfahren für den Kleinwohnungsbau. Kritik des bisherigen Verfahrens nebst einem Verbesserungsvorschlag für 1921".

② GStA, I. HA. Rep. 193A Nr. 39, *Bericht des Haushaltsausschusse*; Rep. 193A, Nr. 41, *Protokoll*, Sitzung des Wohnungs- und Siedlungsausschusses des Deutschen Städtetages, 14. 10. 1921; Heinrich Hirtsiefer, *Die Wohnungswirtschaft in Preußen*, S. 142.

除了资金支持之外，魏玛共和国城市地价整体下跌及公共土地政策的调整也为社会福利住房建设政策创造了机会。虽然魏玛共和国土地仍以私有制为主，但为避免重蹈帝国时代因土地投机恶化住房供给的覆辙，各级政府还肩负着推动土地社会化利用的职责（如宪法第 155 条有关土地利用的规定）。地方政府一般通过三种方式获得用于公共目的的储备用地：土地购置、征收和行政区合并。一方面，通过行政区合并使得基层地方政府迅速获得了大量的土地，例如柏林市在 1920 年完成与周边地区的合并后，一跃成为全德最大的地主；另一方面，"一战"后德国土地价格普遍下跌也是不争的事实。直到 1926 年德国许多城市的平均地价尚不及战前水平的 60%，即使是在人口超过 20 万人的大城市中也是如此。例如，德累斯顿的地价仅相当于战前的 30%—40%，美因河畔的法兰克福为战前的 50%—60%，科隆为 60%，慕尼黑则为 50%—70%。[1] 这就为各城市获取价格优惠的土地提供直接便利。而为了降低建设成本，地方政府在出让建设用地时，通常保留土地所有权，因此土地支出得以减少。

承担社会福利住房建设任务的则大多是从 1919 年起陆续成立的各类政府公营企业或工会所有的建筑企业，它们的前身大多是接受《普鲁士住房法》资助的公益性住房建设团体。这些企业资本雄厚，规模也远超帝国时代传统建筑合作社或单一的工厂企业，因此更适合承担完整的住宅区建设；同时"因其限制盈利而成为以促进公共福祉为宗旨推动大众住房建设的理想合作者"[2]。因此，它们在 1919—1923 年就已承担起从普通住宅到特定群体住宅（如难民、矿工）的大部分项目。以柏林为例，政府公营和工会所有房企代表的

---

[1] Heinrich Hirtsiefer: *Die Wohnungswirtschaft in Preussen*, S. 142; C. J. Fuchs, " Die Beschaffung von Baugelände", in Albert Gut (Hrsg): *Der Wohnungswesens in Deutschland nach dem Weltkriege*, München: F. Bruckmann, 1928, S. 51 - 63，此处是 S. 56。

[2] Christoph Bernhardt, "Aufstieg und Krise der öffentlichen Wohnungsbauförderung in Berlin 1900 - 1945. Zusammenhang und Brüchigkeit der Epoche", in DEGEWO u. a (Hrsg): *Ausstellung Wohnen in Berlin. 100 Jahre Wohnungsbau in Berlin*, Berlin: Edition StadtBauKunst, 1999, S. 45 - 87，此处是 S. 59。

公益性房企所占的建设份额达到75%。1918—1921年在建筑师马丁·瓦格纳（Martin Wagner）主持下建成的林登霍夫住宅区可容纳约1500名住户，是当时屈指可数的大型城市住宅区之一。

二 利益纠葛与通货膨胀

表面看来，德国社会福利住房的框架体系在20世纪20年代上半期就初步搭建完成：" 承租人保护原则 " 在现房领域保障相对弱势的租户群体的利益；通过建设贷款的发放和住建税的征收，则为以扩大供应为目标的新建住房提供了资金支持。然而，它作为一项试验性的福利住房政策，矛盾在所难免。

不满的声音首先出现在现房领域，围绕官方的住房分配措施与房屋租赁限制，官方与房屋申请人，房东与房客往往因为立场对立而互看不顺眼，感觉自己才是被损害的一方。

尽管按规定，所有住房需求的人均可以前往房屋局登记，由房屋局分配住房，但由于住房严重短缺，官方对居住需求者的实际审核十分严格，大量申请人因为条件不合格而遭到拒绝。仅以汉堡为例，1920—1924年其城市房屋局共收到75607份住房申请，但只有41.7%（105623份申请）得以通过审核；且等待审核通过的过程也十分漫长，少则数月，多则数年。随后申请人即便幸运得到了一套房子，往往会出现不满意的情况；甚至在某些强制征收来的房源中，还会导致被迫出让房屋的房主与官方安排入住的租客之间的激烈矛盾。

但不满并不仅限于被强征住房的房主，由于官方对承租人保护原则的维护导致这一群体普遍愤怒，由于在涉及租赁纠纷，尤其是解约纠纷时，租赁调解局大多倾向于保护租户不予解约，这在房主看来就是对自己自由处分住房的干扰，更有甚者将租户入住视为鸠占鹊巢，例如1920年一位名叫路德维希·库厄塞尔（Ludwig Quessel）就曾这样写道：①

> 今天谁租下了一套房子，他就根本不再是租户（的身份），而是它的所有者。什么叫占有？就是我长期合法租用一间房屋，任何人不允许从我手上夺走，即使我的房东无家可归，我也要把他的解约要求顶回去。

引发房东怒火的还有房租约束机制。官方为保护广大租户而使房租始终维持在一个"跟供求关系已经毫无瓜葛"的超低水平，一方面直接导致房东收益大减，甚至"糊口都成问题"；另一方面，由于房东必须承担出租房屋的贷款利息、房屋管理与修缮等费用，尤其是在后两点上，由于货币贬值，原材料价格上涨，令房东无法负担。在1922年一份向普鲁士福利部部长申诉房租限价的请愿书中，申诉人就称过去两年间各类围绕房屋的必要支出（税收、保险、烟囱打扫费、垃圾清运以及所有必需的屋顶、水管、废水等的维修费）已翻了5—25倍，而同期房租涨幅仅有10%—40%，但在房租提价至少滞后房屋开支一年半，其后果是巨额亏损，房屋面临倒塌，居住条件也变得极为恶劣。此外，这两名拥有20处房产的职业房东还抱怨，由于没钱请帮工，他们两人不得不每天8小时扑在物业维修上。② 除此之外，1921年开始征收的"住建税"是按房屋征收，亦即首先向房主征收，随后再由其向租户分摊，更令房东苦不堪言。

房东的利益在现房统制制度下受损严重，导致他们对租赁调解局的工作怨声载道。但事实上，由于直到1923年为止，中央政府都未能出台租赁调解局工作准则，这才造成其工作人员在处理纠纷仅依照具体争议内容和对框架性法律条款的理解各事各办，仲裁结果差异过大，租户对于官方的信任也在这个过程中被不断削弱（见图2.1）。

---

① Ludwig Quessel, "Die Enteignung des städtischen Hausbesitzes", in *SozMh* 26, 1920, Bd. 2, S. 852 – 860, 此处是 S. 857。

② BArch, R401/1429, An den Wirtschaftsrat des Deutschland Reichstages, 10. 1. 1922, S. 42.

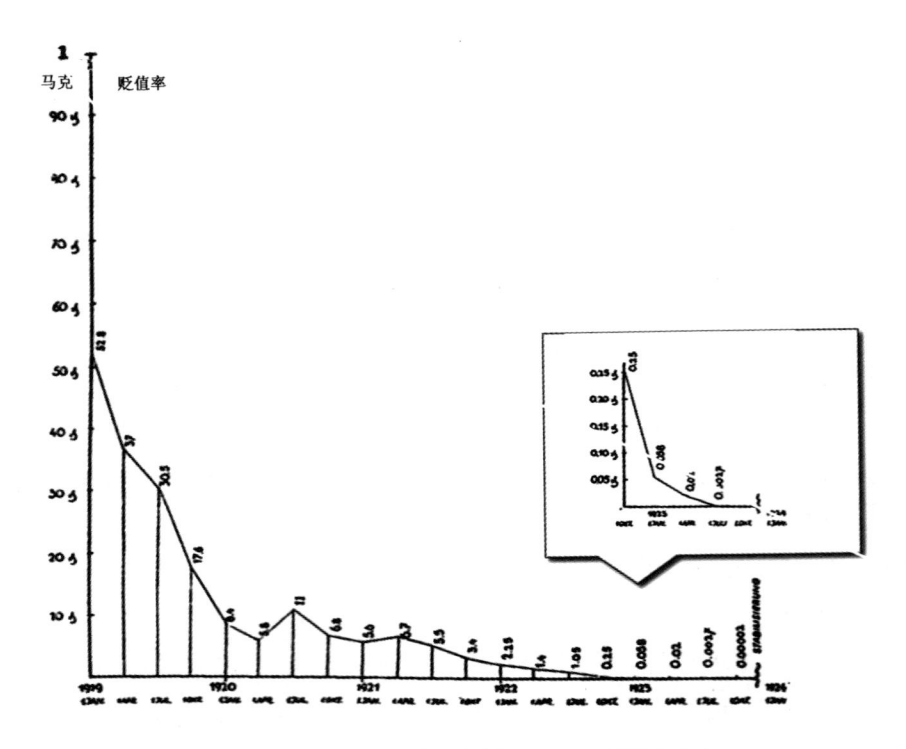

图 2.1　德国马克贬值趋势图（1919—1923 年）*

* 该图记录了从 1919 年 1 月 1 日起至 1924 年 1 月 1 日止每季度德国马克贬值情况（记录日期分别为：1 月 1 日、3 月 1 日、7 月 1 日和 10 月 1 日），基准数为战前的 1 马克。右上特别标出的趋势图为马克极速贬值情况。

资料来源：Heinrich Hirtsiefer, Die Wohnungswirtschaft in Preussen, S. 72.

上述原因最终促使德国政府于 1923 年 6 月 1 日出台《承租人保护及租赁调解局法》（Gesetz über Mieterschutz und Mieteinigungsämter, MSchG）。这部新的"承租人保护法"试图平衡房屋租赁双方的关系。举例来说，尽管法规宗旨依然维持"房东单方面不得撤销租约是所有租赁合同的前提"①，但增设保护房主正当解约权利的例外原

---

① Haerendel, Kommunale Wohnungspolitik im Dritten Reich. Siedlungsideologie, Kleinhausbau und "Wohnraumarisierung" am Beispiel Münchens, S. 107, 见本书附录 6。

则；同时仲裁方也从调解局转变为法院。在新的法律条件下，房东如希望终止租赁关系，须向地方法院提起诉讼要求取消合同，租赁关系的存续废止经法院审判后决定。然而，该法案部分回归对私有产权的保障，又造成了租户群体对于住房政策出尔反尔的不满，尤其是在魏玛晚期因失业导致拖欠甚至无力承担租金的情况比比皆是，而各级政府对于失房者的救济又未能同步跟上的情况下，怨恨、不满的情绪更是随之激增。

但此时住房建设领域的矛盾爆发则源于外部原因：随着通货膨胀日益加剧（表2.3），建设成本不断提高。例如，自1921年6月《住建税法》颁布起，6月至当年年底（12月）全德每立方米建设成本指数从15.46增至20.02（以1913年为基准数）；至1922年9月、10月两月时，该指数已分别升至96.64和142.9。[1]北部石勒苏益格—荷尔施泰因70平方米标准小套型的建设费用因此从1921年7月1日的7.6万马克增至1922年1月1日的12万马克[2]。而西南城市亚琛则在1922年5月给德意志城市议会的电报中称建设费用在短时间内从18万马克骤增至40万马克，当地每立方米改建住房成本也已达到1040马克。建设资金缺口越来越大，首先迫使地方政府不得不试图通过提高住建税的地方附加税率加以弥补。例如科隆市曾拟将1922—1923年的住建税附加税率提高至45%[3]；而哈勒市政府早在1922年初就已考虑要将地方附加费提高至20%，但随后该市发现，即便提高税率，则每年每套新建住房仅可多获得20—60马克的

---

[1] 数据来源于Tabelle 26. Indexziffern der Baukosten 1916–1923 für 1 cbm umbauten Raumes im Mittel von Fabrik- und Wohngebäude (Mitteilung des Statistischen Reichsamts). In: Statistisches Amt der Stadt Berlin, *Statistisches Taschenbuch der Stadt Berlin* 1923, S. 16. 国家统计署给出的这一建设成本特指"位于城市资产阶级中等住宅内，在较高的楼层改建出一套110平方米四居室公寓（不带储藏室和地下室部分）居住面积内的建设成本"，衡量的指标包括各项原材料价格和劳动力价格（建筑工匠和辅助工人）。但需要指出的是，从建设成本构成来看，人力成本的上涨幅度显然要低于物料成本。

[2] GStA, I. HA. Rep. 193A, Nr. 25, Akt. Z/M R 23/2/22, Geschäftsführer an den Deutschen Städtetag, Abschrift, Blatt 3, 14. 2. 1922.

[3] GStA, I. HA. Rep. 193A Nr. 41, Magistrat der Breslau an den Deutschen Städtetag, 6. 1. 1922.

税收，这在当时的货币条件下不过是杯水车薪。法兰克福市的政府参事路德维希·兰德曼（Ludwig Landmann）则认为，在房东房租收入极低且需事先承担住建税的情况下，"收3000马克（房租），却要缴纳约9000马克的住建税，还得不到任何补偿，这本身就非常不合理，因此房东群体出现抵制情绪也是显而易见的。"① 迫于成本压力，国家劳动部也同时下令提高单位建设补贴的标准：1922年1月确定为1920年3倍，1922年5月18日下令至5倍。仅仅一个多月后的7月29日又提高至10倍。② 而到1923年夏，这一标准已经提高到1920年的2.4万倍。住建税及其附加费将被提高至6000%③；而到了7月14日，普鲁士福利部和财政部又再次下令将这一比例提高至45000%。但仅仅半个多月后住房救济公司全国联合会的报告就已显示，当时依法享受补贴的70平方米小套型住房的造价达1亿—1.3亿马克。显然，恶性通货膨胀已经彻底摧毁了1920年建立起来的福利住房建设促进机制。

学界据此推测，1918—1923年全德建成（包括改建在内）住房总计为10万套左右，尚不及战前一年的建成住宅数量。④

三　1924年之后的住房建设大发展

从1923年下半年起中央政府启动货币改革逐步遏制通货膨胀，

---

① GStA, I. HA. Rep. 193A Nr. 47, *Wohnungsbauabgabe und Baukostenzuschüsse* (W. Landmann, Frankfurt a. M).

② GStA, I. HA. Rep. 193A, Nr. 40, Der Reichsarbeitsminister, V A 7 N, 2785, *Gewährung von Beihilfen zum Wohnungsbau. Zum Schreiben vom* 29. April, 1922, Nr. II 20 796/22, 26. 5. 1922; Heinrich Hirtsiefer, *Die Wohnungswirtschaft in Preußen*, Anm. 28, S. 140.

③ GStA, I. HA. Rep. 193A Nr. 47, Besprechung mit dem Preußischem Minister für Volkswohlfahrt Hirtsiefer, 24. 5. 1923.

④ Peter-Christian Witt, "Inflation, Wohnungszwangswirtschaft und Hauszinssteuer: Zur Regelung von Wohnungsbau und Wohnungsmarkt in der Weimarer Republik", S. 403. 而据一份普鲁士福利部部长掌握的材料显示，从1918年10月1日至1923年10月1日，普鲁士每年建成永久性住宅（享受公共资金补贴）在3.2万—4.7万套。GStA, I. HA. Rep. 193A Nr. 47, Der Preußische Minister für Volkswohlfahrt an den Deutschen Städtetag, betr. Wohnungsbautätigkeit in den Jahren 1919 bis 1923, 7. 9. 1924.

1924年德国政府接受道威斯计划，获得美国援助，德国整体经济与社会环境逐步得到改变，政治形势也趋于缓和。具体到社会福利住房政策领域，1923年《承租人保护法》对租赁调控政策的调整使得房屋租赁市场在整个相对稳定时期总体处于平稳发展的阶段，而在福利住房建设领域则出现了重大变化。

在汲取了扩张性财政带给德国毁灭性打击的教训后，斯特雷泽曼政府上台后不久便完全放弃了亦字财政，这也意味着前一阶段住房建设补贴模式被彻底放弃。但如此一来，依靠政府财政资助的建筑业重又成为无本之木。尽管此前短暂存在的"住建税"已被恶性通货膨胀危机所彻底摧毁，但这一以公共收入再分配的方式为住房建设提供资金的思路仍被认为是解决当前资金短缺与居住需求矛盾的理想方案。

1924年2月14日第三部《国家税收紧急条例》（*Die Dritte Steuernotverordnung*）宣布各州开征一种面向建筑物所有人（而非租户）征收的"通货膨胀补偿税"（Gebäudeentschuldungssteuer）。由于其课征的对象是房租，因此也被称为"房租税"（Hauszinssteuer）。为了保证资金的后续充足，房租税的税率及"法定房租"采取逐年递增的方式。这一操作使得每年流向政府财政的公共资金逐年稳定增加：1925—1926财年房租税总收入为12.5亿马克，至世界经济危机爆发的1928—1929财年，这一税收仍达17亿马克；1925—1931年平均每年的房租税收入为15.2亿马克。[①]

尽管"房租税"并不完全等同于住房建设促进税——超过半数

[①] Michael Ruck, "Die öffentliche Wohnungsbaufinanzierung in der Weimarer Republik", in Axel Schildt, Arnold Sywottek（Hrsg）: *Massenwohnung und Eigenheim. Wohnungsbau und Wohnen in der Großstadt seit dem Ersten Weltkrieg*, Frankfurt a. M. /New York: Campus 1988, S. 150 – 200, 此处是 S. 160。鲁克在另一篇文章中还提到，1925—1932年房租税收益实际占到全国税收十分之一多，参见 Michael Ruck, "Der Wohnungsbau-Schnittpunk von Sozial- und Wirtschaftspolitik. Probleme der öffentlichen Wohnungspolitik in der Hauszinssteuerära（1924/25 – 1930/31）", in Werner Abelshauser（Hrsg）: *Die Weimarer Republik als Wohlfahrtsstaat. Zum Verhältnis von Wirtschafts- und Sozialpolitik in der Industriegesellschaft*, Stuttgart: Stein, 1987, S. 91 – 123. 见附录7。

的房租税税收进入州财政①，但由房租税构成的公共贷款仍构成 1924—1931 年大众住房建设项目的最主要资金来源（表 2.3）②。"房租税"贷款通常以远低于私人贷款利率向住房建设项目发放，利率和债率一般仅为 3% 和 1%，而同期私人贷款的利率则高达 8.5% 和 10.5%。③ 而除普遍的房租税贷款外，部分地方政府还会向一些针对特殊群体的特别住房建设项目提供额外资金支持，例如在柏林，面向多子女家庭、战争重伤员和棚户区居民的住房"附加贷款"与房租税贷款的组合甚至可以覆盖"90% 的建设及土地费用或 100% 的建设费用"④。

表 2.3　　　　1924—1926 财年住房建设支出总表　　（单位：万马克）

城市规模	居民总人数（以千人计）	房租税及国家和州资金		城市其他资金构成						
					总计		类别			
						长期贷款与信用贷款		储蓄资金和抵押贷款		财政资金及其他	
			总额	人均	总额	人均	总额	人均	总额	人均	总额	人均
20 万人（23 座）	13600	67757.4	49.76	44825.2	32.92	18782	13.79	17031	12.51	9012.2	6.62
10 万—20 万人（16 座）	2395	8320.7	34.74	8448.8	35.04	4357.4	18.19	3079.4	12.86	1011.9	4.23

---

① 事实上各州投放住房建设部分的房租税比重不一，普鲁士作为房租税资助住建力度最大的州，在该税推行的第一年（1924 年）投入 42.1% 的房租税，1925—1928 年则基本维持在 51% 左右。Greven, "Die Finanzierung des Wohnungsneubaus", in Albrecht Gut (Hrsg), *Der Wohnungswesens in Deutschland nach dem Weltkriege*, München: F. Bruckmann 1928, S. 98 – 118, 此处是 S. 103; Heinrich Hirtsiefer, *Die Wohnungswirtschaft in Preußen*, S. 147。

② 魏玛时期的住宅建设资金主要由三个部分组成：建设本金、由私人资本构成的一级贷款和"房租税"贷款，三者的分配比在 20 世纪 20 年代中期大致为 10%、30%—40%（最多）和 50%—60%（至少）。参见 Günter Schulz, "Kontinuität und Brüche in der Wohnungspolitik von der Weimarer Zeit bis zur Bundesrepublik", in Hans Jürgen Teuteberg (Hrsg): *Stadtwachstum, Industrialisierung, Sozialer Wandel, Beiträge zur Erforschung der Urbanisierung im 19. Und 20. Jahrhundert*. S. 135 – 173, 此处是 S. 144f.

③ Günter Schulz, "Kontinuität und Brüche in der Wohnungspolitik von der Weimarer Zeit bis zur Bundesrepublik", S. 144.

④ Heinrich Hirtsiefer, *Die Wohnungswirtschaft in Preußen*, S. 397.

续表

城市规模	居民总人数（以千人计）	房租税及国家和州资金		城市其他资金构成							
				总计		类别					
						长期贷款与信用贷款		储蓄资金和抵押贷款		财政资金及其他	
		总额	人均	总额	人均	总额	人均	总额	人均	总额	人均
5万—10万人（36座）	2570	7540.8	29.34	8432.4	32.85	4029.3	15.68	3071.1	11.95	1332	5.18
1万—5万人（81座）	2377	7243.5	30.47	10511.4	43.98	5673.2	23.87	3958.3	16.65	879.8	3.70
总计	20959	90862.3	43.35	72217.8	34.46	32842	15.67	27139.8	12.95	12235.9	5.84

资料来源：Greven, "Die Finanzierung des Wohnungsneubaus", S. 105, Tab.: Aufwendungen für den Wohnungsbau in den Rechnungsjahren 1924, 1925 und 1926.

由于魏玛共和国住房政策的最高管辖权在各州，福利导向下的住房建设进一步发展也得益于地方政治氛围：地方政党执政及人员的稳定性对延续度要求很高的社会政策制定提供保障。这在全德最大州普鲁士表现得尤为明显：社民党人、人称"普鲁士红色沙皇"的奥托·布劳恩（Otto Braun）从1920年起至1932年始终担任德国第一大州州长一职。在他的领导下，相对稳定时期的普鲁士形成了一个被当代历史学家埃伯哈德·科尔布（Eberhard Kolb）称为"普鲁士联盟"的执政联合体——由社民党、中央党和德意志民主党共同组成州政府[①]——实现稳定执政。主管住房政策的海因里希·希尔齐费尔正是作为州政府中的中央党代表，从1921年11月起至1932年一直担任州福利部部长一职。[②] 而在地方，由大城市强势市长领导下的跨党派合作为积极进取的市政发展政策奠定较为坚实的基础。除阿登纳主政的科隆、伯斯领导的柏林以及后来兰德曼的法兰克福，社民党籍的马格德堡市市长拜姆斯（Hermcan, Beims）也是突出的

[①] 德意志人民党也曾于1921—1925年加入布劳恩第二任期的政府，从而构成了州一级的从左翼工人政党的社民党到右翼德意志民主党的"大联盟"（Die Große Koaltion）。

[②] 希尔齐费尔从1925年布劳恩第三任期开始时还兼任普鲁士副州长一职，直到1932年。

例子，他早在 1921 年就任命先锋派建筑师布鲁诺·陶特（Bruno Taut）担任主管马格德堡市政建设的参事，委托其制订该市的城市住宅区总规划。而从 1924 年开始，马格德堡的社民党与民主党更是在市长影响下在涉及城市发展的许多议题上展开密切合作。① 拜姆斯曾在 1927 年不无自豪地写道："在房屋和住宅区（建设）领域，马格德堡在今天的德国大城市中名列前茅。"②

  得益于经济好转和政治稳定，再加上经历战争一代的现代主义建筑师如布鲁诺·陶特、恩斯特·迈（Ernst May）所普遍具备的社会关怀意识——建筑应服务兼具未来导向和共同体意识的新社会，魏玛宪法确立的保障"健康住宅"观念终于迎来了实现的契机。从 20 世纪 20 年代中期开始，德国各大城市开始出现一股住房建设风潮。城市建成住房的数量普遍增长，新建住房数量从 1924 年的 106502 套增加到 1927 年的 315703 套，1930 年则达到 317682 套，已超过战前年均 260000 套的水平。③ 不仅如此，这股风潮还表现在地方政府对于现代建筑样式和新型建筑材料的支持上：柏林、汉堡、科隆、美因河畔法兰克福、慕尼黑、汉诺威、马格德堡、不伦瑞克等地均建成了一批由公共住建公司新建、公共资金支持的现代主义风格住宅区。这些居住区普遍规模庞大，例如 1925—1931 年柏林共建成住宅小区 14 座，共建成居住单元逾万套。④

  其中最突出的例子当数美因河畔法兰克福。对于"一战"后德

---

① Ben Lieberman, *From Recovery to Catastrophe: Municipal Stabilization and Political Crisis in Weimar Germany*, New York & Oxford: Berghahn, 1998, p. 62.

② Hans Jörg Rieger, *Die farbige Stadt. Beiträge zur Geschichte der farbigen Architektur in Deutschland und der Schweiz 1910–1939*, 瑞士苏黎世大学 1976 年博士学位论文，S. 66。

③ Ursula Weis, "Zu den sozialen Grundlagen des Wohnungsbaus in der Weimarer Republik", in Wolfgang Hofmann, Gerd Kuhn (Hrsg.), *Wohnungspolitik uschulnd Städtebau 1900–1930*, Berlin: Verlag Technische Universität Berlin, 1993, S. 此处是 S. 172; Günter Schulz, "Kontinuität und Brüche in der Wohnungspolitik von der Weimarer Zeit bis zur Bundesrepublik", S. 147。

④ Christoph Bernhardt, "Wohnungsbauförderung in Berlin 1918–1932", in DEGEWO u. a (Hrsg.), *Ausstellung Wohnen in Berlin. 100 Jahre Wohnungsbau in Berlin*, Berlin: Edition StadtBauKunst, 1999, S. 276–293.

国城市住房状况有着清醒认识的市长兰德曼、熟知财政事务的市财政局局长布鲁诺·阿什（Bruno Asch）以及身为建筑师的市政参事恩斯特·迈在建设城市保障住房方面拥有相同理念，这不仅奠定了三人在1925—1930年合作无间的基础，也为法兰克福在20世纪的城市规划与住宅建设烙下了深刻印记。在"三驾马车"主政法兰克福住房建设事务期间，通过城市控股、先后由兰德曼和迈担任法兰克福小住房建设股份公司（简称ABG）监事会主席，在房租税和由阿什筹措的城市财政补贴的支持下，先后建设完工21个居住区项目（表2.4），其中由迈本人主持的工作团队就设计了五座大型居住区和十二座小型居住区，共计1.6万余套居住单元。[①] 另有部分即使并非出自"迈小组"之手，也是由迈亲自邀请的建筑师设计——例如包豪斯的创始人瓦尔特·格罗皮乌斯（Walter Gropius）。这些新居住社区项目后来被总括为"新法兰克福"方案。

表2.4　法兰克福市公共资金资助建成的住房总数（1925—1931年）

建设开发商	1925年	1926年	1927年	1928年	1929年	1930年	1931年
城市	315	514	566	1303	21	13	13
ABG	564	929	1290	770	1330	1385	894
其他公益性企业（团体）	354	690	904	833	2043	1767	303
私人	199	79	106	413	243	193	36
总计	1432	2212	2866	3319	3637	3358	1246

资料来源：Gerd Kuhn, *Wohnkultur und kommunale Wohnungspolitik in Frankfurt am Main 1880 bis 1930*, S. 414, Tab. 25.

"新法兰克福"方案始终贯彻着迈之社会福利导向下的城市"健康"住宅建设的思考。他认为住房的社会福利属性包括两个层次：首先从当前住宅供给的短缺现状出发，迈始终强调要为（城市）

---

① Liselotte Ungers, *Die Suche nach einer neuen Wohnform. Siedlung der zwanziger Jahre damals und heute*, Stuttgart: Deutsche Verlags-Anstalt, 1983, S. 67.

人口中的贫困人口建设负担得起房租的住房。① 其次，他也希望借此改善大众现有的生活质量，建造"健康"的住宅。为此，迈提出满足现代居住环境的"五点意见"：光线、空气、阳光、卫生和绿化，以期扭转德意志帝国以来中下层民众的恶劣居住环境。②

立足这一观念，即使是在资金获取已相对困难的1929年，迈仍在韦斯特豪斯社区（1929—1931年）建设中贯彻"虽然狭小，但健康宜居，尤其是房租可以负担的住宅"③ 的观念。这一"新法兰福"方案的关门项目也因此成为面向工人、小职员，尤其是月收入在200马克以下贫困阶层的最大规模保障型廉租小区。为了减少建设成本，该小区单套住房的使用面积被限制在40—48平方米以内，大幅缩减卧室、厨房的面积，尤其是浴室——仅有2.5平方米，十分狭小。然而，尽管生活空间局促，但配套设施齐全，不仅设计了团组式的远程供暖和中央洗衣房，住户楼下还设有70—80平方米的小花园，"作为弥补有限居住空间的重要组成"。建成后的韦斯特豪斯房租按居住面积收取房租，每平方米收取1马克。由于住宅面积小，因此韦斯特豪斯平均标准月租维持在41—47马克。④

第四节　社会福利住房政策的断裂及其原因

一　大萧条与社会福利住房建设的停滞

1929年突然爆发的世界经济大危机再次打破了普通德国人对于

---

① Gerd Kuhn, "Landmann, Asch, May", in Heinrich Klotz, *Ernst May und das Neue Frankfurt 1925 - 1930*, Berlin: Ernst Wilhelm & Sohn, 1986, S. 20 - 24, 此处是 S. 23。
② Gerd Kuhn, *Wohnkultur und kommunale Wohnungspolitik in Frankfurt am Main 1880 bis 1930. Auf dem Wege zu einer pluralen Gesellschaft der Individuen*, S. 138f.
③ 转引自 Gerd Kuhn, *Wohnkultur und kommunale Wohnungspolitik in Frankfurt am Main 1880 bis 1930, Auf dem Wege zu einer pluralen Gesellschaft der Individuen*, S. 127。
④ Liselotte Ungers, *Die Suche nach einer neuen Wohnform. Siedlung der zwanziger Jahre damals und heute*, S. 104.

新生活，尤其是"健康住宅"的向往。从 1929 年 9 月起至 1933 年德国失业人口从 130 万增至 600 万，其中 1930 年失业人数就一下子增至 300 万；① 而且这一数字中尚未包括那些长期失业并已被停发失业救济金的群体。如此一来，普通德国人再也无法承受共和国新落成住房的房租。即使是在素以严格执行低房租政策闻名全德的汉堡，1927 年建成住房的年租也已没有低于 425 马克的住房了。一套普通新建两居室住房（55 平方米）年租为 550 马克，新建三居室住房的年租则在 600—800 马克；同期尽管有 50% 的汉堡住房申请人希望获得一套三居室，但他们中有 68% 的人对于房租的心理预期最高不超过 500 马克。② 于是，越来越多的德国民众——不仅仅是工人，更多的是职员甚至是公务员——由于突如其来的减薪甚至是失业而选择搬出新居，重新回到修建于战前的老式建筑内生活。

如此，德国出现了一场表现为大众住房需求与新建住房双增长的奇特"短缺"危机：1932 年全德住房缺口从 1925 年的 70 万套增至约 100 万套。然而，虽然存在大量的住房短缺，但直到 1932 年底全德仍有 15 万套住房空置，且其中多数是新建住房。③ 但更为糟糕的是，房屋局登记要求入住旧屋的人数过多，等候时间过长；许多无法得到官方救助的人口因此选择重新回到德意志帝国建国之初的居住方式——自发圈地搭建简屋陋棚。由于此类建设活动"不仅没有建筑许可，有部分并未得到土地所有者同意，甚至是在地产主明令禁止的土地上"开展，故而也被称为"非法定居"。④ 至此，就许多人当时的居住体验来说，魏玛德国最初想要营建的社会福利住房设想已经完全破产，共和国成立之初民众对官方的不信任也重新卷土重来。

---

① Eberhardt Kolb, *Die Weimarer Republik*, München: De Gruyter Oldenbourg 1998, S. 119.
② Karl Chrstian Führer, *Mieter*, *Hausbesitzer*, *Staat und Wohnungsmarkt*, S. 176.
③ Günter Schulz, "Kontinuität und Brüche in der Wohnungspolitik von der Weimarer Zeit bis zur Bundesrepublik", S. 148f.
④ Tilman Harlander, Katrin Hater, Franz Meiers, *Siedeln in der Not. Umbruch von Wohnungspolitik und Siedlungsbau am Ende der Weimarer Republik*, München: Christians, 1992, S. 43.

与此同时，为了克服经济危机，1930年3月起担任内阁总理的海因里希·布吕宁（Heinrich Brüning）开始执行紧缩财政、刺激经济的政策，涉及住房政策的重要举措便是彻底取消政府干预住房市场：一方面，削减政府在调控住房事务方面的开支，节约成本；另一方面，尽管中央政府在1930—1931年一度推行过兼顾住房救济和以工代赈的特别住房建设项目[1]，但最终还是选择放开国家调控，使住建经济重新回归市场。这一政策转型主要通过1930—1931年的三部紧急令而得以实现，其中包括取消"住房统制模式"，以此提高老式建筑的使用利润，增加有产者的投资信心；同时逐步减少直至停止政府对住房建设活动的介入，这里的重点便是房租税被逐步禁止投入新建住房，并计划于1940年3月31日正式废止该税。最终魏玛共和国政府干预下的社会福利住房政策还是未能实现宪法最初要求保障每个德国人居住权的设想。

二 转变原因分析

"从没有一个经济部门，会像房产业采取的强制经济那样频繁地被口头或书面讨论"——这是罗尔夫·科尔内曼（Rolf Kornemann）引用的一位魏玛时代人士的观点。[2] 这句话实际上点出了如下事实，即围绕"建造数量足够的住房和克服现房短缺"[3] 的魏玛共和国住房政策，从始至终并存着不同程度和维度的政治与社会张力，最终

---

[1] 这是由国家劳动部牵头的住房建设补贴项目，由于项目补贴仅有1亿马克，因此对项目参与人的资格审核十分严格，仅1930年就有超过3万套住房因为不符合条件而未能获得国家财政支持。此外，该项目的选址也颇为有限，多为特定地区的郊区，例如普鲁士这一救济住房主要集中在柏林郊区和鲁尔的煤矿产区。参见 Karl Christian Führer, *Mieter, Hausbesitzer, Staat und Wohnungsmarkt*, S. 181。

[2] Althoff, "Der Weg zur freien Wohnungswirtschaft", in: *Bauwelt*, 19. Jg, H. 46, 1928, S. 1085f. 转引自 Ralf Kornemann, "Gesetze, Gesetze… Die amtliche Wohnungspolitik in der Zeit von 1918 bis 1945 in Gesetzen, Verordnungen und Erlassen", in Gert Kähler（Hrsg.）, *Geschichte des Wohnens. 1918 – 1945: Reform, Reaktion, Zerstörung*（Bd. 4）, Stuttgart: Deutsche Verlags-Anstalt, 1996, S. 599 – 724, 此处是 S. 619。

[3] Heinrich Hirtsiefer, *Die Wohnungswirtschaft in Preußen*, Vorwort.

导致布吕宁决策的形成。

　　这些政治与社会张力不仅出现在住房政策的外部,也在政策内部不断生成。前者包括了一系列从根本上反对住房统制模式与国家推动住房建设政策的有组织房东、经济协会及与之关系密切的政党（如德意志人民党）。中央银行行长亚马尔·沙赫特（Hjalmar Schacht）正是头号反对者。沙赫特始终坚持从国民经济角度出发批评基层地方（主要是城市）推动住房建设所投入的资金是"非生产性开支"，对后者为达成目的借贷外国资本尤为不满，甚至曾在1928年直截了当地提出："一个贫穷的民族应该像在衣食领域执行的措施那样，同样对住房建设采取限制手段。"[1] 此外，反对意见还认为政府推动住房建设得不偿失："尽管（住房建设所取得的）物质成就或许可见，然而也是（通过政府）过度投入资源换来的"，大量的资金投入还会增加景气时期的通货膨胀风险。[2] 而在住房政策执行的过程中，同样存在不同程度的张力，在这方面表现得最为明显的地方政府因住房建设项目的资金分配分歧和发展理念差异而导致的争议。

　　尽管在货币改革之后，国家促进住房建设机制有了重大调整，但一方面是围绕资金分配的争议依然存在。多项研究业已证明，尽管通过"房租税"的征收，大量公共资金流入政府口袋，每年此项收益要占到政府全部税收的1/10；然而这部分税收不仅只有一部分被投入住房建设；再加上在实际征收过程中存在一系列例外原则——小型独户住宅，为贫困租户（领取小额养老金的人，失业者）提供的闲置住所等，均可以依法完全或部分免除房租税义务。因此，

---

[1] Ralf Kornemann, "Gesetze, Gesetze... Die amtliche Wohnungspolitik in der Zeit von 1918 bis 1945 in Gesetzen, Verordnungen und Erlassen", S. 619.

[2] Walter Fey, *Leistungen und Aufgaben im deutschen Wohnungs- und Siedlungswesen* (Sonderhefte des Instituts für Konjunkturforschung, H. 42), Berlin: Institut für Konjunkturforschung, 1936, S. 21f; Michael Ruck, "Der Wohnungsbau-Schnittpunk von Sozial- und Wirtschaftspolitik. Probleme der öffentlichen Wohnungspolitik in der Hauszinssteuerära (1924/25 – 1930/31)", S. 110.

实收房租收入要少于官方估算的应收金额[1],这样一来,实际投入住房建设的金额也就明显不够了——在一些大城市和工业化地区尤其如此。另一方面,以普鲁士而言,州政府方面又加大对房租税分配的控制——据1928年2月的部长令,房租税州资金的获取难度有所增加;加之,沙赫特执掌的中央银行本来就对地方政府的扩张性财政不抱好感,因此地方政府不得不通过在国际资本市场获取贷款且由于地方负债(即长期贷款)有一定限额,因此大多为中短期贷款,并最终导致了"悬浮债务危机"的爆发。而到世界经济危机和财政危机爆发的1930/1931年,房租税则几乎全部用于填补一般财政需求。[2] 从这一点来说,确实如罗尔夫·科尔内曼所言,"(魏玛共和国的)不同时期都笼罩在资本短缺的阴影下"。

但这一时期的矛盾又不仅限于公共资金的不足。柏林市长古斯塔夫·伯斯(Gustav Böß)曾在1929年盘点过柏林市"房租税"收入问题。他首先提出,柏林上缴的税收与其所得完全不匹配。[3] 1924—1928年市政当局征收的房租税2/3上缴州财政,剩余1/3自留。按照主管住房建设的政府参事瓦格纳在1928年时的估算,柏林每年应新建9.5万套新住房,或"无论如何每年至少要建设7万套住房,才能在未来十年中扭转柏林住房短缺的困境"[4]。这一局面的产生恰恰是源于州政府拨付给柏林市的房租税收入与城市历年投入建设的资金之间存在缺口。因为房租税收入在上缴普鲁士财政后,

---

[1] 建成于1918年之前的老建筑所有人,可通过偿付房屋维修贷款本息的方式,免除房租税义务。此外,还有通过谎报房屋自住以逃避或部分逃避税收的情况发生。Michael Ruck, "Die öffentliche Wohnungsbaufinanzierung in der Weimarer Republik. Zielsetzung, Ergebnisse, Probleme", S. 162.

[2] Schulz, *Kontinuität und Brüche in der Wohnungspolitik von der Weimarer Zeit bis zur Bundesrepublik*, S. 143.

[3] 伯斯指出,柏林市在住房建设方面的投资金额共计4.33亿马克,其中来源于房租税的资金3.95亿马克,且其中只有小部分是通过州政府再分配形式获得的资金。但由柏林市人均缴纳的房租税收则是普鲁士平均水平的四倍。Gustav Böß, *Berlin von Heute. Stadtverwaltung und Wirtschaft*, Berlin: Gsellius, 1929, S. 1.

[4] "Das Berliner Wohnungsproblem. Ein Interview des Schriftleiters mit Stadtbaurat Dr. Wagner", in *Das neue Berlin*, 1929, Heft 3, S. 50-57.

除了"极小部分被直接返还给柏林市用作兴建普鲁士州属公务员住房的专项建设资金之外，其余则在补贴州财政之余，还被投入到其他基层地方住房建设之中，而不是帮助柏林改善居住状况"[1]，因此，伯斯直接指责普鲁士福利部部长应为"柏林绵延不绝的慢性居住灾难"承担责任。

面对地方的指责，希尔齐费尔则不以为然。在他看来，柏林的住房短缺远低于普鲁士的平均短缺水平。他更进一步指出，应通过州财政再分配的方式，将房租税资金投向住房危机更为严重的地区——例如鲁尔或边境地区。实际上希氏的观点并非对地方政府的回击，相反源于他一直以来的城乡均衡发展观。在其出版于 1924 年的《普鲁士社会福利保障（1919—1923 年）》（*Die staatliche Wohlfahrtspflege in Preußen 1919—1923*）一书中，他就明确提出：在农村地区，要"形成承担城市及其郊区住宅区的建设任务的组织"，但"由于城乡利益存在显著差别，时常出现矛盾"，并因此建议通过（州政府）授权的方式成立定居公司。[2] 从这个意义上说，不难看出普鲁士更为重视中小城镇发展，尤其是广大农村的空心化问题，"农村地区相对疲软的（住房）需求令人感觉压抑……"因而大力支持在中小城市新建住宅，同时也试图以此解决大城市人口过度集中的问题。州政府的这一理念也多少与中央政府有所重合，甚至在布吕宁于 1930 年发表回归私有经济的新方针之后，国家财政部部长赫尔曼·迪特里希（Hermann Dietrich）还专门提出："不再推动大城市的发展，而是更多地推进农村定居点的建设。"[3]

而市政当局从自身利益出发，显然不可能认同州政府的观点，这一观念分歧一定程度上要归咎于相对稳定时期大城市政府谋求自

---

[1] Christoph Bernhardt, "Aufstieg und Krise der öffentlichen Wohnungsbauförderung in Berlin 1900 – 1945. Zusammenhang und Brüchigkeit der Epoche", S. 57.

[2] Heinrich Hirtsiefer, *Die staatliche Wohlfahrtspflege in Preußen 1919 – 1923*, S. 119f.

[3] 转引自 Michael Ruck, "Der Wohnungsbau-Schnittpunk von Sozial- und Wirtschaftspolitik. Probleme der öffentlichen Wohnungspolitik in der Hauszinssteuerära（1924/25 – 1930/31）", S. 106。

身发展与地位提高的意识提升，即本·利伯曼（Ben Lieberman）所说的"市政行动主义"（municipal activism）。他认为在德国城市中存在着一个基础广泛的"复兴意识"，正是这一意识哺育出"大规模的（发展）野心以及一些成功的复兴项目"[①]。从这个意义出发，像"新法兰克福"方案也不仅仅只是保障性住房项目，它同样也包含了法兰克福力图经济发展，以期获得像柏林那样独立的城市地位的诉求。柏林的情况则更为明显，"世界之城"更是从1926年开始成为这座城市的流行话语。在柏林的政治家看来，柏林"注定要从战争失败和体系崩溃的双重危机中走出来，成就一个……现代化的项目"，柏林不仅要参与"世界范围的资本竞争"，更要成为"整个世界的表率"[②]。正因为如此，伯斯才会对普鲁士的区域发展思路完全不认同。他提出："放着像首都这样高度发展的巨型经济区域内条件成熟的地块不开发，这些地块有些（甚至）直接紧邻工厂企业，而是在（城市）外围大兴土木，在经济上既不现实，更令人匪夷所思。"但在这些强度不一而无一例外强调"前进！城市"复兴理念的驱使下，住房短缺及居住贫困的解决被赋予了一种象征意义，尤其是新的建筑式样与理论（例如"新建筑"）在相对稳定时期得到了地方政坛的全面支持。

除了发展理念分歧外，"房租税"分歧还额外存在一个两级政府政治角力的维度：尤其是在1928年2月9日普鲁士福利部联合州财政部共同出台《关于促进房产业建设的房租税资金使用调控的部长令》后，由于在房租税资金的使用和担保授权方面，有多处提到要求呈送福利部部长本人批复，令不少市政当局认为是州政府对于城市自治的干预，城市议会副主席奥斯卡·穆勒特（Oskar Mulert）在

[①] Ben Lieberman, *From Recovery to Catastrophe: Municipal Stabilization and Political Crisis in Weimar Germany*, pp. 184, 191.

[②] Heinz Reif, "Die Reise nach Amerika 1929. Ernst Reuter und der 'Aufstieg Berlins zur Weltstadt'", in ders. (Hrsg.): *Ernst Reuter. Kommunalpolitiker und Gesellschaftsreformer*, Bonn: Dietz, 2009, S. 147-172, 此处为 S. 158f.

3月19日向该议会联盟正式成员所作的报告中提出:"福利部部长2月9日的公文,不仅是对(城市)自治权的严重干涉,同时也为市镇制造了一个极为麻烦且旷日持久的流程。"[①] 而在随后由城市议会组织的调研中,多数城市均表达了类似的观点。地方政府关于自治权被干涉的抗议实际上早在1918—1923年住建税时期就已经出现过,它同时也是帝国时代城市自治传统的遗存。但进入魏玛时期后,一方面,城市的优势经济地位因为埃茨贝格财政改革而不复存在;另一方面,地方政坛(包括市长及技术官僚)的人事架构却大多一切照旧,从而构成了一种市政管理理念与政府投入之间的错位,而这种错位在由政府资金推动的大众住房建设方面表现尤为明显,而住房建设的结构性缺陷又反过来造成了地方财政危机的爆发。

小　结

魏玛共和国的"福利国家"(Sozialstaat)理念实际上是一种介于资本主义与社会主义的改良主义福利观。作为民主社会主义福利国家(Wohlfahrtstaat)的前身,魏玛共和国的"福利国家"观意味着国家采取行动,全面承担起保证社会福利的责任,通过对资源进行再分配的方式为公民提供各类保障,以此维护社会公平。同时,在一些特定的经济领域,政府还采取公私混合经济以及国家干预的方式调节市场失灵的问题。魏玛时期国家干预性的住房政策正是在此基础上产生的社会政策之一。尽管围绕住房问题解决的相关理论来源可以追溯到德意志帝国的"住房改革",而政府干预的具体政策实践则源于战时出于战争动员和统一战线的考虑,但它作为社会政策的清晰定位则是在魏玛宪法确立"福利国家"制度应对社会政策

[①] GStA, I. HA. Rep. 193A Nr. 66, II171/28, Städtetag an Oberbürgermeister Königberg, Schneidmühl, Bonn, Mühlheim, Siegberg, 8.3.1928.

的大背景下形成的。

但这一政策的最终破产也揭示出这一制度在当时所面临的最大困境：福利制度的扩大并没有为普通民众带来太大的安全感；而当危机来袭，个体却感受到不能享受福利的痛苦，继而对现有福利政策乃至政治制度产生怀疑，社会矛盾也随之激化。魏玛住房政策的合理性之所以会在魏玛晚期遭到普遍质疑，其关键便在于此。

这一困境的产生并非仅仅是一个大众社会心理变化的问题。归根结底，这是在于作为政策制定者和福利仲裁者的政府没有意识到经济与政治结构之间的相互关系之于社会政策的重要性：这首先表现在魏玛共和国的社会政策一味站在保障弱势群体的道德与政治立场上，无视经济结构内部的活跃性与变动性。在经济界看来，社会福利制度的扩张是导致经济危机的根本原因；各级劳工福利部门则认为，这种扩张不仅没有削弱生产与经济，相反刺激了需求。[1] 随着经济大危机的爆发，各方围绕社会政策的争端最终公开爆发，"阶级和解"也随之宣告破产。

进一步而言，住房政策的特殊性还体现在：不同于社会保险、失业救济一类的社会保障政策，住房政策（尤其是住建政策）兼具福利导向与生产导向，然而魏玛时期的住建实践却未能兼顾二者：一方面，建设资金建立在税收再分配基础上而忽视了效率与成本的问题，尽管在生产过程中并非没有采取合理化生产的措施，但其效果并不明显。这一点主要体现在居高不下的建设成本上，并由此引发了三级政府间围绕追加投入的尖锐冲突。另一方面，在政府资助下建成的住房产品也未能切合消费者的需求，最终导致了大量住房在20世纪30年代初的闲置，同时也未达到为弱势群体提供"健康住宅"的社会保障目标。再加上随着德国在20年代后期经济发展开始放缓，导致以"房租税"资金为主的这一政策所承受的经济压力

---

[1] 李工真：《德国魏玛时代"社会福利"政策的扩展与危机》，《武汉大学学报》（哲学社会科学版）1997年第2期。

陡增。

　　事实上，魏玛住房政策（也包括其他社会政策）所遭遇的困境涉及从1929年经济大危机之后一直到当代西方资本主义国家制定社会政策所始终无法回避的两个核心问题：首先是作为政策制定的政府，它应如何扮演稳定政策的作用？其次，社会政策的制定应如何兼顾经济发展与保障社会弱势群体的利益？显然，魏玛共和国对这一系列政策的早期尝试为现代社会政策趋向更为理性化和人性化的调整，提供了宝贵的经验与教训。

第 三 章

劳动力市场政策：以失业保险体制为例

　　劳动力市场政策是社会政策的重要组成部分。它旨在根据市场需求有效调节劳动力的分配，解决岗位不足或过剩的现象，考斯塔·艾斯平 - 安德森说："福利国家的独特性将在劳动力市场的组织方式上得以体现……每一种福利国家体制都与某种特定的'劳动力市场制度'密切相关。"劳动力市场政策一般可分为两类，即积极劳动力市场政策和消极劳动力市场政策。前者旨在提升劳动力的流动性，使之适应不断变化的劳动力市场环境；后者主要致力于为失业者提供救济金或者失业保险。[①] 学界通常认为，积极劳动力市场政策出现在"二战"后，而"二战"前最流行的消极劳动力市场政策便是失业保险。本章即以魏玛共和国的失业保险体制为例。

　　本章首先勾勒德意志帝国时期的失业保险观念及其存在的争议，随后重点描述 1927 年失业保险体制建成的过程，最后探讨魏玛末期

---

① 林闽钢、李缘：《福利国家积极劳动力市场政策的类型化及其改革取向》，《劳动经济研究》2016 年第 4 期。

失业保险体制走向崩溃的重要原因。①

第一节　德意志帝国时期失业保险观念的出现及其争议

一　失业问题的恶化

德意志帝国成立前后，得益于工业化起步带来的资本主义迅速发展之势，一般工人除被资本家因政治态度或身体缘故强行解雇外，他们失去工作岗位的情况还比较罕见。偶发的一些失业者示威游行，如1859年6月初在柏林出现的失业者聚会抗议一幕，并不会得到政府的重视。即便在1891年的经济危机时，帝国失业率已超过6%，但因时间较短，也未曾引起关注。倒是在1878年5月11日，一位失业者对威廉一世的刺杀行动，后来却成为俾斯麦推行反社会党人法的借口。②

但自20世纪90年代中叶后，失业问题变得严重起来。根据1895年12月的社会调查，德国的失业人口大约占劳动力总量的3.4%，其中41.9%失业了3—12周，6.6%待业13周以上，属于长期失业者。③ 1901—1902年，柏林、莱比锡、法兰克福都出现了失业者游行示威。自由工会和社会民主党的代表大会也提出了救济失业者的要求。1907年1月27日，在庆祝皇帝寿辰的讲座中，政治经

---

① 这一方面的西方经典著作是：Richard J. Evans and Dick Geary, *The German Unemployed: Experiences and Consequences of Mass Unemployment from the Weimar Republic to the Third Reich*, London: Croom Helm, 1987; Karl Christian Führer, *Arbeitslosigkeit und die Entstehung der Arbeitslosenversicherung in Deutschland: 1902–1927*, Berlin: Colloquium-Verlag, 1990; Peter Lewek, *Arbeitslosigkeit und Arbeitslosenversicherung in der Weimarer Republik 1918–1927*, Stuttgart: Franz Steiner, 1992; David F. Crew, *Germans on Welfare: From Weimar to Hitler*, Oxford: Oxford University Press, 1998。

② ［民主德国］洛塔尔·贝托尔特等编：《德国工人运动史大事记》第1卷，葛斯等译，人民出版社1983年版，第1、181、127页。

③ Karl Christian Führer, *Arbeitslosigkeit und die Entstehung der Arbeitslosenversicherung in Deutschland: 1902–1927*, S. 13–14.

济学家瓦尔特·特勒尔奇（Walter Troeltsch）专以"失业问题"为题，首次指出了该问题的严重性，不过当时还没有提出具体的解决方式。① 1909 年 1—2 月，柏林、莱比锡、马格德堡等城市再次出现了失业者集会游行的现象。②

个人几乎无法抵御失业所带来的冲击，1910 年帝国统计局的相关数据表明，60.7% 的家庭在一年中没有任何财政结余，39.9% 的家庭平均储蓄仅 65.30 马克，根本无法在失业后来保护自己和家庭。③ 在此情况下，失业者不得不求助于外部力量。当时，他们有可能通过四种方式得到救助④。

第一种是济贫。济贫以城镇为单位，由当地政府针对本地居民实施救济。根据《济贫法》，申领救助金的失业者必须接受各种测试，以证明自己是"有劳动能力和意愿的人"，并在领取救助金的同时沦为二等公民，以丧失投票权及其他公民权为代价。然而即便如此，失业者成功领取救助金的比例仍然很低。1885 年，只有 4% 的失业者得到救助。到 1908—1909 年，汉堡的失业者中也只有 5.7% 的失业者领到了救助金。成功率之所以如此低，既是由于救济署总以怀疑的眼光来看待申领者，将之视作"懒汉"所致，又是因为申领手续复杂烦琐而让失业者望而却步，失去兴趣。与此相关的进一步措施是强制性就业。一些城镇会提供临时就业岗位，如修路、碎石、铲雪等，强制那些失业者接受。据统计，推行该政策的城镇数量从 1894—1895 年的 14 个增加到 1908—1909 年的 58 个，1909—

---

① Walter Troeltsch, *Das Problem der Arbeitslosigkeit*, Vortrag gehalten bei der Kaisergeburtstagsfeier der Univerität Marburg, Marburg, 1907.

② ［民主德国］洛塔尔·贝托尔特等编：《德国工人运动史大事记》第 1 卷，葛斯等译，人民出版社 1983 年版，第 233—234、274 页。

③ 1910 年帝国劳动力市场的具体情况可参见 *Statistisches Jahrbuch für das Deutsche Reich*, Band 1910, Berlin: Verlag Reimar Hobbing, 1911, S. 350 – 361。http://www.digizeitschriften.de/dms/img/? PPN = PPN514401303_ 1910&DMDID = dmdlog25，查阅时间：2013 年 1 月 8 日。

④ 以下资料若无特别注明，均引自 Karl Christian Führer, *Arbeitslosigkeit und die Entstehung der Arbeitslosenversicherung in Deutschland: 1902 – 1927*, S. 21, 23 – 26、55。

1910 年覆盖失业者人数有 11500 人。① 但这些岗位数量不多，又带有强制色彩，很大程度上并不受失业者欢迎。

第二种是私人救济组织。在帝国时期，天主教、基督新教及一些企业建立了各种形式的救济组织，它们弥补了济贫体系的缺陷，而且手续简便。不过由于财力所限，这些组织的救济功能并不大。在 1895 年的斯图加特，只有 14.5% 的失业者得到了私人救济组织的帮助。

第三种是工会的失业救济基金。假如失业者是工会会员，便可申领工会建立的失业救济基金。该基金由工会会员按期缴纳的一部分会费构成，1904 年规定为会费的 15%—20%。② 1905 年，自由工会成立了 41 个失业救济基金。到 1913 年，81.3% 的工会会员（大约 320 万人）得到了失业救济基金的覆盖。但当时工人加入工会的比例并不高，尤其在重工业区③；而且正是由于会员率不高，该基金的作用有限，一旦发生大规模失业，其事实上根本无力承担救济使命。

第四种是疾病保险金。根据《疾病保险法》的规定，在无法继续支付疾病保险费用的 3 周内，生病的失业者可享受最低标准的疾病保险金，最长领取时间为 13 周。《疾病保险法》的起草者和社会政策专家都认为，这一规定或多或少可以帮助失业者减轻负担。不过他们的出发点是，失业也是疾病的一种，属于害怕找不到工作而引发的心理问题。这显然低估了由产业结构转型与社会变迁所引发

---

① A. Faust, "Sfate and unemployment in Germany: 1890 – 1918 (Labor exchanges, job creation and unemployment insurance)", in W. J. Mommson, Wolfgang Mock, eds., *The Emergence of the Welfare State in Britain and Germany, 1850 – 1950*, Croom Helm, London, 1981, pp. 150 – 163, 此处是 p. 156。

② Bernd Steinmetz, *Über den Wandel der Arbeit und das Problem der Arbeitslosigkeit*, Münster: List, 1997, S. 204.

③ Klaus Tenfelde, "Probleme der Organisation von Arbeitern und Unternehmern im Ruhrbergbau 1890 bis 1918", in Hans Mommsen (Hrsg.), *Arbeiterbewegung und industrieller Wandel. Studien zu gewerkschaftlichen Organisationsproblem im Reich und an der Ruhr*, Wuppertal: Peter Hammer Verlag, 1980, S. 38 – 61.

失业浪潮的危机性。实际上，随着失业人数的不断增多，疾病保险金的压力也逐日增大。

由于以上四种方式均不能真正解决失业者的生存困境，因此一些人转而提出用保险的方式来应对失业问题。

二 失业保险观念的提出与各阵营角逐

1879 年，讲坛社会主义者卢约·布伦塔诺（Lujo Brentano）在讨论生产过剩等经济现象时，一方面指责此前国民经济学提出的保护和防御措施都无法应对萧条中的失业现象；另一方面又坦诚完全依靠国家集中管理体制也是"乌托邦"。他直截了当地提出了"到底在哪里可以找到预防措施呢"？此举被视作德国有关失业保险学术讨论的先河。[1] 1886 年，基督教福音——社会大会专门讨论了失业问题。历史学家汉斯·德尔布吕克（Hans Delbrück）在会上把个人失业同道德问题脱钩，并把自由市场经济体制视作失业的主要原因，他称之为"自私自利的悲哀"。他认为，国家必须承担解决失业问题的责任。由于失业危机的不可估量性，他建议由国家来资助工会的失业救济基金。[2] 1911 年，一位柏林市议员写道："大规模失业的原因存在于影响甚广的经济危机，内在于主要经济核心（如工业家组织、公司卡特尔）的本质之中，与任何自然影响毫无关系。它们同样与国家的经济政策相联系。这种国家的经济政策必须服务于整体公共利益，而不是个人利益。让就业机会漂浮不定的因素，并非是个体劳工或雇员自身可施加影响力的对象。因此，从公正的角度而言，致力于现存经济秩序的一般公众也应该投身于保卫那些被现存经济秩序所摧毁的人。"[3]

---

[1] Lujo Brentano, *Über die Ursachen der heutigen sozialen Noth. Ein Beitrag zur Morphologie der Volkswirtschaft. Vortrag gehalten beim Antritt des Lehramts an der Universität Leipzig am 27. April 1889*, Leipzig: Duncker & Humblot, 1889, S. 21-23.

[2] Bernd Steinmetz, *Über den Wandel der Arbeit und das Problem der Arbeitslosigkeit*, S. 196.

[3] A. Faust, "Sfate and unemployment in Germany: 1890-1918 (Labor exchanges, job creation and unemployment insurance)", p. 152.

在20世纪的第一个10年，失业保险俨然成为重要的社会政策主题，得到了学术界和政界的共同关注。巴登和图宾根两邦内阁及夏洛滕堡市议会都已制定了有关失业者保险立法的备忘录。①

然而，在如何实施失业保险的具体方式上，人们却形成了各种派别，以致在客观上却延缓了失业保险体制的建立。大体而言，根据失业保险的承担者、管理者、操作方法和目标等立场上的不同，这些争议分属四个阵营。

讲坛社会主义者和一部分自由主义者强调国家干预，要求建立一种国家资助下的失业保险基金，以便既能保障该基金的有效性，又能确保国家的权威。马克斯·韦伯（Max Weber）认为，解决失业问题是力图塑造福利国家的"民族国家的自我维护之方案"；弗里德里希·瑙曼（Friedrich Naumann）提出的口号是："不论何时何地，在这一领域中，都应该是'不仅，而且'，而非'不是，而是'的选择。"在该阵营的支持者看来，比利时的根特（Gent/Ghent）体制正是可供选择的理想模式。该体制建立于1901年，旨在把工会的保险基金与政府补助基金结合起来。据此，所有失业的工会会员在得到工会失业救助金后，还能从市政府那里得到原工资50%的补贴。②根特体制获得了一部分城镇和工会的支持。1907年，斯特拉斯堡市（Strasbourg）政府便率先推行根特体制。1909年纽伦堡跟进。1910年，希尔施—敦克尔工会（即自由主义工会）要求把根特体制的对象扩大到非工会会员。1913年，基督教工会做出决议，号召在所有城镇推广根特体制。当年，接受该体制的人数达2万—3万人。③

---

① Grossherzogliche Badischen Ministerium des Innern, *Denkschrift über die Arbeitslosenversicherung*, Karlsruhe, 1909; Karl Kumpmann, *Die Reichsarbeitslosenversicherung*, Tübingen, 1913; B. Jastrow, W. Badke, *Kommunale Arbeitslosenversicherung, Denkschrift und Materialsammlung, vorgelet dem Magistrat Charlottenburg*, Berlin, 1910. 转引自 A. Faust, "Sfate and unemployment in Germany: 1890–1918 (Labor exchanges, job creation and unemployment insurance)", p. 160, 注释7。

② "Ghent System", in Edmund Heery, Mike Noon, *A Dictionary of Human Resource Management*, 2. Rev. ed., Oxford: Oxford University Press, 2008.

③ A. Faust, "Sfate and unemployment in Germany: 1890–1918 (Labor exchanges, job creation and unemployment insurance)", p. 158.

大部分自由主义者与企业主强调工人必须对自己负责，要求工人自行为失业做好准备，并在失业后自行寻找出路。1895 年，维尔茨堡（Würzburg）的国民经济学家古斯塔夫·尚茨（Gustav Schanz）提出了强制储蓄的方案，希望用法律的方式强迫工人把工资的一部分进行储蓄，由工人出资 2/3，资本家出资 1/3，建立强制储蓄基金，为失业做好准备。一旦失业后，除了强制储蓄基金能够解决失业者的一时所需外，失业者还应通过职业介绍机构寻求再就业的机会。19 世纪末，科隆市政府便成立了一个与职业介绍机构紧密联系的失业基金会，工人每年向该基金会缴纳保险费，一旦失业，便由该基金会组织，在职业介绍机构中直接同企业招聘人员见面。1898 年，科隆经验被普鲁士商业部推广，几乎所有的市政府都建立了既具有强制储蓄，又具有职业介绍功能的机构。1904 年，1/3 的失业者通过这种机构再就业。到 1914 年，该比例上升到 2/3。

一部分社会改良主义者强调劳资共同负责、平等管理的保险模式。他们既反对根特体制，认为它必然受到工会组织率低的负面影响；也反对科隆经验，认为自由化的管理不足以形成系统化的劳动力市场政策。德国职业介绍协会（Verband Deutscher Arbeitsnachweise）主席理查德·弗洛恩德（Richard Freund）提出，应确保失业保险基金是一个由劳资双方平等注资和管理的机构，从而既能减轻失业风险，又能让劳资双方直面失业问题，同时让国家处于超然的地位。1896 年，德意志民族党的国会议员列奥波德·松内曼（Leopold Sonnemann）在党代会中提出了改革失业救济体制的提案，要求授权市政府对其居民实施强制性的保险计划，保险费和管理责任均由劳资双方对等参与。该方案在 1899 年获得党内通过。

社会主义工人政党强调工人的自治性。在 19 世纪 90 年代初社会民主党的党代会上，失业保险的想法遭到多数人的抵制。当时党内的流行观念用卡尔·考茨基（Karl Kautsky）的话来说："只有如下的方式才能解决失业问题：那就是夺取政治权力！"然而随着失业问题日渐严重，自由工会却越来越希望由全社会来共同承担失业保险开支,由此它对根特体制的好感与日俱增。工会的态度直接影响了社会民主党的立场。虽然部分高层仍然担心公共的失业保险体制容易被帝国政府所利用,以致沦为引诱"罢工背叛者"的工具,但1902年慕尼黑党代会上就提出了失业保险的想法,到1913年党代会最终达成决议,愿意在根特体制上进行过渡。这种转型的核心是强调工人的自治性,在接受国家资助的同时,反对国家干预失业保险基金的实际运作。①

由于各种阵营互不相让,关于失业保险形式的争论往往很容易演变成失业保险是否应该存在的争论。失业保险变成了一个"最复杂的保险问题"。这让不少对失业问题忧心忡忡的学者们十分失望。1902年,莱比锡大学的国民经济学家兼社会改革家威廉·施蒂达(Wilhelm Stieda)教授便感慨道:"在社会生活中还有许多无法解决的问题。失业保险就是一种理想。理想就是在实践中无法实现的东西。"

改革派的失望情绪自然又引发了失业保险反对者的反弹,如一向反对社会改革的国民经济学家、罗斯托克(Rostock)大学教授理查德·埃伦贝格(Richard Ehrenberg)便不失时机地把失业保险同工作量减少联系起来,从而让失业保险背负道德债务。资方利益团体试图证明,失业问题并非由于保障不足引发的,而是同劳动力流动不均、外籍工人过多相关。《德国企业家报》指责失业保险就是一种不负责任的宣传手段。工程师卡尔·齐泽(Carl Ziese)把失业保险称作一辆"无法预知的谎话的马车",不仅加大了企业主的负担,而且还将损害德国的国际竞争力。受到资方态度的影响,一些资产阶级政党虽然愿意接受根特体制,但在具体问题上保持缄默。②

---

① 以上可参见 Bernd Steinmetz: *Über den Wandel der Arbeit und das Problem der Arbeitslosigkeit*, S. 196 – 198, 204 – 206; Karl Christian Führer, *Arbeitslosigkeit und die Entstehung der Arbeitslosenversicherung in Deutschland: 1902 – 1927*, S. 45 – 46, 53, 56 – 67, 103 – 104;[民主德国]洛塔尔·贝托尔特等编:《德国工人运动史大事记》第 1 卷,葛斯等译,人民出版社 1983 年版,第 234、314 页。

② Karl Christian Führer, *Arbeitslosigkeit und die Entstehung der Arbeitslosenversicherung in Deutschland: 1902 – 1927*, S. 49 – 50, 82 – 101.

此外，政府的观望态度亦是该时期失业保险无法落实的主要原因之一。帝国政府的基本立场是："现在还不是实行强制干涉的时机，我们也许还要等很长时间才能有这样的可能。"[1] 在邦国政府中，只有巴登和巴伐利亚在1909年相继表示，如果中央政府无法解决失业问题，它们将推行根特体制，并将之同针对非工会会员的保险基金结合起来，实施强制保险。不过，由于预算金额巨大，最终只有巴登的弗莱堡和曼海姆两市按计划行动，其他城市均未跟进。事实上，市政府并非反对失业保险本身，但考虑到资金问题，它们都犹豫不决。法兰克福市市长弗朗茨·阿迪克斯（Franz Adickes）在1903年第一届德国城市议会上便明确表示，只有市邦两级政府合作，才有可能建立强制性的失业保险机制。1914年夏，仅有13座城市根据根特体制，建立起地方性的失业救济基金，其中仅包含5座大城市（斯特拉斯堡、斯图加特、科隆、曼海姆、法兰克福）。[2]

由此，在大战前，德意志帝国的失业保险体制最终停留在想象中，没有成为现实。社会改革家海因里希·赫克纳不无遗憾地指出，失业保险是"我们社会保障体制宏伟建筑上尚未插上的一翼"[3]。

三 "一战"期间从济贫体制到公共失业救济体制的转型

"一战"爆发后初期，由于外贸中断和原料紧缺等因素，大量企业突然停产，失业率骤然上升（见表3.1）。1914年8月底，工会会员的失业率高达22.4%，电子工业、木材工业和化学工业中的失业率超过30%，制衣业甚至达到62.7%。工业地区的失业率在9月后均在20%左右。这使得传统的失业救济方式面临巨大压力。如自由

---

[1] A. Faust, "Sfate and unemployment in Germany: 1890 – 1918 (Labor exchanges, job creation and unemployment insurance)", p. 158.

[2] Karl Christian Führer, *Arbeitslosigkeit und die Entstehung der Arbeitslosenversicherung in Deutschland: 1902 – 1927*, S. 113 – 116.

[3] A. Faust, "Sfate and Unemployment in Germany", p. 150.

工会的失业救济基金从 8 月的 165 万马克飙升至 10 月的 1277 万马克,到 1915 年 4 月达到 2054 万马克,已近破产边缘。①

表 3.1　　　　　　"一战"初期工会成员失业率变化

时间	失业率(%)	时间	失业率(%)
1914 年 7 月底	2.9	1915 年 1 月底	6.5
8 月底	22.4	2 月底	5.1
9 月底	15.7	3 月底	3.4
10 月底	10.9	4 月底	2.9
11 月底	8.2	5 月底	2.9
12 月底	7.2		

资料来源:Ludwig Preller, *Sozialpolitik in der Weimarer Republik*, S.6.

在此背景下,呼吁国家改革传统济贫体制的声音再次响起。社会改革协会在 1914 年 9 月 12 日公开致信首相,认为国家补贴行为正是一种社会性的战争动员,以便让工人运动融入现实社会中。②

为赢得工人对战争的支持,各级政府也开始行动起来。1914 年 8 月 28 日,普鲁士内政部要求地方政府尽快展开必要的救济工作,而且特别强调无须剥夺领取者的政治权利。8 月 31 日,邦国保险机构从残疾者保险基金中拿出 5%,用来补贴城镇政府,让它们负责救济那些由于战争而陷入经济困境的工人。

然而由于济贫的惯性思维,一部分资本家仍然坚决反对国家的补贴行为,将领取救济者斥之为"好逸恶劳者"(Arbeitsscheuer)。大多数城镇政府也担心大规模失业救济对于本地财政的巨大负担,故而拒绝直接发放救济金。到 9 月底,在 3700 个城镇中,只有 612

---

① Ludwig Preller, *Sozialpolitik in der Weimarer Republik*, S.6f., 61.
② Karl Christian Führer, *Arbeitslosigkeit und die Entstehung der Arbeitslosenversicherung in Deutschland: 1902–1927*, S.123.

个城镇直接发放了失业者救济金,其他城镇均采用紧急就业的方式来发放少量失业补贴。甚至连帝国首相巴特曼·霍尔韦格（Theobald von Bethmann Hollweg）也曾保证过,他不会批准任何对失业者实施国家救济的方案。

不过到11月初,鉴于失业率仍然有8%左右,帝国政府也不得不改变立场。首相在咨询各党派意见后,决定建立统一的战时福利救济体制。11月13日,首相递交相关草案,并于12月17日获得联邦议会的通过。这就是《保障补贴战时福利救济条例》。该条例要求城镇政府必须承担救济失业者的责任,但应允中央和邦两级政府承担部分开支。随后,帝国政府拨款2亿马克,作为补贴城镇政府的基金。内务部还成立了职业介绍中心,每周发布劳动力市场信息。[1] 如此一来,城镇政府不再是唯一的救济机构,本地居民也不再是失业救济的唯一对象,接受救济者仍然需要接受一定测试,但不再以丧失公民权为前提。传统济贫体系的地域性和失权性消失,取而代之的是战时福利救济体制的统一性和维权性。到1915年1月底,约531个城镇（总数的1/7）建起了战时福利救济体制。[2]

1915年4月起,工会会员的失业率降至3%以下,工会救济基金的财政压力骤然减轻,城镇政府改造失业救济体制的积极性随之下降。因而直到战争结束前,尚有50%的大中城市未能建起战时福利救济体制。[3]

尽管如此,工会仍然希望推动战时福利救济体制的扩大与转型。1917年,它制定了一份草案,要求在战后建立一种强制性失业保险体制,所有年收入在5000马克以下的雇员必须参加该保险,保险者与雇主各承担保险费用的1/3,中央政府承担1/3。考虑到战后复员

---

[1] Ludwig Preller, *Sozialpolitik in der Weimarer Republik*, p. 34.
[2] Karl Christian Führer, *Arbeitslosigkeit und die Entstehung der Arbeitslosenversicherung in Deutschland: 1902–1927*, S. 123, 125–128, 129, 137.
[3] Karl Christian Führer, *Arbeitslosigkeit und die Entstehung der Arbeitslosenversicherung in Deutschland: 1902–1927*, S. 137.

的困难性，战争部对工会的建议颇感兴趣。3月，它便在一份复员计划中要求各地仔细考虑未来复员进程中的失业问题。1918年2月，马格德堡的战争署向柏林报告说，他们不仅考虑为复员军人找到"合适"和"更好"的工作，还在计划如何处理战争伤残者、军火工人再就业的问题。①

然而工会与战争部的想法并没有得到内阁其他成员和资方利益团体的赞同。1917年5月，经济部和财政部联合表示，目前的战时福利救济体制已经耗资巨大，无法接受新要求。而且它们与资方利益团体一样，对战后复员进程充满乐观态度。当工会公开其方案时，资方利益团体掀起了批判浪潮。德国工业家全国联合会（RDI）副主席雅克布·赫尔勒（Jacob Herle）表示，过渡时期不宜做任何实验性的危险动作。《德国企业家报》强调，资方永远反对强制保险思想。他们甚至认为，任何失业救济体制都会损害"自我负责的精神和劳动兴趣"，因此德国不仅不需要发展战时福利救济体制，而且必须明确它的临时性，以便战后取缔。②

直到1918年10月，公共失业救济体制的发展契机才再次出现。在美国的压力下，最高军事指挥部不得不允许国会中的三大政党筹组新内阁。社会民主党的国会议员、工会执委古斯塔夫·鲍尔（Gustav Bauer）就任新成立的劳动部部长。鲍尔重新拿出了战争部的方案，结合工会的想法，准备建立一种广泛性的失业救济体制。按照他的设想，在3个月内，由中央、邦和城镇三级政府共同注资、城镇政府负责实施的失业救济体制。在该体制里，中央政府承担1/2开支，邦国政府承担1/3，城镇政府承担1/6，救济对象为与战争相关的当地失业者，支持额度和期限则由城镇政府决定。同时，该体制还要求通过非营利性的职业介绍机构为失业者及时安排工作，并

---

① Richard Bessel, *Germany after the first world War*, Oxford: Clarendon Press, 1993, pp. 50, 53.
② Karl Christian Führer, *Arbeitslosigkeit und die Entstehung der Arbeitslosenversicherung in Deutschland: 1902–1927*, S. 136, 134.

由劳资双方对等组成的管理委员会负责处理争议问题。11月初，这一方案先后得到了联邦议会的批准及工会高层和社会改革协会代表的赞同。①

与战时福利救济体制相同，该方案具有临时性，主要针对过渡时期。不过至少在以下四个方面，它出现了历史性的发展：第一，它的资金来源于三级政府，更具保障性；第二，它的救济对象不再局限为工会会员，更具广泛性；第三，它把失业救济同职业介绍结合起来，更具合理性；第四，它成立了劳资对等组成的管理委员会，更具民主性。尽管如此，在当时看来，这种体制的可操作性仍然是值得怀疑的。三级政府是否有意以及有能力注资？该体制是否能照顾到如此广泛的救济对象？在拥有家长制作风的资本家未改变立场之前，这种管理机制的民主化是否有成功的希望？

事实上，这些疑惑已等不到帝国政府的回应了。革命风暴与战败结局很快便席卷整个德意志。失业问题终将迎来一个新的解决方案。不过，从历史角度而言，帝国时期的这些讨论和实践并没有烟消云散。各政党和利益团体的想法仍然通过各种渠道得以保留下来。这是接下来魏玛共和国必须面对的政治遗产。

第二节　失业保险体制的建立

1918—1919年革命爆发后，迅速变化的政治格局让左翼政党得到了全部权力，工人迅速成为国家的掌权者，资本家则不得不以退为进，暂时接受了工会的所有要求。②

11月13日，继续担任临时政府劳动部部长的鲍尔颁布了《失

---

① Karl Christian Führer, *Arbeitslosigkeit und die Entstehung der Arbeitslosenversicherung in Deutschland: 1902 – 1927*, S. 141ff.

② 参见孟钟捷《劳资利益团体合作与"一战"结束前后的德国社会——试论〈斯廷内斯—列金协议〉的起源及其意义》，《世界历史》2006年第1期。

业者救济令》（*Verordnung über Erwerbslosenfürsorge*）。该条令共18条，规定了失业救济体制的公共性、资金来源、救济对象、救济条件、救济程序与救济管理等问题。其内容基本因循了上述方案，不过把3个月期限延长到1年。[①]

该条令一直存在了9年之久，直到1927年才被《职业介绍与失业保险法》所取代。其间，它经历了22次修正和5次重新起草。[②] 我们可以把公共失业救济体制向失业保险体制的发展大致分为三个时期。

一　复员时期公共失业救济体制的实践

首先是复员期间（1918—1920年）。该时期，公共失业救济体制初步实践，以扩大为主要特征。当时，德国经历了短暂的失业浪潮，仅工会会员的失业率从1918年11月的1.8%迅速上升到1919年1月的6.6%，同月失业者总数在100万人以上。与此同时，作为代表会运动的组成部分，失业者代表会也在寻求施加政治和经济影响力的途径。[③]

为保障复员进程的平稳性，魏玛政府一方面颁布了大量有关就业的强制条令[④]，以避免失业局面的进一步恶化；另一方面，提高失业救济金的幅度，以安慰一时找不到工作的复员军人，并承认失业者代表会为一种利益团体，让它们参与到失业者救济工作中。劳动

[①]　Gerhard A. Ritter und Susanne Miller, *Die Deutsche Revolution 1918 – 1919. Dokumente*, Hamburg: Hoffmann und Campe, 1975, S. 245 – 248. 见附录8。

[②]　Ludwig Preller, *Sozialpolitik in der Weimarer Republik*, p. 237.

[③]　Gi-Chul Song, *Die Staatliche Arbeitsmarktpolitik in Deutschland zwischen der Revolution 1918/19 und der Währungsreform 1923/24. Möglichkeiten und Grenzen des arbeitsmarktpolitischen Staatsinterventionismus in der Weimarer Republik*, Hamburg: Reinhold Krämer Verlag, 2003, S. 60；孟钟捷：《试论德国〈企业代表会法〉（1920）的缘起》，《历史教学问题》2006年第5期。

[④]　如1919年1月4日、9日、24日针对工人、战争伤残者和职员的《雇佣与解雇令》，要求企业必须接纳战前雇员；1919年2月17日颁布《空缺岗位登记义务令》，强制资本家登记岗位需求；1919年3月28日与12月1日颁布《解雇禁令》，后于1920年4月25日改为《强制解雇令》，要求为农业、林业和矿业提供更多劳动力；1920年11月8日的《停业令》等。

部部长甚至亲自邀请失业者代表会成员参加争议调解工作，地方失业救济机构的负责人亦承认失业者代表会的协助作用。①

但不久后，救济署的官员们却发现，高额的救济金"使（失业者）再次接受工作的可能性降低"。1919年1月21日，经济部部长奥古斯特·米勒（August Müller）指出，失业救济的费用上升过快，甚至还可能超出就业者的工资水平。经过调查，经济复兴部还发现，尽管大城市中失业问题十分严重，但小城市和农村地区却仍然缺少劳动力。②一个典型的例证是，1919年1月，奥格斯堡的职业介绍署报告说："根据市政府的规划，我们必须为那些已婚、有大家庭者提供紧急就业方案……但是，这些计划很难实施。根据现在的工资额度，工人们劳动8小时，可得到7.20马克。而一个有4个孩子的工人若领取（失业）救济金，却可得到9马克。"③这表明原来的失业救济体制存在严重缺陷，它不仅增加了三级政府的财政开支，而且并没有起到降低失业率的作用。

另一个问题是，1918年11月13日的《失业者救济令》仅仅规定"救济的方式和额度……应该由各城镇或城镇联合会来确定"，如此造成各地救济水平不平衡，严重影响到复员安排。不少失业者涌向救济金较高的城镇，又为当地救济工作带来了沉重压力。为此，1919年1月15日，临时政府曾颁布《失业者救济令修正案》，确立了最高救济金水平。4月1日，谢德曼内阁再次重申最高救济金水平。④尽管如此，失业者仍然深感不满，因为按照当时的通货膨胀率，即便最高的救济金也可能无法维持一家人的生活。⑤ 4月5—7

---

① Karl Christian Führer, *Arbeitslosigkeit und die Entstehung der Arbeitslosenversicherung in Deutschland: 1902 – 1927*, S. 162.

② Richard Bessel, *Germany after the First World War*, pp. 145 – 148.

③ Merith Niehuss, "From Welfare Provision to Social Insurance: The Unemployed in Augsburg 1918 – 27", in Richard J. Evans and Dick Geary, *The German Unemployed: Experiences and Consequences of Mass Unemployment from the Weimar Republic to the Third Reich*, p. 60.

④ 1919年4月1日谢德曼内阁纪要，第32号，魏玛共和国内阁档案集，网上资料库。

⑤ 据记载，1920年1月金马克的价值已经只有1913年的1/15。参见 Hans-Ulrich Wehler, *Deutsche Gesellschaftsgeschichte*, Bd. 4, S. 246。

日，独立社会民主党和共产党领导下的一批失业者在柏林举行失业者全国大会，并成立"临时全国失业者委员会"。①

在此情况下，劳动部重新拾起失业保险的方案，希望以此取代不公正的公共失业救济体制。1919年9月10日，劳动部开始筹划一部《失业保险法》。当月底，劳动部与财政部召开了数场讨论会，并完成了一部草案。11月，它邀请劳资利益团体共同讨论该法草案。不过，在此期间，又出现了一些声音，要求改造《失业者救济令》。这使得劳动部的工作暂时停滞。直到1920年2月7日，劳动部才再次向内阁递交了《失业保险法草案》。但此时鲍尔内阁已走到尽头。②

1920年4月15日，新的米勒内阁讨论过该草案。但由于档案遗失，我们并不知道内阁成员在此问题上究竟是否存在争议。但不久后，这份草案被呈交国会。这是失业保险体制的第一份草案。该法规定：(1) 将疾病基金作为失业保险的承担者；(2) 要求中央政府和城镇政府共同承担保险费用的1/3，劳资双方各自承担1/3；(3) 保险对象从工人扩大到农业工人、服务人员、家庭雇员、大部分职员和公务人员；(4) 失业金发放期限最高为13周，投保时间最短为3年。③

该方案在社会上引来了不少批评声。城镇政府首先表示不满。此前，德国城市议会便希望由劳资双方共同承担失业保险费用，而中央政府予以补贴。但该方案却让中央政府和州政府部分甚至全部摆脱了注资的负担，以致加重了城镇政府的负担。非政府性的疾病基金组织担心该法将导致失业救济的集权化。劳资利益团体和社会改革家们认为，它并没有解决申领者拒绝再就业的问题。④ 5月4日，

---

① 1919年4月3日谢德曼内阁纪要，第34号，注释11，魏玛共和国内阁档案集，网上资料库。
② 1919年9月10日鲍尔内阁纪要，第60号，魏玛共和国内阁档案集，网上资料库。
③ Karl Christian Führer, *Arbeitslosigkeit und die Entstehung der Arbeitslosenversicherung in Deutschland: 1902 – 1927*, S. 173, 288 – 289, 256; Ludwig Preller, *Sozialpolitik in der Weimarer Republik*, S. 280.
④ Karl Christian Führer, *Arbeitslosigkeit und die Entstehung der Arbeitslosenversicherung in Deutschland: 1902 – 1927*, S. 173, 288 – 289, 256; Ludwig Preller, *Sozialpolitik in der Weimarer Republik*, S. 288, 256.

财政部致信劳动部也表示，中央政府的负担并不会因此而减轻。

由于当时左翼仍占国会多数议席，因而尽管存在各种批评声，劳动部仍然坚信，该法一定会通过。不料，当年6月的国会大选让形势突变，社会民主党的得票率骤降，中左联盟下台，取而代之的是一个中右联盟政府，劳动部部长易人。该法就此废止。

尽管如此，费伦巴赫内阁也曾想过对该法做一些修改。10月2日，新任劳动部部长布劳恩斯在内阁中表示，针对失业者问题，内阁要推动四项法令的制定：（1）工商企业倒闭或裁员前必须告知地方管理部门，以备后者为接下来出现的失业情况做好准备；（2）对《失业保险法草案》做进一步修改；（3）彻底修改《调解令》；（4）筹备《职业介绍法》。但其他内阁成员看上去对所谓"生产性的失业者救济"（Produktiver Erwerbslosenfürsorge）更感兴趣，即为失业者创造一些工作岗位，让他们通过强制性劳动来获取生活费。相关薪水由中央政府、州政府和城镇政府平摊。①

尽管如此，左翼要求国家改善失业者生活的诉求并没有停止。1921年1月，共产党发表《公开信》，其中要求国家必须提高失业者的生活水平。2月，自由工会向政府提出了减轻失业者贫困的十项要求，其中特别强调了通过举办大型公共工程、建设住房来恢复经济运作，并立即征收一切财产税，最终增加失业救济金。②

在此影响下，2月8日，劳动部再次向内阁提交了一份《临时性失业保险法草案》。布劳恩斯解释说，该草案是一种过渡方案。投保金由劳资双方和政府各承担1/3，其中中央政府1/6，州政府1/9，城镇政府1/18。保险者必须已经参加疾病保险。给付金额度按照前一年投保金来确定。内阁成员在原则上表示同意，但各自提出了一些修改意见，如林业和牧业中的特殊情况、中央政府的财政承受力

---

① 1920年10月2日费伦巴赫内阁纪要，第80号，魏玛共和国内阁档案集，网上资料库。
② ［民主德国］洛塔尔·贝托尔特等编：《德国工人运动史大事记》第2卷，孙魁等译，人民出版社1986年版，第102、105页。

问题等。① 劳动部答应继续修改。然而不久，费伦巴赫内阁倒台，这一草案被搁置。

二 恶性通货膨胀期间的公共失业保险法草案的起草及其失败

第二阶段是恶性通货膨胀期间（1922—1923年）。1922年起，德国的劳动力市场出现剧烈震荡，失业率逐步上升。正如经济学家弗拉迪米尔·沃廷斯基（Wladimir Woytinsky）所言：1922年前，失业问题仅仅是人们的幻觉而已，因为"大量新建工厂、劳动时间的缩减等让劳动力十分紧俏"，以致"所有寻找工作的人都能就业"，但这些现象是"不正常的"，因为它们都借助了非常规的操纵手段。真正的劳动力市场危机将伴随劳动力市场恢复"正常状态"而出现，亦即"稳定危机"！② 凑巧的是，1923年初，法、比联军侵占鲁尔地区，魏玛政府采取了"消极抵抗"的政策，从而进一步加重了劳动力市场的混乱局面。到1923年12月底，130万工会会员（28.2%）失业，达到战后的第一个高峰。此外，还有170万人从事短期工。③ 通货膨胀不仅造成失业人数增加，还导致了失业救济金无法满足正常的生活需求。尽管失业救济署不断提高救济金额度，增加发放次数，如1922年，失业救济金增长了5倍；1923年初，救济金每周发放2次，金额增长了32倍，但救济金的增长速度仍然赶不上通货膨胀的速度。据计算，在1923年11月26日到12月2日，失业救济费用仅占到生活必需开支的25%。当救济金的发放期限延长到39周时，城镇政府又无力承担财政负担。于是，人们再次想到应建立一个抵制失业的保险体制。④

1922年6月19日，劳动部部长布劳恩斯在维尔特内阁中再次提

---

① 1921年2月2日费伦巴赫内阁纪要，第173号，魏玛共和国内阁档案集，网上资料库。
② Richard Bessel, *Germany after the First World War*, p. 132.
③ Gi-Chul Song, *Die Staatliche Arbeitsmarktpolitik in Deutschland zwischen der Revolution 1918/19 und der Währungsreform 1923/24*, S. 373.
④ Merith Niehuss, "From Welfare Provision to Social Insurance: The Unemployed in Augsburg 1918 – 27", pp. 52 – 56.

出了此前的《临时性失业保险法草案》。其中的主体内容做了一些修改，特别是各级政府之间的出资比重。但不知何故，这份草案在递交给联邦议会后没有任何讨论迹象。直到1923年1月29日，新上台的古诺内阁鉴于国内经济情况紧急，决定把该草案直接呈交国会。6月5日交由专门的社会事务委员会讨论。① 该法规定：（1）受保人的范围与第一份方案相同；（2）保险费用由劳资双方承担2/3，中央政府承担1/6，州政府和城镇政府各自承担1/12；（3）无须3年投保时限，采取直接注资的方式；（4）疾病基金不再成为失业保险的承担者，但为降低管理费用，该法没有添设新的保险机构，而是由地方性职业介绍机构负责审查失业救济金申领者的资格、通过安排合适岗位让失业者尽快重新就业、借助有计划的劳动力市场规划限制失业率，并负责确定保险费用的高低、形式及支付方式。②

与该法相适应的是，《职业介绍法》于1922年7月22日出台。此前，非营利性职业介绍机构已得到快速发展，数量从1913年的493家增加到1920年的1287家，通过职业介绍机构重新就业的人数从1913年的200万人上升到1919年的550万人。1920年，魏玛政府便成立了国家职业介绍局。而《职业介绍法》则构建了一个纵向的职业介绍体制。

与此前方案不同，这份《临时性失业保险法草案》起初在劳资利益团体那里都获得了支持。在通货膨胀的压力下，工会不再对自己的失业救济基金存在幻想，转而要求尽快建立失业保险基金。1922年，工会大会的主题之一便是"社会保险的新形式"。自由工会的第二主席赫尔曼·米勒（Hermann Müller）希望"最迅速地创建"失业保险体制。职员工会与公务员工会亦是如此。重工业家也欢迎用失业保险体制来取代不公正的失业救济体制。德国工业家全

---

① 1922年6月19日维尔特内阁纪要，第296号，魏玛共和国内阁档案集，网上资料库。
② Karl Christian Führer, *Arbeitslosigkeit und die Entstehung der Arbeitslosenversicherung in Deutschland: 1902 – 1927*, S. 59 – 260, 289; Ludwig Preller, *Sozialpolitik in der Weimarer Republik*, S. 281.

国联合会的社会政策发言人胡贝特·霍夫（Hubert Hoff）强调，失业保险和失业救济都不可取，但前者是一种"较小的恶"。与此相反，轻工业家对失业保险方案不感兴趣，中小企业主组成的德国工商业大会（Deutsche Industrie- und Handelskammertag，DIHT）和商业性的汉撒同盟（Hansa）都反对强制性的保险模式。不过重工业家的影响力更大。

然而问题在于，同样是通货膨胀让这份方案显得不合时宜。三级政府事实上已无法提供必要的财政支持。中央政府只是利用不断贬值的货币来救济"消极抵抗"的参与者而已。一些内阁部长希望用"失业保险"的形式，完全卸下中央政府的包袱。[①] 与此相反，财政部部长鲁道夫·希法亭（Rudolf Hiferding）却从社会稳定的角度出发，从当时的情况来看，认为失业保险法不如失业救济体制来得迅速有效。于是，失业保险法再次被搁置，魏玛政府重新考虑失业救济体制的改革问题。

1923年10月13日，中央政府颁布《失业救济令修正案》，要求：（1）4/5的救济基金由劳资双方承担，城镇政府承担剩下的1/5；（2）投保者必须参加疾病保险，并把疾病保险费的20%（相当于基本工资的2%）作为失业保险费，该费用由劳资双方对等承担。它把救济思想与保险思想扭结在一起，以解决深受通货膨胀影响的财政赤字问题。

不过实践结果却表明，政府的如意算盘并未成功。由于存在高失业率，且失业救济基金同疾病基金之间的资金流转不顺，绝大部分城镇根本无法实现收支平衡。在未被占领区，不来梅能收回50.6%的成本，汉堡只有31.5%。相反，占领区城镇大多只能收回1%—2%的成本。1924年1月，劳动部部长便坦承，10月法令根本无法在占领区推行。为此，普鲁士州政府提出，应把失业保险的投保金提高到基本工资的3%，才能平衡预算。但劳资双方和劳动部部

[①] 1923年10月2日施特雷泽曼内阁纪要，第99号，魏玛共和国内阁档案集，网上资料库。

长又不愿接受修正。由此,10 月法令走到尽头。①

三 失业保险法的出台

最后阶段是失业保险法的定型期(1925—1927 年)。1924 年后,魏玛经济逐步走出阴影,迎来了相对稳定期。然而失业浪潮并没有消失。直到 1925 年 5 月,失业救济金的领取者才降到 50 万人以下。次年 1 月,失业者人数又上升到 1923 年末的高峰,工会成员的失业率为 22.6%,其中失业时间超过 16 个月者占 10%,13 个月以上者为 15% 以上。这让人们越来越担心失业所带来的持续负面影响。工会执委弗朗茨·施普利特(Franz Spliedt)一针见血地指出,失业现在已成为德国经济和政治障碍及危机的中心问题。② 失业者群体也日益抱团施压。1926 年 2 月,上西里西亚失业者会议召开,号召各地建立工会所属的失业者委员会。12 月初,此类失业者委员会已经有 2580 个。它们的 446 名代表聚集柏林,召开失业者全国会议。该会议通过了一项行动纲领,宣称要成立一个全国委员会来领导失业者运动。③

为此,魏玛政府不得不加快速度,一方面继续推进公共失业救济体制的改造;另一方面有意识地在这种改造中逐步加入保险元素,以便将来实现失业保险体制的建立。

1924 年 2 月 13 日,中央政府颁布了重新起草的《失业救济令》。该法令与以往失业救济体制的不同点在于:(1)它对申领者的资格进行了限制,首次强调了参保因素,即有权申领失业救济金者是那些"在最近一年中至少工作 13 周,并参加疾病保险者"和"虽然没有参加疾病保险,但年收入在 2700 马克以上的职员";(2)它让劳资双方承担所有的救济费用(最高不超过工资的 3%),从而免除了三

---

① Karl Christian Führer, *Arbeitslosigkeit und die Entstehung der Arbeitslosenversicherung in Deutschland: 1902 – 1927*, S. 199 – 200, 209 – 216, 180 – 181, 295 – 297.
② Karl Christian Führer, *Arbeitslosigkeit und die Entstehung der Arbeitslosenversicherung in Deutschland: 1902 – 1927*, S. 148 – 151.
③ [民主德国]洛塔尔·贝托尔特等编:《德国工人运动史大事记》第 2 卷,孙魁等译,人民出版社 1986 年版,第 202、209 页。

级政府的财政负担；（3）它有意识地把失业救济同职业介绍结合起来，让失业救济成为一种"生产性的救济"，它规定申领失业救济金者必须接受职业介绍机构的再就业安排，职业介绍机构的费用主要由州政府承担，中央政府负责补贴。①

1924年失业救济体制不久也受到经济形势的打击。由于它对申领者的特殊规定，因而在失业者中造成了两种人群：一种是有资格申领失业救济金者；另一种是无权申领失业救济金，不得不依靠城镇其他救济金者。后者主要包括自由职业者和长期失业者，据统计，1924年这类群体在8%—22.8%。② 随着失业率的不断攀升，前一种人群不断转化为后一种人群，以致进一步加重了城镇财政的负担。此外，虽然该令规定劳资双方所承担的救济费用最高不超过工资的3%，但是，由于劳动力市场持续恶化，为保证救济基金收支平衡，事实上全国平均水平已达到最高限额。③

为此，1926年11月20日，中央政府颁布了《危机救济法》，答应对那些被1924年失业救济体制排斥在外的失业者实施保障。它规定：（1）已领取52周失业救济金者若仍未找到合适工作，便可申领危机救济金；（2）危机救济金由中央政府承担3/4，州政府承担1/4。该法在一定程度上弥补了城镇政府的财政赤字，并扩大了失业救济的范围。④

与此同时，建立失业保险体制的呼声越来越高。从1925年起，劳动部已在筹划新失业保险草案。1925年6月14日，劳动部向内阁递交了草案。它规定：（1）所有保险费用均由劳资双方对等承担，

---

① Ludwig Preller, *Sozialpolitik in der Weimarer Republik*, S. 364.
② Merith Niehuss, "From Welfare Provision to Social Insurance: The Unemployed in Augsburg 1918-1927", p. 66.
③ Karl Christian Führer, *Arbeitslosigkeit und die Entstehung der Arbeitslosenversicherung in Deutschland: 1902-1927*, S. 298.
④ Richard J. Evans, "Introduction: The Experience of Unemployment in the Weimar Republic", in Richard J. Evans, Dick Geary, *The German Unemployed: Experiences and Consequences of Mass Unemployment from the Weimar Republic to the Third Reich*, p. 5.

额度为工资的3%；（2）城镇政府和州政府共同承担公共职业介绍机构的1/3管理费用，其余仍由劳资双方对等承担；（3）在保险基金发生危机时，中央政府可参与其中；保险基金的管理者为州失业者基金会，它同州职业介绍署存在个人与业务上的联系，因此失业保险基金主要在州层面上运行，州管理部门中的公务员担任由劳资对等组成的管理委员会的主席；（4）除了州失业者基金会外，国家层面上设立全国平衡基金，以平衡收支。① 内阁中的主要争议问题是投保金在工资中的比例大小、是否会给国家财政造成不可承受的负担、政府如何进行监管等。②

9月15日，该法案呈交联邦议会，又经历了长达数月的讨论，其中引起争议的问题有保险给付金的支付时限、是否需要增加短期工来作为救济金、领取失业保险金者是否有权同时领取失业救济金等。③

随后，该法案于1926年12月16日递交给国会，并公之于众。这同样引发社会各界的热烈讨论。普鲁士州政府、一些城镇政府及内政部、财政部和经济部都认为，城镇政府直接负责劳动力市场政策和公共秩序，因而应把城镇作为保险的基本单位，以保障失业保险体制的正常运行。资方更关注保险负担问题。《德国手工业报》（*Deutsche Handwerksblatt*）指出，尽管从社会政策的理想来看，失业保险具有价值，但受伤的德国经济却无法在危急时刻接受这种理想。重工业家也开始接受此前中小轻工业家的想法，担心失业投保金将提高开支30%—100%，从而彻底摧毁德国经济的复兴能力。因此，资方希望仍然保留对申领者的审查制度，以保证正确的权利关系。此外，几个资方党派还联合要求设立一个针对职员的失业保险基金。

工会的立场比较复杂：它一方面要求职业介绍机构脱离国家掌

---

① *Reichstagsprotokolle*，1927年1月6日，Nr. 2885。
② 内阁在1925年7月16日、7月31日、8月14日讨论过三次，其中7月16日的讨论缺少档案纪要。后两次讨论参见路德内阁纪要，第126号；路德内阁纪要，第147号。
③ 这些讨论都收录于魏玛内阁档案集中，可参见网上资料库，11月5日、11日、16日、18日、12月13日、15日等讨论纪要。

控,保持一定的独立性;另一方面又希望建立一个集中式的、全国性的失业保险体制,中央职业介绍与失业保险机构直属劳动部,第二层是城镇职业介绍与失业保险机构,第三层则是劳资利益代表和公益代表组成的管理委员会来保障疾病基金的正常运行。在这种体制中,政府扮演的是中立和平衡角色。《工会报》特别强调,这就是"经济民主"。[①]

1927年3月,劳动部根据上述意见,做出了部分调整。它没有接受以城镇为中心的保险建议,但把失业保险的承担者改为"职业介绍与失业保险局",并增加了资格审查,以取悦劳资利益团体。结果不出所料,7月16日,修改后的草案在国会中以355∶47的结果顺利得到通过。反对者主要是共产党人和民族主义分子。该法案最终在10月1日生效。这就是《职业介绍与失业保险法》(*Gesetz über Arbeitsvermittlung und Arbeitslosenversicherung*,AVAVG)。此前由城镇政府承担的救济费用转作贴补投保金。至此,从公共失业救济体制向失业保险体制的转变正式完成。

从19世纪末开始,德国经历了近30年的讨论和尝试,最终实现了从济贫向失业保险体制的转变。促成这种转变的因素既包括人们对失业问题的认识变化,也得益于战争和革命所带来的发展契机,特别是劳动权首次被接纳为人的基本权利之一,从而改变了"济贫"中的施舍态度,显示出民主政府的基本特质。与此同时,正如其他社会保障制度一样,失业保险体制也"干涉了市场和政府原定的求偿模式,使社会里个人之间和群体之间在调配资源方面出现再分配情形"[②],因而注定了这种转变绝不是一帆风顺的,而是充满着各种

---

① Karl Christian Führer,*Arbeitslosigkeit und die Entstehung der Arbeitslosenversicherung in Deutschland:1902 – 1927*,S. 263 – 275、216 – 218. "经济民主"是当时自由工会提出的重要理论,见 Fritz Naphtali,*Wirtschaftsdemokratie:Ihr Wesen,Weg und Ziel*,Berlin:Verlagsgesellschaft des ADGB,1928. 另可参见孟钟捷《"经济民主"在德国的确立:试论胡戈·辛茨海默与〈魏玛宪法〉第165条》,《历史教学问题》2007年第6期。具体讨论进程及个别提议是否得到接受,可参见1927年5月11日马克思内阁纪要,第231号,魏玛共和国内阁档案集,网上资料库。

② [英]理查德·蒂特马斯:《蒂特马斯社会政策十讲》,江绍康译,吉林出版集团2011年版,第62页。

权力集团之间的拉锯战。

失业保险体制的建立不是魏玛共和国劳工政策的结束，而是一个新开端。它开辟了劳工政策中的新领域。它让政府进一步介入劳动力市场的运作中，承担起更为重要的使命，即一方面为那些被劳动力市场所淘汰的人提供必要的生活保障；另一方面又必须为他们重新进入劳动力市场提供帮助。从这一点而言，魏玛共和国为德国乃至世界的社会保险体制发展历史做出了重大贡献。此前，英国政府也曾推行过小范围内的失业保险，但德国的实验范围更广，影响更大。正因如此，当1927年法通过时，劳动部部长布劳恩斯曾自豪地宣称，从此，1725万德意志工人和职员将得到比其他国家更多的保障。[①]

从建立过程来看，魏玛政府更多地从政治角度，而非经济角度来考虑失业保险体制的重要性。它充其量是复杂的社会交往关系、战后政治格局变迁和经济形势动荡的结果，被魏玛政府视做控制并解决社会危机的一种手段。这恰恰也契合了魏玛时期社会政策的政治特性。但问题在于：政府是否有能力履行这种承诺？《失业保险法》的颁布是否能一劳永逸地解决失业危机，甚至包括与之相关的职业道德和社会权利等一系列诉求？更为重要的是，它是否忽视了各级政府的财政能力，以致缺乏对未来发展的预见性？1927年后的实践历史恰恰给出了否定的答案。

第三节　失业保险体制的崩溃

一　1927年失业保险体制的特征及其制度缺陷

1927年7月16日，《职业介绍与失业保险法》在国会中以

---

① Bernd Weisbord, "The Crisis of German Unemployment Insurance in 1928/1929 and its political Repercussions", in W. J. Mommsen, Wolfgang Mock, ed., *The Emergence of the Welfare State in Britain and Germany*, 1850–1950, p. 189.

355∶47顺利通过。10月1日，该法生效。它规定：（1）所有保险费用均由劳资双方对等承担，额度为工资的3%；（2）城镇政府和州政府共同承担公共职业介绍机构的1/3管理费用，其余由劳资双方对等承担；（3）保险基金的管理者为职业介绍与失业保险局；（4）国家层面上设立全国平衡基金（Reichsausgleichskasse），以保证收支均衡。[①] 这是德国历史上的第一个失业保险法，被誉为共和国"所做出的最为杰出的贡献"[②]。在欧洲范围内，它虽然晚于法国、挪威等11个国家[③]，但它第一个把失业保险与职业介绍结合起来，并条分缕析地规定中央、州和城镇三级政府以及劳资双方的各自责任，且让保险与救济两种制度有机衔接。

然而，事实上，从技术层面到操作层面，1927年失业保险体制存在着严重的制度缺陷，这表现为以下三个方面。

首先，失业保险的收支平衡问题始终存在，并不断受到持续恶化的劳动力市场发展的负面影响。早在立法进程中，不少人已发现，失业保险制度的财政基础十分脆弱。1926年，若按注资额度为工资的3%计算，劳资双方最多只能承担失业保险金开支的44.4%，其余只能通过税收制度和财政政策来贴补。然而1927年法却仍然要求劳资双方全部承担保险费用，以致让失业保险基金始终面临赤字财政的风险。在1927年法通过前后，劳资利益团体均以各种方式警告过这种危险。如德国工商业大会（DIHT）坦言，根本不能指望劳资双方能自行解决问题；《德国手工业报》要求由中央和州两级政府首先承担保险费用；自由工会与基督教工会也认为，仅靠劳资双方的

[①] Karl Christian Führer, *Arbeitslosigkeit und die Entstehung der Arbeitslosenversicherung in Deutschland：1902-1927*, Berlin：Colloquium-Verlag, 1990, S. 305.

[②] Volker Hentschel, *Geschichte der deutshen Sozialpolitik. Soziale Sicherung und kollektives Arbeitsrecht*, Frankfurt a. M.：Suhrkampf, 1983, S. 103.

[③] 法国（1905年）、挪威（1906年）、丹麦（1907年）、英国（1911年）、爱尔兰（1911年）、芬兰（1917年）、意大利（1919年）、西班牙（1919年）、奥地利（1920年）、比利时（1920年）、卢森堡（1921年）。Manfred G. Schmidt, *Sozialpolitik in Deutschland：Historische Entwicklung und Internationaler Vergleich*, S. 180.

自治，失业保险是无法实现的。①

实践情况更进一步证明了人们的担忧。失业保险体制建立后，德国的失业情况持续恶化，1928 年的失业率明显上升。为稳定劳动力市场，魏玛政府不得不一再突破 1927 年法的限制，扩大失业保险的受益人群，延长领取期限。如 1928 年 3 月修正案对 40 岁以上的职员实施特别救济，领取期限从 26 周延长到 39 周；8 月修正案继续把领取期限延长到 52 周；12 月修正案把季节工吸纳到失业保险中。这种扩大趋势无疑对本来就入不敷出的失业保险基金形成了巨大威胁。到 1929 年底，100 万名参加失业保险者不得不面对 250 万名领取失业保险金者。② 为此，中央政府不得不一再提高用于补贴的备用金额度。1927 年，中央政府为失业保险基金准备了 5000 万马克的备用金，次年就被迫提高到 1 亿马克，1929 年更不得不注资 2.5 亿马克。③ 然而即便如此，失业保险基金的赤字仍在不断提升。1928 年夏的财政赤字已达 1.5 亿马克，到 1929 年冬则多达 2.5 亿马克。④

其次，由赤字财政造成的巨大压力必然影响失业保险基金的运作能力，使之不得不面对失望大众的指责。在 1927 年法出台时，魏玛政府力图建立一个针对失业者的立体式的救济网络。不同情况的失业者可选择三种救济途径：

第一种是失业保险金。其条件是：（1）领取者在失业前 2 年内至少工作 52 周；（2）不能连续失业超过 26 周，40 岁以上者不得超过 39 周；（3）给付期限为 26 周，40 岁以上者延长到 39 周（后延长到 52 周）。

第二种是危机救济金。其条件是：（1）领完失业保险金后就业却再次失业者，或找到可以参加失业保险的工作却在 13 周后再次失

---

① Karl Christian Führer, *Arbeitslosigkeit und die Entstehung der Arbeitslosenversicherung in Deutschland*: *1902 - 1927*, S. 290 - 292.

② Ludwig Preller. *Sozialpolitik in der Weimarer Republik*, S. 420 - 422.

③ Bernd Weisbord, "The Crisis of German Unemployment Insurance in 1928/1929 and its political Repercussions", pp. 189 - 204.

④ Ludwig Preller. *Sozialpolitik in der Weimarer Republik*, S. 422.

业者，或连续失业 65 周（40 岁以上者为 91 周）以上的手工业者和白领工人，或等候领取失业保险金者；（2）给付期限为 39 周，40 岁以上者延长到 52 周。

第三种是失业救济金。其条件相对宽泛，对"任何不能，或不能通过他自己的能力和方法，或不能通过其他资源和亲戚，为其生活或家人生活提供必要品的人"。领取失业救济金者一般被认为属于"失业者中的糟粕"，是一些讨厌工作者、懒汉、反社会者，因而需要进行强制性的就业意愿测试。

这三种救济金的资金分别来源于不同的公共资源。第一种由投保者和雇主平摊注资，并由中央政府负责补贴；第二种由中央政府承担 4/5，州政府承担 1/5；第三种由城镇政府承担。魏玛政府认为，这三种救济金可以包容任何失业者，从而稳定社会。

然而在经济形势恶化的条件下，前两种救济金根本无法承担责任，大量失业者流向第三种救济金。从统计数据来看，领取失业保险金的人数最高值出现在 1931 年 3 月底，为 231.7 万人，随后就不断减少，到 1933 年 1 月只有 95.3 万人。与此相反，领取危机救济金的人数在同一时间段内从 92.4 万人逐年增加，到 1932 年 3 月底达到峰值为 174.4 万人，随后下降，到 1933 年为 141.9 万人。1929 年 6 月，在 5 万人以上的城镇中，领取失业救济金者约为 10.3 万人；到 12 月，该数字上升到 20 万人；1932 年 10 月甚至飙升到 240.7 万人。[1] 这表明，前两种救济金在不断上升的失业率和大量长期失业者面前已经失效。这种情况对城镇财政造成了毁灭性的冲击，例如在杜伊斯堡的哈姆鲍恩镇（Duisbourg-Hamborn），失业救济开支多达 320 万马克，而市镇税收只有 100 万马克；在波鸿，失业救济

---

[1] Heidrum Homburg, "From Unemployment Insurance to Compulsory Labour: The Transformation of the Benefit System in Germany 1927 – 1933", in Richard J. Evans, Dick Geary, eds., *The German Unemployed: Experiences and Consequences of Mass Unemployment from the Weimar Republic to the Third Reich*, London: Croom Helm, 1987, pp. 77 – 84.

为2250万马克，税收只有1860万马克。①

有资格申领，却不能如愿领取到失业保险金者，只能求助于失业救济金。他们被称为"福利失业者"（Wohlfahrtsarbeitslosen）。1929年，汉堡地区的福利失业者约占总失业者总数的21.1%，其中大多曾经参加过失业保险。从1930年起，全国福利失业者人数始终呈上升趋势，从1930年12月底的76.1万人，增加到1931年12月底的156.5万人，1932年12月底为240.7万人。②相反，到1933年初，国家失业保险机构只能为95.3万人发放保险金。令福利失业者更失望的是，由于城镇财政遭受打击，市政府还通常借助各种理由削减申领者的救济额度。如在莱茵—威斯特法伦地区，救济署按照个人情况，递减式地发放救济金：有房的单身者可拿到100%的救济金；与亲戚共居的单身者可拿到80%；14岁以上的儿童80%；14岁以下60%等。在汉堡，救济署不得不通过削减5个申请者的救济金，来节省400马克。不仅如此，救济署还要求申领者通过所谓的"劳动救济"来领取救济金。这些劳动包括清洗管道、打扫街道、搬运石头等。但在福利失业者眼中，这些工作通常被视做"非人道的"。一些人把这些工作比做"彻底的法西斯主义的工厂"。一名工人接受采访时指出："不少工作在那里的人每天要搬动80—90吨石头，却只能得到干面包，有时甚至只有咖啡！"③

由失业保险金不作为而带来的上述两种恶果，让城镇政府和福利失业者站到了批评中央政府的阵营中。他们都认为失业保险体制自食其言。在城镇政府看来，中央政府没有保证财政投入，甚至向城镇政府转嫁财政危机。在福利失业者看来，他们不仅没有如约领取失业保险金，还在领取失业救济金中不得不面对城镇政府的百般刁难与克扣，乃至强制劳动。

---

① David F. Crew, *Germans on Welfare: From Weimar to Hitler*, Oxford: Oxford University Press, 1998, p. 153.
② 见附录9。
③ David F. Crew, *Germans on Welfare: From Weimar to Hitler*, pp. 155, 190–193.

最后，同其他福利制度一样，失业保险体制的确立既是社会危机的反映，又伴有政治格局转变与劳工权利观念上升的因素，激烈的学术和政治斗争始终如影随形。同样，当失业保险体制面临危机，需要进一步改革时，这些斗争又再次涌现，并进而成为社会分裂的反映。

1928 年后，失业保险体制的改革已经成为社会舆论的热门话题。几乎所有人都认同改革的必要性，但在如何改革的问题上，却泾渭分明地分属两个阵营。一方以资方利益团体为主，建议缩小失业保险的范围。1929 年 5 月，德国雇主协会联合会（VDA）向政府提交了备忘录。它不仅要求废除特别法规、降低投保金，而且还希望人为制造一些失业，以节省企业的投保金。另一方以自由工会为主，建议保持投保金不变，提高给付金、扩大保险范围，并废除任何测试程序。很明显，两者立场截然相反，出发点也南辕北辙。前者看到了失业保险的财政困境，后者更强调失业保险的劳动权意义。[1] 这样一来，在失业保险问题上，劳动力市场的双方也成为敌手。

自此，失业保险体制的危机已经从经济层面走向政治层面。最后一届民主内阁的倒台便是同失业保险体制相关。

二 失业保险投保费争议与最后一届民主内阁的倒台

1929 年 2 月，在各地劳动局登记的失业人数达到了 300 万人，有 20% 的工会会员失业。失业保险金入不敷出，到 1929 年 3 月 31 日为止，国家劳动局的赤字已达 3.49 亿马克。[2] 如何改造失业保险体制因此成为当时内阁必须立即着手讨论的问题。德国内阁就此展开争论。

社民党与劳方代表要求提高保险发放金，帮助失业者渡过难关；

---

[1] Ludwig Preller, *Sozialpolitik in der Weimarer Republik*, S. 423–424.
[2] Gottfried Niedhart, *Deutsche Geschichte 1918–1933. Politik in der Weimarer Republik und der Sieg der Rechten*, Stuttgart: Verlag W. Kohlhammer, 1996, S. 121.

人民党代表则希望降低投保金，以减轻企业负担，帮助它们尽快走出萧条。双方互不退让，形成了对峙局面。从 1929 年 5 月 24 日起，内阁围绕失业保险法修正案讨论数次，均无果而终。①

财政部部长希法亭虽然来自社民党，但倾向于人民党方案，同时又想借此计划推行财政改革。在他的支持下，一个由雇主、雇员、议员和科学家组成的专家委员会经过研究，提出通过一次性暂时提高投保金比例 0.5%，即投保金在工资中的比例从 3% 增加到 3.5%，才能弥补失业保险金发放中的亏空。在失业保险的适用范围内排除了短工和家庭雇工。这就是希法亭方案的核心内容。②

对此，社民党内部的工会代表极为不满。有人指责希法亭受到了人民党的蛊惑，"如果它愿意同社会民主党组成联合政府，它就必须放弃对民主派的颠覆活动，在社会政策问题上，必须如同它在政府形式问题上所做的那样，采取实事求是的态度"。5 月，社会民主党马格德堡党代会开始建议党从政府中"退出来"。不少党员拒绝总理赫尔曼·米勒的号召——"超越党的利益而不忘整个国家的利益"——而坚持认为"这种把政府凌驾于政党的行动是向资产阶级自由主义的倒退"③。希法亭后来愤愤不平地回忆说，"自己被一个群龙无首的、毫无方向的党团追逼"，"那些决策者为了是否给失业者多花或少花 30 芬尼的这一问题……准备把整个民主制和共和国断送掉"。

内阁经过反复磋商，最终通过了希法亭方案，并在普鲁士政府的帮助下，于 9 月 16 日通过了参议院审议。然而这一方案又引发了劳资双方的抗议，并不得不再次进行了部分修改。尚未去世的施特雷泽曼做了最后一次努力，让一部分人民党在三读中弃权，确保希

---

① 参见 Martin Vogt（bearbeitet）. *Das Kabinett Müller II. 28. Juni 1928 bis 27. Maerz 1930*，Band 1，Boppard：Harald Boldt Verlag，1970，S. 677 - 678，692 - 698，746 - 751，846 - 879，877 - 887。

② 方案的完整内容见内阁讨论纪要，Martin Vogt（bearbeitet.），*Das Kabinett Müller II*，Band 2，Nr. 374，S. 1238 - 1242。

③ ［联邦德国］海因茨·赫内：《德国通向希特勒独裁之路》，张翼翼、任军译，商务印书馆 1987 年版，第 48—49 页。

法亭方案在 10 月 3 日（施特雷泽曼去世之日）得以在国会以 238∶155 通过。

但希法亭方案终究是一种临时性措施，远未能完全解决国家财政问题。事实上，国家预算仍然必须依靠贷款（即公债）来平衡。然而原定 5 亿马克公债的筹集目标却只完成了 1/3。这表明，中产阶层对德国财政的健康发展和复苏能力缺乏信心，而围绕在杨格计划上的争议又进一步损害了国家财政的信用度。为此，财政部才不得不转向一家美国银行以获取一笔临时性的短期贷款。

但此举引发了中央银行行长沙赫特的强烈反对。他在 12 月 6 日发表的声明犹如火上添油，进一步降低希法亭方案的可信性。沙赫特说："［政府］未能达到预算的真正平衡，没有采取有机地消除迄今的赤字的措施；不能增加的新的亏空和要求出现了，而得以弥补亏空和要求的办法主要只是通过增加税收，也就是通过增加负担。"

与此同时，社民党内部的工会政治家们也不满意希法亭方案中增加工人负担的想法。

在这种情况下，尽管希法亭方案得到了内阁的支持，甚至还通过了国会的信任投票，但来自沙赫特与党团内部的质疑声却汇集成一股强大的反对浪潮，让希法亭连同内阁都不得不做出让步。12 月 19 日，内阁撤回财政计划。第二天，希法亭辞职。[①]

1930 年 1 月，领取失业救济金的人数突破 250 万人。联合政府对此仍无统一的处理意见。自由工会与社会民主党要求维持投保金，并增加失业救济金；资方利益团体与人民党则要求缩减失业救济金和税捐，恢复生产。3 月 5 日，新任财政部部长保罗·莫尔登豪尔（Paul Moldenhauer，人民党）是德国第一个保险学教授，对失业保险体制存在的问题早已了然于心。他的基本想法是：先由国家财政填补失业保险金的亏空，然后再通过提高税收的方式来弥补财政损

---

① 有关希法亭方案的争议进程，特别是希法亭与沙赫特的较量，可参见 Heinrich August Winkler, *Weimar 1918–1933, die Geschichte der ersten deutschen Demokratie*, München: C. H. Beck, 2005, S. 352–354、358–360。

失。1930年1月27日，他在国会抛出正式方案：（1）提高国家财政对失业保险基金的补贴，但以失业保险金领取者最高不超过120万人为基础；（2）税捐从工资的3.5%提高到4%；（3）再向瑞典的火柴托拉斯借贷5亿马克，条件是让其在德国占有火柴专卖权。这就是莫尔登豪尔方案。[1]

从国家财政角度来看，莫尔登豪尔方案并没有彻底解决失业保险体制的困境。在该方案出台的同时，德国失业者已经有250万人，保险基金仍然显得杯水车薪。就在莫尔登豪尔方案出台的次日，柏林、德累斯顿、埃森、哈勒、汉堡、卡塞尔、柯尼斯堡、莱比锡、斯图加特等城市的失业者举行大规模示威游行。这显然对政府和国会都产生了压力。[2] 另一方面，即便国家财政予以补贴，全国失业保险机构的赤字也将达到2100万马克。不过，相较而言，它主要解决了现金支付方面的困境，而这在当时被视做经济正常运行的关键要素。

与希法亭方案相比，莫尔登豪尔方案的另一个优势在于外部环境已经发生变化。导致希法亭下台的源头是不肯让步的沙赫特与正处于舆论焦点之中的杨格计划谈判。而当莫尔登豪尔方案于1930年3月正式启动讨论时，沙赫特已经辞职，第二轮海牙谈判业已结束。

然而事与愿违，莫尔登豪尔方案仍然未能顺利通过。有关提高税捐的想法，同时遭到了社民党人和经济界人士的反对。前者害怕工人收入下降，进一步损害政府的公信力；后者又声明无法承担更多负担。引人关注的是，与希法亭一样，莫尔登豪尔同样遭到了来自党内同人的压力。在3月11日的党团会议上，大部分人民党议员投票反对莫尔登豪尔方案，并表示在任何情况下都不会同意这种形

---

[1] 参见 Martin Vogt (bearbeitet), *Das Kabinett Müller II. 28. Juni 1928 bis 27. Maerz 1930*, Band 2, Boppard: Harald Boldt Verlag, 1970, S. 532–535。

[2] ［民主德国］洛塔尔·贝托尔特等编：《德国工人运动史大事记》第2卷，孙魁等译，人民出版社1986年版，第263页。

式的挽救方案。①

为了挽救莫尔登豪尔方案，当时还是国会议员的中央党议员海因里希·布吕宁和民主党议员奥斯卡·迈尔（Oskar Mayer）共同提出了一项调停建议：（1）每年国家预算确定给失业保险基金的补贴费，1930年下半年为1.5亿马克；（2）若国家补贴无法填补亏空，则把税捐从3.5%提高到3.75%。这就是布吕宁—迈尔方案。

布吕宁—迈尔建议在实质上与莫尔登豪尔方案并无二致，只不过降低了税捐比例，并对国家补贴的情况加以规范，从而满足了人民党的需求。但它显然与社民党内工会代表的期待相去甚远。3月17日，劳工部部长鲁道夫·威塞尔（Rudolf Wissell）致信总理米勒，警告税捐提高会引发"巨大不安"。② 3月27日，社民党议会党团会议作出决议，拒绝接受该建议。

于是，作为社民党人，总理米勒不得不希望莫尔登豪尔能够考虑把税捐比例调整回3.5%。对此，莫尔登豪尔以国家财政将会遭遇巨大困境为由，拒绝做出调整。实际上，莫尔登豪尔同样担心党内同人的二度反击。

在此情况下，大联盟政府再也无法达成一致立场。3月28日，米勒辞职。尽管兴登堡承认，米勒并不是一个让他讨厌的人——他甚至对亲信表示，米勒是他迄今为止所有总理中最好的一位③——但是，米勒作为社民党人的政治身份却让兴登堡在政府危机时拒绝出手相救。若同此后历史进程相比，倘若米勒能够凭借兴登堡的信任，以少量紧急令的方式来解决失业保险金的问题，或许大联盟政府不会倒台。而此时后来又证实是一场噩梦的开端。早在米勒下台时，不少同时代人已经觉察出这场政治危机的可怕之处。《法兰克福报》

---

① Michael Grüber, *Die Spitzenverbände der Wirtschaft und das erste Kabinett Brüning. Vom Ende der Großen Koalition 1929/30 bis zum Vorabend der Bankenkrise 1931. Eine Quellenstudie*, Düsseldorf: Droste Verlag, 1982, S. 86.
② Martin Vogt (bearbeitet.), *Das Kabinett Müller II*, Band 2, Nr. 379, S. 1579.
③ ［瑞士］埃里希·艾克：《魏玛共和国史》下卷，王步涛等译，商务印书馆1994年版，第161页。

这样写道："现在，一切暗淡无光，捉摸不定。通过第 48 条还是通过不稳定多数的文官内阁来建立财政秩序？我们面临着后果严重的发展。"① 几十年后，历史学家埃尔德曼更为清晰地指出："内阁垮台的原因与所产生的可怕的后果比起来简直无足轻重。在以后的数年内没有再能在议会的基础上组织政府。由于 1930 年 3 月 27 日大联合的破裂，德国国会自行解体了。"②

3 月 30 日，布吕宁组成新内阁。由于布吕宁内阁并非由国会多数派组成，而是直接受命于总统兴登堡，故而被称为"总统内阁"。总统内阁的成立，标志着魏玛共和国走向衰亡的开始。

三　三届总统内阁与失业保险体制的衰亡

总统内阁仍然不得不面对日益庞大的失业人群。据记载，在整个德国，四分之一大学毕业生找不到工作，8000 名高等和中等技术学校的毕业者只有 1000 人能够找到职业，普鲁士的 22000 名青年教师只有 990 人在执教，大部分只能当辅导老师或者代课老师。从 1930 年 4 月 1 日到 1932 年 4 月 1 日，工程师和化学家的失业人数增加 4 倍，职业失业人数增长半倍，技术职员的失业人数增长 1 倍。各地失业者纷纷走上街头，抗议政府不作为，如 1932 年 11 月，在奥格斯堡、柏林、不伦瑞克、凯泽斯劳滕等地都出现了示威游行。失业者代表出席市镇议会会议，甚至占领市政议会。③

对此，三届总统内阁采取了以下六种方式：

第一，继续转嫁财政负担，削减中央政府开支。从实际投入而言，三级政府对失业者救济的拨款总额的确在上升，但由中央政府承担的失业保险金支出却从 1929 年到 1932 年下降了近一半。在整

---

① ［瑞士］埃里希·艾克：《魏玛共和国史》下卷，王步涛等译，商务印书馆 1994 年版，第 245 页。
② 丁建弘、陆世澄：《德国通史简编》，人民出版社 1991 年版，第 670 页。
③ ［民主德国］洛塔尔·贝托尔特等编：《德国工人运动史大事记》第 2 卷，孙魁等译，人民出版社 1986 年版，第 323、321 页。

个失业者救济开支中,中央政府针对失业保险的补贴速度也没有城镇补贴速度快(见表3.2)。

表3.2　　失业者救济开支情况(1929—1932年)

开支项目	1929年	1930年	1931年	1932年
	百万马克计			
失业保险金	1338	1821	1302	721
危机救济金	189	457	905	937
福利失业者救济金	230	500	940	1177
总计	1757	2778	3147	2835
其中中央机构投入	890	1194	1290	1020
失业救济金特别拨款	—	—	—	308
中央补贴	590	988	995	867
城镇补贴	277	596	862	640

资料来源:Ludwig Preller. *Sozialpolitik in der Weimarer Republik*, S. 463.

第二,增加投保金比例。"总统内阁"直接受命于总统,不用担心内阁争议、内阁与国会争议以及内阁成员同各自党派之间的争议,因此能够比较轻易地数次提高失业保险的投保金比例。1930年4月投保金上涨为工资的3.5%;7月继续提高为4.5%;1931年10月增加到6.5%。[①]

第三,减少保险金领取者。除拒绝长期失业者和一些特定团体(如农业工人、家庭雇工等)继续领取保险金外,总统内阁通过数个紧急令,限制青年人领取失业救济金的资格。在大萧条发生前,青年人便受到了公共失业救济体制和失业保险体制的排斥。1926—1927年,18岁以下的青年失业救济金领取者只占青年失业者总数的0.7%—2.7%。1929年后,青年人实际上成为失业大军中的重要群体。1931年,青年失业者占全部失业者总数的16.3%,其中多为18—21岁刚刚完成学业的青年人。在全国范围内,33.3%的14—24

[①] Ludwig Preller, *Sozialpolitik in der Weimarer Republik*. S. 431, 432, 442.

岁的青年人失业，工业地区的数字甚至高达63%以上。① 然而政府却通过各种限令，拒绝21岁以下的青年失业者领取失业保险金。② 这些措施大幅度削减了失业保险金的申领者人数（见表3.3）。到1932年9月，在600多万失业者中，只有61.8万人领到了失业保险金。③

表 3.3　　　　　德国的失业情况（1929—1933年）　　　　（单位：百万）

时间	登记失业者	登记失业者与未登记的失业者	未受任何救济者	失业率（%）
1929年第4季度	1.9			
1930年第4季度	3.669	4.115	1.339	32.5
1931年第4季度	5.060	5.943	1.989	33.5
1932年第4季度	5.255	6.704	2.520	37.6
1933年第1季度	6.001	7.781	2.463	39.6

资料来源：Hans-Ulrich Wehler. Deutsche Gesellschaftsgeschichte，Band 4，München：Beck，2003，p. 318.

第四，降低保险金支付标准，缩短支付期限。布吕宁政府上台后，德国政府开始执行一种紧缩的财政政策，以平衡财政预算。弗朗茨·冯·巴本（Franz von Papen）不仅继承了这种政策，而且更带着敌视"福利国家"的态度——他在1932年6月4日的演讲中，措辞强硬地反对"削弱民族道义力量"的"福利国家"，认为它不仅是一种"敌视民族团结的阶级斗争"，而且还是"以其腐蚀的毒

---

① Detlev Peukert, "The Lost Generation: Youth Unemployment at the End of the Weimar Republic", in Richard J. Evans, Dick Geary, eds., The German Unemployed: Experiences and Consequences of Mass Unemployment from the Weimar Republic to the Third Reich, pp. 175 – 176, 180.

② Elizabeth Harvey, "Youth Unemployment and the State: Public Policies towards Unemployed Youth in Hamburg during the World Economic Crisis", in Richard J. Evans, Dick Geary, eds., The German Unemployed: Experiences and Consequences of Mass Unemployment from the Weimar Republic to the Third Reich, p. 144.

③ Richard J. Evans, "Introduction: The Experience of Unemployment in the Weimar Republic", in Richard J. Evans, Dick Geary, eds., The German Unemployed: Experiences and Consequences of Mass Unemployment from the Weimar Republic to the Third Reich, p. 9.

液威胁并毒害我国民族最优秀的道德基础的文化布尔什维主义"。①尽管他曾表示不会马上撤销保险和救济机构,但在其任内,失业保险金的发放期限缩减到6周,给付金标准从11级下降到5级。6月5日紧急令使保险金和危机救济金的额度平均减少了10%—11%,失业救济金减少了12%;11月28日紧急令则让保险金再次减少23%,危机救济金减少10%,失业救济金减少15%。这种大规模削减的措施让社会舆论哗然,连一向温和的天主教福利组织也出面指责巴本刮起了一阵"冰冷的反社会的狂风"②。据记载,1930年底,在柏林,靠福利救济为生的四口之家每月能够得到99马克,到1932年5月只能得到80.5马克。而依照官方的说法,每人每周的最低生活费用本应为39.05马克。③

  第五,取消失业保险和职业介绍的民主管理模式,推行专家化和官僚化。与其他魏玛时期的社会政策一样,失业保险基金和职业介绍机构曾是劳资双方共同管理的场所。然而在最后一届大联盟政府倒台后,劳资冲突不断加剧,猜忌取代了信任,因而无法继续维持两个机构的正常运行。1931年6月紧急令授权政府解散劳资双方组成的管理委员会,直接掌控两个机构。次年3月,政府进一步削减两个机构的管理人员,以降低行政开支。④

  第六,推行强制性义务劳动。用"劳动救济"来代替"现金救济",本是失业保险体制讨论中的一种观念。支持者认为,这会降低失业者的依赖性,同时也将减轻保险基金和救济基金的负担。但是反对者指出,这是不信任申领者的表现,其实质是把失业者视做"懒汉"。由于双方互不相让,"劳动救济"最终没有写入1927年法

---

  ① [瑞士]埃里希·艾克:《魏玛共和国史》下卷,王步涛等译,商务印书馆1994年版,第395页。

  ② Heidrum Homburg, "From Unemployment Insurance to Compulsory Labour: The Transformation of the Benefit System in Germany 1927–1933", p. 90.

  ③ [民主德国]洛塔尔·贝托尔特等编:《德国工人运动史大事记》第2卷,孙魁等译,人民出版社1986年版,第308页。

  ④ Ludwig Preller, *Sozialpolitik in der Weimarer Republik*, S. 450.

中。在失业者可以求助的三条救济途径中，只有失业救济金的申领才同义务劳动相关。然而到 20 年代末，强制性义务劳动却被认为是一种降低国家风险的好办法。1929 年 12 月，汉堡劳动法庭指出"国家为了减少救济开支，并从根本上维护人们的工作愿望，而不仅仅是接受救济的习惯，对那些接受救济的人可以进行某种剥削"。30 年代后，强制性义务劳动的适用范围被不断扩大，尤其是那些"福利失业者"也不得不参加强制性义务劳动。这些劳动都是"非生产性的"，与复兴经济毫无关系，因而失业者的兴趣不大。据统计，在失业者中，1930 年 10 月参加强制性义务劳动者的比例为 5.8%，1931 年 7 月上升为 8.95%，1932 年 12 月下降到 3%。[1] 只是在库尔特·冯·施莱歇尔（Kurt von Schleicher）就任总理后，才想到用一些"建设性的"就业计划，以换取失业者的支持，然而为时已晚。[2]

毫无疑问，三届"总统内阁"的上述措施不断侵蚀着失业保险体制的基石，从财政保障、管理机制到权利意识，都颠覆了 1927 年法的精髓。可以说，在 1933 年 1 月 30 日希特勒上台前，魏玛德国的失业保险体制已经走到了尽头。

四 共和国末期的失业者群体

在 1928 年这个所谓"黄金年代"的最后一年中，魏玛共和国的失业率只有 7%。但在此之后，失业者人数不断提高，从 1929 年 9 月的 130 万人增加到 1930 年 9 月的 300 万人，从 1931 年 9 月的 430 万人增加到 1932 年 9 月的 510 万人。到 1933 年初，德国失业率已飙升到 30.8%，各地劳动局登记的失业者总数多达 600 万人——这意味着 1/3 的德国人失业了，该比例高于美国（1/4）、英国（1/5）和法国（1/6）。而且这一数字很有可能还是被低估的，因为不少长期失业者被视做"失控者"，游离在统计局的工作范围之外。可以肯

---

[1] Heidrum Homburg, "From Unemployment Insurance to Compulsory Labour: The Transformation of the Benefit System in Germany 1927–33", pp. 97–98.

[2] Ludwig Preller, *Sozialpolitik in der Weimarer Republik*, S. 452.

定的是，因失业问题而被卷入世界经济大萧条中的德国家庭接近一半。①

不过，即便受到影响者覆盖了工人、小资产阶级和职员等各种社会阶层，但不同群体的境遇却是各异的。

在所有就业者群体中，工人的失业率是最高的。据历史学家估计，到1933年6月，约1/3的工人（32%）失业，比同时期的职员失业率高10个百分点。即便没有失业的工人，也由于高失业率的存在，而在工资诉求上降低了要求，在职工人的小时工资从1928年10月到1931年10月下降了23.3%。此外，工人的真实收入的下降幅度也远远高于其他职业群体：从1929年到1933年，工人的实际工资下跌了三成多，而职员的实际工资仅仅下跌13%，公务员的实际工资下降了不到2个百分点。虽然同时期生活指数也有所下降，但其幅度仅有17%左右。② 总而言之，工人群体是这次失业浪潮的最大受害者。这也是魏玛末期大量工人流向左右两翼极端政党的主要原因。

小资产阶级和职员的失业率虽然相对较低，而且在总体失业者中的比例保持在7%—10%，但绝对数量却不断上升，从1927年3月底到1933年1月底，失业职员的人数翻了4倍（见表3.4）。更为糟糕的是，他们的心理落差感比工人们更为强烈。在大萧条时期的各大报刊上，我们可以轻而易举地找到大量报道失业职员自杀身亡的消息。如在1930年6月，一位工程师在失业1年半后，全家自杀；12月，在短短数日之内，柏林的5位小商贩由于破产而自杀。③手工业者们进而质疑共和国以世界经济为导向的经济政策是大萧条的罪魁祸首，他们呼唤"民族经济"的复兴。④ 1930年，德国手工业

---

① Eberhard Kolb, *Die Weimarer Republik*, München: Oldenbourg, 2002, S.119.
② Heinrich August Winkler, *Arbeiter und Arbeiterbewegung in der Weimarer Republik（Bd. 3: Der Weg in die Katastrophe）*, Berlin: Dietz, 1987, S.56, 81, 85–87.
③ Jan Trützschler, *Die Weimarer Republik*, Schwalbach / Ts.: Wochenschau Verlag, 2011, S.200–201.
④ Jens Flemming, u. s. w（Hrsg.）, *Die Republik von Weimar（Bd. 2: Das sozialökonomische System*, Düsseldorf: Athenäum）, 1979, S.333–334.

和商业大会（Deutscher Handwerks und Gewerbekammertag）指出了中产阶层沦丧的危险："在波莫瑞，3.2万家小企业中，一半以上的企业不得不辞退他们的学徒；只有800家小企业还拥有10人以上的帮工。中小企业正在陷入一场艰难的生存之战中！每月都有一场百万人参加的各种抗议活动，平均每天就有9万次支付命令，每天有3.5万起扣押（其中1.2万起毫无结果），每天还有1万起宣布资不抵债等等。"[1] 正是这种"老中产阶层"对于地位下降的焦虑感，才使得此后不久纳粹党的极端民族主义宣传拥有了大批支持者。

表3.4　　　　　　　　职员失业情况（1927—1933年）

时间	接受救助的人数 工人和职员	职员	职员在总体失业者人群中的比例（%）
1927年3月底	1 330828	119227	9.0
6月底	736 052	90943	12.4
9月底	476857	79958	16.8
12月底	2390765	86298	3.6
1928年3月底	1194916	93298	7.8
6月底	716986	86681	12.1
9月底	663945	79712	12.0
12月底	1829716	92722	5.1
1929年3月底	2091439	113211	5.4
6月底	929579	114990	12.4
9月底	910245	107026	11.8
12月底	1984811	117900	5.9
1930年3月底	3040797	204153	6.7
6月底	2640681	224013	8.5

---

[1] Aust,"Die Gefahr sozialer Herabdrückung des Handwerks und des Mittelstandes", *Das Deutsche Handwerksblatt. Mitteilungen des Deutschen Handwerks- und Gewerbekammertages*, H.12, 15. Juni, 1930, S. 221f.; Dietmar Petzina（Hrsg.）, *Deutsche Sozialgeschichte. Ein historisches Lesebuch*, München: Verlag C. H. Beck, 1985, S. 73.

续表

时间	接受救助的人数 工人和职员	职员	职员在总体失业者人群中的比例（%）
9月底	3004275	261274	8.7
12月底	4383843	296369	6.8
1931年3月底	4743931	339466	7.2
6月底	3953946	357439	9.0
9月底	4354983	384274	8.8
12月底	5668187	430011	7.6
1932年3月底	6034100	494900	8.3
6月底	5475778	519735	9.5
9月底	5102750	510563	10.0
12月底	5772984	521820	9.0
1933年1月底	6013612	577693	9.6

资料来源：Ludwig Preller, *Sozialpolitik in der Weimarer Republi*, S. 168.

失业者的生活是常人难以想象的。他们一天无所事事，拥有着大把"空余时间"——然而如同当时的一位观察家所言，当这些失业者回忆这些"空余时间"时，通常总是会发现乏善可陈，因为"离开了就业岗位，他们也同外在世界失去了联系，并且失去了在物质和精神层面上使用时间的可能性"①。更为重要的是，某种"饥饿感"总是伴随左右。一位失业者在1929年这样写道："失业是一种极不舒服的罪恶，但最终还算是勉强可以忍受，因为人们能够得到救济，即便这种救济很有限……我们得到了救济，但只有一次！每周一次，在特定的地方，领取救济金……我们感到一种永恒的饥饿感……我们买到的面包只能顶半周，随后就一无所有了。"②

---

① Marie Jahoda, Paul F. Lazarsfeld, Hans Zeisel, *Die Arbeitslosen von Marienthal. Ein soziographischer Versuch über die Wirkungen langandauernder Arbeitslosigkeit*, 1933, in Peter Longerich (Hrsg.), *Die Erste Republik. Dokumente zur Geschichte des Weimarer Staates*, S. 401 – 403, 此处是 S. 401。

② Stenbock-Fermor, "Meine Erlebnisse als Bergarbeiter", in Werner Abelshauser, Anselm Faust und Dietmar Petzina (Hrsg.), *Deutsche Sozialgeschichte. Ein historisches Lesebuch*, S. 52.

小　结

　　"失业"是现代工业社会中的显著现象。它时刻考验着个人的承受力、政府的应变力以及整个社会的协调力。其中，政府是处于个人与社会之间的平衡点。如何免除就业者的后顾之忧，满足失业者的日常生活所需，以消弭社会紧张感，成为每个现代政府不得不承担起的使命。然而对于短暂的魏玛历史而言，失业保险体制既是这个民主体制的最大荣耀，曾被后世誉为共和国"所做出的最为杰出的贡献"[1]，又令人诧异地成为直接导致它失败的罪魁祸首，正如历史学家海因茨·赫内所言："这个民主的政党国家受到了使自己再也不能恢复的一击，而留下来的却是无情的嘲笑，那些成年人为了百分之五（原文如此，应为千分之五——引者注）的某项社会保险费竟把整个共和国孤注一掷。"[2] 诚然，此前魏玛民主的运行机制早已千疮百孔，失业保险体制或许仅仅是压死骆驼的最后一根稻草。然而围绕在失业保险体制上的巨大反差也不由让人认识到，魏玛德国失业保险体制走向衰亡的过程，实则为我们展示了一幅现代民主政府如何受困于社会福利的无限扩张而最终导致失败的全息图景。

　　超越"济贫"的传统失业救济模式，用保险的方式解决失业问题，这是魏玛政府留给德国乃至世界的社会保险体制发展历史的最大贡献。进一步而言，失业保险体制是以承认公民的劳动权为前提，它改变了"济贫"中的施舍态度，显示出民主政府的基本特质。

---

[1] Volker Hentschel, *Geschichte der deutshen Sozialpolitik. Soziale Sicherung und kollektives Arbeitsrecht*, S. 103.

[2] ［联邦德国］海因茨·赫内：《德国通向希特勒独裁之路》，张翼翼、任军译，商务印书馆1987年版，第68页。

然而超越传统并非魏玛政府推行失业保险体制的唯一原因。从更现实的角度来看，失业保险体制更是一种控制并解决社会危机的手段。无论是战争末期对复员进程出现失业狂潮的设想，还是直面20年代层出不穷的失业者大军，魏玛政府都力图借助失业保险体制来维护政治安定。早在1920年7月，劳动部部长布劳恩斯便认识到，失业是国家内政的核心，"假如无法解决这一问题，那么各州和国家还将面临更为棘手的难题"。柏林的警察局长也坦承，失业者是公共秩序和安全的威胁者。[①]

在魏玛政府的如意算盘中，财政问题恐怕是最后一个动因。从公共失业救济体制向失业保险体制的漫长转变中，中央政府逐步减轻对于失业者的救济责任是一个十分明显的趋势。通过建立劳资双方对等注资的保险模式，中央政府期待以此来摆脱财政包袱。

因而，从建立过程来看，魏玛政府更多地从政治角度，而非经济角度来考虑失业保险体制的重要性。这恰恰也契合了魏玛时期社会政策的政治特性。

然而社会政策倘若离开了经济政策，便如同无源之水，必定遭遇困境。糟糕的经济形势导致了失业者不减反增。据统计，在1924年到1932年的108个月里，只有4个月实现了失业人数低于50万人，而有20个月失业人数在100万—150万人，48个月失业人数在100万—300万人，36个月失业人数在300万—600万人。若以占比来看，1913年之前，失业者仅占就业人口的2.9%；到1923年迅速增加到28%，1924年回落到13.1%，1928年降到低谷为7.1%，随后又开始上升。到1932年，根据自由工会的报告，只有33%的成员就业，46%的成员失业，21%的成员打短工。[②]

在此情况下，失业保险基金的收支平衡必定存在问题，而失业保险体制的衰亡便首先源于此。接着，经济困境让魏玛政府进退维

[①] Karl Christian Führer, *Arbeitslosigkeit und die Entstehung der Arbeitslosenversicherung in Deutschland: 1902 – 1927*, S. 156 – 157.

[②] Hans-Ulrich Wehler, *Deutsche Gesellschaftsgeschichte*, Bd. 4, S. 255, 261.

谷。从经济角度而言，缩减甚至取消失业保险制度都是情理之中的结果；从政治角度而言，任何动摇失业保险制度的行动都将威胁到福利国家和民主制度的合法基础。经济理性与政治理性之间的斗争不仅把社会分为两大阵营，而且也分裂了内阁、内阁与国会，以及内阁成员与所属党派，因而才会发生由失业投保金争议所引发的政治危机。

失业保险体制的衰亡造成了严重的社会后果。一方面，失业者和就业者彼此分离，失业者之间也被划分为两大群体（"领到保险金者和被拒者"）。嫉妒和痛恨在失业者中流播。1931年2月，普鲁士国务秘书、社会民主党人汉斯·施陶丁格（Hans Staudinger）敏锐地发现："在过去两年中，在劳动力之间，已经产生了这样的情绪：工人们和失业者在会面时吵翻了……对于后者而言，社会敌人不再是资产阶级雇主们，而是那些条件很好的工人与已婚女性工人。"[1] 事实上，工人运动产生了巨大分裂。

另一方面，由于政府无法掌控失业者，他们便游荡在社会上，成为魏玛民主的反对者。魏玛末期，一些失业者成为政治冷漠者，另一些失业者更愿意加入激进运动中，纳粹党的吸引力大增。如波鸿的冲锋队，40%是失业者。[2]

更为严重的是，对于一些福利官员而言，纳粹上台意味着政府权威的重塑，从而可以排斥毫无价值的申请者。1934年，一位官员非常兴奋地报告说："在纳粹国家中，官员们终于再次掌握了必要的权威：他们可以拒绝那些没有价值的人，用一些惩罚措施对待反社会的人，抛弃了那些福利偷窃者。他们之所以可以做到这些，是因

---

[1] Heidrum Homburg, "From Unemployment Insurance to Compulsory Labour: The Transformation of the Benefit System in Germany 1927–33", pp. 101–103.

[2] 参见 Anthony McElligott, "Mobilising the Unemployed: The KPD and the Unemployed Workers' Movement in Hamburg-Altona during the Weimar Republic"; Dick Geary, "Unemployment and Working-Class Solidarity: The German Experience 1929–1933", in Richard J. Evans, Dick Geary, eds., *The German Unemployed: Experiences and Consequences of Mass Unemployment from the Weimar Republic to the Third Reich*, pp. 231, 244, 262–275。

为在他们后面有一个强大的国家。那种地区办公室总是充满麻烦的日子过去了,那种总是需要经历保护的日子过去了,那种福利官员必须在大众压力下做出决策的日子过去了。那种共产党暴动、官员被唾弃的日子……也过去了。"[1] 很明显,在福利官员心中,施舍再次取代了权利,专制心理取代了民主心理。

正是在上述意义中,社会福利遭遇到发展的限制,以致如历史学家弗洛里安·滕施泰特所言,失业保险体制的失败,成为"魏玛福利国家的实验彻底失败"[2] 的标志。

---

[1] David F. Crew, *Germans on Welfare: From Weimar to Hitler*, pp. 213 – 214.
[2] Florian Tennstedt, "Der Ausbau der Sozialversicherung in Deutchland, 1890 bis 1945", in Hans Pohl (Hrsg.), *Staatliche, Stadtische, Betriebliche und Kirchliche Sozialpolitik von Mittelalter bis zur Gegenwart*, Stuttgart: Franz Steiner Verlag, 1991, S. 236.

第四章

传统社会保险政策：以"新穷人"与医生群体的斗争为中心

"社会保险"曾被视做"社会政策"的核心内容，而德国正是社会保险制度的发源地。自19世纪80年代以来，以事故保险、疾病保险、老年与残疾保险为特征的传统社会保险政策旨在为德国政府构建起一张"安全大网"，即用劳方、资方和政府三方投入的方式，稳定雇员的未来期待，从而保障社会秩序。不过，有关劳资之间的比例分配、各级政府之间的权责划分等问题，一直以来都没有在有关传统社会保险政策的改革争议中消失过。更为棘手的问题是，当魏玛共和国成立后，伴随社会政治体制的转型，传统社会保险政策也不得不面临着各种变化：一方面，它必须不断地应对人们对"社会安全"的诉求一再提高的现状，持续性地扩充保险内容，以至于增大了保险储备金的压力；另一方面，它也不再仅仅被视做政府稳定社会的工具，而是转变为各种社会利益攸关方试图影响政府决策的角斗场——具体而言，劳方在"劳工社会"的旗帜下积极争取自己在所有保险基金会内的优势席位，抵制任何增加保费的要求；与此相反，资方在"恢复正常状态"的口号中不断要求削减保费投入；作为补助源泉出现的各级政府通常纠结于彼此之间的投入比例，特别是中央政府深受战败赔款、通货膨胀、投资乏力等一系列问题的困扰，在削减与扩大传统社会保险体制的问题上进退维谷。与帝国时代不同的是，魏玛时期还出现了第四方利益团体，如疾病保险制度中的医生群体，他们既不愿意从自由行医者转变为疾病保险基金签约医生，又不愿意在疾病保险体制不断扩大的背景下失去广大的保险市场。事实上，在共和国的短暂生命里，以医生群体为代表的第四方利益团体参与传统社会保险政策的转型争议十分积极，而这一点恰恰代表着魏玛德国社会政策演进史中的一个特殊现象，值得人们关注。

下文首先从整体角度对魏玛共和国在传统社会保险政策中的变化做一概述，特别关注它与德意志帝国之间的延续性和跳跃性问题；然后集中关注三大社会保险体制中的两类反对派，一类是社会保险领取者，他们以残疾军人及遗属、社会保险金领取者（Sozialrentner）和普通养老金领取者（Kleinrentner）为代表，自称为"新穷人"群体；另一类是社会保险的重要参与者医生群体。本章将着重探讨此二类群体参与社会保险体制改革的原因及其影响。[①]

[①] 有关传统社会保险立法在魏玛时期的扩展及改革，最重要的著作仍然是 Ludwig Preller, *Sozialpolitik in der Weimarer Republik*, Düsseldorf: Droste, 1978。它保留了大量一手统计资料和各大保险机制逐年改革的内容。Florian Tennstedt 和 Volker Hentschel 的大量研究都涉及这一方面的内容。可参见 Volker Hentschel, "Das System der sozialen Sicherung in historischer Sicht 1880 bis 1975", *Archiv für Sozialgeschichte*, Vol. 18, 1978, S. 307 – 352; Florian Tennstedt, "Hundert Jahre Sozialversicherung in Deutschland. Jubiläumsaktivitäten und Forschungsergebnisse", *Archiv für Sozialgeschichte*, 1981, S. 554 – 564。Walter Bogs 的博士学位论文 *Die Sozialversicherung in der Weimarer Demokratie* (München: J. Schweitzer Verlag, 1981) 从法学角度梳理了社会保险体制在魏玛时期的法律进展。Karl Haedenkamp 与 Paul Prange 两人的论文都梳理了疾病保险基金与医生群体之间的关系变化，参见 Paul Prange, "Die gesetzliche Krankenversicherung in der Zeit der Weimarer Republik (1919 bis 1932)", in W. Rohrbeck (Hrsg.), *Beträge zur Sozialversicherung. Festgabe für Dr. Johannes Krohn zum 70. Geburtstag*, Berlin: Duncker & Humblot, 1954, S. 209 – 230; Karl Haedenkamp, "Die Neuordnung der Beziehungen zwischen Ärzten und Krankenkassen als Teilproblem der Refrom der deutschen Krankenversicherung", in W. Rohrbeck (Hrsg.), *Beträge zur Sozialversicherung. Festgabe für Dr. Johannes Krohn zum 70. Geburtstag*, S. 91 – 108。在这一方面，最新的研究是 Peter Thomsen, *Ärzte auf dem Weg ins "Dritte Reich", Studien zur Arbeitsmarksituation, zum Selbstverständnis und zur Standespolitik der Ärzteschaft gegenüber der staatlichen Sozialversicherung während der Weimarer Republik*, Husum: Matthiesen Verlag, 1996, 作者更为细致地梳理了医生群体的心路历程。关于"新穷人"的研究，目前值得一提的成果是 Young-Sun Hong, *Welfare, Modernity, and the Weimar State, 1919 – 1933*, Princeton / New Jersey: Princeton University Press, 1998。

第一节 传统社会保险政策在共和国时期的延续和跳跃

用"保险"的方式来解决"社会安全"诉求，这是德国的创举。从帝国到共和国，这一主导思想并没有发生根本性变化。尽管如此，应该如何"保险"、又该"保险"哪些内容、谁来为这些"保险"埋单等问题，却多多少少地出现了一些新意。以下从历时性角度梳理传统的三大社会保险政策的发展历程。

一 帝国时期的传统社会保险政策

众所周知，三大社会保险政策在德意志帝国的最早出现，是同俾斯麦的社会治理思想有关。俾斯麦首先把"社会问题"等同于"工人问题"，然后把"社会保险"等同于"工人保险"，以便"借助一种国家控制下的、预防性的、压制性的稳定机制，来控制社会运动与社会进步"[①]。正因如此，在1883年疾病保险、1884年事故保险、1889年养老和残疾保险三大立法中，对于铁血首相而言，被保险者只能是那些远离社会主义工人运动的、具有"效忠"思想的工人——民族自由党议员汉斯·德尔布吕克直言不讳地指出了这一点："如果社会民主党讥讽这一立法体系"，人们"很难抱怨"社会民主党，这一立法也就"给一部分人——人们可能会注意到：才一部分工人——进行了保险"[②]。社会民主党在这些保险立法草案讨论中的抵制立场正是源于对这样一种分散斗争力量的担忧。

尽管如此，三大社会保险制度仍然历时性地确立了德国社会保

---

① Volker Hentschel, "Das System der sozialen Sicherung in historischer Sicht 1880 bis 1975", *Archiv für Sozialgeschichte*, Vol. 18, 1978, S. 307–352, 此处是 S. 312。

② ［德］汉斯－乌尔里希·韦勒:《德意志帝国》，邢来顺译，青海人民出版社2009年版，第117页。

险制度发展中的两大原则：第一，参保强制性，即无论被保险者或者资方是否乐意，都必须参加保险，且以一定比例划分投保责任，如疾病保险中劳资双方各自承担30%和70%，事故保险中资方承担全部保费，老年和残疾保险中国家给予90马克补助，其余保费由劳资双方平均负担①；第二，基金管理自主性，即所有保险基金都由投保者代表（劳资双方）和少量公共利益代表共同组成，国家或各邦机构负有补贴和监督之责，但无干涉之权。

尤为值得一提的是，到19世纪末，三大社会保险制度的发展并没有如俾斯麦所设想的或社民党高层所担心的那样，成为工人运动的障碍。相反，工人运动继续突飞猛进，而且还进一步地为这些社会保险政策的扩展提供了不可或缺的推动力。这种扩展目标一方面指向被保险者的覆盖面，如事故保险在1886年从特定工人群体扩大到农林业工人；另一方面也包含着被保险内容的覆盖面，如事故保险在1887年从陆地事故扩展到海上事故。

当然，如此发展趋势让帝国政府深感不安。俾斯麦的工人保险体制从一开始就不是统一方案，而是"一系列政府、国会与社会力量的妥协产物"，以至于让大量各种类型的保险基金并存，如疾病基金居然有23279个，其中一些基金的成员人数在5人以下。这为帝国政府的监督带来了无尽烦恼。再者，社会民主党员在各大保险基金管理委员会中的影响力不断上升，也让保守派发现了危机信号。1910年12月19日，时任首相贝特曼·霍尔维格便在国会中承诺："众所周知，本届联合政府将竭力确保我们的社会政策机构不会成为社会民主党人权力政治运动的工具。"②

为此，帝国政府从20世纪初开始探索把三大保险立法统一化、简易化、可控化的改革。1905年，内政部部长阿图尔·冯·波萨道维斯基（Arthur von Posadowsky-Wehner）在国会中表示，帝国政府正

---

① 姚玲珍编著：《德国社会保障制度》，上海人民出版社2011年版，第29—30页。
② Martin Hartwig, "Einheitliches Paragrafenmonster. Reichsversicherungsordnung trat vor 100 Jahren in Kraft", in: *Deutschlandfunk Kultur*, 19.07.2011.

在筹划把三大社会保险制度合并的方案。① 关于这一方案的具体筹措进程，目前还缺少档案支撑，但这一行动的最后成果正是1911年7月19日的《帝国保险条例》（Reichsversicherungsordnung）。这部条例一共包含6本书，它把三大保险立法与1906年颁布的《军官养老法》《士兵抚恤法》、1907年颁布的《遗属保险法》都合并在一起，列1805条。根据这部条例，一些保险基金由于人数过少而被撤销，基金管理委员会由劳资双方代表对等组成的结构也相应降低了左翼政党的影响力。更为重要的是，中央政府为此成立了保险局，使之作为管理社会保险基金的公法机构。②

不过，这部条例并没有强制所有工人参加三大保险，而且也未能实现三大保险之间的平衡性。据统计，到1913年，事故保险的覆盖面最高，参保者在就业者人数中的比例达到84.8%，疾病保险的覆盖面最低，只有57.3%；老年和残疾保险也只有68.5%。③ 此外，该条例的"工人保险"特点依然十分明显。工人之外的群体，特别是职员，则在两年后颁布的《职员保险法》中得到了特殊对待：那些年收入在2500马克以下的职员被强制参加事故保险，5000马克以下的职员参加疾病保险，2000马克以下的职员参加老年和残疾保险。④

帝国时期的三大保险体制在第一次世界大战中出现了首次大规模扩展契机。这是同战争情形密不可分的。首先，尽最大可能地为参战者提供各种保障，是帝国政府不得不扩大保险覆盖面的重要动力。1914年12月3日，帝国政府宣布为参加疾病保险的参战者的妻子提供一份"孕妇救助金"（Wochenhilfe）⑤；半年后，1915年4月

---

① Handwörterbuch der Staatswissenschaft, 3. Aufl., 1909, Bd. 1, S. 808.
② 具体条款参见司法部网上资料库：www.gesetze-im-internet.de/rvo/index.html，查阅时间：2017年2月14日。
③ Volker Hentschel, "Das System der sozialen Sicherung in historischer Sicht 1880 bis 1975", S. 345.
④ Walter Bogs, Die Sozialversicherung in der Weimarer Demokratie, München：J. Schweitzer Verlag, 1981, S. 21.
⑤ 因该补助形式为每天1马克，为期8周，覆盖生产前2周至产后6周，因而学而意思为"每周补助"。

23 日，这份"孕妇救助金"也扩大到那些未曾参加疾病保险的参战者的妻子。1916 年 6 月 12 日，帝国政府又宣布把老年与残疾保险的领取年龄从 70 岁下降到 65 岁，以便宽慰那些前线战士。①

其次，当大量女性、儿童进入劳动市场时，他们的保险权也必须得到重视。事实上，直到 1914 年 12 月，德国女性才被正式允许参加社会保险。但即便如此，上文提到的"孕妇救助金"并没有覆盖单身女性。不过，由于这两类人群在工业中的受伤数量呈上升趋势，他们受伤后申请获赔的案例也在不断增加中，其中女性从 1915 年的 3098 起到 1918 年的 10351 起，翻了三番，特别是在炼铁、五金工业等特殊部门翻了八番；青少年从 1915 年的 2893 起增加到 1918 年的 4796 起，翻了两番。②

再次，在绝大多数被保险者成为参战者后，如何续保成为帝国政府面临的难题。开战当日发布的有关疾病基金等待期法令规定，参军者的残疾保险不会由于中断保费缴纳而停止；相反，参军者领取疾病保险金的等待期被一再缩短。到 1918 年 1 月，帝国政府还应允为残疾与事故养老金领取者提供一些救助金。③

不过，总体而言，战争时期的社会保险政策并没有受到民众的热烈欢迎。如"孕妇救助金"一类新增项目事实上由于男性比例低、婚育率低的现状而未能让女性保险者获得实际利益；养老金领取者年龄的降低与疾病保险给付金等待期缩短，同样未能让战场上时刻面临死亡威胁的军人们感到满意。进一步而言，纵观整个帝国时期的三大保险体制，我们依然可以发现其中存在的结构性问题，特别是：

第一，保险给付金并不能保证个人及其家庭生活避免陷入经济危机中。例如疾病基金一般只能承担被保险者 3—13 周的费用，后来也只扩展到 26 周，其金额水平仅为平均工资的 1/4 到 1/2；再如

---

① Ludwig Preller, *Sozialpolitik in der Weimarer Republik*, S. 59.
② Ludwig Preller, *Sozialpolitik in der Weimarer Republik*, S. 10 – 11.
③ Ludwig Preller, *Sozialpolitik in der Weimarer Republik*, S. 59 – 60.

残疾保险,直到1907年,在被保险者中,年收入少于850马克的比例还有63.5%,这意味着他们实际上本来就无法达到每周最低生活开支17.3马克的标准,若拿残疾保险金,收入则更低;养老金领取者一般年收入在116—450马克,而这一数字完全无法保证他们拥有基本的生活条件。

第二,部分保险立法内容还属于纸面想象,缺少实践检验。战前根据老年保险条例,只有缴纳保险超过20年,且70岁以上的被保险者才能领取老年退休金。然而根据当时的统计,在帝国人口中,有将近一半的人死于70岁之前。这意味着,有能力领取退休金的人并不多。1913年,在110万领取养老金的人中,只有10万人属于老年养老金领取者,其余都是事故保险养老金领取者。然而随着人口结构的变化,当就业人口数量出现拐点,特别是由战争带来的适龄就业者数量急剧下降、残疾者比例迅速上升时,整个老年保险体系就会面临收支不平衡情况。①

第三,社会保险制度旨在控制社会的目的与保障被保险者的权利诉求之间仍然存在晦暗不清的区域。作为社会政策的工具之一,社会保险制度原本就是帝国政府用来控制工人运动的手段。但《帝国保险条例》却特别强调了从济贫向权利的转型——如第118条规定,保险体制不是一种公共的济贫体系,而是社会权利国家的根本法则。受到社会保险覆盖的民众不是罪犯,受保险者不能因此而失去尊严。从这一点而言,帝国时期的传统社会保险体制自此拥有了民主色彩,并将一直延续到共和国时期。②

二 共和国在传统社会保险体制领域内的发展

十一月革命爆发后,共和国在传统社会保险体制中的发展一般可分为三个阶段:

---

① Volker Hentschel, "Das System der sozialen Sicherung in historischer Sicht 1880 bis 1975", S. 329 – 331.
② Walter Bogs, *Die Sozialversicherung in der Weimarer Demokratie*, S. 19 – 20.

第四章 传统社会保险政策：以"新穷人"与医生群体的斗争为中心

第一阶段从革命时期到恶性通货膨胀，这是三大社会保险扩大、转型和陷入危机的时期。据统计，这一阶段事关社会保险的各法令、条例和通知数量超过 360 个。①

革命爆发后，人民全权代表委员会在 11 月 12 日的宣言中率先应允民众"扩大保险义务"，以宽慰不断回国的参军者、因军工企业停产而不幸失业者、社会各界面临生存困境的普通民众。11 月 22 日令规定，强制参加社会保险者的收入上线从原来的 2500 马克上升到 5000 马克；随后出台的修正案还取消了自愿保险的收入限额为 4000 马克的规定。这一政策不仅考虑到货币贬值的现实问题，而且还一下子扩大了被保险者的范围，同时允许高收入者自愿参加三大保险。这种被保险者的扩大还体现在 1918 年 12 月 23 日令把女工的孩子列入遗属保险金领取范围，1919 年 2 月 3 日令把此前被排斥在外的职业群体纳入疾病保险的范围，其中包括自由职业者、农业工人、在银行或保险公司一类公法和私法企业内工作者、未能建立疾病基金的企业工人等。不仅如此，保险内容也得到了扩展，如 1918 年 12 月 9 日令承认"一战"期间在事故保险中确定的职业病种类；12 月 21 日令则答应继续发放"孕妇救助金"，并到 1919 年延伸至所有已婚妇女。1921 年 11 月 19 日令为那些残疾保险养老金领取者提供一些补助金。②

"一战"后工人运动的发展及所谓"工人社会"的出现，推动了有关社会保险体制的转型实践和讨论。1919 年 2 月 5 日令改变了疾病基金管理委员会的选举章程，取消主席团成员由劳资双方各自选举产生的规定，而是确立了雇员代表拥有 2/3 议席原则。这一点实际上有利于被保险者（劳方）的利益诉求。③ 针对社会保险体制的未来问题，当时大致上出现了如下三派意见：（1）统一社会保险体制。事实上，在战争末期，自由工会已经公布过一份详细的社会

---

① Walter Bogs, *Die Sozialversicherung in der Weimarer Demokratie*, S. 51.
② Ludwig Preller, *Sozialpolitik in der Weimarer Republik*, S. 234 – 235, 284.
③ Walter Bogs, *Die Sozialversicherung in der Weimarer Demokratie*, S. 43.

政策方案，其中要求统一社会保险体制，由雇员、雇主和国家三分保费。1920 年，社会改革协会（Gesellschaft für Sozialreform）专门成立"社会保险新体制工作组"（Arbeitsgemeinschaft für Neuordnung der Sozialversicherung）。次年，它向国会提交过一份立法草案，要求归并职员保险和残疾保险，并允许职员代表参与管理残疾保险基金。同年，《国家劳动报》（Reichsarbeitsblatt）刊登了一篇文章，其作者呼吁建立一种针对所有保险者的简单而统一的体制，并考虑损害预防的方法。(2) 鉴于货币贬值的严重问题，考虑把保险体制重新转为救济体制的可能性。1923 年，连中央保险局局长都坦言，社会保险体制已经对保险者失去了吸引力，《帝国保险条例》"只不过是盖了七个章的一本书"而已。(3) 针对具体问题，灵活调节不同保险体制之间的关联性。1921 年 12 月，劳动部曾响应社会改革协会的号召，正式建议把残疾保险和职员保险统一起来。1922 年 6 月令还把疾病基金扩大到职员的教育、救济与疾病照料等领域。不过，总体而言，这些讨论或建议都未能从根本上改变三大社会保险当时所面临的危机。①

三大社会保险体制的最大危机在于无以为继，其根源是货币不断贬值。自"一战"启动以来，中央政府对三大保险基金的补贴投入有增无减，特别是革命后，来自中央政府的补贴几乎成为保险金发放的主要支柱，如 1922 年 7 月，中央政府承担了养老金补贴的 80%；在 1923 年 2 月 2 日令中，中央政府应允把残疾和老年养老金从 4.32 万马克提升到 12 万马克，把遗孀养老金从 3.42 万马克提升到 10.8 万马克，把孤儿养老金从 1.92 万马克提升到 6 万马克。此外，共和国还提高了保险给付金额度，如 1919 年 1 月 13 日令规定，疾病保险给付金提高为最高基本工资的 4.5%。② 然而即便如此，保险给付金或补贴的增加速度远远比不上恶性通货膨胀造成的货币贬

---

① Ludwig Preller, *Sozialpolitik in der Weimarer Republik*, S. 283ff.
② Walter Bogs, *Die Sozialversicherung in der Weimarer Demokratie*, S. 53, 70.

值水平，而高失业率又让基金的蓄水池逐渐干涸。据估算，残疾保险基金的损失最严重，失去了将近 40 亿马克资产。事实上，退休金系统在 1923 年底已经完全失效。①

第二阶段从 1925 年到 1929 年，即在被称作魏玛"黄金二十年代"的时期，传统三大社会保险体制继续呈现扩大趋势，但结构性转型的努力没有成功，其间也出现了一些新的社会保险立法。

恶性通货膨胀结束后，为了弥补此前因货币贬值带来的保险基金支付力问题，中央政府加大对三类保险基金的国家补贴，并增加了保险项目（除失业保险外），具体表现如下。

（1）老年与残疾保险：提高保险给付金额度。1924 年 4 月 16 日令为残疾保险养老金领取者和遗孀养老金领取者发放 36 金马克补贴，并补贴孤儿 24 金马克，针对残疾和养老保险金领取者的未成年子女，每年发放 36 金马克补助金；1925 年 3 月 23 日令承诺国家对残疾保险养老金每月补贴 4 马克/人，仅此一项，中央政府投入总额达 1 亿马克以上；1926 年 6 月 25 日《帝国保险条例和职员保险法修正案》把孤儿养老金和儿童补助金的领取年龄限制从 18 岁下降到 15 岁，但增加了儿童接受进一步教育和培训的费用；1927 年 4 月，把遗孀领取残疾保险养老金的年龄从 70 岁下降到 65 岁，并略微上调额度，1928 年 3 月起每月增加儿童补助金 4 马克，两项开支增加让中央政府每年多开支 1 亿马克。

（2）事故保险：以预防和保障职业病为目标。1925 年 5 月 12 日令继续针对特定企业雇员在战争和通货膨胀期间造成的职业病加以保障；同年 7 月 14 日宣布扩大保险范围，不仅包含被保险者的就业单位，而且还延伸至与该企业相关的道路、劳动场所及机构，此外还应允为那些工作量超过 50% 的雇员提供一份儿童补助金；1927 年 12 月，职业病保险延伸到消防、戏剧表演、实验等领域；1928 年

---

① Karl Teppe, "Zur Sozialpolitik des Dritten Reiches am Beispiel der Soziaversicherung", in: *Archiv für Sozialgeschichte*, Vol. 17, 1977, S. 195–250, 此处是 S. 199。

12月20日令，职业病目录上增加 X 射线、音乐行业、表演业、诊疗行为等，被保险者范围延伸至销售员和管理层。1929年2月11日颁布第二个职业病条令，囊括了29种职业病种。

（3）疾病保险：提高保险给付金额度，囊括更多被保险者。1926年7月9日令再次提高孕妇救济金额度，并把发放时间从4周延长到6周，国家补贴50马克/人；同年把疾病保险的对象扩展到船员。1924年，职员参加疾病保险的薪水上限从1800马克提高到2400马克，1925年提高到2700马克，以适应货币价值变化。

（4）矿工保险：这是该时期新推出的险种。帝国时期，各邦分别发布独立的矿工保险，覆盖事故、疾病、养老和残疾等三大领域。1923年6月，劳动部制定了统一的《矿工保险法》，但因当时政治和经济局势混乱，推后到1924年1月1日出台。该法克服了各地差异，规定全国矿工联合会负责所有矿工保险机构，由矿工同业公会来进行自由裁决，矿工残疾与老年养老金领取年龄下限为50岁。1926年7月1日，该法经过修改，以《国家矿工法》（*Reichsknappschaftsgesetz*）的名义出台，囊括所有矿业公司的工人和职员，由柏林的国家矿工同业公会来负责管理。在管理委员会中，被保险者占3/5，矿主代表占2/5。[①]

据统计，与1913年相比，1929年，德国就业者人数从2947万增加到3344万，增幅约13.5%，而在三大社会保险中，绝对人数增加的险种是疾病保险与残疾和养老保险，分别增加551.9万和201.7万，事故保险者数量反而减少了98.1万。与之相关的是，从覆盖比例而言，只有疾病保险从57.3%增加到67.0%，而残疾和养老保险及事故保险的比例都有所下降（见表4.1）。

[①] Ludwig Preller, *Sozialpolitik in der Weimarer Republik*, S. 324 - 325, 330, 379 - 381; Walter Bogs, *Die Sozialversicherung in der Weimarer Demokratie*, S. 50 - 51, 53 - 54, 59 - 60, 66 - 68, 70 - 72. 失业保险也是该时期的新生险种。关于这一点，可参见第三章。《国家矿工法》的草案讨论最早出现在1922年3月22日的维尔特内阁会议上。参见1922年3月22日维尔特内阁纪要，第228号，魏玛共和国内阁讨论集，网上资料库。

表 4.1　　　　　　　德国三大社会保险覆盖面情况一览

	1913 年		1929 年	
	人数（万）	比例（%）	人数（万）	比例（%）
就业者人数（百万）	2947		3344	
疾病保险（%）	1688.6	57.3	2240.5	67.0
养老保险（%）	2018.7	68.5	2220.5	66.4
事故保险（%）	2499.1	84.8	2401.0	71.8

资料来源：Volker Hentschel, "Das System der sozialen Sicherung in historischer Sicht 1880 bis 1975", S. 345. 经过一些计算和修正。

与第一阶段相似，由于社会保险体制的不断膨胀，中央政府的补贴开支直线上升。根据 1925 年 12 月公布的劳动部备忘录，社会开支从 1913 年的 14.305 亿马克增加到 1925 年的 23.621 亿马克，这还不包括失业者救济金（1924 年花费为 2.5 亿马克）。[①] 不过，至少在 1929 年底，三大社会保险基金的收支情况仍然令人满意，当年盈余 7.665 亿马克，整体盈余 4.2062 亿马克（见表 4.4）。尽管如此，关于三大社会保险的整体转型问题，仍然引起了社会各界的关注。

尽管三大社会保险渡过了最艰难的恶性通货膨胀期，但有关彻底摧毁或改造社会保险体制的声音仍然不时响起：民族人民党议员古斯塔夫·哈尔茨（Gustav Hartz）在其著作《德国社会政策的歧途》（*Irrwege der deutschen Sozialpolitik*）中提出用个人强制储蓄的方式来代替社会保险；哲学家恩斯特·霍内弗尔（Ernst Horneffer）把社会保险斥责为"对民族之亵渎"（Frevel am Volke）——这也是他的著作标题，因为他认为贫困者获得救助后将失去英雄般抵抗的勇气；医生埃尔文·里克（Erwin Like）在《社会保险的损害》（*Die Schäden der sozialen Versicherung*）中攻击养老金领取者损害了整个德国经济的健康肌体。

[①] Reichstagsprotokolle, 1925, Bd. 405, Nr. 1651. 有关这份备忘录的讨论情况可参见 1925 年 11 月 28 日路德内阁讨论纪要，第 236 号，魏玛共和国内阁讨论集，网上资料库。

不过，一些有助于结构性转型的建议同样出现在该时期，例如：（1）加强预防保险。这是 1925 年 5 月社会改革协会的科隆会议的重要内容。（2）考虑分类保险。一些右翼政治家要求继续扩大疾病保险的范围，在工人保险外特别重视老中产阶层的职业危机。（3）加强对保险基金的运作监督，降低浪费可能，反对国家补贴的无限上涨。这一点体现在 1928 年有关"社会负担"的大讨论中。1928 年，德国保险基金总协会（Hauptverband Deutscher Krankenkassen）主席赫尔穆特·雷曼（Hellmuth Lehmann）在布雷斯劳大会上提出加强对各类保险基金的运作监督，强化领取保险金的规范化程序，如递交无法就业证明或医学性的职业病证明等。（4）统一强制保险体制。1927 年 1 月，威廉·马克思内阁在讨论"关于未来政府政策原则建议"时便在第 5 点"社会政策"条目下提出"社会保险的改造和程序要尽可能简化。不同的保险机构应该可以构成一个有机的联合体"①。1928 年，德国疾病保险总协会（Der Gesamtverband der Krankenkassen Deutschlands）在柯尼斯堡大会上提出统一强制保险的范围和给付金额度，对家庭疾病救助金进行分类管理。同年，社会主义的自由工会（ADGB）在其汉堡大会上也要求根据任何和行业重新规划保险基金类别，把相似保险统一起来。② 然而可惜的是，在这些所谓"社会负担"的讨论尚未得出结果之前，世界经济大萧条爆发，三大保险体制很快进入共和国时期的第三个发展阶段。

第三阶段从 1929 年底到 1933 年初，社会保险体制呈现不断被缩减的态势。

世界经济大萧条爆发后，资方自然把经济恶化形势归因于社会福利负担过重。如 1930 年 3 月 27 日和 1931 年 4 月 14 日，德国企业主协会联合会（VDA）在两份备忘录中，都要求彻底改革社会保险制度，取消资方为劳方支付投保金的义务。与此相反，劳方则以失

---

① 马克思内阁纪要，第 177 号，魏玛共和国内阁讨论集，网上资料库。
② Ludwig Preller, *Sozialpolitik in der Weimarer Republik*, S. 331 – 332, S. 459 – 461.

业率居高不下为由，反对任何紧缩保险基金给付金的做法，并进一步要求减少劳方支付投保金的额度。① 事实上，伴随大量企业倒闭和失业率提高，保险基金的收支平衡情况日益恶化，越来越不能承担正常的给付标准。据统计，1930 年，三大社会保险基金的盈余还有 4.633 亿马克，但一年后投保金总额便减少 8 亿马克，基金总量比前一年减少 7000 万马克。②

正因如此，在"总统内阁"上任后，中央政府必须通过数个紧急令，对三个传统社会保险项目加以限制。具体而言：（1）在老年和残疾保险中，1931 年 12 月 8 日紧急令取消了面向残疾保险者子女的儿童补助金、15 岁以上的孤儿抚恤金，并延长了发放等待期。如此，13 万遗孀和 19 万孤儿被排除在养老金领取者范围之外。1932 年 6 月 14 日紧急令降低退休金标准，仅以维持最低生活水平为目标，如儿童补助金降低 30 马克，孤儿和遗孀抚恤金降低 1/10。以上做法共为中央政府减少 3.8 亿马克的支出。（2）在疾病保险中，1930 年 7 月 26 日紧急令把给付金支付期限向后推了 4—10 天，不再支付等待期内的药费。到 1931 年 12 月 8 日紧急令后，整个疾病保险的对象和内容基本上恢复到"一战"之前的标准。（3）在事故保险中，1931 年 12 月 8 日紧急令，排除了上班途中或劳动车间的事故保险。1932 年 6 月 14 日紧急令规定，从 1927 年 6 月 1 日到 1931 年 12 月 31 日的事故抚恤金领取者可以得到原工资的 15%，而其他事故中的抚恤金领取者只能减少到 7.5%。（4）在矿工保险中，1931 年 6 月 5 日紧急令把矿工养老金削减一半。1932 年 6 月 4 日紧急令把矿工保险的国家投入从 4.02 亿马克缩小到 0.95 亿马克。③

当然，三届"总统内阁"在削减社会保险开支时，出发点并不

---

① Karl Teppe, "Zur Sozialpolitik des Dritten Reiches am Beispiel der Soziaversicherung", S. 201 - 202.

② Ludwig Preller, *Sozialpolitik in der Weimarer Republik*, S. 463，见表 4.4。

③ Karl Teppe, "Zur Sozialpolitik des Dritten Reiches am Beispiel der Soziaversicherung", S. 203；Ludwig Preller, *Sozialpolitik in der Weimarer Republik*, S. 466 - 468；Walter Bogs, *Die Sozialversicherung in der Weimarer Demokratie*, S. 92 - 93.

完全相同。对于海因里希·布吕宁而言，此举属于紧缩财政的一部分，它与提高税收的做法结合在一起。但其结果反而让德国经济变得更糟糕，财政赤字从 1930/1931 年的 5 亿马克增加到 1931/1932 年的 10 亿马克；工业产量和投资率分别下降到 1928 年的 58% 和 38%；失业者人数则继续攀高，失业率达到 30%；国家债务在 1932 年 5 月比布吕宁上台还提高了 17%。① 巴本从一开始就反对"福利国家"的立国精神。他在第一次执政演讲中就直截了当地要求废除不必要的社会福利，因为"不断提高的国家社会主义"削弱了"民族的道德力量"，让"雇佣双方对物质方面的需求日益分离"。尽管如此，他旨在创造就业岗位的一些做法，如为相关企业提供总计 7 亿马克的补贴，在交通、水利和农业领域内为青年失业者提供就业岗位而非救济金或保险金，从长期来看，或许有可能恢复经济正常运作，但他未能获得国会多数派支持，也失去了兴登堡总统的信任，最终未能等到其社会政策起作用便被迫下台。② 施莱歇尔延续了巴本清除"福利国家"的一些做法，甚至还用国家创造劳动就业岗位的方案来换取社会主义自由工会的支持。③ 只不过这些做法同样在发挥影响之前便因总理提前下台而偃旗息鼓。因此，无论三届"总统内阁"是出于紧缩财政还是另起炉灶的考虑，传统三大社会保险的做法都不是他们首先用来解决经济危机的办法。从这一点而言，魏玛德国的社会保险体制在纳粹上台之前已经在事实上失去了生命力。

在帝国向共和国的转型中，传统社会保险政策时常面临着延续性还是变革性的问题。一方面，事故保险、疾病保险、残疾和老年保险持续推进的特点十分明显。无论是被保险者范围还是保险内容，都会随着经济形势的好转而不断扩大，且具有无限延展的可能

---

① Hans-Ulrich Wehler, *Deutsche Gesellschaftsgeschichte*, Bd. 4, S. 517 – 518.
② 巴本演讲原文收录于 Reiner Marcowitz, *Weimarer Republik 1929 – 1933*, Darmstadt: WEB, 2007, S. 106。其相关方案见 S. 117。
③ 双方的谈话记录参见 Axel Schildt, "Das Kabinett Kurt von Schleicher", in Holtmann (koordiniert.), *Die Weimarer Republik. Das Ende der Demokratie*, Bd. 3, Dok. 5, S. 435 – 438。

性——毕竟在日益严峻的社会危机面前，各职业团体都希望能够借助社会保险的方式来保证自身安全。正因如此，各级政府在社会保险基金上的投入不断增加，中央政府在三大保险上的开支比例从1913年的2.1%增加到1927年的4.2%，正好翻了一倍。[①] 然而问题在于，这样一种延续性态势终究会遭遇经济发展的瓶颈。当1929年经济大萧条出现后，各种社会保险项目便被视做"多余物"，不断地遭到"剔除"，而此举便与人们业已被激起的未来期待（即不断扩展的社会保险体系）形成了直接对峙，进而消磨着民众对立志成为"福利国家"的魏玛共和国所抱有的信任感。为此，资方利益团体、社会政策改革家、右翼政治家们便提出了一系列变革方案，如削减项目、降低投保金额度、改变投保金结构、减少给付金额度、延长等待期，甚至把保险重新转变为救济。

另一方面，三大保险基金从一开始便已确立的内部自治模式也得以延续下来。如《魏玛宪法》第161条所承诺的那样，"为保持康健及工作能力，保护产妇及预防因老病衰弱之生活经济不生影响起见，联邦应制定概括之保险制度，且使被保险者与闻其事。"[②] 当然，共和国成立后，在保险基金内部，劳方代表拥有了更大发言权（通常拥有2/3席位），而且社会保险本身也实现了从帝国时期的工具定位，即作为政府控制社会的手段，转化为共和时期的诉权平台，在法律层面上完成了现代"福利国家"视野下社会保险制度的跳跃式发展。然而，正因如此，社会保险体制也不再是此前相对简单的劳资关系问题，还增加了政府这一维度，即劳资双方在投保金额度、国家补贴等问题上都希望得到各级政府（特别是中央政府）的支持，社会保险已成为三方机制的协调对象。更为棘手的是，伴随社会保险的覆盖面增加，与之相关的利益团体也变得多元化和复杂化，从而继续激化有关社会保险体制改革的争议。我们将在下一节讨论该

---

① Volker Hentschel, "Das System der sozialen Sicherung in historischer Sicht 1880 bis 1975", S. 346.

② 戴学正等编：《中外宪法选编》（下），第211页。

问题。

第二节 社会保险改革中的"新穷人"与医生群体

在魏玛时期,三大社会保险的改革问题,当然引发了劳方、资方与政府三方力量的角逐。但在这些力量之外,两个特殊群体在社会保险体制改革争议中的投入,同样值得人们予以特别关注。他们的出现,一方面代表着社会保险体制不断扩展的成果;另一方面也显示出魏玛时期社会政策面临的复杂而特殊的局面。这两个特殊群体分别是所谓"新穷人"和医生群体。前者试图在现行社会保险体制之外通过特殊救济的方式来获得国家援助,后者则不断要求在疾病保险体制的运行中获得自主权。

一 "新穷人"

"新穷人"并非一个整体,它主要包括以下三类:残疾军人及遗属、社会保险金领取者和普通养老金领取者。他们既是社会保险体制不断扩大的受益者,又是因为保险金不足问题而需要国家救济的群体。

战争结束时,德国约有150万名残疾军人和250万名遗属。他们或无法继续工作以供养家庭,或失去了家庭供养者而面临生存威胁。他们认为,目前的生活境遇都是个人向国家奉献的结果,国家对此应予补偿。同时他们强调,这种补偿应有别于其他群体,不能混同于一般救济制度。为实现这一目标,所谓"全国战争伤残者和伤残军人救济委员会"(Reichausschuss der Kriegsbeschädigten- und Kiegsbehindertenfürsorge)于1919年成立,负责监督政府的救济方案,并提出建议。

社会保险金领取者系指战前依靠残疾保险金(及一小部分依靠

老年—事故保险金）生活的人。战后，他们的实际待遇大幅下降。例如在 1919 年 4 月，奥格斯堡的社会保险金领取者一天只有 78 芬尼的收入，而失业者则可领取 4 马克的失业救济金。1920 年，"德国残疾者和遗孀中央联合会"（Zentralverband der Invaliden und Witwen Deutschlands）成立，它宣布代表 12 万领取社会保险金者及其遗属，要求国家承担救济他们的义务，并享受同残疾军人类似的待遇。

普通养老金领取者主要是一些中下阶层的老人，约有 20 万之众，其中 75%—85% 都是女性。他们在战前没有参加社会保险，主要依靠储蓄、借贷、投资的收益生活。战后发生的通货膨胀致使他们的实际财产缩水，最高者达 90% 以上。由于没有保险，许多人被迫参加体力劳动。他们自认为是资本主义和爱国精神的受害者，"为帝国牺牲了一切，他们的金钱，他们的珍宝，甚至他们的衣帽，而这一切都是他们经过长期辛勤劳动并节俭才得来的"。1920 年，约 5 万名普通养老金领取者成立"德国退休者同盟"（Deutscher Rentnerbund），呼吁国家给予救济。[①]

"新穷人"有些已经是社会保险基金的客户，但认为给付金过少，无法满足他们的基本生活需求；有些则并未被纳入三大社会保险体制之列，却希望从政府那里获得类似于保险的生活承诺。如此一来，魏玛政府承受了巨大压力。1919 年 2 月 8 日，中央政府颁布紧急令，决定组成一个全国性的救济网络，在保留地方济贫机构的基础上，由国家制订针对不同群体的救济方案。8 月 11 日通过的《魏玛宪法》中，"济贫制度及游民的保护"被列为联邦立法的特权。这种承诺随后表现在具体实践中。

1920 年 5 月 11 日，《军人抚恤金法》（*Reichsversorgunsgesetz*，RVG）颁布。它根据战前社会地位和收入的差别，确立抚恤标准，战前的职员和熟练工可获得较高的抚恤金。同时，遗属也有权领取少额抚

---

① Young-Sun Hong, *Welfare*, *Modernity*, *and the Weimar State*, *1919–1933*, pp. 93, 99, 103–104.

恤金，法案规定：遗孀可以得到30%的军人抚恤金，不能工作者可领取50%，抚育儿童者可超过50%；父母一方健在的孤儿（"半孤儿"）可以得到15%的抚恤金，父母双亡者可领取25%，私生子享受相同待遇；阵亡军人的父母得到的抚恤金则少一些。不过，通货膨胀严重损害了抚恤金的实际购买力，几乎所有伤残军人的待遇实际上都达不到政府划定贫困线的2/3。1923年6月23日，该法修正案根据现有的生活水平对抚恤金进行了一些调整。尽管如此，该法案没有给予军人及遗属享受疾病保险的权利——这主要是因为当时人们发现将战争创伤同其他疾病区分存在严重困难。例如，精神官能症患者在魏玛早期就不能申请抚恤金，病理学家还认为他们的致病原因在于其本身的堕落及对"抚恤金的贪婪"。多数医生甚至将精神病视做"害怕危险的症状"，弗莱堡的一位精神病学家如此写道："给一个精神病人抚恤金并不意味着予以他赔偿，而是使他更衰弱。"[1] 到1923年底，约有82万伤残军人得到抚恤金，36.5万寡妇、96.2万"半孤儿"、6.5万孤儿和19.4万父母通过军人抚恤金而接受公共救济。

共和国政府最初并不愿意承担对社会保险金领取者的救济义务。1920年，普鲁士、萨克森和巴伐利亚三州提请中央政府采取行动以改善社会保险金领取者的境况，中央政府则坚持予以拒绝，因为它认为，地方政府才是救济社会保险金领取者的首要责任人。[2] 但随着通货膨胀的加剧，中央政府被迫采取一系列行动以维护社会稳定。1921年12月7日，它通过紧急令，要求各地政府为社会保险金领取者制订一个特殊的救济方案，国家将承担80%的费用。法令还规定，战前每年收入达到2000马克的家庭不在救济范围内。该法令建立了国家对社会保险金领取者的直接责任，但同时拒绝了国家为通货膨

---

[1] Paul Lerner, "Psychiatry and Casualties of War in Germany, 1914–1918", *Journal of Contemporary History*, Vol. 35, No. 1, Special Issue: Shell-Shock (Jan., 2000), pp. 13–28.

[2] 1920年12月2日费伦巴赫内阁纪要，第125号，魏玛内阁讨论集，网上资料库。

胀造成的影响作全额补偿的义务。1922年7月的修正案①进一步抬高了享受救济的标准，约有1/3的社会保险金领取者还能得到补助。尽管如此，这一法令仍然遭到了"德国残疾者和遗孀中央委员会"的严厉指责。后者批评国会"无止境的、漠视痛苦的即兴演说"，并将7月法令比做是"一个无计划的拼凑物，它嘲弄痛苦而不能理解它"。他们认为"国家在根本上忽视了它的义务"。

中央政府对普通养老金领取者的要求尤觉为难。虽然在宪法中，魏玛民主党承诺了要"设法发展和保护农工商业之独立中流社会"（第164条），但根据传统的济贫原则，拥有一定财产的普通养老金领取者无权接受公共救济。社会民主党的议员认为，普通养老金领取者的困境在于他们企图维持虚荣的生活，而无法降低日常开销，因此从公平的原则出发，国家绝不能承担救济他们的义务。直到1921年12月，共和国政府的态度才有所改变。它承诺提供1亿马克给地方政府，由后者制订具体的救济方案，其前提是对普通养老金领取者进行界定。法令规定：普通养老金领取者是1920年1月前从地产中为其养老的收益不多于600马克/年者或曾致力于慈善事业者。1922年5月，政府决定再资助5亿马克，并在8月法令中将最低收入线降到了500马克/年，总资产在5万马克以下。1923年1月31日，新方案在国会通过，它规定在救济普通养老金领取者的花费上，中央政府承担80%，地方政府承担20%，所有接受救济的普通养老金领取者必须参加劳动。②

通过承担对伤残军人及遗属、社会保险金领取者和普通养老金领取者的救济职责，共和国在传统社会保险体制之外建立了一种弥补制度，即公共救济。中央政府担负起本由地方政府承担的救济义务，并扩大了救济对象的范畴。到1924年，约有450万人（总人口的7.2%）接受救助，其中包括：76.8万名残疾军人、42万名遗孀、

---

① Reichsgesetzblatt, 1922, 7月18日, Nr. 22。
② Young-Sun Hong, *Welfare, Modernity, and the Weimar State, 1919–1933*, pp. 93–102.

102万名"半孤儿"、5.4万名孤儿、140万名接受残疾和养老金者、16万名接受遗属金者、19万牺牲军人的父母及50万名济贫受益者。①

不过，很明显，此时的公共救济体制仍然带着"济贫"特色，与三大社会保险的"权利"特征背道而驰。1923年2月，劳工部福利署长埃尔温·里特（Erwin Ritter）提出，战前的济贫思想不再适应共和国的民主体制，救济制度的目标是提高全体公民的福利和自由，并减少因救济机构分散而造成的低效与浪费。他试图让公共救济制度与社会保险制度形成一种良性互补态势，从而最终消灭"新穷人"这一特殊群体。

1924年4月1日，《国家救济条令》（Reichsfürsorgepflichtverordnung, RFV）出台。它将济贫和所有其他救济都集中起来，并把管理权力赋予地方政府。它在原则上抛弃了济贫体制，强调"人的需要"是救济的前提。尤其在法律用语上，它不再使用"穷人"和"济贫"（Armen und Armenpflege），而是"有需要的人"和"救济"（Hilfsbedürftigen und Fürsorge）。同时，它也增加了一种工作测试，以帮助救济机构判断贫困的原因是"道德沦丧"还是"社会责任"。

1925年1月1日，《关于公共救济的前提、方式、程度的国家原则》（Reichsgrundsätz über Voraussetzung, Art und Mass der öffentlichen Füsorge, RGr）也正式生效。它在原则上强调一种以需要为基础、以工作为中心的体制。公共救济的对象包括：（1）完全或部分丧失劳动能力、无法通过自己的劳动来避免不可分配的需要所造成的影响者；（2）因为年轻或年老或抚养儿童或家庭，而不能工作者；（3）不能合法地从第三者（如家庭成员或社会保险资金）中获取资助者。法案希望部分残疾者能通过剩余的劳动能力来供养自己，只有在一些特殊情况下，如年老、健康受损或家庭义务等原因，在保险金缺失或不足的情况下，才能接受公共救济。当个人的合法收

---

① Young-Sun Hong, *Welfare, Modernity, and the Weimar State, 1919－1933*, p. 114.

入低于工人平均工资的 1/4 时，也可申请领取救济金。法案还强调教育和职业训练的重要性。①

在德国社会政策史上，上述两个法令具有划时代的意义。弗尔克尔·亨特舍尔（Volker Hentschel）指出，这种转变与过时的"中世纪的社会政策"不同，它的形式是"解决贫困问题而不丧失尊严；它不仅是一种人道主义的表达，也是一种政治义务的宣布；它的目标不仅是要保证赡养，还要形成社会制度"②。不仅如此，在国家和地方政府的关系上，它首次明确了双方职责：中央政府负责制定指导性纲领，地方政府负责具体实施并在财政上享有特权。更为重要的是，由于"新穷人"的努力，让共和国政府发现社会保险体制并没有覆盖到所有急需等待帮助的人。"社会保险+公共救济"由此成为魏玛政府保证社会安全的二元手段。

然而抽象意义上的成功及长时段的价值并不足以保证其当下的命运。事实上，来自社会各界的批评在法案颁布前后不绝于声。伤残军人反对这种将救济体制统一化的努力。在他们看来，保持救济优先权是残疾军人崇高社会地位的象征。"全国战争伤残者和伤残军人救济委员会"宣称："当一个理性思考的人看到政府什么都没有想过，而只是将这些人的权利和公共济贫联系在一起，这些人曾经为共和国的生存奉献了他们的热血，因而丧失了劳动能力时，就不会批评我们对这么一个步骤的气愤。"③ 社会保险金领取者和普通养老金领取者则反对将救济责任交给地方政府，他们不愿同那些穷人并列，也不欢迎工作测试。他们要求国家根据战前收入进行补偿，并和伤残军人享受同等待遇。

与"新穷人"相反，社会政策改革家威廉·波利希凯特反对法案中试图对不同团体进行区分。他认为，企图使用一种术语"道德

---

① Young-Sun Hong, *Welfare, Modernity, and the Weimar State, 1919–1933*, pp. 120–121.

② Volker Hentschel, *Geschichte der deutschen Sozialpolitik, Soziale Sicherung und kollektives Arbeitsrecht 1880–1980*, S. 127.

③ Young-Sun Hong, *Welfare, Modernity, and the Weimar State, 1919–1933*, p. 121.

沦丧",来区别特权集团和那些因为道德等原因而贫穷者的做法在实践中是行不通的。对公民的援助应限制在一种绝对的最低线。但他同时强调这种道德化的定义最后应被一种更客观的、更有效的概念代替。对此,里特的辩解是,超越特殊集团之上的方案在经济上是不可承受的,并且还牵涉诸多政治因素。①

在《关于公共救济的前提、方式、程度的国家原则》(RGr)的指导下,1925年9月,《普通养老金领取者赔偿法》出台。它规定根据通货膨胀以前的财产,对普通养老金领取者实施赔偿。与此同时,1925—1926年的稳定危机②,造成了大量失业者,以致失业救济金激增。两者连同其他开支加重了地方政府的财政压力。以法兰克福市为例,接受市政府救济的家庭从1924年的23040家上升到1925年的26510家,1926年4月则有40760家,15%的人口依靠公共救济,另外有5%(其中既有失业者,又有像普通养老金领取者那样拒绝工作的人)被认为是贫困人口。1913年,地方政府的福利开支是城市预算的6.5%,所有社会开支也只有15%。到1926年,这一数字分别上升到17.6%和37%,约占地方税收的49%。此外,迫于"新穷人"的要求,《关于公共救济的前提、方式、程度的国家原则》(RGr)在20年代后期屡次修改,政府不断提高救济金。③1927年12月,残疾军人及遗属拿到了比1925年前多2倍的抚恤金。社会保险金领取者与普通养老金领取者的救济金也随之增加。事实上,1929年,在地方政府的救济支出中,有55%—60%针对"新穷人",失业者则占据另一半。④ 然而即便如此,直到共和国谢幕,"新穷人"并不认为自己获得了特殊照顾,也未能由此对民主政府心

---

① Young-Sun Hong, *Welfare, Modernity, and the Weimar State, 1919 – 1933*, pp. 123 – 125.
② 这一危机的根本原因是:通货膨胀期间成立的大批企业接踵倒闭。从1925年到1927年申请破产的有3万家企业,且超过了新建企业数。参见卡尔·哈达赫《20世纪德国经济史》,扬绪译,商务印书馆1984年版,第33页。
③ 在1927年11—12月,马克思内阁针对"普通养老金领取者"的讨论次数多达7次。见魏玛内阁讨论集,网上资料库,马克思内阁纪要,第335、337、340、341、342、373页。
④ Young-Sun Hong, *Welfare, Modernity, and the Weimar State, 1919 – 1933*, pp. 126 – 131.

存感激。

二 医生群体

与"新穷人"的诉求不同,医生群体并不欢迎传统社会保险体制(特别是疾病保险体制)的持续扩大趋势。在整个魏玛时期,医生群体都在为保障自己的职业自由权、稳定收入及社会影响力而与中央政府的疾病保险体制改革方案做斗争。

在1883年疾病保险体制建立前后,医生群体并未意识到自己的职业将受到任何影响。他们还没有成立统一的利益团体组织,从未对立法过程施加过压力。他们把疾病保险仅仅视做被保险者与各种疾病保险基金相互交往的对象,而把自己定位于自由诊疗行为的承担者。这一点同样为当时的疾病保险现状所支持:1883年,在6000万就业者中,只有400万产业工人才被强制参加疾病保险;到1903年,这一人群也不过覆盖了1/3;与此同时,每万人配置医生的比例却从1850年的3.2%增加到5.5%,医生人数增加了56%。[①] 换言之,越来越多的医生拥有着两倍于参加强制疾病保险的病患群体。正因如此,诊疗被保险者不过是医生群体的一小部分业务,而且是通过疾病保险基金的个人合同来得以实现的。整体而言,疾病保险体制并没有对医生群体的收入及其自我身份界定产生负面影响。

然而,这种状态并没有维持多久。1892年,在疾病保险基金的推动下,帝国政府对疾病保险法进行了一次修改。据此,疾病保险基金得到授权,拥有挑选所谓"保险医生"(Kassenarzt)的权力。这一点让医生群体感到担忧,因为此举会导致两个后果:一是对于被保险者的诊疗行为出现了准入门槛,而资质审查是由疾病保险基金来掌控的,医生群体由此产生了不公正感;二是保险医生对于被保险者的诊疗行为必须接受疾病保险基金的监督,医生群体的职业

[①] Hans F. Zacher (Hrsg.), *Bedingungen für die Entstehung und Entwicklung von Sozialversicherung. Colloquium der Projektgruppe für Internationales und Vergleichendes Sozialrecht der Max-Planck-Gesellschaft Tutzing 1978*, Berlin: Duncker & Humblot, 1979, S. 108.

自由权和收入都会由此受到压制。为此,柏林的医生群体成立了一个名为"柏林及郊区促进地方疾病保险建立自由选择医生体制协会"(Verein zur Einführung der freien Arztwahl bei den Ortskrankenkassen Berlins und der Vorort)。1900年,更多医生联合成立所谓"莱比锡协会"(Leipziger Verband)。这些组织要求医生获得与疾病保险基金自由缔结个人合同的权利,拒绝疾病保险基金对医生的诊疗行为进行过度监控。

尽管如此,1911年《帝国保险条例》中的疾病保险条款并未考虑过医生群体的这些诉求。它仍然把疾病保险体制视做被保险者与疾病保险基金之间的关系。其第368条仅仅规定,疾病保险基金与医生之间的关系"将由书面合同来规范";第370条又规定,疾病保险基金若无法通过自身渠道来为被保险者进行医学诊疗,那么可以通过货币来购买这种诊疗服务。然而这种轻描淡写的法律文本已经不能让医生群体感到满意了。1913年,参加疾病保险的人数已占就业者总数的57.3%。这意味着医生群体根本无法忽视这些被保险者在诊疗市场上的影响力。为此,医生群体在1913年发动了全国范围内的大罢工,要求获得自由成为"保险医生"的权利(即拒绝疾病保险基金的非专业性遴选)及自由诊疗权(即拒绝疾病保险基金的非专业性监督)。

1913年12月23日,在内政部国务秘书的协调下,德国疾病保险总协会(Gesamtverband Deutscher Krankenkassen)、莱比锡协会及医生协会同盟(Ärztevereinsbund e. V.)达成了一份"柏林协议"(Berliner Abkommen)。这份协议具有私法性质,即由利益攸关方表示认同。它规定:(1)"保险医生"由一个"注册委员会"(Registerausschuss,后改名为"批准委员会"[Zulassungsausschuss])来遴选,医生群体的利益团体代表与疾病保险基金代表对等组成该委员会;(2)同样对等组成的"合同委员会"(Vertragsausschuss)有权判定个别合同的效力;(3)双方对等组成的"中央委员会"(Zentralausschuss)由内政部选定专家担任主席,负责合同执行,并在争议发生时做出具有约束力的裁决；（4）被保险者与保险医生之间的配比为 1350∶1，被保险家庭与保险医生之间的配比为 1000∶1；（5）该协议十年有效。①

"柏林协议"的达成，在一定程度上满足了医生群体参与疾病保险体制改革的愿望，把疾病保险中的双头博弈（被保险者—保险基金）变成了三角关系（被保险者—保险基金—医生）。尽管如此，医生群体仍有忧虑，因为疾病保险基金仍然在这种三角关系中占据优势地位，尤其是当被保险者覆盖面扩大后，这种优势会不断增大。

医生群体的这种担心，很快在魏玛共和国成立后变成了现实。一方面，迫于战争与革命带来的压力，魏玛政府通过上调参加强制保险的收入限额，让更多人成为被保险者。如 1922 年《疾病保险令》把强制保险者的收入上限继续提高到 1.5 万马克，甚至也允许收入在"1.5 万马克到 4.5 万马克"的人自愿加入强制保险。② 如此一来，所谓"自由病患"便大量流失，那些还未成为"保险医生"的自由医生便面临生存困境。1918 年 6 月，爱森纳赫（Eisenach）举办的第三届医生大会讨论了"普遍的民众保险"之威胁。一份医学杂志的主编黑尔帕赫（Hellpach）直言不讳地把社会民主主义统治下的"福利国家"视做医生群体的"主要精神敌人"，因为后者企图消灭医生"本质上的精神特质"。他还坚决抵制独立社会民主党提出的所谓诊疗体系的"社会化与免费化"方案，认为此举将导致医生群体的发言权彻底沦丧。③

另一方面，通货膨胀的持续性进展，让诊疗费捉襟见肘，而为

---

① 关于"柏林协议"前后的发展可参见 W. Thiele, "Zum Verhältnis von Ärzteschaft und Krankenkassen 1883 – 1913", in: W. F. Haug（Hrsg.）, *Entwicklung und Gesundheitswesen. Argumente für eine soziale Medizin* (V), Argument Sonderband, 4, Berlin (West): Argument Verlag, 1974, S. 19 – 45。

② *RGBl.*, 1922, Teil 1, Nr. 2, S. 5 – 7. 见附录 10。

③ Peter Thomsen, *Ärzte auf dem Weg ins "Dritte Reich", Studien zur Arbeitsmarksituation, zum Selbstverständnis und zur Standespolitik der Ärzteschaft gegenüber der staatlichen Sozialversicherung während der Weimarer Republik*, Husum: Matthiesen Verlag, 1996, S. 65 – 66.

了维护疾病保险体制的正常运作，魏玛政府又时常在医生群体与疾病保险基金之间的薪水之争中偏向于后者。例如在1920年5月13日，莱比锡协会提出诊疗费上调300%的要求，而劳动部则在疾病保险基金的施压下发布紧急令，裁定诊疗费只能上调50%—100%。同样的争议在1921年、1922年一再出现，而其结果也不断地让医生群体感到失望。1922年3月22日，在劳动部的协调下，莱比锡协会与疾病保险基金达成了一份新薪水条例，其中规定保险医生的每季度薪水将随着整个国家的货币价值指数变化而增加。但即便如此，医生薪水的增长部分仍然无法赶上通货膨胀的速度。4月底，疾病保险基金主席团代表在与劳动部的会谈中提出，必须要和医生利益团体签订"更为廉价的合同"。这一点获得了中央政府的认可。12月，劳动部提出了用计划经济的方式来调配保险医生，并使用现金支付手段等方式，来"维护疾病保险的支付能力"。1923年3月23日，国会通过了《关于维护疾病保险的支付能力令》（*Gesetz zur Erhaltung leistungsfähige Krankenkassen*），允许各级疾病保险基金寻求"更为廉价"的保险医生。[1] 如此一来，医生群体发现，疾病保险体制改革面临的困境不仅仅在于财政危机，而且还在于权力政治运作中的不平等问题。

这样一种不平等感进一步在1923年10月30日的两部法令中得以增强。它们是《关于医生和疾病保险的法令》（*Verordnung über Ärzte und Krankenkassen*）和《关于疾病保险中疾病救助金的法令》（*Verordnung über Krankenhilfe bei den Krankenkassen*）。[2] 作为1923年10月3日《授权法》的组成部分，这两部法令在没有征询医生利益团体的前提下，由中央政府自行制定，强行推出。

《关于医生和疾病保险的法令》总体上延续了正好十年到期的"柏林协议"的精神，即构建疾病保险体制中的三方合作模式，但把

---

[1] Peter Thomsen, *Ärzte auf dem Weg ins "Dritte Reich"*, S. 102 – 112.
[2] 1923年10月30日施特雷泽曼内阁纪要，第203号，魏玛共和国内阁讨论集，网上资料库，讨论内容缺失。内容参见 *RGBl.*, I., 1923, S. 225, 1054。

这种合作的"私法"性质转变为"公法"性质，让有关保险医生的录取、合同、监督等问题都成为一部国家法令的规范内容，它要求医生利益集团代表、疾病保险基金代表和中立人士共同组建"医生和疾病保险全国委员会"（Reichsausschuss für Ärzte und Krankenkassen）来取代此前的"中央委员会"，全面负责保险医生的一切事务，且拥有强制裁定权。诊疗合同的一切问题可由调解局（Schiedsämter）来裁决。《关于疾病保险中疾病救助金的法令》则规定，保险医生根据节省和经济的原则，拒绝一切不必要的诊疗手段，否则会被疾病保险基金无限期解雇。疾病保险还有权对此类医生进行禁入期最多两年的惩罚。此外，原定的被保险者与保险医生之间的配比保持不变，但从最低标准改为最高标准。

中央政府此举的目的本是了解决眼前争议，特别是医生群体与疾病保险之间的无解纠葛，尽可能地维护疾病保险基金的财政稳定。但在医生群体看来，这两部法令不仅漠视了自己的权益，而且进一步强化了疾病保险基金对于保险医生的控制权，更未能解决他们所面临的收入危机。1923年底，这种不满最终演化为医生大罢工。罢工医生提出了"离开保险"的口号。

在劳动部的反复调解下，事实上并无其他选择的医生利益团体"莱比锡协会"只能在1924年1月19日结束了大罢工。[①] 1月24日，"医生和疾病保险全国委员会"正式开始运作。2月13日，新的《疾病保险令》出台。它授权疾病保险组建医疗片区，为每个片区选定医生及其助手。[②] 几个月后，保险基金与医生利益团体之间的规范合同问世。自此，整个有关保险医生的录取、诊疗和监督，都更多受到疾病保险及中央政府的控制。1924年的保险医生薪水之争便是明证。5月1日，普鲁士福利部提出，根据通货膨胀水平，把保险医

---

① Paul Prange, "Die gesetzliche Krankenversicherung in der Zeit der Weimarer Republik (1919 bis 1932)", in: W. Rohrbeck (Hrsg.), *Beträge zur Sozialversicherung. Festgabe für Dr. Johannes Krohn zum 70. Geburtstag*, Berlin: Duncker & Humblot, 1954, S. 209 – 230, 此处是 S. 219 – 220。

② *RGBl.*, 1924, Teil, Nr. 12, S. 16 – 18. 见附录 11。

生薪水提高 1/3。对此，中央劳动部以保持地区平衡性为由表示反对。与此同时，疾病保险基金也表示，保险医生薪水已是战前两倍，必须"防止保险体制花费膨胀"。在此压力下，7 月 1 日，普鲁士政府不仅未能实现原定方案，还不得不把保险医生的薪水降低 20%。这件事情的整个过程都排斥了医生群体的参与。莱比锡协会不得不承认，自己在魏玛福利国家内并没有合适的位置。在它看来，整个疾病保险体制的改革是以牺牲医生群体为代价的。由此，医生群体与魏玛共和国产生了强烈的疏离感。[1]

在此之后，直至经济大萧条爆发，医生群体的不满感持续累加。他们不断地发现，疾病保险在压制保险医生的薪水之外，还不遗余力地推动"诊疗体系的社会化"：疾病保险基金在各大城市中心设立了属于自己的门诊室，建立了药厂，甚至自行制作医学纸张——它们被疾病保险称为"合理化"。在 1928 年布雷斯劳和 1929 年纽伦堡召开的两次疾病保险基金大会上，规范与限制保险医生的诊疗行为，以降低保险给付金的开销，成为与会者的共识。令医生们感到失望的是，中央政府支持这些"合理化"举措，因为它也认为，这些行动将降低医疗开支，保障被保险者获得廉价而有效的治疗。[2]

与此相反，医生群体的低收入问题，却没有得到中央政府的重视。如表 4.2 所示，在柏林、慕尼黑、汉堡三座大城市中，年收入在 2000—50000 马克的医生占 2/3 以上。在货币贬值的情况下，他们渴望成为保险医生从而得到稳定收入的想法也是自然结果。

表 4.2　　　1927 年柏林、慕尼黑、汉堡三地医生年收入情况一览

	汉堡（%）	柏林（%）	慕尼黑（%）	总计（%）
5000 马克以下	18.9	24.1	28.4	17.1

---

[1] Peter Thomsen, *Ärzte auf dem Weg ins "Dritte Reich"*, S. 122 – 123.
[2] Peter Thomsen, *Ärzte auf dem Weg ins "Dritte Reich"*, S. 124 – 125; Paul Prange, "Die gesetzliche Krankenversicherung in der Zeit der Weimarer Republik (1919 bis 1932)", S. 225.

第四章　传统社会保险政策：以"新穷人"与医生群体的斗争为中心　　181

续表

	汉堡（%）	柏林（%）	慕尼黑（%）	总计（%）
2000—20000 马克	53.2	61.4	56.0	58.4
20000—50000 马克	24.9	11.9	12.4	22.4
50000—100000 马克	2.4	1.8	2.2	1.7
超过 1000000 马克	0.6	0.8	1.0	0.4
	100.0	100.0	100.0	100.0

资料来源：Peter Thomsen, *Ärzte auf dem Weg ins "Dritte Reich". Studien zur Arbeitsmarksituation, zum Selbstverständnis und zur Standespolitik der Ärzteschaft gegenüber der staatlichen Sozialversicherung während der Weimarer Republik*, S. 186.

但保险医生的收入实际上也并不高。如表 4.3 所示，在 1928 年的多特蒙德，不同病种的保险医生收入相差极大。其中，眼科医生可从疾病保险基金中获得将近 3 万马克的年收入，而儿科医生只能得到 3452 马克。少于 2 万马克年收入的诊疗门类多达 6 种。

表 4.3　　　　　　　1928 年多特蒙德保险医生收入一览　　　　（单位：马克）

门类	平均收入
全科	17478.96
眼科	29726.73
矫形外科	5841.66
射线	17619.55
耳鼻喉科	21715.87
皮肤、泌尿、性病、肾病科	20848.19
内科	8515.31
妇科	8241.73
儿科	3452.69

资料来源：Peter Thomsen, *Ärzte auf dem Weg ins "Dritte Reich". Studien zur Arbeitsmarksituation, zum Selbstverständnis und zur Standespolitik der Ärzteschaft gegenüber der staatlichen Sozialversicherung während der Weimarer Republik*, S. 188–194.

正好相反，对政府而言，疾病保险是所有社会保险体制中"最昂贵的"。在1930年4月30日的内阁会议上，劳动部部长算了一笔账：1929年整个疾病保险花费了23亿马克，1930年将增加到25亿马克。在这些花费中，4.5万名保险医生的薪酬超过1/5，有5.85亿马克，每人1.3万马克！①

1930年7月26日，布吕宁政府颁布第一个紧急令。对于医生群体而言，这份紧急令代表着"德意志疾病保险体制历史的转折点，即让医生相对于疾病保险以及相对于国家生活的权利地位发生了转折"。② 一方面，该法令并没有改变疾病保险的自我管理原则，尊重保险与医生利益团体达成的集体合同，保证医生在诊疗被保险者时有权获得薪水条例的最低标准；但另一方面，它授权疾病保险基金去审查保险医生的诊疗方式和药方，使之有权单方面结束它与任何受到怀疑的保险医生组织的集体合同。如此，为了节省费用，不少疾病保险以各种理由删减保险医生数量。据统计，不到一年的时间，将近1万名保险医生被保险基金排除在外，医患比例已经突破了1：10000。这份紧急令彻底改变了"柏林协议"与1923年10月法令的内容。③

一年后，1931年12月8日，布吕宁政府颁布第五个紧急令，进一步改变了医生群体与疾病保险之间的关系。该法令规定，疾病保险有权通过与医生利益团体及劳动部的协商，来确立自己的"信任医生"（Vertrauenärzte）。这些受到疾病保险信任的保险医生拥有一种新的薪酬体制，即疾病保险不再根据看病数量，而是根据被保险者的人数，来每年向保险医生联合会（Kassenärztliche Vereinigungen）支付

---

① 1930年4月30日布吕宁内阁讨论纪要，第21号，魏玛共和国内阁讨论集，网上资料库，http://www.bundesarchiv.de/aktenreichskanzlei/1919 – 1933/vpa/bru/bru1p/kap1_2/kap2_21/para3_1.html? highlight = true&search = Krankenversicherung&stemming = true&pnd = &start = &end = &field = all#highlightedTerm. 查阅时间：2018年4月5日。

② Karl Haedenkamp, "Das neue Krankenversicherungsgesetz", Ärztliche Mitteilungen, Jg. 31, 1930, S. 629 – 634, 此处是S. 629。

③ Peter Thomsen, Ärzte auf dem Weg ins "Dritte Reich", S. 128ff.

诊疗费。如此，疾病保险可以简化管理程序，明确每年基本给付金开支情况。保险医生联合会则根据绩效——基于保险医生对每位被保险者的平均用药量计算得出——来对医生个体发放薪酬。此举加大了同行评议的权重，在一定程度上满足了医生群体的心理诉求，减少了此前有关诊疗行为的必要性和目的性的争论。但与此同时，由于失业率激增，保险覆盖面迅速减少，疾病保险基金很快遭遇入不敷出的局面，其诊疗费的支出额度不得不随之降低，进而拉低了保险医生的人数及其收入。[①]

为了稳定医生群体的情绪，1932 年，中央政府修改了帝国保险条例的第 368 条，把保险医生与病人的数量之比从 1∶1000 降低到 1∶600，如此可以保证保险医生的规模。再者，它还承诺，凡是在 1931 年 10 月 1 日已被录用为保险医生者，可以顺延三年聘期。[②] 尽管如此，此时的医生群体已经失去了对魏玛政府的兴趣，纳粹党解决危机的能力成为他们"通往第三帝国"的动力。[③]

"新穷人"与医生群体是传统社会保险体制在扩展与改革中不得不面对的两类新交往对象。前者突破了传统社会保险体制最初确定的工人阶级或处于社会转型危机中的弱势群体，而是以战争、革命、恶性通货膨胀的受害者形象出现的。他们渴望从魏玛政府那里获得特殊对待。后者从帝国时期开始便竭力争取自己在疾病保险体制中的发言权，并试图借助魏玛民主体制赋予的契机，重新确立自己在诊疗被保险者中的自由权，确保合适的薪酬、增强社会影响力。他们渴望魏玛政府能够支持这种权利诉求。然而，共和国显然没有办法来实现他们的梦想。不断波动的经济形势限制了"新穷人"借助社会福利来重新致富的可能性，更无力让医

---

① Paul Prange, "Die gesetzliche Krankenversicherung in der Zeit der Weimarer Republik (1919 bis 1932)", S. 226 – 228.

② Karl Haedenkamp, "Die Neuordnung der Beziehungen zwischen Ärzten und Krankenkassen als Teilproblem der Refrom der deutschen Krankenversicherung", in W. Rohrbeck (Hrsg.), *Beträge zur Sozialversicherung. Festgabe für Dr. Johannes Krohn zum 70. Geburtstag*, S. 91 – 108, 此处是 S. 100。

③ 详见 Peter Thomsen, *Ärzte auf dem Weg ins "Dritte Reich"*, 第 4—5 章。此处不赘。

生们在疾病保险面临财政危机的同时来实现他们的"资产阶级个人主义定位"。于是,这两类群体在传统社会保险体制的兴衰中逐渐梳理魏玛共和国,并最终被纳粹党的花言巧语所征服,成为第三帝国的坚定支持者。

小 结

传统的三大社会保险立法,是魏玛社会政策的基础。在很大程度上,它继承了战前帝国时期社会保险体制扩大及改革的基本趋势,主要体现为覆盖面不断扩大、保险待遇不断提高、中央及地方政府补贴不断增加。从数字上看,在大萧条发生之前,三大保险基金的财产基本呈现上升状态(见表4.4)。

表4.4　　　社会保险基金财产变化一览(1913—1932年)

(单位:百万马克)

年份	常规收入 总计	保费	中央补贴	利息	常规支出 总计	给付金	管理费用	财产增减	财产总额
1913	1553.7	1295.8	58.5	199.4	1100.5	959.0	108.7	+453.2	3307.9
1924	2122.7	1936.6	105.6	80.5	1664.8	1506.1	140.7	+457.9	—
1928	4699.6	4066.8	349.3	283.5	3919.9	3625.4	254.8	+779.7	3392.0
1929	5138.9	4304.2	476.7	358.0	4372.4	4050.3	283.1	+766.5	4206.2
1930	4843.1	3981.2	495.7	366.2	4379.8	4048.5	305.1	+463.3	4678.9
1931	4025.8	3174.1	486.2	365.0	4096.1	3760.6	301.7	-70.3	4637.8
1932	3315.9	2502.4	477.8	335.7	3304.0	3006.9	256.8	+11.9	4627.6

资料来源:Ludwig Preller, *Sozialpolitik in der Weimarer Republik*, S. 463.

不过,从表4.4中,我们也能够发现,若无中央政府的补贴,保费与给付金之间的差额是在不断缩减中的。到1930年,保险基金

第四章 传统社会保险政策：以"新穷人"与医生群体的斗争为中心　　185

实际上已处于入不敷出的状态。这一点表明，尽管魏玛共和国出于保护每个公民的合法权益，试图通过社会保险体制来营造"社会安全网"，但不断增长的保险义务与不断因经济形势恶化而降低的参保人数，持续性地对这张"社会安全网"形成了威胁。更为糟糕的是，恶性通货膨胀的出现及其影响留存，更让保险的实际承受力远远低于战前。因此，从三大社会保险立法的结果而言，人们因其不断扩展的许诺而产生的期待越大，他们在生活中所获得的实际保障感受不但没有提高，反而产生了一种日益恶化的焦虑感。

不仅如此，本章挑选的两大人群——"新穷人"和医生群体——又为我们展示了传统社会保险体制在魏玛时期的另一种发展困境。社会保险立法本来是俾斯麦用于控制工人运动的工具，而后演变为国家保障民众生存权利的一种许诺。魏玛共和国成立后，这种许诺不仅得以延续，而且还被扩展到更为广泛的社会群体身上。然而问题在于，希冀获得更大特权的"新穷人"和竭力保持自己独立性的医生群体，并没有在魏玛社会保险体制的扩大与改革中梦想成真。对此，保险的财政收支失衡只是其中的原因之一。更重要的原因在于，共和国无力在短期内维护社会保险体制的公平性——这种公平性问题既体现为"新穷人"与其他被保险者之间的待遇平等困境，又表现为医生群体始终无法获得与疾病保险在面向被保险者时的同等地位。事实上，时至今日，真正能够实现这种公平性的国家寥寥无几，而这对于只有短短十四年生命的魏玛德国而言，则未免是过高诉求了。

第 五 章

家庭政策：以"堕胎禁令"的改革与争议为中心的探讨

家庭被视做社会细胞、进而成为国家干预调控的对象，是 19 世纪以来现代国家积极应对"社会问题"的产物。由此，"家庭政策"被列入"社会政策"的一个方面。不过，在德国，"家庭政策"（Familienpolitik）一词直到第一次世界大战期间才得到使用，并在 20 世纪 20 年代成为一个术语，而流行开来。[①] 正因如此，若研究魏玛德国的社会政策，必定无法对其家庭政策视而不见。

魏玛共和国之所以推行家庭政策，一则是基于鼓励人口增殖的考虑，故而家庭政策在当时也被视做"人口政策"（Bevölkerungspolitik）的同义词；二则是为了塑造现代社会价值观，其中包括责权相等、自由平等一类的"魏玛民主"之要素。从理念而言，这样的家庭政策本应受到广大民众的支持。但如同该时期的其他社会政策一样，家庭政策也沦为了政治斗争的目标之一，并一再被错误利用，成为

[①] 有关"家庭"（Familie）一词在德语世界中的使用，以及"家庭政策"这一概念在 20 世纪 20 年代的使用概况，可参见 Andreas Gestrich, *Geschichte der Familie im 19. und 20. Jahrhundert*, München: R. Oldenbourg, 1999, S. 4 – 8, 47 – 51。另可参见 Beat Fux, *Der familienpolitische Diskurs. Eine theoretische und empirische Untersuchung über das Zusammenwirken und den Wandel von Familienpolitik, Fertilität und Familie*, Berlin: Duncker & Humblot, 1994, S. 161。简单来说，家庭政策主要包括婚姻关系、女性地位、生育控制、儿童教育四个方面。

第五章　家庭政策：以"堕胎禁令"的改革与争议为中心的探讨

通向纳粹独裁之路上的一个危险元素，进而还在事实上为此后臭名昭著的"种族卫生学"与"种族优生学"打开了大门。

这一切究竟是如何发生的？魏玛政府的"家庭政策"是怎样从一种基于进步社会观的国家调控政策，最终沦为服务于种族主义世界观的纳粹独裁工具的？本章拟从控制"堕胎"这一个案出发，以管窥豹，来回答上述问题。[①] 以下首先回顾"堕胎禁令"的出现及其早期实践，随后重点分析魏玛时期有关"堕胎禁令"存废的三次讨论高潮，最后延伸到纳粹时期探讨禁令及其争议本身带来的现实后果。

第一节　"堕胎禁令"的出现及其早期实践

一　"堕胎"的社会认识变迁

"堕胎"（英语"Abortion"，德语"Abtreibung"）一词，源于拉

---

① 关于魏玛德国的堕胎禁令存废问题，主要研究出现在欧美学界。在20世纪70年代新一轮要求废止堕胎禁令的浪潮中，Luc Jochimsen 编辑出版了一部堕胎禁令（刑法第218条）的百年回顾档案集，其中她本人还完成了一篇编年体式的论文：Luc Jochimsen, "§218（1871 – 1971）. Hundert Jahre Elend mit einer tausendjärigen Tradition", in: Luc Jochimsen（Hrsg.）, §218. Dokumentation eines 100jährigen Elends, Hamburg: konkret Buchverlag, 1971, S. 14 – 36。20世纪80年代中叶，这一问题在法学界得到过讨论，如 Albin Eser, "Reform of German Abortion Law: First Experiences", The American Journal of Comparative Law, Vol. 34, No. 2（Spring, 1986）, pp. 369 – 383。一些研究者注意到堕胎禁令与纳粹优生学之间的关联性，如 Henry P. David, Jochen Fleischhacker, Charlotte Hohn, "Abortion and Eugenics in Nazi Germany", in: Population and Development Review, Vol. 14, No. 1（Mar. 1988）, pp. 81 – 112。此后，该问题进入文化史研究的视野，人们或者从女权主义的视角加以讨论，如 Atina Grossmann, "Die 'Neue Frau' und die Rationalisierung der Sexualität in der Weimarer Republik", in Ann Shitow, Christine Stansell, Sharon Thompson（Hrsg.）, Die Politik des Begehrens. Sexualität, Pornographie und neuer Puritanismus in den USA, Berlin: Rotbuch Verlag, 1985, S. 38 – 62；Cornelie Usborne, Cultures of Abortion in Weimar Germany, New York/Oxford: Berghahn Books, 2007; 或从医生群体的分层视角入手，如 Cornelie Usborne, "Abortion in Weimar Germany-the debate amongst the medical profession", Continuity and Change, 5, 1990, pp. 199 – 224; 或从工人日常生活史角度编辑出版的史料汇编，如 Karen Hagemann（Hrsg.）, Eine Frauensache Alltagsleben und Geburtenpolitik 1919 – 1933, Eine Ausstellungsdakumentation, Pfaffenweiler: Centaurus-Verlagsgesellschaft, 1991。总体而言，对不同利益团体在该问题上的立场分歧、相互纠葛及其产生的政治影响，还缺乏整体性梳理。

丁语"aboriri",原意为"毁灭"。"堕胎禁令"主要指国家禁止孕妇以任何理由中止妊娠,并对违反者及其协助者处以罚款、监禁等惩罚。

从欧洲历史来看,无论是古典世界还是中世纪,"堕胎"虽属常见现象,但并未被视做必须要加以规制的行为。在古希腊,"堕胎"曾被视做控制人口规模、保持稳定社会与经济状态的一种方法,如柏拉图便借苏格拉底的口,谈论弃婴和堕胎的合理性:"至于一般或其他人生下来有先天缺陷的孩子,他们将秘密地加以处理,有关情况谁都不清楚","女人应该从二十岁到四十岁为国家抚养儿女,男人应当从过了跑步速度最快的年龄到五十五岁","如果超过了这个年龄或不到这个年龄的任何人也给国家生孩子,我们说,这是亵渎的不正义的……这种孩子是愚昧和淫乱的产物",而对于那些乱伦后的胎儿,"我们一定要警告他们,无论如何不得让所怀的胎儿得见天日,如果不能防止,就必须加以处理,因为这种后代是不应该抚养的。"①

亚里士多德接受了这一点,他在《政治学》中也是如此论述的:"新生的婴儿应该悉予哺养,抑或有些可以暴弃?这当然可以订立法规,凡属畸形与残废的婴儿禁止哺养。另一方面,在社会风俗不愿意无限制地增殖的各城邦中,又该有相反的法规,禁止各家为减少人口而暴弃婴儿至于死亡。各家繁殖的子嗣应有一定的限数,倘使新娠的胎婴已经超过这个限数,正当的解决方法应在胚胎尚无感觉和生命之前,施行人工流产(堕胎)。堕胎的或不渎神(不悖伦)或为渎神(悖伦)当以感觉和生命之尚未显现或业已存在为判别"②。

在罗马法中,胎儿被定义为"母亲身体的组成部分"而受到保护,但堕胎之举最多被视做不雅行为,主要接受家族内部惩罚。③ 进一步而言,在罗马,单身女性若堕胎,并不会受到惩罚;而已婚女性若堕胎,则取决于其丈夫是否愿意保护其后代。倘若不愿意,则

---

① [古希腊]亚里士多德:《理想国》,郭斌和、张竹明译,商务印书馆1986年版,第194—196页。
② [古希腊]亚里士多德:《政治学》,吴寿彭译,商务印书馆1997年版,第440—441页。
③ Albin Eser, "Reform of German Abortion Law: First Experiences", pp. 369–370.

第五章　家庭政策：以"堕胎禁令"的改革与争议为中心的探讨　189

该女性必须堕胎。

西方宗教同样如此。在犹太教中，针对堕胎行为的观点并不统一。古希伯来语把堕胎称作"neftel"，意思是"脱离"。尽管早期犹太教学者认为，堕胎是一种罪行，如公元1世纪的哲学家亚历山大里亚的费伦（Philon von Alexandria）指责非犹太人才有堕胎之举，但普通教徒的共识是，若威胁到母亲生命，堕胎应被准许。堕胎者将被处以罚款，但并不被视做罪犯。一些宗教学者还提出，早期胎儿就是"母亲的肉"，可由母亲自行处理。

17世纪之前的天主教会一般也不会把堕胎界定为杀人之举，因为当时教会认为，"胎儿"只有在拥有"生气"（animation）之后才能等同于"人"，而"非人"与"人"之间的分界线在孕期第40天（女胎更长一些，在第80—90天）。由此，女性怀孕后的前3个月内中止妊娠之行为，也不会受到教会的惩罚。直到1696年，天主教会才形成了所谓"胎儿是即将形成的生命"这一概念，堕胎由此被视做一种罪行。1869年，教皇庇护九世发表通谕，抹除了胎儿在"非人"与"人"之间的界限，强调任何堕胎之举都会导致孕妇本人及开刀者被逐出教会。[1]

事实上，宗教界对堕胎行为的重新认定，是同欧洲现代化进程紧密联系在一起的：一方面，工业化发展改变了以家庭为单位的生产传统，家庭成员的个体独立性增强，教会有关父权主义的婚姻理论日益受到世俗化的挑战，正如一位天主教国民经济学家在1930年观察的那样，"小家庭以民主的方式加以组建""女性在经济上独立于家庭""家庭已经完全与19世纪的父权主义或准父权主义家庭完全脱节"[2]。另一方面，民族国家的自我意识形成，并不断把权力触

---

[1] Luc Jochimsen, "§ 218（1871 – 1971）. Hundert Jahre Elend mit einer tausendjärigen Tradition", S. 14 – 15.

[2] Heinrich Lechthape, "Die Krise der Familie（1930/1931）", in Jens Flemming, Klaus Saul & Peter-Christian Witt（Hrsg.）, *Familienleben im Schatten der Krise, Dokumente und Analysen zur Sozialgeschichte der Weimarer Republik 1918 – 1933*, Düsseldorf: Droster Verlag, 1988, S. 14 – 16, 此处是 S. 14。

角延伸到社会的各类细胞中,家庭也不例外,如在法国大革命期间,革命政府特别规定,自行决定堕胎者无罪,1794 年的普鲁士民法和 19 世纪初的拿破仑法典进而都直接触及家庭关系的变革问题。① 德意志启蒙思想家康德还特别指出,杀死非婚子女的父母都是无罪的,因为"法律不认可这种出生,因而母亲与其孩子之间的关系只是一种'自然状态'"②。而这一切在教会眼中却都是"家庭危机"的真切反映,"堕胎"则是此类危机的集中表现。

一些保守主义者支持教会的想法,并进一步把反堕胎与反自由主义的理念结合在一起。著名学者威廉·海因里希·里尔(Wilhelm Heinrich Riehl)在 1855 年出版了《家庭》(*Die Familie*)一书。他强调说"家庭危机就是社会全面危机的指示器",指责自由主义思潮让妇女追求所谓的"解放",以致"家庭的融入力丧失""家庭被埋没"。他最后提出了"家庭重建"(Wiederaufbau des Hauses)的口号。值得关注的是,他使用了"Haus"这一指代"家庭"的古老德语词汇,强调的是农业社会的家庭生产共同体模式,而非 17—18 世纪现代化进程中常见的"Familie"。③ 该书到 20 世纪 20 年代中叶共再版了 13 次,影响极大,后来反对废止堕胎禁令的人也多次引用该书。

总体而言,在 19 世纪之前,"堕胎"已经成为各界讨论的社会问题之一,存在着各种意见,但各国政府还没有产生干涉的欲望。

二 "堕胎禁令"的出现

在国家层面上,首先对堕胎之举加以限制的是英国。1803 年,英国规定,胎动之前进行的堕胎之举是重罪;胎动之后进行的堕胎之举则是谋杀罪。1810 年,拿破仑政府改变了此前立法,判处怀孕

---

① Andreas Gestrich, *Geschichte der Familie im 19. und 20. Jahrhundert*, S. 4 – 5.
② Maryanne Cline Horowitz (ed.), *New Dictionary of the History of Ideas*, Vol. 4, New York: Scribner, 2005, p. 1970.
③ 转引自 Andreas Gestrich, *Agrarischer Protest und Krise der Familie. Zwei Versuche zur Geschichte der Moderne*, Wiesbaden: VS Verlag für Sozialwissenschaften/GWV Fachverlage, 2004, S. 64 – 67.

一个月以上的堕胎者入刑。随后，奥地利等国纷纷跟进。不过，与教会和保守派的想法不同，这些国家立法，最初是出于保护妇女健康，进而保障人口增殖的考虑。

普鲁士也是在这种氛围下，开始对堕胎行为加以规制的。1851年，普鲁士刑法第181条和第182条规定，堕胎者及帮助堕胎者将被处以监禁。1871年德意志帝国刑法在此基础上，提出了第218—220条，即"堕胎禁令"[①]：

第218条

1. 蓄意堕胎或将胎儿杀死在子宫中的孕妇，将被处以5年以下的监禁；

2. 若存在得以减刑的条件，监禁期也不得少于6个月；

3. 上述刑罚同样适用于那些根据孕妇之意愿动用堕胎手术者，或者在其堕胎时予以协助者。

第219条

收取费用协助孕妇堕胎或杀死胎儿者，将被处以10年以下的监禁。

第220条

1. 凡在孕妇不知晓或违背其意愿的情况下实施堕胎或将其胎儿杀死者，将被处以不少于2年的监禁；

2. 若手术导致孕妇死亡者，监禁刑期将不少于10年或被终身监禁。

此外，第217条"杀婴禁令"与第221条"弃婴禁令"也同上述"堕胎禁令"相关：

第217条

1. 凡在生育时或之后故意杀死其非婚子女的母亲，将被处

[①] 以上均引自德国刑法文本，网上资料库：http：//lexetius.com/StGB/218，11，http：//lexetius.com/StGB/219，13，http：//lexetius.com/StGB/220，5，http：//lexetius.com/StGB/217，6，http：//lexetius.com/StGB/221，5，查阅时间：2016年10月2日。

以不少于3年的监禁；

2. 若存在得以减刑的条件，监禁期也不得少于2年。

第221条

1. 凡由于年幼、虚弱或疾病之原因而遗弃无主之人者，或凡将其照料、看护之人有意置于无助之境地者，将被处以不少于3个月的监禁。

2. 若该行为由亲生父母所为，他们则将被处以不少于6个月的监禁。

3. 若该行为导致身体严重受伤，或因遗弃者导致这一结果，那么遗弃者将被处以最高10年的监禁；若该行为导致被遗弃者死亡，则遗弃者将被处以不少于3年的监禁。

"杀婴禁令"和"弃婴禁令"针对的是胎儿出生之后的行为，"堕胎禁令"则是针对胎儿出生之前的行为。前两者涉及婴儿的生命权，而后者主要考虑到孕妇的生命权。

三 "堕胎禁令"的早期实践与争议

到19世纪末20世纪初，帝国统计署发现，由于各邦存在不同的社会、文化与经济差异，各地根据三种禁令所做出的判决存在一些明显差异。如在天主教地区（巴伐利亚），非婚生子率较高，就会导致堕胎率下降，杀婴率和弃婴率上升；在贫困地区（东普鲁士），人口大量输出，生育期待低，杀婴或弃婴都被视做"被推迟的堕胎形式"，其杀婴率居然是巴伐利亚的2倍、图林根与威斯特法伦的4倍；凡是堕胎率快速上升的地方（如巴登、符腾堡、勃兰登堡和柏林），杀婴率和弃婴率明显下降，特别是在城市（柏林），非婚怀孕率较高，堕胎则被视做一种"前卫生活方式"，特别是柏林的堕胎、杀婴、弃婴之间的数量之比从1882年的188∶171∶54变为1914年的175∶130∶30——换言之，堕胎成为德国妇女处理"不期而至之后代"的"最受欢迎的"手段。① 据当时一位妇科医生马克斯·希尔斯（Max Hirsch）的访谈结果，在所有社会背景的女性受访者中，87%的人都进行过"堕胎"！② 从趋势来看，1882—1913 年，因堕胎而被法庭判处有罪者的人数从 91 人上升到 1518 人。③

由此，"堕胎禁令"的存废问题，才进入人们的争辩中心。

支持"堕胎禁令"者除了政府官员外，主要是一些职业医生与人口学家。职业医生虽然担心堕胎带来的疾病风险，但又反对任何避孕手段——1900 年出台的普鲁士《反对淫秽法》就是在医生群体的压力下出台的，该法禁止向公众提供任何控制生育的信息和方法。在他们看来，由"江湖医生们"违法进行的"堕胎"，是对自己在生育健康和家庭人口规划方面的权力所提出的挑战。④ 人口学家则从日益明显的人口数量锐减中感受到"堕胎"对民族发展的威胁。据统计，德国的生育率从 1876 年的 42.6‰下降到 1901 年的 35.7‰，到"一战"前夜只有 27.5‰。⑤ 1917 年，在一些人口学家的影响下，普鲁士政府公开宣称："已经得到证明的一点是，德国生育率的下降就是由于每年数千起堕胎加速所导致的结果。"⑥ 当然，这两类群体不同于政府官员的是，他们除了反对堕胎外，也思考过一些弥补手段，如职业医生提出加强非法堕胎后的二次治疗⑦，人口学家想到了

---

① 具体数据可参见 Jeffrey S. Richter, "Infanticide, Child Abandonment, and Abortion in Imperial Germany", *The Journal of Interdisciplinary History*, Vol. 28, No. 4 (Spring, 1998), pp. 511 – 551。

② Cornelie Usborne, "Abortion in Weimar Germany-the debate amongst the medical profession", p. 201.

③ Friedrich Zahn, *Familienpolitik. Generalbericht an die Zweite Delegiertenversammlung*, Internationale Vereinigung für Sozialversicherung, 1927, S. 4；统计数据有所不同，在另一篇论文中，数量有变化：1897 年就有 1565 人，但在 1902 年突然下降到 411 人，到 1916 年又上升到 1884 人。见 Luc Jochimsen, "§ 218 (1871 – 1971). Hundert Jahre Elend mit einer tausendjärigen Tradition", S. 16。

④ Cornelie Usborne, "Abortion in Weimar Germany-the debate amongst the medical profession", pp. 201 – 202.

⑤ Henry P. David, Jochen Fleischhacker and Charlotte Hohn, "Abortion and Eugenics in Nazi Germany", pp. 87 – 88.

⑥ Cornelie Usborne, "Abortion in Weimar Germany-the debate amongst the medical profession", p. 199.

⑦ Henry P. David, Jochen Fleischhacker and Charlotte Hohn, "Abortion and Eugenics in Nazi Germany", p. 83.

用减税、贴补、建立家庭保险、提高住房保障等经济手段来增加年青一代繁殖后代的信心[1]。

此外，把无产阶级出生率和工人运动的政治力量结合起来的想法，也在左翼政党内存在着市场。一位社会主义者这样写道："工人阶级的政治和经济力量很大程度上是数量问题……假如出生率持续下降，那么从长时期来看，将对整个人口的政治结构造成决定性的影响。假如生活在大城市与工业区受到政治鼓动的工人阶级无法让自己儿女满堂，让他们成为例如杜塞尔多夫管理区域内（那里的出生率已经在20年中下降了一半）的社会主义者，那么我们如何同那些最近从农村迁往城市的前农业工人进行打交道便会是一个问题。"[2]

要求修正或取消"堕胎禁令"者大致可分为三派：首先是温和派女权主义者与持进步主义观念的医生们。德国妇女联合会同盟（Bund Deutscher Frauenvereine，BDF）在1908年布雷斯劳大会上，首次对第218条提出了修正建议。它在形式上维护堕胎禁令，但希望减轻刑罚，并对违法者进行医学、优生学和伦理学方面的审查。它承认，第218条"在某种程度上是一种阶级条款"，对工人阶级妇女存在不公，但又强调必须"保障未出生的生命"。因而它要求在这三种情况下进行的堕胎是合法的：（1）怀孕危及母亲的生命和健康；（2）预见新生儿在精神与身体上将出现终身伴随的疾病；（3）怀孕是强奸后的结果。此外，它还强调，只有在"拥有行医资格的医生进行判断，并得到医生委员会的监督"时，中止妊娠的行为才是无罪的。[3]

---

[1] Heinrich Pudor, *Familienpolitik*, Gautzsch bei Leipzig: Felix Dietrich, 1914, S. 8 – 9; Fritz Burgdörfer, *Das Bevölkerungsproblem, Familienstatistik und Familienpolitik, mit besonderer Berücksichtigung der deutschen Reformpläne und der französischen Leistung*, München: Verlag von H. Buchholz, 1917, S. 32 – 47.

[2] David F. Crew, "German socialism, the state and family policy, 1918 – 1933", *Continuity and Change*, Vol. 1, Issue 2, 1986, pp. 235 – 263, 此处是 p. 237.

[3] *Bund Deutscher Frauenvereine. Nachrichtenblatt*, Nr. 8, 1925; 收录于 Karen Hagemann (Hrsg.), *Eine Frauensache Alltagsleben und Geburtenpolitik 1919 – 1933. Eine Ausstellungsdakumentation*, S. 127 – 128.

其次是那些进步主义者,他们关注的是堕胎行为背后的社会动机。维也纳法学家爱德华·里特·冯·李茨特(Eduard Ritter von Liszt)就在其著作《犯罪的堕胎》(*Die kriminelle Fruchtabtreibung*)中指出,大多数追溯堕胎问题者都会认为社会问题是最为深刻的动因。假如社会对女性施加强迫,那么她们就会对后代问题进行盘算,而最简单的逻辑就是不承担这样的社会使命。正因如此,有关堕胎的立法,"在法学理论与实践之间仍然存在着不可忽视的差距"。其学生古斯塔夫·拉德布鲁赫(Gustav Radbruch)则是德国社会民主党人,更为直白地将自己的观点概述为"还没有一位富裕女性因违反第218条而被送上法庭"(Er hat noch nie eine reiche Frau gegen §218 vorm Kadi),因为她们拥有足够财富和时间,去养育子女,或者不受惩罚地"健康地""堕胎"。① 事实上,根据后来的研究者统计,他的说法的确有道理,因为在柏林、汉堡等城市的工人居住区,经济考虑通常超越了荣誉或羞耻等文化因素,成为堕胎的主要动力。②

最后是激进女权主义者与种族卫生学家。20世纪初成立的"母亲保障与性改革联盟"(Bund für Mutterschutz und Sexualreform, BfM)是由一批持自由主义和激进女权主义立场的人组建的。其成员玛丽·斯特里特(Marie Stritt)曾在"德国妇女联合会同盟"1908年大会上提出过"放开堕胎"的口号,结果没有成功,进而还被开除出同盟。1910年,她与"母亲保障与性改革联盟"的海伦娜·斯托克尔(Helene Stöcker)合作,联合起草了一份新组织大纲上,再次提出了"放开堕胎"的主张。值得特别关注的是,该大纲主要建立在"种族卫生学"的逻辑之上,即认为"一个健康的、拥有自我意识的种族之生殖,必须服务于本民族的种族卫生学与经济利益;这在个人与民族之间的竞争中是最强有力的因素,同样也是

---

① Luc Jochimsen, "§218 (1871–1971). Hundert Jahre Elend mit einer tausendjärigen Tradition", S. 16–18.

② Jeffrey S. Richter, "Infanticide, Child Abandonment, and Abortion in Imperial Germany", p. 543.

人类更高发展的最强有力的因素"。① 换言之，这一群体反对"堕胎禁令"的理由，除了自由主义的诉求外，还带上了种族主义的痕迹！20 世纪初成立的德国种族卫生学协会也是这一立场的坚定支持者。该协会创始人的学生弗里茨·兰茨（Fritz Lenz）公开提倡"种族是价值范畴"，如果没有种族优生学，"我们（日耳曼）种族便注定被消灭"②。

当然，在帝国的政治氛围中，"堕胎禁令"的存废问题并没有成为核心的社会话题，也不可能上升到国会立法讨论对象，影响范围有限。而且事实上各地出生率的变化并不完全相同。如东普鲁士、萨克森等邦国和柏林等大都市，其出生率并未下降。③ 特别是在战争开始后，当整个社会对军人数量持高度关注的态度时，"即将出生的生命"便显得越来越重要。左翼医生列奥·克劳贝尔（Leo Klauber）后来回忆说，即便堕胎现象并没有消失，但当时整个社会都倾向于把这些"即将出生的生命"置于国家的特别保护之下——"堕胎禁令"由此得到了大多数人的支持和认同。④

第二节　魏玛舞台上的"堕胎禁令"存废之争

一　讨论"堕胎禁令"改革的新舞台

1918 年 11 月，第一次世界大战结束，德国出现了历史上的第一个民主体制——魏玛共和国。有关"堕胎禁令"是否废止的问题，得到了一个既延续又呈现新意的讨论舞台。

---

① Edward Ross Dickingson, "Reflections on Feminism and Monism in the Kaiserreich, 1900 – 1913", *Central European History*, Vol. 34, No. 2, 2001, pp. 191 – 230, 此处是 p. 195。
② Henry P. David, Jochen Fleischhacker and Charlotte Hohn, "Abortion and Eugenics in Nazi Germany", p. 88.
③ John E. Knodel, *The Decline of Fertility in Germany, 1871 – 1939*, Princeton, New Jersey: Princeton University Press, 1974, pp. 42, 44.
④ Luc Jochimsen, "§218（1871 – 1971）. Hundert Jahre Elend mit einer tausendjärigen Tradition", S. 16.

第五章 家庭政策：以"堕胎禁令"的改革与争议为中心的探讨

人口增殖的压力，是该舞台上的老话题。整个魏玛时期，德国出生率继续维持向下趋势，从1914年的26.8‰下降到1933年的14.7‰，低于奥地利之外的其他所有欧洲国家。[①] 特别值得一提的是，战争带来的男性高死亡率与家庭关系停滞，也让关注"种族存续"问题的人颇为担忧。一方面，德国军人死亡总数达到240万人，约占1913年总人口的20%，另有480万受伤者。这显然直接影响到接下来的正常生育率的恢复。[②] 另一方面，即便正常回国者也由于战争经历和不同经验而造成夫妻之间感情失和。当时的一位医生坦言，战后复员军人的家庭成为陌路人的可能性很高。[③] 与此同时，由于《凡尔赛和约》的割地条款，德国失去了572.9万居民；此外，30万左右的德国人口通过移民离开德国。如此一来，当代人口学家估算，整个生育缺口大概在295万人。更为糟糕的是，战后生育率并没有如期恢复。到1925年，人们发现，人口实际数量为6318万，比预期人口7453万还要少1100多万。[④]

时人以各种悲怆的口吻来讨论人口增殖趋势对民族生存的负面影响，如人口学家弗里茨·弗里德里希·布尔格道尔夫（Fritz Friedrich Burgdörfer）在《慕尼黑医学周刊》（*Münchener medizinischen Wochenschrift*）上就指出，"生育回落就是民族肌体出现病态的反映"[⑤]。

在所有影响人口增殖的因素中，"堕胎"则被一再提及：从1918年到1933年，德国的堕胎率不断上升，到1933年，堕胎率已

[①] Henry P. David, Jochen Fleischhacker and Charlotte Hohn, "Abortion and Eugenics in Nazi Germany", p. 87.
[②] Hans-Ulrich Wehler, *Deutsche Gesellschaftsgeschichte*, Bd. 4, S. 232.
[③] Rebecca Heinemann, *Familie zwischen Tradition und Emanzipation. Katholische und sozialdemokratische Familienkonzeptionen in der Weimarer Republik*, München: R. Oldenbourg Verlag, 2004, S. 24, 29–30.
[④] Hans-Ulrich Wehler, *Deutsche Gesellschaftsgeschichte*, Bd. 4, S. 233.
[⑤] Fritz Friedrich Burgdörfer, "Familienpolitik und Familienstatistik", in: *Münchener medizinischen Wochenschrift, Zur Erhaltung und Mehrung der Volkskraft. Arbeiten einer vom Ärztlichen Verein München eingesetzten Kommission*, München: Verlag von J. F. Lehmann, 1918, S. 69–76, 此处是 S. 69–70。

经超过了生育率，堕胎数量从 50 万增加到 100 万以上。[1] 一些人甚至指责工人阶级用"堕胎"来进行"生育罢工"（Gebärstreik）[2]。或许正是出于人口增殖压力的考虑，魏玛成立后，上述"堕胎禁令"并未被废除，因堕胎而被捕受审的人数继续上升，从 1913 年的 1518 人增加到 1921 年的 4408 人，1925 年有 7193 人。[3]

然而，魏玛舞台的新意在于：一方面，《魏玛宪法》第 119—121 条凸显了魏玛政府对家庭的重视[4]，由此创制了有别于帝国时期的民主政治空间，让有关于包含孕妇健康权、女性自由权（特别是"新女性"对自己身体控制的诉求[5]）、种族绵延权等复杂问题在内的"堕胎禁令"之存废，一下子进入政治讨论的更高层面，既引发社会各群体参与对话，也最终上升为国会议题；另一方面，它还提出了解决堕胎问题的另一种思路，即大规模地推广避孕手段，向国民提供有效的健康咨询与生育控制信息。到 1933 年为止，生育控制与性卫生全国委员会（Reichsverband für Geburtenregelung und Sexualhygiene）已下设 15 个组织，成员超过 5 万人。全国 400 多个性咨询机构（Sexualberatungsstellen）出现在绝大多数城镇中，负责发放避孕工具、提供优生学知识。[6] 不过，这种实践活动在医生群体内并未达成共识，大多数医生既反对提供避孕建议，又认为"把避孕

---

[1] Cornelie Usborne, "Abortion in Weimar Germany-the debate amongst the medical profession", p. 203.

[2] Atina Grossmann, "Die 'Neue Frau' und die Rationalisierung der Sexualität in der Weimarer Republik".

[3] Friedrich Zahn, *Familienpolitik. Generalbericht an die Zweite Delegiertenversammlung*, S. 4.

[4] 第 119 条规定："婚姻为家族生命及民族生存增长之基础，受宪法之特别保护，并以男女两性平权为本。家族之清洁康健及社会之改良，为国家与公共团体之任务，其有儿童众多之家庭，得享受相当之扶助以减轻负担。产妇得要求保护及扶助之。"第 120 条规定："教育子女，使之受身体上、精神上及社会上美格，为父母之最高义务及自然权利。关于其实行，由政治机关监督之。"第 121 条规定："私生子之身体上、精神上及社会上之进展，在立法上，与嫡生子同等待遇。"戴学正等编：《中外宪法选编》，第 210－212 页。

[5] 参见 Atina Grossmann, "Die 'Neue Frau' und die Rationalisierung der Sexualität in der Weimarer Republik"。

[6] Karen Hagemann (Hrsg), *Eine Frauensache Alltagsleben und Geburtenpolitik 1919－1933. Eine Ausstellungsdakumentation*, S. 66－67.

作为一种职业实践是不值得欣赏的"（1928年普鲁士医生委员会决议）。[1]

从国际范围内来看，魏玛德国讨论"堕胎禁令"是否废止的问题时，还不得不面对来自苏联的实践启示。1920年，苏联成为第一个放开堕胎的国家。当时，苏联法律规定，在孕期三个月内所进行的堕胎都是合法的。此举不仅是为了凸显女性的平等地位，而且旨在表明新生社会主义国家对经济发展及人口增殖的信心。一些德国学者便以此为例，进一步在德国主张放开堕胎的重要性。例如，一位医生后来对1922—1924年的柏林和列宁格勒产褥热死亡率做了比较，发现列宁格勒的产褥热死亡率（3.77‰）远远低于柏林（13.14‰）。作者认为，其中存在的差异性正是由堕胎是否合法所造成的。[2]

总之，在魏玛时期，如何修改"堕胎禁令"的争议，由于时移世易，获得了有别于帝国时期的品质：它不再仅仅集中于专业人士（医生群体或人口学家），而是吸引了更广泛的参与者；它不再仅仅是一个社会话题，而是成为进入国会讨论的政治议题；它不再仅仅是一个法理命题，而是显现出实践的各种可能性。

二 "堕胎禁令"存废之争的第一次高潮

在十四年间，有关"堕胎禁令"的修改与争议，出现过以下三个高潮。

第一个高潮出现在1920—1922年，主力是多数派社会民主党（MSPD）的国会议员、前文提及的古斯塔夫·拉德布鲁赫。1920年7月31日，他与另一名社民党议员克拉拉·鲍姆－舒赫（Clara Bo-

---

[1] Henry P. David, Jochen Fleischhacker and Charlotte Hohn, "Abortion and Eugenics in Nazi Germany", p. 87.

[2] 关于苏联的变化，参见 Susan Gross Solomon, "The Demographic Argument in Soviet Debates over the Legalization of Abortion in the 1920's", *Cahiers du Monde russe et soviétique*, Vol. 33, No. 1 (Jan.-Mar., 1992), pp. 59 – 81, 此处是 p. 59；另关于产褥热比较，引自 Luc Jochimsen, "§ 218 (1871 – 1971). Hundert Jahre Elend mit einer tausendjärigen Tradition", S. 23。

hm-Schuch）联名起草了一份意图部分废止堕胎禁令的提案。他们以"保护未来母亲免受独裁之威胁，有利于健康的民族之发展，保护上千名妇女和母亲不再恐惧监狱"为名，要求：（1）废止第218条；（2）修改第219条，即在怀孕3个月内自己决定中断妊娠，并由一位拥有行医执照的医生做出决定，则堕胎者及医生都应免除惩罚。① 但该提案未能得到国会受理。

两年后，当独立社会民主党并入多数派社会民主党，前者自1917年起便要求完全放开堕胎的想法，开始对左翼政党产生影响。特别是当拉德布鲁赫担任司法部长（1921年10月—1922年11月、1923年8—11月）后，修改堕胎禁令终于成为立法部门的考虑对象。1922年9月，他向内阁提交了一份全面修改刑法的草案及备忘录，其中就包括删除堕胎禁令的内容。② 他还提出大赦因违背第218条而被判有罪的人。但这些想法都在内阁、各州政府和公众中引发了很大争议。刑法修正案直到1923年11月17日才交给联邦议会，此后没有任何进展。③ 大赦想法则遭到了地方司法机构的大规模反对。④

这样的想法在医生群体内同样拥有知音。1921年，德国医生联合会同盟（Deutsche Ärztevereinsbund）发表了一份宣言，其中提出了修改堕胎禁令的几点原因：首先，战争破坏了两性道德，造成战后怀孕率增加，但若不修改堕胎禁令，则有可能让性病激增；其次，倘若堕胎行为将导致刑罚，则迫使大量意外怀孕者寻求非医疗人员的诊疗，从而造成大量医疗事故；最后，仅仅从人口政策出发来坚持堕胎禁令的想法是短视的，因为不健康的婴儿会产生

---

① *Reichstagsprotokolle*，1920，Nr. 318，S. 239.
② 参见 Ulfried Neumann，"Gustav Radbruchs Beitrag zur Strafrechtsreform", in *Gustav Radbruch als Reichsjustizminister*（*1921 - 1923*），Konferenz der Friedrich-Ebert-Stiftung/Forum Berlin，2004，S. 49 - 62，此处是 S. 58 - 59.
③ 1924年9月1日马克思内阁纪要，第293号，魏玛共和国内阁档案集，网上资料库.
④ Luc Jochimsen，"§218（1871 - 1971）. Hundert Jahre Elend mit einer tausendjärigen Tradition"，S. 18.

长期的负面影响。①

海伦娜·斯托克尔代表"母亲保障与性改革联盟",在 1924 年发表了小册子《让堕胎刑罚滚开》(*Fort mit der Abtreibungsstrafe*)。她写道:"我们作为母亲保障与性改革的斗争者,不断在公共舆论中强调,我们支持取消刑法第 218 条和第 219 条。因为自由中止妊娠由于过去十年的危机而赢得了特别现实意义……刑罚条款产生的世界观已经不再适用于当下。它在今天已经成为不幸条款。它属于破坏自由、真挚幸福和性真诚之物。"随后,她提出了两点主张:(1)建立国家级性咨询机构,让男女可以获得有关身体和精神方面健康照护的所有问题之咨询;(2)大规模地改造社会立法,特别是母亲照护,其目的是通过支付产前产后各两个月工资,来支持即将成为母亲的妇女,通过照顾孕妇来支持即将诞生的生命,通过婴儿和孩童照顾来维护他们的精彩人生。此外,还必须免费发放避孕工具,对中止怀孕者(至少是 6 个月之内)免于惩罚,以避免造成现状恶化。中止妊娠必须建立在孕妇同意的基础之上,而且必须获得有行医执照的医生之判断。②

相反,继续根据"堕胎禁令"来逮捕堕胎者及其医生的行动从未停止过。在符腾堡,1922 年出现了 2000 名医生被列入所谓"违背第 218 条行为举措目录",其中 400 人进入调查程序,6 人被起诉。③在萨克森,有关左翼政府是否有效打击堕胎的问题,也成为资方利益集团向中央政府投诉的理由之一。1923 年 6 月 19 日,萨克森工业家协会(Verband Sächsischer Industrieller)在和内阁讨论萨克森局势时,便指责堕胎造成了"家庭和睦遭受破坏",而州政府却没有积极

---

① Geschäftsausschuß des Deutschen Ärztevereinsbundes, "Einspruch gegen Straffreiheit der Abtreibung", in Jens Flemming, Klaus Saul, Peter-Christian Witt (Hrsg.), *Familienleben im Schatten der Krise. Dokumente und Analysen zur Sozialgeschichte der Weimarer Republik 1918 – 1933*, S. 36 – 37.

② Karen Hagemann (Hrsg), *Eine Frauensache Alltagsleben und Geburtenpolitik 1919 – 1933, Eine Ausstellungsdakumentation*, S. 125 – 127.

③ Luc Jochimsen, "§218 (1871 – 1971). Hundert Jahre Elend mit einer tausendjärigen Tradition", S. 18 – 19.

作为。他们要求内阁派遣特派员"监督刑法条款的落实情况"①。

这一时期虽未产生任何实质结果,但至少让各党派与各利益群体都已经注意到堕胎禁令存废这一问题的重要性。

三 "堕胎禁令"存废之争的第二次高潮

第二个高潮出现在1926年前后,以国会辩论与"堕胎禁令"修改的结果而告终。

自1925年以后,各政党与各利益团体逐渐明确了自己在这一问题上的立场。

在所有政党中,最支持废止堕胎禁令的是德国共产党。它以苏联为榜样,指责堕胎禁令是帝国时期的残余物,是反对无产阶级妇女的法令。1926年4月19日,德共中央委员会批准了一份由党内妇女全国秘书处提交的备忘录。该备忘录指出,堕胎是一种"十分凶残的生育控制手段",由于"今日社会的虚伪与神秘,才使得民众无法知晓避孕手段",从而不得不进行堕胎。"堕胎禁令"是一种"警察条款",因为国家并未给无产阶级妇女创造生存条件。该党不仅主张废止"堕胎禁令",而且还要求国家公开对孕妇、产妇、婴幼儿进行公共照护。这份备忘录还写道:"我们必须揭露资本主义社会的虚伪,它以各种方式反对堕胎……资产阶级社会的阶级兴趣在于所谓生育回落的危险,他们希望避免缺失自己的剥削对象……共产党必须反对这种针对无产阶级的特殊法律","当然,我们必须指出堕胎对妇女的威胁……人口回落也对工人阶级的数量产生影响",但无论如何,"我们为废止这个阶级条款而斗争,它是反对妇女的。我们希望以此动员无产阶级妇女反对今天的社会秩序,支持阶级斗争……我们动员妇女投身到反对整个资本主义社会体制的斗争中"。②

社会民主党的立场则是分裂的。围绕在拉德布鲁赫周围的左翼

---

① 1923年6月19日库诺内阁纪要,第197号,魏玛共和国内阁档案集,网上资料库。
② "Die Stellung der KPD zu den §§218 und 219 des Strafgesetzbuches", in: *Die Internationale. Zeitschrift für Praxis und Theorie des Marxismus*, H. 20, 1922.

激进派与女权主义者主张完全废止"堕胎禁令"。普鲁士州议会的资深社民党女议员伊丽莎白·基尔希曼－罗尔（Elisabeth Kirschmann-Roehl）在党内有关"社会主义和人口政策"的会议上做了针对流产和避孕的报告。她提出向孕妇提供经济和社会救助，同时把任何"生育控制"的行为"去罪化"。她后来还担任州议会人口政策委员会执行主席。国会内持相同看法的是另一位资深女议员路易斯·施罗德（Louise Schroeder），曾多次代表社民党在国会中讨论"救助母亲"的问题。① 但党内的一部分社会卫生学家则仍然主张在堕胎问题上保留惩罚措施。一位社民党议员在 1924 年的《德国医生报》(*Deutsche Ärzteblatt*) 上发表文章，表示堕胎若完全无罪化，很容易让人们丧失正确的婚姻观念。在他看来，经济问题并不是一个合理的堕胎理由。②

在资产阶级阵营中，民主党与人民党支持进行改革，主张由医生来判断堕胎是否合理，并要求降低刑罚力度。尤为引人关注的是，这些资产阶级政党支持了一种旨在尊崇母亲的日常文化。1923 年，一位从事鲜花贸易的企业主鲁道夫·克瑙尔（Rudolf Knauer）提出建立"母亲节"。两年后，他参加了所谓"为了民族健康的工作组"（Arbeitsgemeinschaft für Volksgesunderung）——这一团体来自 1920 年成立的"保障礼仪风俗民族共同体"（Volksgemeinschaft zur Wahrung von Anstand und Sitte），主要致力于团结各种福利组织，负责与影响人口政策的任何举动（如酗酒、堕胎等）做斗争。③ 在他们看来，"当前各种堕落现象"的主要原因在于"家庭教育"的丧失，而"家庭教育主要掌握于母亲手中。她是家庭的灵魂，其基本立场

---

① Christiane Elfert, Pamela E. Selwyn, "Coming to Terms with the State: Maternalist Politics and the Development of the Welfare State in Weimar Germany", *Central European History*, Vol. 30, No. 1, 1997, pp. 25–47, 此处是 p. 42.

② Luc Jochimsen, "§ 218 (1871–1971). Hundert Jahre Elend mit einer tausendjärigen Tradition", S. 19.

③ Karin Hausen, *Geschlechtergeschichte als Gesellschaftsgeschichte*, Göttingen: Vandenhoeck & Ruprecht, 2012, S. 260–262.

有意无意地确立了家庭共同体"。[1] 一些自由派劳动法学家从国民经济学的角度来探讨"堕胎"的合理性问题。他这样写道:"我们必须从纯粹国民经济学的角度提出下列问题:我们是否拥有可供使用的手段来不顾一切地保存那些毫无生命价值的生命?在道德上,我们是否有权保障他们,而与此同时我们又不得不面对人数两倍以上的拥有价值之生命?"[2]

拒绝进行任何修改的党派包括民族人民党、天主教中央党和纳粹党。其中纳粹党的立场最极端。它以民族存在危机为由,提出"积极的人口政策",拒绝任何形式的人口缩减措施,特别反对任何有害于本种族健康之堕胎行为。[3] 1922 年成立的"多子女全国联盟"(Reichsbund der Kinderreichen, RdK)不断鼓吹生育和民族危亡之间的关联性。这一点使它和纳粹党越走越近,最终成为纳粹党的下属组织。[4]

在利益团体中,最直接相关者是医生群体。1925 年,德国医生联合会同盟(Deutscher Ärztebereinsbund,覆盖面达到95%)在莱比锡召开会议,讨论了堕胎禁令的修改问题。尽管与会者都支持减少刑罚力度,如用忏悔代替监禁,但大部分医生仍然认为"堕胎有罪"。会议最后提出的修改建议是:若两名职业医生都判断堕胎是必要之举,则应被视做合理行为。它还要求这一问题能够通过独立法案而非刑法条款来得以规范。[5]

---

[1] Vorbereitenden Ausschuß für den Deutschen Muttertag, "Kampagne zur Begehung des Muttertages (1929)", in Peter Longrich (Hrsg.), *Die Erste Republik. Dokumente zur Geschichte des Weimarer Staates*, S. 226 – 227.

[2] Heinz Potthoff, "Zur Vernichtung unwerten Lebens", in Jens Flemming, Klaus Saul, Peter-Christian Witt (Hrsg.), *Familienleben im Schatten der Krise. Dokumente und Analysen zur Sozialgeschichte der Weimarer Republik 1918 – 1933*, S. 32.

[3] Karen Hagemann (Hrsg.), *Eine Frauensache Alltagsleben und Geburtenpolitik 1919 – 1933. Eine Ausstellungsdakumentation*, S. 108.

[4] 参见 Jill Stephenson, "'Reichsbund der Kinderreichen', The League of Large Families in the Population Policy of Nazi Germany", in: *European History Quarterly*, Bd. 9, Nr. 3, 1979, S. 351 – 375。

[5] Dr. Vollmann, "Die Bekämpfung der Abtreibungsseuche", 收录于 Karen Hagemann (Hrsg.), *Eine Frauensache Alltagsleben und Geburtenpolitik 1919 – 1933, Eine Ausstellungsdakumentation*, S. 130ff, 见附录 12。

与此相反，社会主义医生联合会（Verein Sozialistischer Ärzte）则认为"堕胎禁令"是"对堕胎的不合时宜的、不公正的，同时也是有害的工具"，因为它既不能在实践中减少堕胎数量，"在过去50年间，德国的堕胎数量反而增加了10倍"，而且还"主要针对的是那些手无寸铁之人"，此外，让孕妇不得不去寻找庸医的帮助或自行解决，以致造成"每年大约8000名妇女死亡和25000名妇女受伤"。它反对莱比锡大会的决议，提出完全取消堕胎禁令，"只要孕妇赞同，并在其同意下由职业医生来操作的堕胎之举都是无罪的"①。

医生群体内部的分裂态度，最为鲜明地表现在德国女医生联盟中。研究者发现，女医生除了考虑意识形态与科学问题外，还从女性的精神或社会状态出发，拒绝接受堕胎导致生育率下降的说法，也不认同堕胎是女性轻浮、懒惰或不道德的象征。然而即便如此，支持优生学意义上的堕胎，也只是一部分女医生的选择。根据当时的问卷调查表明，74%的女医生支持修改法案，20%要求完全取缔"堕胎禁令"，还有6%的人反对任何改革——与此相应，当时只有6.5%的男医生支持完全取缔"堕胎禁令"。②

一些传统价值观的拥护者在1922年组成了所谓"拯救婚姻民族同盟"（Volksbund rettet die Ehre）。他们要求强化"堕胎禁令"，主张"堕胎者惩罚加倍，告发者无罪"。他们把要求修改刑法第218—219条的人称作"敌人的帮手"。③

与此相对，基督新教虽然从道德层面出发，反对任何改变，但又鉴于伦理及福利医学的问题，原则上并不抵制避孕措施，它强调

---

① 原文收录于 Luc Jochimsen，"§218（1871 – 1971）. Hundert Jahre Elend mit einer tausendjärigen Tradition"，S. 20 – 21。

② Cornelie Usborne, Cornelie Usborne, "Abortion in Weimar Germany-the debate amongst the medical profession", p. 212.

③ 原文收录于 Luc Jochimsen，"§218（1871 – 1971）. Hundert Jahre Elend mit einer tausendjärigen Tradition"，S. 18。

的是"中止妊娠是危急关头的最后手段"。①

公共媒体也在此时参与到讨论中。1925年10月25日,柏林的《8点晚报》(8 - Uhr-Abendblatt)发表了一篇题为"一天发现9起杀死儿童的案例",促使公众对"堕胎禁令"造成的恶果进行讨论。②一些艺术家也利用各种方式表达了自己对堕胎禁令的不满,如戏剧、小说、电影等。③

正是在上述背景下,1926年5月,由社会民主党提出,并得到共产党、民主党和人民党支持的《"堕胎禁令"修正案》(第4714号提案)正式出现在国会。5月5日,在国会第194次会议上,各党派进行了短暂交锋,它们的主要观点是:

> 社民党:妇女成为母亲的期待应该得到满足,但她们不能被强迫成为母亲,特别是刑法第218条在实践中已经成为反对无产阶级妇女的特例法案。
>
> 共产党:废止堕胎禁令不过是斗争的第一步,最终应该出台"母婴保障法"。修正案只是最低限度地改善了目前状况,但反对第218—219条的斗争还没有结束。
>
> 民主党:曾经考虑过完全废止堕胎禁令,但最终收回了这样的激进想法,因为该党仍然希望有更多孩子出生;减轻惩罚力度并不意味着降低出生率。
>
> 民族人民党:表示反对,"民族集体存在严重病态","生存愿望才是决定我们命运的历史发展之因素"。
>
> 中央党:表示反对,堕胎是杀死生命,"泄露了相对于生命而言的弱点与胆怯"。新方案会让德国面临人口危机和伦理危

---

① Karen Hagemann (Hrsg.), *Eine Frauensache Alltagsleben und Geburtenpolitik 1919 – 1933*, *Eine Ausstellungsdakumentation*, S. 134, 138.

② Luc Jochimsen, "§218 (1871 – 1971). Hundert Jahre Elend mit einer tausendjärigen Tradition", S. 20.

③ 详见 Cornelie Usborne, *Cultures of Abortion in Weimar Germany*, pp. 26 – 63。

机，最终导致非文化的结果，"让女性成为男性的奴隶"。

巴伐利亚人民党：表示反对，因为法案会让堕胎变得更为频繁，反而不符合国家秩序及德意志民族的政治未来利益。①

在上述争论中，我们可以清晰地看到几股思潮之间的碰撞：一边是女性自主权，另一边是民族生存危机；一边是无产阶级妇女的维权意识，另一边是传统伦理诉求。修正案最终在6月8日得以顺利通过。帝国刑法第218—220条被合并修改为新的第218条，其中规定②：

1. 将其胎儿杀死在子宫或借助堕胎杀死胎儿或借助其他方法任其死亡的妇女，将被处以监禁。

2. 同样，将胎儿杀死在子宫中或借助堕胎杀死胎儿的其他人，也将被处以刑罚。

3. 尝试堕胎的行为，也将受罚。

4. （1）凡违背孕妇之意愿或以商业方式犯下第2款所规定之罪行，将被处以监禁；

（2）同样，凡为孕妇提供商业性堕胎之工具或方法者，将被处罚；

（3）若存在得以减刑的条件，其监禁时间也不得少于3个月。

第二年，最高法院宣布，"若因危及生命而做出的堕胎行为，无罪"。如此，第二次高潮以医学判断来减轻"堕胎禁令"的结果而

---

① 194. Sitzung. Mittwoch den 5. Mai 1926, in: Stenographische Berichte des Deutschen Reichstags, Bd. 390, Berlin, 1926, 收录于 Karen Hagemann（Hrsg）, Eine Frauensache Alltagsleben und Geburtenpolitik 1919 - 1933, Eine Ausstellungsdokumentation, S. 110 - 113。

② 德国刑法文本，网上资料库，http：//lexetius.com/StGB/218，10，查询时间：2016年10月2日。

告终。这一结果对公众也产生了比较大的影响力。1929 年，心理学家曾做过一次访谈。他们发现，公众的参与率高达 92%，这表明堕胎禁令废止问题在当时的确是一个热门的社会政策改革对象。其中，66% 的受访者明确拒绝把堕胎行为作为刑法惩罚的对象。此外，有13% 的受访者表示，他们在原则上不反对堕胎行为入刑，但期待立法草案对一些特定前提加以规范。5% 的受访者要求对堕胎行为做一些预防措施。只有 6% 的受访者明确表示支持刑法条款原表述。①

四 "堕胎禁令"存废之争的第三次高潮

第三次高潮出现在 1930 年前后，其主要诉求是突破医学原因，承认社会因素造成的堕胎合法。1927 年后，社民党和共产党曾多次向国会提出，有权判断堕胎是否合法的医生数量可从 2 位减少到 1 位，但被司法部驳回。正在此时，随着世界性经济大萧条爆发，非法堕胎案的数量直线上升。在吕贝克，每 100 名出生婴儿所带来的堕胎数量从 1926 年的 47 个增加到 1932 年的 65 个。全国平均量也达到每百名出生婴儿伴随 44 个堕胎。1933 年，超过 3 万名妇女因非法堕胎而被登记入册。② 在失业人口达到 600 万巅峰时，出现了约有 100 万起非法堕胎手术，其中 1 万—1.2 万起手术造成了孕妇死亡。③ 1929 年，普鲁士民族福利部（Volkswohlfahrt）报告说，每个已婚工人妇女平均生育 1 次，但面临 4—5 次流产；除萨尔之外的普鲁士，人口总量没有超越战前，1927 年出生率只有 19.08‰。④

1929 年 9 月 6 日，一部描述工人阶级妇女由于"堕胎禁令"而

---

① Fromm, "Arbeiter und Angestellte am Vorand des Dritten Reichs. Eine sozialpsychologische Untersuchung（1929）", in Dietmar Petzina u. s. w. （Hrsg.）, *Deutsche Sozialgeschichte. Ein historisches Lesebuch*, S. 113 – 115, 此处是 S. 114。

② Henry P. David, Jochen Fleischhacker and Charlotte Hohn, "Abortion and Eugenics in Nazi Germany", pp. 85 – 86.

③ Atina Grossmann, "Die 'Neue Frau' und die Rationalisierung der Sexualität in der Weimarer Republik", S. 43.

④ Karen Hagemann （Hrsg）, *Eine Frauensache Alltagsleben und Geburtenpolitik 1919 – 1933，Eine Ausstellungsdakumentation*, S. 88.

受到迫害的戏剧《氰化钾》（Cyankali）在柏林上演，并于1930年被拍成电影。该剧后被誉为"反对第218条最为成功的宣传"，在民众中影响极大。[①] 上述事例都清楚表明，经济因素在堕胎动机中同样扮演着重要角色。法院的一份统计表明，在因第218条而受罚的人群中，92%属于家庭收入低的阶层，而社会较高的职员都能在医生那里获得合法堕胎的处方。[②] 由此，堕胎禁令的废止问题再次成为政治角力的战场。

坚持要求废止"堕胎禁令"的，仍然是共产党。1930年11月22日，德共国会党团提交了一份立法草案，要求取消任何因中断妊娠而遭受刑罚的规定。其具体内容是：（1）废止刑法第218条；（2）所有基于第218条而被判刑的人大赦，因此而进行的审判程序终止；（3）修改国家保险条例，由医生判定需要中断妊娠的病症及后续治疗，都应被视做疾病救助的对象，此外以中断妊娠为目的的疾病治疗及相应手术，应由有疾病基金承担；（4）要求市政当局保证，无法根据国家保险条例而获得疾病救助金的人，也有权在医院中免费接受中断妊娠的手术。[③]

社民党代表凯特·弗朗肯塔尔（Käte Frankenthal）则反对完全取消第218条的想法。她主张，"由在职医生判定，怀孕前三个月的妇女中止妊娠，是无罪的"。此外，她强调的是，"健康保障妇女的方法，是系统性地对国民进行避孕教育，避免在怀孕后期进行堕胎，也避免在非法医生那里堕胎"。[④]

此时，国会中的最大反对派已是纳粹党。其议员在3月12日的

[①] 各式剧评收录于 Karen Hagemann（Hrsg），*Eine Frauensache Alltagsleben und Geburtenpolitik 1919 – 1933，Eine Ausstellungsdakumentation*，S. 156 – 157。

[②] Karen Hagemann（Hrsg），*Eine Frauensache Alltagsleben und Geburtenpolitik 1919 – 1933，Eine Ausstellungsdakumentation*，S. 83.

[③] Karen Hagemann（Hrsg），*Eine Frauensache Alltagsleben und Geburtenpolitik 1919 – 1933，Eine Ausstellungsdakumentation*，S. 116 – 117.

[④] Karen Hagemann（Hrsg），*Eine Frauensache Alltagsleben und Geburtenpolitik 1919 – 1933，Eine Ausstellungsdakumentation*，S. 123 – 124.

国会辩论中甚至提出了延伸第 218 条的草案:"凡人为阻止德国民族自然繁殖的行动,便是对德意志民族的犯罪;或以言辞、出版、图片抑或任何其他行动来鼓励上述举动者,或混杂犹太血统者抑或有色种族者以致种族蜕化及德意志民族解体,或威胁做出上述举动者,都将以背叛种族罪处以有期徒刑。"[1] 9 月,它在国会中提出,"为了保障民族"(Zum Schutze der Nation),任何以口头、书面、印刷、图片或其他艺术方式来损害德意志民族的自然生产能力者,都应以叛族罪被监禁。[2] 它的下属组织"多子女全国联盟"(RdK)在德累斯顿举办的国际卫生学展览中设计了一个特别区,号召民众抗击"民族之死"(Volkstod),强调家庭在民族复兴中的核心角色。[3]

由于当时德国政治与经济形势日趋混乱,国会并没有正式讨论过上述三种方案。但这些想法已通过各种途径散播到社会上,也各自赢得了不少支持者。

1930 年 5 月,"反对第 218 条全国委员会"(Reichskomitee gegen den $ 218)成立,其成员覆盖了中左翼,囊括了 800 多个地方性组织。[4] 当然,个人的出发点并不相同。一位社会学家如此写道,"劳动者的需求越大,越需要更高的生育率;相反,劳动力越需要照顾,越贬值,生育率就会变得越低",换言之,生育率高低是与经济发展结合在一起的。[5] 显然,他注意到了堕胎的社会经济根源。与此相反,大部分妇女是从个体健康和国家需求角度出发,来反对第 218 条原有表述的想法。在她看来,"国家需要不期而至的生育。但当此

---

[1] Henry P. David, Jochen Fleischhacker and Charlotte Hohn, "Abortion and Eugenics in Nazi Germany", p. 85.

[2] Karen Hagemann (Hrsg.), *Eine Frauensache Alltagsleben und Geburtenpolitik 1919 – 1933, Eine Ausstellungsdakumentation*, S. 143.

[3] Lisa Pine, *Nazi Family Policy, 1933 – 1945*, Oxford: Berg, 1999, p. 88.

[4] Karen Hagemann (Hrsg.), *Eine Frauensache Alltagsleben und Geburtenpolitik 1919 – 1933, Eine Ausstellungsdakumentation*, S. 186 – 187.

[5] Rudolf Goldscheid, "Die generative Revolution. Eine Studie über den Strukturwandel in der Bevölkerungsökonomie", in Jens Flemming, Klaus Saul, Peter-Christian Witt (Hrsg.), *Familienleben im Schatten der Krise. Dokumente und Analysen zur Sozialgeschichte der Weimarer Republik 1918 – 1933*, S. 30.

举对病人而言意味着自杀、威胁生存或者会带来儿童死亡的结果时，中止妊娠是必要之举"。她认为，假如中央政府做一个社会调查，询问所有妇女"在妊娠三个月之内，是否可以中止妊娠？"大部分人都会表示反对，但政府不能以刑罚的方式予以威胁。①

坚持堕胎禁令的想法，也得到了保守派的支持，特别是1930年12月31日，教皇发表通谕，再次强调"堕胎"是与"上帝法则相抗争的"②。人口学家弗里茨·弗里德里希·布尔格道尔夫再次以悲观口吻谈论堕胎与人口趋势下降给德国未来带来的负面影响："人口持续快速减少将在经济上产生极大影响，而且它会引发整个就业状态的老龄化发展……这样一种民族肌体的'老龄化'不可能对我们的经济、政治和整个公共生活不产生深刻影响。特别重要的是，它还会对我们民众中的大部分人的老年照料、残疾保险都产生影响。"③右翼人口学家强调，"一个负责任的国家家庭政策必须存在于今天的一孩和二孩体制中"，"一个民族发展的决定因素在于其健康的多子女家庭的数量"，"我们的人口政策任务就是去保障和维护健康的多子女家庭"。④

与此相对，属于共产党的妇女报刊《女性斗争者》（*Die Kämpferin*）指责教皇通谕试图"把女性变成生产机器、男性的奴仆"，迫使生病的女性生育，"教会是与纳粹主义、法西斯主义携手共进的"。⑤

---

① Julius Wolf, "Mutter oder Embryo? Zum Kampf um den Abtreibungsparagraphen (1930)", in Jens Flemming, Klaus Saul, Peter-Christian Witt (Hrsg.), *Familienleben im Schatten der Krise. Dokumente und Analysen zur Sozialgeschichte der Weimarer Republik 1918–1933*, S. 38–40.

② Karen Hagemann (Hrsg.), *Eine Frauensache Alltagsleben und Geburtenpolitik 1919–1933, Eine Ausstellungsdakumentation*, S. 139–141.

③ Friedrich Burgdörfer, "Die gegenwärtige bevölkerungspolitische Lage Deutschlands und ihre Gefahren", in Jens Flemming, Klaus Saul, Peter-Christian Witt (Hrsg.), *Familienleben im Schatten der Krise. Dokumente und Analysen zur Sozialgeschichte der Weimarer Republik 1918–1933*, S. 28–29.

④ Hans Harmsen, "Aufgaben und Ziele einer Deutschen Bevölkerungspolitik", in Jens Flemming, Klaus Saul, Peter-Christian Witt (Hrsg.), *Familienleben im Schatten der Krise. Dokumente und Analysen zur Sozialgeschichte der Weimarer Republik 1918–1933*, S. 31–32.

⑤ Karen Hagemann (Hrsg.), *Eine Frauensache Alltagsleben und Geburtenpolitik 1919–1933, Eine Ausstellungsdakumentation*, S. 180.

1931年初的一场突发事件让这种对立更为引人注目。当年2月19日,两位斯图加特医生艾尔斯·基尔勒(Else Kienle)和弗里德里希·沃尔夫(Friedrich Wolf)因"以营利为目的协助堕胎"而被捕。前者是一位皮肤病与性病医生,长期在避孕咨询机构工作;后者既是一位外科医生,又是当时著名的剧作家,上文提到的戏剧《氰化钾》便是他的作品,而且他还是一名共产党员。检察官指控两人至少为320名以上的妇女进行过堕胎。2月25日,世界失业者大会提出了"不再有第218条""让被捕医生回家"的要求。[①] 与之相对,2天后,纳粹党的《民族观察家报》(*Völkerischer Beobachter*)指责沃尔夫"作为犹太人……实践了东部犹太布尔什维主义威胁共同体的做法。他长期以来希望用自己的作品来让工人支持布尔什维主义。在阶级斗争之外,他还如所有犹太人一样,痛恨拥有民族信念的德意志人"。相反,4月1日,自由主义阵营的《晚上世界报》(*Die Welt am Abend*)则明确站在了被捕医生一边,反对"堕胎禁令"。"反对第218条全国委员会"也行动起来,在短短三个月内组织了1500多场集会,不仅要求立即释放两位医生,而且还提出大赦所有因"堕胎禁令"而被捕的孕妇,完全让"堕胎自由化",取消所有阻碍性启蒙的法律,用疾病基金和城镇救助金来为中止妊娠者提供医疗救助,全面提升妇幼照料水平,保障住房供给与工资发放等。4月15日,委员会在柏林体育场组织了1.5万人集会,随后在市中心进行游行示威。最终,政府迫于压力,释放了两位医生。[②]

尽管如此,第三次高潮并没有带来人们期待中的任何改变。内阁与国会都拒绝继续讨论"堕胎禁令"的修改问题[③],其他相应的

[①] Luc Jochimsen, "§218 (1871 – 1971). Hundert Jahre Elend mit einer tausendjärigen Tradition", S. 24.

[②] Karen Hagemann (Hrsg.), *Eine Frauensache Alltagsleben und Geburtenpolitik 1919 – 1933*, *Eine Ausstellungsdakumentation*, S. 183 – 198.

[③] 1932年1月,内阁曾经讨论过刑法修正案的问题,其中包括堕胎禁令,但未曾得出任何积极结论。参见1932年1月19日布吕宁内阁纪要,第636号,魏玛共和国内阁档案集,网上资料库。

社会政策改革也被搁置。魏玛末期的政治与经济动荡，显然是这种停滞局面的主要原因。

第三节　1933 年后"堕胎禁令"的命运

魏玛末期，另一种要求"堕胎合法化"的诉求也在迅速增长。这就是来自种族卫生学领域的声音。德国第一位"种族卫生学"教授弗里茨·兰茨明确把该研究方向的内涵延伸到"阻止繁衍'无必要生存者'"这一点；甚至连左翼学者阿尔弗雷德·格罗特雅恩（Alfred Grotjahn）在《社会生殖卫生学》一书中也提出，国家有权"禁止堕胎"，但也应该考虑到遗传疾病而"允许中止妊娠"。[1] 1933 年纳粹上台前，几乎所有大学的医学系都已设立了"种族卫生学"教席。[2] 不少研究者虽然不赞成纳粹主义，但仍然期待用自己的理论来影响政府立法。"德意志种族卫生学协会"（Deutsche Gesellschaft für Rassenhygiene）有两个研究所：柏林研究所反对所谓"雅利安人优越性"的理论，倾向于根据遗传疾病来考虑堕胎的可能性；而慕尼黑研究所则立足于种族主义的思想，更支持右翼的主张。[3]

不仅如此，一些人口学家也对魏玛政府在堕胎问题上的犹豫不决而感到不满。1931 年，著名学者保罗·当策尔（Paul Danzer）在多子女全国联盟巴伐利亚分会大会上指出，"人口数量不是根据经济而变化的。正好相反，经济是伴随人口数量而变化的"。他批评魏玛政府的家庭政策"不负责任地对我们民族的特性进行了改造，是在

---

[1] Gabriele Czarnowski, *Das kontrollierte Paar. Ehe- und Sexualpolitik im Nationalsozialismus*, Weinheim: Deutscher Studien Verlag, 1991. S. 23 – 26, 33.

[2] Henry P. David, Jochen Fleischhacker and Charlotte Hohn, "Abortion and Eugenics in Nazi Germany", p. 88.

[3] Lisa Pine, *Nazi Family Policy, 1933 – 1945*, Oxford: Berg, 1999, p. 11.

个体基础上建设民族共同体的","正是因为德意志特性受到了威胁,所以家庭政策才需要保护"。①

这两股力量结合在一起,形成了纳粹政权在家庭政策上的核心理念:在德意志民族内部坚持"堕胎禁令",但对非德意志人或"无生存价值者"实施所谓"优生学"(绝育、堕胎)。这一点在1933年前的一位纳粹医生的表白中表现得十分明显。他如此直白地在《德国医生报》(Deutsches Ärzteblatt)上写道②:

> 从纳粹主义的立场出发,我们认为,个人是民族整体的组成部分,民族整体的权利高于个人权利。因此,纳粹主义拒绝个人主义,立足于社会主义的土壤之上。国家的首要任务是维护整个民族。不过,在此期间,医生和国家不应该忘记——这一点经常发生——维护精神健康之使命远胜于维护身体健康之使命。……我还不能说,我们完全赞成从卫生学的角度,以健康为名,赞成防止怀孕或中止妊娠。……但是我们必须拒绝出现的现象是,"所有阶层中有责任意识的人"放弃孩子,而那些价值较低的人却不断地带来孩子。这不是缺少责任意识,而是不负责任……

纳粹上台后,这种思想在实践中主要表现在以下三点:

第一,打击任何商业性堕胎行为。1933年5月26日,第218条修正案被纳粹政权所接受,第219条则被重新恢复,第220条得到修改,6月1日推行。据此,任何人以堕胎为目的,建议或推荐孕妇

---

① Paul Danzer, *Volkstum und Wirtschaft als Grundlage deutscher Familienpolitik*, München: Landesverband Bayern im Reichsbund der Kinderreichen Deutschlands zum Schutz der Familie e. V., 1931, S. 16 – 18.
② Martin Staemmler, "Unsere Stellung zur Schwangerschaftsverhütung und-unterbrechung. Gedanken eines nationalsozialistischen Arztes", in Jens Flemming, Klaus Saul, Peter-Christian Witt (Hrsg.), *Familienleben im Schatten der Krise. Dokumente und Analysen zur Sozialgeschichte der Weimarer Republik 1918 – 1933*, S. 38.

前往特定医院或接受堕胎手术,或将之向大众展示,都将被处以罚款或监禁;任何公开提供堕胎服务者,或介绍第三人提供堕胎服务者,都将被处以罚款或监禁。[1] 不久后,普鲁士内政部通告,"商业性堕胎行为必须被严厉镇压"。9月8日,柏林医生委员会对"任何试图挽救其堕胎实践者提出警告,他们只能在堕胎已经发生的情况下去做手术,而且该过程必须以反对任何邪恶者损坏我们神圣健康种族目的为前提",所有堕胎手术必须接受"被信任的医学专家的审查"。到1938年,被判"非法堕胎"者接近7000人,相对于1932年而言,上升了65%。相应地,合法堕胎的总量从1932年的4.3万起下降到1939年的2275起。战争爆发后,违反"堕胎禁令"的案件骤然增多,1942年被查获的数量多达9108起。[2] 为此,纳粹政府于1943年3月30日在第218条第3款下增添了第2点,规定"倘若罪犯由此损害了德意志民族的生命力,则将被处以死刑"[3]。

第二,鼓励青年人生育。纳粹上台后,关闭了所有性学研究所和避孕咨询机构,未经许可发布避孕广告者,将被处以1年以下的监禁。此外,宣传部下设"拓展人口政策办公室",并提供零利率贷款,鼓励新婚夫妻"为了公共利益"而生育。卫生部提出的口号是"健康妇女的责任就是生育"。[4] 希特勒在1934年的演讲中把关于"妇女解放"的话语归入"犹太知识分子"的阴谋,特别强调德意志妇女的岗位在于"她的丈夫、她的家庭、她的孩子和她的屋子"这些"小世界"。[5] 多子女家庭（Kinderreich-Familie）被视做"遗传

---

[1] 德国刑法文本,网上资料库,http://lexetius.com/StGB/219,11;http://lexetius.com/StGB/220,3,查阅时间:2016年10月2日。

[2] Henry P. David, Jochen Fleischhacker, Charlotte Hohn, "Abortion and Eugenics in Nazi Germany", pp. 90 - 92.

[3] 德国刑法文本,网上资料库,http://lexetius.com/StGB/218,9,查阅时间:2016年10月2日。

[4] Henry P. David, Jochen Fleischhacker, Charlotte Hohn, "Abortion and Eugenics in Nazi Germany", p. 91.

[5] 1934年8月8日希特勒在纳粹妇女大会上的发言,引自Dietmar Petzina (Hrsg.), *Deutsche Sozialgeschichte. Ein historisches Lesebuch*, S. 125 - 127, 此处是S. 126 - 127。

上健康的""种族上有价值的"以及政治和社会上负责的家庭。①

第三，在特定人群中推行绝育和堕胎手术。1933 年 7 月 14 日，纳粹政权推出《防止下一代遗传疾病法》，对那些所谓"无证明价值之人"进行强制绝育手术。为此，所谓"遗传疾病法庭"成立，由医生、法官、警察共同处理。到 1937 年，纳粹当局已经让 22.5 万人做了绝育手术。到 1939 年第二次世界大战爆发前夕，接受绝育手术者人数达到 32 万人，约占德国人口的 0.5%。② 1940 年 9 月，帝国卫生领袖还发布密令，授权卫生官员可以施行优生学意义上的绝育手术，并对妓女、"低等种族"女性施行堕胎。与此同时，政府鼓励非德意志人的堕胎或基于优生学基础的堕胎。在占领区，德国警察一方面受命对那些波兰女性的堕胎行为"视而不见"；另一方面，战前已经推行医学诊断下有权堕胎的丹麦、挪威、荷兰则被允许维持现状。③

"二战"结束后，围绕"堕胎禁令"存废问题的讨论才再次出现。民主德国受苏联影响，在 1972 年宣布"基于需求的堕胎"合法。而在联邦德国，直到 1976 年才放开了堕胎，允许在"医学诊断"之外，引入"社会诊断"，即根据经济、文化等因素来判定堕胎的合法与否。④ 魏玛时期社会改革家们的期待才终于转化为现实。

小　结

在魏玛共和国的十四年间，以"堕胎禁令"改革为核心的争议，大致上围绕"谁有权决定堕胎"和"非法堕胎者应该如何受到惩戒"

---

① Lisa Pine, *Nazi Family Policy*, 1933–1945, p. 88.
② Lisa Pine, *Nazi Family Policy*, 1933–1945, p. 13.
③ Henry P. David, Jochen Fleischhacker, Charlotte Hohn, "Abortion and Eugenics in Nazi Germany", pp. 102–104.
④ Albin Eser, "Reform of German Abortion Law: First Experiences", pp. 372–374.

第五章　家庭政策：以"堕胎禁令"的改革与争议为中心的探讨　217

这两个问题展开。参与讨论者可被分为四个阵营：第一，坚持完全放开者，如德国共产党与一些激进女权主义者；第二，要求部分放开并减轻惩罚者，如中左翼政党与医生群体；第三，维持现状者，如右翼政党与教会人士；第四，继续推进且加重惩罚者，如纳粹党。

如果进一步观察上述四方的阐释，我们会发现，他们是沿着不同论证逻辑前行的：社会主义政党考虑的是"社会公正"，因为无产阶级妇女更容易受到"堕胎禁令"的负面影响；女权主义者呼吁的是"女性控制身体的自由权利"，她们要突破"堕胎禁令"所隐藏的传统价值观；医生群体更在意"职业工作者的诊断特权"，因此从内心排斥其他社会因素在修改"堕胎禁令"中的角色；极端民族主义者继承了"人口增殖"的传统论调，并附加上"种族繁衍"的理由。

这些阐释都超越了德意志帝国推出"堕胎禁令"时的最初考量，即维护妇女身体健康、保障德意志人口正常增长，这体现了时代所带来的一系列新冲击，可被视做魏玛德国"现代性"的表现之一，也是魏玛民主持续推进的自然结果。

然而，正如其他领域的现代性一样，以"堕胎禁令"改革为核心的家庭现代性问题，实际上对魏玛共和国本身产生了政治家们未曾料及的双重冲击：一方面，日益多元化且相互抗衡的利益诉求，持续性地撕裂着原本就缺乏共识的社会，以至于无论如何改革，都会面对反对派；另一方面，被推向极致的权利观，极易导向无政府主义，进而对政府的立法权产生怀疑。由此，以增进个人权利为目标的家庭政策，反而被视做魏玛政府违背民族意志的罪证，遭到了不少人的贬斥。缺少民主经验的魏玛政府，在政治经济一片混乱的局面下，更无力推进人们期待中的"系统的家庭政策"[①]，沦为众矢

---

① 巴伐利亚统计局局长兼慕尼黑大学教授 Friechrich Zahn 在 1927 年提出，"家庭是未来民族的繁殖学校，是民族肌体不断更新与向前发展的正规道路"。他批评共和国的家庭政策及社会政策"越来越个人主义化，没有关注到社会的家庭结构"。他认为，"系统的家庭政策"拥有 3 个目标：促进健康照料与教育救济，改善多子女家庭的生活条件，提高家庭的道德基础。Friedrich Zahn, *Familienpolitik. Generalbericht an die Zweite Delegiertenversammlung*, S. 2, 6 – 7.

之的。事实上，从大量个案来看，即便是受到表彰的多子女家庭，也并非没有问题。在杜塞尔多夫，一个拥有 8 个子女的 K 家庭受到过当地人口繁衍委员会的赞赏，但最终这户所谓"正确家庭"却由于丈夫出轨、妻子慵懒而走到终点。①

更为糟糕的是，极端民族主义者正是在此基础上，进一步把种族主义的解决方案引入有关"堕胎禁令"存废的讨论中：根据种族原则，在德意志人坚持"堕胎禁令"，而在所谓"无生存价值者"和非德意志人中强制推行"堕胎"和"绝育"。纳粹上台后，以独裁体制为保障，将这种方案付诸实施。这一点再次表明，最初以推进现代性为主旨的魏玛家庭政策，同样蕴藏着反现代性的危险。而魏玛政府未能考虑到社会政策的复杂性，又没有能力应对日益碎裂化的政治格局，最终只能在社会全面危机的困境中，把权力拱手送给了纳粹党，并让后者以保障民族健康为名，推行种族主义的社会控制政策，以致让一种基于进步社会观的家庭政策，最终沦为服务于种族主义世界观的纳粹独裁工具。

---

① David F. Crew, "German socialism, the state and family policy, *1918 – 1933*", p. 254.

第 六 章

历史政策：以国名、纪念日和公共历史书写为核心的探讨

历史是一个不断被当下化的过去。每个社会在特定时段都会面临着重新解释过去的使命。如德国当代著名历史哲学家约恩·吕森（Jörn Rüsen）所言，过去"如同安放在我们肩上的重物。我们很希望卸下它，却对此无能为力。它是我们自身的组成部分。没有它，我们可能无法生存"①。正因如此，与历史打交道，是每个社会必须承担的使命。这是所谓"历史政策"（Geschichtspolitik）或"记忆政策"（politics of memory）的缘起。一般而言，历史政策是指政治实体通过政策措施来干预、改变或塑造社会公众的历史记忆。特别是在20世纪，伴随政治制度的多种转换，"历史政策"的重要性变得越来越大，以至于它在某种程度上也成为国家权力控制社会的一种手段。② 换言之，"历史政策"理应被视作一种特殊的"社会政

---

① 转引自 Klaus Schönhoven, *Geschichtspolitik*: *Über den öffentlichen Umgang mit Geschichte und Erinnerung*, Bonn: Friedrich-Ebert-Stiftung, 2003, S. 3。

② 关于"历史政策"的理论梳理，可参见 Edgar Wolfrum, "Geschichte als Politikum-Geschichtspolitik. Internationale Forschungen zum 19. Und 20. Jahrhundert", *Neue Politische Literatur*, Nr. 41, 1996, S. 376 – 401；Stefan Troebst, "Geschichtspolitik", *Docupedia-Zeitgeschichte. Begriffe*, *Methoden und Debatten der zeithistorischen Forschung*, http://docupedia.de/images/1/13/Geschichtspolitik.pdf, 4.8.2014, 查阅时间：2018年1月4日。

策"。因为，作为社会政策的"历史政策"，旨在弥合社会各群体间由于历史认知差异而形成的张力，并提供某种历史共识，来建构本社会的集体身份认同，夯实政府的执政合法性。它从本质上而言属于社会治理的途径之一。不过，与其他社会政策不同的是，"历史政策"并不指向一些具体的物化权利，如劳动时间、住房保障、保险金、生育权等，而是基于一种抽象的认同感。它既要确保每个人、每个群体的特殊历史意识得到尊重，又需要在这些存在差异化的历史意识之上提供具有普适性的公共历史文化，来达到凝聚社会的目标。

如同其他时期的"历史政策"那样，魏玛德国的"历史政策"需要面向过去、当下与未来三个维度。从"过去"中留下的光辉记忆（如"帝国"这样的国名），是否应该完整无缺地加以接受？由"当下"创制的时代亮点（如革命纪念日），是否应该得到珍视和续存？基于"未来"而承认的公共历史书写权力（如"一战"责任问题），是否应该得以坦率接受？这些棘手难题构成了共和国的社会争议焦点，为我们提供了当时代公共历史文化的鲜活画面。

本章以国名、纪念日和公共历史书写为核心，探讨魏玛共和国的历史政策。以下首先针对共和国的正式国名何以延续德意志帝国的问题，描述"帝国"观念在德意志人的历史意识中的延续性特征；其次叩问共和国为何无法创制一个广为接受的纪念日，来保存当时代的革命记忆，从中感知魏玛政治文化的重大缺陷；最后从一场历史传记之争出发，探求"一战"后德国各阶层公共历史书写权力意识上的矛盾立场，反思共和国政府在公共历史文化机制化建设中的缺位问题。①

第一节 什么是"Reich"？——从魏玛初期的国名之争看德国人的帝国观念

众所周知，在德国历史上存在过三个"帝国"：神圣罗马帝国（962—1806）、德意志帝国（1871—1918）和纳粹帝国（1933—1945）。这种经历或许让德国人拥有比其他欧洲人更多的"帝国"情结。但是，并非所有德国人都对"Reich"（德语，意为"帝国"）抱有相同认识。事实上，"什么是'Reich'"的问题，正是德意志政治文化史中的一个重要研究对象——它不仅能够从历时性的角度，厘清帝国权力结构从古典时代经由中世纪再向近现代的模式转变进程，而且还可以集中呈现不同帝国观念在相同时空中所产生的组合、张力及其影响。本节以魏玛共和国（1918—1933）成立初期的国名之争为例，从个案解析入手，进而讨论这一个案背后具有历史纵深

---

① 在这三方面的重要研究著作是：Sebastian Ullric, "Der Streit um den Namen der ersten deutschen Demokratie 1918 – 1949", in Moritz Graf Rüdiger Föllmer（Hrsg.）, *Die "Krise" der Weimarer Republik*: *Zur Kritik eines Deutungsmustes*, Frankfurt/New York：Campus Verlag, 2005, S. 187 – 207；Hans Schleier, "Die Historische Zeitschrift 1918 – 1943", in Joachim Streisand（Hrsg.）, *Studien über die deutsche Geschichtswissenschaft*（Bd. 2, *Die bürgerliche deutsche Geschichtsschreibung von der Reichseinigung von ober bis zur Befreiung Deutschlands vom Faschismus*）, Berlin（O）：deb, 1965, S. 251 – 302, 相关内容是 S. 278 – 280；Hans-Jürgen Perrey, "Der 'Fall Emil Ludwig' -Ein Bericht über eine historiographische Kontroverse der ausgehenden Weimarer Republik", in：*Geschichte in Wissenschaft und Unterricht*, N. 43, 1992, S. 169 – 181；Eberhard Kolb, "'Die Historiker sind ernstlich böse'. Der Streit um die 'Historische Belletristik' in Wermar-Deutschland", in：ders., *Umbrüche deutscher Geschichte 1866/71-1918/19-1929/33. Ausgewählte Aufsätze*, München：Oldenbourg, 1993, S. 311 – 329；Eckart Kehr, "Der neue Plutarch. Die 'historische belletristik', die Universität und die Demokratie"（1930）, in ders, *Der Primat der Innenpolitik. Gesammelte Aufsätze zur preußisch-deutschen Sozialgeschichte im 19. und 20. Jahrhundert*, Herausgegeben und eingeleitet von Hans-Ulrich Wehler, Berlin：Walter de Gruyter, 1970, S. 269 – 278；Michael Kienzle, "Biographie als Ritual. Am Fall Emil Ludwig", in Rucktäschel, Zimmermann（Hrsg.）, *Trivialliteratur*, München：Fink, 1976, S. 230 – 248；Christian Gradmann, *Historische Belletristik. Populäre historische Biographien in der Weimarer Republik*, Frankfurt a. M., 1993。

度的帝国观念变迁及其对魏玛政治所产生的影响。[①]

一 魏玛初期的国名之争

魏玛共和国在其宪法第一条中采取了这样的表述："Das Deutsche Reich ist eine Republik。"[②] 若按字面翻译，它的意思是"德意志帝国是一个共和国"。显然，无论从现代语义还是政治内涵而言，这是一种充满矛盾的说法。

事实上，这是政治妥协的结果。

革命初期，威廉二世退位后，德国究竟采取君主立宪制还是民主共和制，仍是存在争议的问题。即便后来担任共和国第一任总统的多数派社会民主党（MSPD）人弗里德里希·艾伯特（Friedrich Ebert），如其传记作家所言，当时的主要目标"依旧是在任何情况下起'平衡'作用，避免同帝国及其代表'秩序'的君主主义和帝国主义的时代完全决裂"。德意志帝国的最后一任首相巴登亲王（Prinz Max von Baden）在其回忆录中承认，他之所以愿意把权力交给艾伯特，正是因为"如果退位的皇帝任命艾伯特为首相，君主政体也许仍有一线希望"[③]。

然而事态的发展出乎艾伯特的掌控之外。皇帝退位的声明已经传出，但国会大厦门前的示威者却毫无散去的迹象。不仅如此，斯巴达克团在已占领的皇宫中筹划成立"社会主义共和国"的消息不断传来。这让国会大厦中的多数派社民党另一位领袖菲利普·谢德曼（Philipp Scheidemann）颇为不安。他后来在回忆录中写道："如

[①] 这一方面的研究，国际学术界的重要成果是：Sebastian Ullric, "Der Streit um den Namen der ersten deutschen Demokratie 1918 – 1949", in Moritz Graf Rüdiger Föllmer (Hrsg.), *Die "Krise" der Weimarer Republik. Zur Kritik eines Deutungsmustes*, Frankfurt / New York：Campus Verlag, 2005, S. 187 – 207。但该文还稍显简单。国内学者蒋劲松在有关魏玛宪法制定历史的评述中也有少量涉及。参见蒋劲松《德国代议制》第 2 卷，中国社会科学出版社 2009 年版，第 1026 – 1035 页。

[②] 魏玛宪法网络版，http：//www.documentarchiv.de/wr/wrv.html#ERSTER_ABSCHNITT，查阅时间：2017 年 2 月 6 日。

[③] ［德］威廉·冯·施特恩堡主编：《从俾斯麦到科尔——德国政府首脑列传》，许右军等译，当代世界出版社 1997 年版，第 161 页。

第六章　历史政策：以国名、纪念日和公共历史书写为核心的探讨　223

今我看清楚了局势。我了解他（即卡尔·李卜克内西［Karl Liebknecht］——引者注）的要求：'一切权力归工人和士兵苏维埃！'也就是让德国成为俄罗斯的一个省份，苏维埃的一个分支机构？不！一千遍不！"① 下午 2 点，谢德曼决定抢在卡尔·李卜克内西之前，先行宣布国家新体制"德意志共和国（deutsche Republik）万岁！"他这样说道②：

> 德意志民众在所有地方都取得了胜利。旧的腐败组织已经被摧毁；军国主义已经消亡！霍亨索伦家族已经退位了！德意志共和国（deutsche Republik）万岁！艾伯特议员已经成为总理。因此，艾伯特将承担起建立一个新政府的责任。这个政府将属于所有的社会主义政党。现在我们的任务是，让这个耀眼的胜利、这个德意志民众的胜利避免受到污染。所以，我请求大家，请你们注意，不要破坏稳定！不要让我们将来受到责备的事情发生！镇静、秩序与稳定，这就是我们现在所需要的！……请你们注意了，我们建立的新的德意志共和国不能被任何人破坏！德意志共和国万岁！

谢德曼的演说让艾伯特大发雷霆，艾伯特对他愤怒地叫嚷："你没有权利宣布成立共和国。德国要变成什么，是变成共和国还是别的什么，这必须由制宪会议来决定。"然而两个小时后，李卜克内西的演说更让艾伯特吃惊不已：③

> 革命的日子终于到了。我们强行得到了和平。看起来，和

---

① ［德］威廉·冯·施特恩堡主编：《从俾斯麦到科尔——德国政府首脑列传》，许右军等译，当代世界出版社 1997 年版，第 185—186 页。
② Gerhard A. Ritter, Susanne Miller, *Die Deutsche Revolution*, *1918–1919：Dokumente*, S. 77–78.
③ Gerhard A. Ritter, Susanne Miller, *Die Deutsche Revolution*, *1918–1919：Dokumente*, S. 78–79.

平已经达成。旧的事物已经消失了。霍亨索伦家族的统治——在这个宫殿里居住了长达百年之久的王朝——过去了。在这样的时刻,我们宣告成立自由的德意志社会主义共和国(freie sozialistische Republik Deutschland)。我们向我们的俄国兄弟致意,他们在4天前被卑鄙地驱逐了。……通过这扇门,将实现一个新的社会主义的工人与士兵之自由。我们就是要在这里,皇帝曾经站过的地方,插上德意志自由共和国的红旗!……我们仍然不能确信的是,我们的使命已经完成。我们必须要用尽所有的力量来缔造一个工人和士兵的政府,创立一个新的无产阶级的国家体制,这是我们德意志兄弟与世界各国兄弟之间和平的、幸运的和自由的体制。我们要把它握在手中,用它来呼唤世界革命的爆发。……谁愿意有一个自由的德意志社会主义共和国和世界革命,就用他的手发誓吧!(所有的手都举了起来,高声喊道:"共和国万岁!")……

无论谢德曼还是李卜克内西,他们都超越了艾伯特的最初设想,宣告了德国从君主制向共和制的转变。这一结果突破了战争末期"上层革命"的范畴,显示出"下层革命"的推动力,完成了从基尔水兵起义开始的革命逻辑的应有之义。进一步来看,无论"德意志共和国"还是"自由的德意志社会主义共和国",它们都表明,"共和国"(Republik)这一字眼是各派社会主义者都能接受的新国名。1919年1月23日,在第一次国民议会选举结果出来后,《前进报》这样写道:"如今只剩下一条路,即与资产阶级民主派一起构成一种有行动能力的多数派,首先让共和国具有合法性,并将其机制建立在民主精神之上。"[①] 独立社会民主党还创办了一份报刊,提名为《共和国》(Republik)。由于革命第一阶段(1918年11月—1919年1月)主要表现为左翼内部温和派与激进派之间的斗争,所以业

---

① *Vorwärts*, Nr. 40 – 41, 23. Jan. 1919.

已达成共识的国名并未成为双方角逐的对象。

然而在大多数资产阶级政治家的潜意识中，"帝国"（Reich）一词却没有从流行的政治话语中消退。负责制定宪法草案的"魏玛宪法之父"胡戈·普罗伊斯（Hugo Preuss）就是一位中左翼法学家。1917年7月，他曾发表过一份宪法改革备忘录，其主旨是在德国建立君主立宪制，而未提到共和国。1918年11月，普罗伊斯受托负责宪法起草工作后，在第一稿（1919年1月推出）中提出了"散权化单一制国家"（dezentralisierte Einheitsstaat）的想法，即一方面未来德国将是一个联邦制国家，各地区拥有自治权，但保证中央政府拥有实权——为此，在国家的称呼上沿用"帝国"（Reich）一词；另一方面肢解普鲁士，将整个国家划分为16个区（Gebiete），保证各地区之间的权力平衡。①

同样，另一位重要的自由派政治学家马克斯·韦伯虽然在1918年10月十分明确地要求过威廉二世退位，但在11月初仍然在原则上捍卫君主制结构的政体。革命发生后，韦伯被迫接受了共和转向，如他在11月22日—12月5日连载的《德国的政体》中坦言："当前，共和国作为政体，看上去是最为保险的道路……我们必须支持这种政体。"然而他又担心共和体制会让资产阶级的"安全感"走向终结。为此，他讨论了各种形式的国家结构。值得注意的是，他在讨论总统、总理乃至内阁时都很自然地使用了"Reich"一词。这一点在其1919年2月发表的《帝国总统》（Der Reichspräsident）一文中也没有发生根本性变化。②

虽然第一稿宪法草案最终因中央与地方的关系问题而被搁置，但中右翼占据多数的国民会议于2月10日通过的权力方案中却到处充斥着"帝国"一词，如该法案的名字叫作《临时帝国权力法》（Geseze über die vorläufige Reichsgewalt），根据该法而当选的艾伯特是

---

① 蒋劲松：《德国代议制》第2卷，中国社会科学出版社2009年版，第1016—1017页。
② Wolfgang J. Mommsen. （Hrsg.）, *Max Weber Zur Neuordnung Deutschlands, Schriften und Reden 1918 - 1920*, Tübingen：J. C. B. Mohl（Paul Siebeck），1988, S. 91, 106, 221 - 224.

"帝国总统"（Reichspräsident）。社会主义者似乎也没有留意这一问题，甚至连艾伯特也用"帝国内阁"（Reichsministerum）和"帝国内阁总理"（Präsident des Reichsministeriums）来命名新的中央政府，以此取代此前的"帝国政府"（Reichsregierung）和"帝国首相"（Reichskanzler）。①

不过从 2 月 24 日起，随着政治形势持续右转，国名问题变得尖锐起来。普罗伊斯在其有关宪法草案第 4 稿的说明中首先提出用"Reich"来代替"Republik"，因为"对于我们德意志民族而言，**'Reich 原则'**具有一种特别深层次的感情价值。我相信，我们不可能答应放弃这个名称的。它依据的是数百年的传统，依据的是曾经分裂的德意志民族在'Reich'这一名称下追求的民族统一。在更为广泛的人群中，假如我们希望放弃这个名称的话，那么将会毫无理由和目的地伤害那种深层次的感觉"②。他坚持把国名定为"Deutsches Reich"（与"德意志帝国"完全一样），把宪法定名为"die Verfassung des Deutschen Reiches"（中文意为"德意志帝国宪法"）。

这种说法受到了在场资产阶级政党的热烈拥护③，但也引起了左翼议员们的担忧。次日，多数派社会民主党党团大会作出决议，要求新国家必须保留"Republik"的国名。④2 月 28 日，多数派社会民主党议员理查德·费舍尔（Richard Fischer）在国会上发言说："德意志人民在数百年历史中首次以其自身力量、根据其自身意愿、基于其自身兴趣来制定宪法；也是第一次制定她的'共和国宪法'……我们希望一个**新德国**建立在广泛的自由、权利和正义的基

---

① Ernst Deuerlein, "Das Werk der Nationalversammlung", in: Die Bundeszentrale für Heimatdienst (Hrsg.), *Die Weimarer Nationalversammlung*, Köln: Greven & Bechtold, 1960, S. 9 – 26. 此处是 S. 15 – 16。

② *Verhandlungen der verfassunggebenden Deutschen Nationalversammlung*, Band 326, Berlin, 1920, S. 285. 速记稿原文上"Reich 原则"便是黑体。

③ 在 2 月 24 日会议记录上，留下了不少民主党、民族人民党等议员的叫好声。

④ Sebastian Ullric, "Der Streit um den Namen der ersten deutschen Demokratie 1918 – 1949", S. 190.

石之上。一个新国家不应该同老国家拥有完全一样的名字。"他指出,"德意志帝国"充满着血腥和暴力,不应该成为新德国的名字。他坚持使用"德意志共和国"(Deutsche Republik)的名称。① 这种说法迎来了右翼的嘘声。

此时,柏林和中德地区都出现了新一轮罢工浪潮。独立社会民主党的杂志《共和国》因支持罢工者的诉求而被国防部强制关闭。3月11日,独立社民党议员胡戈·哈阿泽(Hugo Haase)在国会上提出了异议。② 3月19日,独立社民党在内阁中的代表兰茨贝格(Lansberg)和勒瓦尔德(Lewald)也要求国防部长取消命令。③ 很明显,该刊的名称现在成为左翼必须重视的符号。

与此相反,强调历史延续性的论调得到了从民主党到民族人民党的所有资产阶级政党的支持。在7月2日宪法二读中,民主党发言人布鲁诺·阿布拉斯(Bruno Ablaß)坚持认为"我们不能对这样一种'**历史事实**'不加留意地视而不见……我不能放弃对于这个德意志帝国的自豪感。我认为,这个德意志帝国曾经是我们可以有权为之自豪的形象"。④ 民族人民党发言人克莱门斯·冯·德尔布吕克(Clemens von Delbrück)拒绝做出任何让步,并表示有关该名称的条款意义重大,倘若删除"Reich","这对我们而言,意味着告别一段伟大过去、告别德国拥有权力、文化与声望的巅峰"。⑤ 人民党发言人威廉·卡尔(Wilhelm Kahl)则强调国名问题关系到历史的延续性。⑥

---

① *Verhandlungen der verfassunggebenden Deutschen Nationalversammlung*, Band 326, Berlin, 1920, S. 372. 速记稿原文上"新德国"便是黑体。
② *Reichstagsprotokolle*, 1919, Nr. 130, S. 84.
③ 1919年3月19日谢德曼内阁纪要,第17号,魏玛共和国内阁档案集,网上资料库。
④ *Verhandlungen der verfassunggebenden Deutschen Nationalversammlung*, Band 327, Berlin, 1920, S. 1212–1213. 速记稿原文上"历史事实"便是黑体。
⑤ *Verhandlungen der verfassunggebenden Deutschen Nationalversammlung*, Band 327, Berlin, 1920, S. 1216.
⑥ *Verhandlungen der verfassunggebenden Deutschen Nationalversammlung*, Band 327, Berlin, 1920, S. 1226.

相反，独立社民党代表和多数派社民党代表则要求使用"共和国"这一政治符号。独立社民党议员奥斯卡·科恩（Oskar Cohn）表示，词汇用语应该也必须把"共和国"而非"德意志帝国"确立在政治文化中，以便把宪法的"新精神"嵌入民众意识。[1] 多数派社民党议员马克斯·夸克（Max Quark）指出了第一条表述上的逻辑困境，要求用"德意志共和国宪法"（Verfassung der Deutschen Republik）来代替"德意志帝国宪法"（Verfassung des Deutschen Reiches）。他还提到了刚刚去世的民主党主席弗里德里希·瑙曼（Friedrich Naumann）的建议，即用"德意志联盟"（Deutsches Bund）来作为新德国的国名。该词让人回想到1815—1871年的德意志历史，但也能被夸克接受。不过，该想法的响应者寥寥，而且当时就被普罗伊斯拒绝。[2]

在二读中，"Reich"这一名称获得了多数支持，最终被写入宪法之中。这部宪法的官方名字从此被定为"德意志帝国宪法"，新生共和国被定名为"德意志帝国"。在中文表述中，为了防止引起误会，"Reich"一词在魏玛时期被翻译为"国家"，而宪法第一句则一般被译为"德意志国家是一个共和国"。

当然，有关"Reich"是否适用于共和国的命名，在接下来的岁月里，仍然是一个不断引发争议的问题。就在二读结束后的第二日，驻法大使发来了法国舆论中对"Reich"一词的负面评价。内阁经过讨论后，一方面不能改变国会的决定，另一方面又不得不考虑法国舆论的压力，故只能要求外交部在法文翻译中，把"Deutsches Reich"翻译为"République Allemande"，即"德意志共和国"，以避免对方把"Reich"理解为"Empire"（帝国）。外交部还授命尽

---

[1] *Verhandlungen der verfassunggebenden Deutschen Nationalversammlung*, Band 327, Berlin, 1920, S. 1209

[2] *Verhandlungen der verfassunggebenden Deutschen Nationalversammlung*, Band 327, Berlin, 1920, S. 1214.

量在国外舆论中宣传魏玛德国的民主政体形式。①

一些人逐步接受了"把 Reich 视做共和国"的表述,其中既包含多数派社民党人,也涵盖了右翼自由主义者,他们在日常用语中不自觉地把"Reich"和"Republik"加以混用;另一些人则始终无法接受,如社民党的《前进报》坚持使用"德意志共和国宪法"这样的概念,而共产党的《红旗报》更为尖锐地批评说,"这样一个根据 Reich 来命名的共和国",在严格意义上而言,标志着"共和国从来就没有存在过";在右翼保守派看来,对于"Reich"的坚持,恰恰体现了保守派对德意志历史的热爱——与此相反,在国会中用"共和国"来称呼魏玛政府者,基本上都是共和国的敌人们。②

二 德意志历史上的帝国观念

魏玛初期围绕在国名上的争论,当然是 20 世纪初德意志人排斥共和国而拥抱帝国的保守心理之反映。但事实上,即便是拥护帝国的群体中,对于什么是"帝国"的问题,显然也存在着很大差异:对于普罗伊斯这样的中左翼而言,"帝国"仅仅代表着 1871 年德意志统一以来的那种民族主义传统;而对于民族人民党的代表来说,"帝国"则直接上溯到一百年前分崩离析的"神圣罗马帝国",这是一个中世纪等级制松散型的帝国。这种表述背后的观念差异,恰恰说明,在德意志历史上,"帝国"虽然是一种常见的形态,但与此相关的帝国观念却因时而异。到 20 世纪初,多样化的帝国观念同时存在,从而造成了人们对"帝国"的期待也是多样而丰富的。

简言之,在德意志历史上,帝国观念曾出现过以下三次转变③:

第一次是从"共和帝国"向"帝制帝国"的转变。从罗马早期

---

① 1919 年 7 月 3 日鲍尔内阁纪要,第 12 号,魏玛共和国内阁档案集,网上资料库。
② Sebastian Ullric, "Der Streit um den Namen der ersten deutschen Demokratie 1918 – 1949", S. 197 – 200.
③ 以下若不特别注明,均引自 Werner Conze & Elisabeth Fehrenbach, "Reich", in Reinhard Koselleck, Werner Conze, Otto Brunner, *Geschichtliche Grundbegriffe. Historisches Lexikon zur Politische-sozialen Sprache in Deutschland*, Band 5, Stuttgart: Klett-Cotta, 1994, S. 423 – 508。

到塔西佗时代，"imperium"（中文可译为"帝国"）和"res publica"（中文可译为"共和国"）并不完全对立。前者强调的是罗马人对其他民族的"发令权"，后者指的是罗马人内部的一种组织形态。两者可以统一起来，成为罗马帝国的特征之一。然而从维斯帕先皇帝（Vespasian）开始，当"imperator"成为罗马最高统治者的头衔后，"imperium"与"res publica"被逐步区分开来——当然，当康斯坦丁皇帝（Konstantin）在位时，在宪法用语中，也曾短暂出现过"dominus"这一称号，但"imperator"仍然被保留下来。这样一种观念最终由德意志人继承，所以从"imperium"而来的"Reich"（英语是"empire"），从"imperator"而来的"Kaiser"（英语是"Emperor"），演变为中世纪德意志君主的专属权。在这次转变中，帝国权力的集中化是最为明显的特征，而且特别表现为皇帝个人相对于贵族而言的权力控制。正因如此，从奥托一世（Otto Ⅰ.）到亨利三世（Henrich Ⅲ.）的100年间，神圣罗马帝国皇帝的权力是不断增长的，对内通过家族政治、王室联姻和帝国教会体制等方式抑制公爵势力的扩展，对外用废立教皇的手段来证明皇权的至高无上性。

第二次是从"一元帝国"向"多元帝国"的转变。自罗马人接受基督教信仰后，罗马帝国作为"世俗帝国"的特征逐步让位于基督教会所宣扬的"双元帝国"，即"双城论"，皇帝仅仅是两个拥有普世权力者之一（另一个是教皇）。尽管中世纪的双皇斗曾经一度造成皇帝或教皇独大的局面（如神圣罗马帝国皇帝亨利三世或教皇英诺森三世［Innozenz Ⅲ.］），但总体而言，到12世纪左右，"二元帝国"模式基本定型，皇帝再也无法干预教皇选举，而教皇对皇帝人选的干预可能性也逐步下降。随后，帝国的内部问题愈加凸显。从1356年的《金玺诏书》开始，神圣罗马帝国内部的"多元性"得到法律认可，七大选侯被称作"照耀在神圣帝国之上的七重才智一统的七支烛光"。皇帝作为帝国统治者的最高权力逐渐被限定在荣誉层面。16世纪初，神圣罗马帝国皇帝马克西米利安一世（Maximilian

Ⅰ.）曾计划推动一次彻底的"帝国改革",试图通过征收统一赋税、设立帝国法庭等措施来增强皇帝权力,但最终并未达到预期结果。[1] 在这次转变中,帝国权力主要呈现分散化和等级化的特征,皇帝对外不得不与教皇分享普世权力,对内也必须与大贵族们分享等级治理权。

第三次是从"普世帝国"向"民族帝国"的转变。罗马帝国的普世性是毋庸置疑的。这一点也曾被神圣罗马帝国的初期统治者所接受。但迟至弗里德里希二世（Friedrich Ⅱ.）开始,德意志人已经有意识地提出了作为"德意志"统治者所拥有的"皇帝权力"。在《金玺诏书》中,人们也可以发现某种"民族"意识,因为它排斥了教皇与非德意志贵族的选举资格。在查理五世（Karl V., 1500—1558）当政期间,这种转变一度有可能中断,因为这位出身西班牙哈布斯堡家族的皇帝拥有着神圣罗马帝国有史以来最为广袤的领土——大航海时代为西班牙王国带来了美洲。在他登基时,一连串头衔已经暗示了他让帝国重新转向普世主义的可能性。[2] 然而就在此时,德意志却爆发了宗教改革。与基督教会的决裂,直接导致了信仰层面上的普世主义无以为继,神圣罗马帝国的民族性进一步凸显。这种转变最终是以 1871 年"德意志帝国"的建立而告终。德意志帝国是一个典型的"民族帝国"。在这种转变中,帝国权力不再追求罗马帝国治下的多民族状态（从公民法到万民法）,而是青睐排他性的民族主义。俾斯麦当政下的德意志帝国为了不激怒大英帝国,拒绝建立海外殖民地。直到 1890 年后,威廉二世（Wilhelm Ⅱ.）才以"追求阳光下的地盘"为名,启动咄咄逼人的"世界政策",相继占领亚洲、非洲和太平洋地区的几块殖民地。尽管如此,这样一种

---

[1] 王亚平:《中世纪晚期德意志帝国改革与民族国家构建》,《历史研究》2015 年第 2 期。

[2] 查理五世的头衔有:"罗马国王,未来的皇帝,永恒的奥古斯都,西班牙、西西里、耶路撒冷、巴利阿里群岛、加纳利群岛、印第安群岛和大西洋彼岸大陆的国王,奥地利大公,勃艮第、布拉班特、施蒂利亚、克恩滕、克莱恩、卢森堡和林堡公爵,哈布斯堡、弗兰德和蒂罗尔伯爵,勃艮第、黑诺高和罗西隆行宫伯爵,阿尔萨斯和施瓦本侯爵,亚洲和非洲的君主。"［德］阿·米尔:《德意志皇帝列传》,李世隆等译,东方出版社 1995 年版,第 303 页。

"作为民族国家的帝国"不得不面临着远胜于大英帝国或法兰西帝国的内在张力,即如何协调方兴未艾的民族建构热潮与帝国统治下多民族共存场景之间的矛盾冲突。

在 20 世纪初,上述转变都已完成,但"帝国"作为一种观念形态,其曾经存在过的特征仍然属于各类人群的思想财富。由此,"共和帝国""帝制帝国""一元帝国""多元帝国""普世帝国"与"民族帝国"等多种想象才会同时出现在德意志人的脑海中,成为《魏玛宪法》第一条今天看来充满矛盾色彩的表述之所以产生的渊源。在这种表述中,我们至少可以发现"共和帝国""多元帝国"与"民族帝国"加以组合后的特征。

三 1918 年后的帝国方案及其实践

魏玛初期的国名之争并不是德国人帝国观念彩色谱系组合的最后一幕。在此之后,至少还出现了三次构建"帝国"的方案或实践。

1923 年,穆勒·范登布鲁克(Moeller van den Bruck)推出了著名的《第三帝国》(*Das Dritte Reich*)一书。这位"保守主义革命"的鼓吹者对来自西方的民主共和国极度失望。在他看来,德国人虽然是"生来就倾向民主的人民",但他们还"缺乏民主的基础",而且"在德国历史进程中,没有内在的对民主的渴望",因而魏玛共和国并没有带来真正的民主。在此情况下,他希望出现一个有别于此前两个帝国的新国家——他将之命名为"第三帝国"。范登布鲁克承认,"第三帝国"的整个概念都是"缥缈的、不确定的、被感觉控制的;不属于这个世界,而属于下一个世界",但他坚持认为这样一个"帝国"(Reich)将作为"共和国"(Republik)而存在。这个新帝国不是那种议会民主制的、参与性的共和国,而是一种拥有伟大领袖(他应该拥有君主特权)、以社会主义为基础的共和国。此处的"社会主义"指的是当时在德国保守主义学者圈中颇为流行的"德意志社会主义",即以"社团主义的国家和经济概念"为前提,维护劳资合作模式,最终旨在消除阶级差异,维护更高民族利益。范登布鲁克强调,"只有在马克思主义结束的地方,社会主义才真正开始"。其次,这样一种新帝国必须带有明显的民族性,"囊括奥地利在内","具有德国性及其价值"。他没有透露"德国性"的具体内容,只是表示这些价值观是"神秘"的,"片段化的但同时也是完整的","现实的而且是超越空间的","表面上看,无法调和且不相容的",但"和一个民族的历史必然性息息相关"。最后,范登布鲁克呼唤强有力的坚强领袖来担任第三帝国的元首。他认为无产阶级无法通过自身能力来实现社会主义,他们需要由"第三政党"来领导。这种"第三政党"是一个"反政党的政党",即有意超越特殊群体利益的组织。第三帝国的领导则必须建立在信心和品质之上,而且"真实、简单、勇往直前、强大、精力充沛、拥有原始激情"①。在这里,我们看到了共和性、民族性与集权性的组合,构成了一种新类型的"帝国"。当然,在此之外,一种拥有殖民地的"多元帝国"构想并没有消失。例如在 1927 年后,作为中左翼的民主党(DDP)开始兴起有关殖民主义合法性的讨论,中央党也对重新占有殖民地表现出热情。②

1933 年,希特勒(Adolf Hitler)的上台让"第三帝国"变成现实。但希特勒绝对不是范登布鲁克理想中的"第三帝国"领导人。后者曾经在同希特勒见面后坦承:"与其看到这样一个人掌权,我宁愿自了余生。"③ 两人对于帝国的认识差异主要体现在"共和制还是帝制"的问题上。在范登布鲁克看来,"第三帝国"的基础在于社

---

① [德]戈尔哈德·科里波斯:《范登布鲁克:第三帝国的发明者》,战洋译,曹卫东主编:《危机时刻:德国保守主义革命》,上海人民出版社 2014 年版,第 135—154 页,此处是第 141、147—150 页。

② Hartmut Pogge von Strandmann, "Deutscher Imperialismus nach 1918", in Dirk Stegmann, Bernd-Jürgen Wendt, Peter-Christian Witt (Hrsg.), *Deutscher Konservatismus im 19. Und 20. Jahrhundert*, *Festschrift für Fritz Fischer*, Bonn: Verlag Neue Gesellschaft, 1983, S. 281 – 294, 此处是 S. 285 – 286。

③ 转引自[德]韦尔纳·哈斯《小写的"第三帝国"——从穆勒·范登布鲁克的愿景到希特勒帝国的现实》,贰恧译,曹卫东主编:《危机时刻:德国保守主义革命》,第 155—163 页,此处是第 162 页。

会主义，而社会主义的保障依赖于共和。但希特勒却更愿意继承罗马皇帝的"发令权"，成为"第一执政官"。纳粹德国的法学家们早已为此做出过学术界定："民族社会主义国家的统治体制表现为民族社会主义元首体制与官僚管理组织之间的结合""元首原则的新意及其重点在于，它从整体上克服了统治者与被统治者之间的民主差异，而是将之转变为元首和随从之间的关系"。希特勒在事实上也扮演着最终决裁者的角色。[1] 由此，在希特勒帝国中，我们看到了帝国的帝制、民族性和集权性的组合效果。不过，这里的"民族性"在某种意义上也体现出"普世性"的一面，因为它从排他性的消极民族主义转向了吞并性的积极民族主义，即相信通过吞并与改造的方式，能够让其他一些民族或地区变得"德意志化"，如在"民政长官管辖区"内的卢森堡、阿尔萨斯、洛林、南施蒂利亚、克恩顿、克莱恩、比亚韦斯托克等地。[2]

1945 年后，以阿登纳（Konrad Adenauer）为代表的一批联邦德国政治家与法国人合作，推动法德和解，进而构建欧洲共同体/欧盟。这种举动被一些评论家称为构建"德意志法兰西帝国"的尝试。英国学者齐隆卡（Jan Zielonka）是最早提出这一观点的学者。2006 年，他出版了《作为帝国的欧洲：扩大版欧盟的天性》（*Europe as Empire*：*The Nature of the Enlarged European Union*），强调欧盟既拥有软实力，"可以依靠标准和规范的力量来传播价值"，而且还能够运用经济力量，包括制裁和强制手段，来实现其政策的合法性。这种认识很快被政治家接受。2007 年 10 月 17 日，欧盟委员会主席巴罗佐（J. M. Barroso）在接受德国《世界报》采访时，称欧盟是一个"新型的帝国"，而且还是一个史无前例的"模范帝国"，因为它在地理空间上拥有帝国规模，却没有中心化的统治形式，也没有固定

---

[1] Karl Dietrich Bracher, *Die deutsche Diktatur. Entstehung*, *Struktur*, *Folgen des Nationalsozialismus*, Köln: Kiepenheuer & Witsch, 1993, S. 370.

[2] Manfred Scheuch, *Atlas zur Zeitgeschichte*：*Europa im 20. Jahrhundert*, Wien: Brandstätter, 1992, S. 109.

疆界，但又同时输出各种标准（如废弃排放标准）。在不少人眼中，这种"欧洲帝国"是帝国特征的新组合。它把共和制、多元性与普世性结合在一起，从而似乎保障了此类帝国所谓"对内民主、对外和平"的基本特性。① 当然，必须指出的是，此类帝国的"多元性"依然是以欧洲中心主义为基础的，它认同的是欧洲价值观内部的多元文化并存，却对其他地区文化缺少尊重和理解。

什么是"Reich"？在德语的语义学与文化背景下，我们可以从20世纪之前的历史演进中发现至少6种可能性特征。它们彼此之间或者存在关联性，或者相互抵触，但从权力的内向性与外向性两个角度出发，大致可以分为三类：共和制或帝制；一元或多元；普世或民族。20世纪之前，任何一种帝国类型，或者帝国时代的某一时期，大多体现出上述权力指向的其中一类特征。但到20世纪，当这些权力指向都成为历史记忆时，它们彼此之间的拼接变得更为自然而频繁。魏玛初期的国名之争拉开了这种拼接行动的序幕。它不仅仅反映了魏玛初期政治文化的问题，实际上更是德意志政治文化中带有明显延续性的体现。正是由于德意志人的帝国观念如此繁多复杂，才使得一批面对现代性危机的知识分子们（其中不少是魏玛共和国的重要政治家）总是倾向于从历史中寻找答案——即便那些历史性的问题（如什么是"Reich"）极难获得唯一性答案，甚至还可能把人引向歧途（如保守主义革命）。在这一意义上，关于帝国观念的梳理，可以成为诠释魏玛社会政策兴衰乃至共和国兴亡的一个重要视角。它表明，共和国的最初领导层没有力量也缺乏意愿来彻底改造民众的国家观念，而是听任一种过时且高度意识形态化的国名来形塑新德国社会的历史身份。此举不仅无助于弥合早已存在的政治立场之争，而且还进一步搅乱普通民众对共和体制的认同感，加剧了社会治理的难度。

---

① 黄凤祝：《帝国文化的复兴——论希特勒与阿登纳帝国理念的转换》，黄凤祝、安妮主编：《亚洲和欧洲的第二次世界大战：战争、记忆与和解》，Bonn：Engelhardt-NG Verlag，2011，第1—13页。

第二节　魏玛共和国的 11 月 9 日：
杂糅记忆的历史包袱

"国家庆祝日"（Nationalfeiertag）是由国家层面进行公共纪念的日子。如《朗氏德语大词典》所言，"国家庆祝日指的是纪念一种事件的庆祝日，且这一事件必定对民族或国家而言十分重要"[①]。换言之，"国家庆祝日"拥有着明确的政治内涵。正因如此，它不同于一般性公共节日，且其重要性也远远高于后者。"国庆日"当然属于"国家庆祝日"，但"国家庆祝日"的范围可以更为广泛。"国家庆祝日"作为一种社会记忆形式，通常是各种集体记忆的竞争性结果，并作为执政者塑造身份认同的手段，以呈现、保障与延续某种社会共识。在传统社会，由于历史书写权力的相对集中，围绕国家庆祝日的争议较易得到平息，社会记忆的形成相对容易。国家庆祝日往往体现为拥有比较明确价值趋向与社会教育意义的"历史时间提示"，例如统治者诞辰日、宗教纪念日、军事行动胜利日等。统治阶层通过时间节点的确定化、节日仪式的规范化、纪念意义的重复化来加强社会记忆的统一性，由此夯实政治统治的文化心理基础。[②]

然而，伴随近代以来社会权力结构的变化和利益集团的兴起，夹杂着各种世界观的历史记忆不断涌现，并借助日益扁平化的传播

---

① 《朗氏德语大词典》（德德版），外语教学与研究出版社 2012 年版，第 913 页。

② 有关从集体记忆到社会记忆的理论发展路径，已有各种论述，中文学界的最新综合性论述可参见刘亚秋《记忆研究的"社会—文化"范式对"哈布瓦赫-阿斯曼"研究传统的解读》，《社会》2019 年第 1 期。西方学界的相关重要理论可参见 [德] 阿斯特莉特·埃尔、冯亚琳主编《文化记忆理论读本》，北京大学出版社 2012 年版。另外值得关注的德语著作还有：Astrid Erll, *Kollektives Gedächtnis und Erinnerungskulturen. Eine Einführung*, Stuttgart: Metzler, 2005; Aleida Assmann, *Der lange Schatten der Vergangenheit. Erinnerungskulture und Geschichtspolitik*, Berlin: bpb, 2007; Heidrun Kämper, "'Kollektives Gedächtnis' als Gegenstand einer integrierten Kulturanalyse. Kulturlinguistische Überlegungen am Beispiel", in Heidrun Kämper und Ingo H. Wamke (Hrsg.), *Diskurs-interdisziplinär: Zugänge, Gegenstände, Perspektiven*, Berlin: De Gruyter, 2015, S. 161 – 188.

第六章 历史政策：以国名、纪念日和公共历史书写为核心的探讨

平台，不断冲击着社会各阶层的历史意识。在此情势下，针对相同事件或时间的历史叙事便更有可能形成多样形态。它们有时可以互补，有时却相互竞争，影响着普罗大众的历史观、社会观乃至政治观。这一点鲜明地反映在国家庆祝日的确立进程中。[①]

在近代德国，国家庆祝日的确立同样不易。[②] 1871 年德意志统一后，色当战役的胜利日"9 月 2 日"曾得到广泛纪念，但这一"色当日"始终不能上升为法律意义上的"国家庆祝日"。普鲁士希望通过把"色当日"嵌入新德国的记忆文化中，来实现文化上的统一。但巴伐利亚、符腾堡等南部邦国基于地方分治主义传统，坚决抵制普鲁士文化霸权的侵袭。相反，它们对皇帝威廉一世的诞生日（即"皇帝诞辰日"）倒是更报以热切之情。天主教徒对日益显性化的新教优势颇感忧虑，同样对"色当日"背后的新教元素保持警惕，拒绝它拥有国家特性，转而更坚持那些具有宗教信仰的纪念日。自由主义者曾把"色当日"视做 1813 年德意志民族解放战争的延续与巅峰，竭力把它作为"皇帝诞辰日"的替代品，但他们很快面临工人运动提出的挑战。自然，工人运动试图提出的各种节日方案不会得到保守派的赞同，而其内部出现的裂痕同样让它的主张未能获得更多人的支持。如此种种，都反映了新德国内部中央与地方之间的固

---

① 针对近代各国确立国家庆祝日的经验性研究，已出现不少优秀成果。在最近的中文学界，如朱联璧《从感恩节到国殇纪念日（1919—1932）：管窥两战之间加拿大国家认同变迁》，《历史教学问题》2015 年第 2 期；郭辉《国家纪念日与抗战时期政治合法性之建构》，《史学月刊》2016 年第 9 期；吴燕《从春秋祀孔到孔子纪念日：民国时期时间秩序重构的一个个案》，《自然科学史研究》2018 年第 2 期等。在英语学界有：Jenny Macleod, "Britishness and Commemoration: National Memorials to the First World War in Britain and Ireland", *Journal of Contemporary History*, Vol. 48, No. 4 (October 2013), pp. 647–665. 德语学界的相关研究有：Matthias Kitsche, *Die Geschichte eines Staatsfeiertages. Der 7. Oktober der DDR 1950–1989*, Doktorarbeit, Augsburg Universität, 1990; Manfred Hettling, "Umstritten, vergessen, erfolgreich. Der 17. Juni als bundesdeutscher Nationalfeiertag", *Deutschland Archiv*, Jan. 1 2000, Vol. 33 (3), S. 433; Vera Caroline, *Gefeierte Nation: Erinnerungskultur und Nationalfeiertag in Deutschland und Frankreich seit 1990*, Frankfurt am Main: Campus-Verlag, 2010, u. s. w.

② 关于近现代德国确立国家庆祝日的历时性梳理，可参见 Peter Reichel, "Ohne geschichtlichen Glanz: Der Nationalfeiertag", in Peter Reichel, *Glanz und Elend. deutscher Selbstdarstellung*, *Nationalsymbole in Reich und Republik*, Göttingen: Wallstein Verlag, 2012, S. 144–216。

有张力,信仰天主教的南方与信仰新教的北方之间的文化裂痕未能因国家统一而消逝,意识形态的对峙格局也正在形成之中。德意志的"统一性"并未掩盖各种形态的矛盾和冲突。作为统一德国的"记忆文化"在大战爆发前都未曾形成。①

魏玛共和国成立后,国家庆祝日的缺憾依然未能得到弥补,甚至变得更糟。特别是"11月9日"作为共和国的开端,始终无法成为新德国的国家庆祝日。有关集体记忆的塑造,不仅延续着地方分治主义的传统,而且还进一步呈现出更具20世纪时代特征的意识形态对峙色彩。其结果是,这种"杂糅化"的记忆不但没有成为夯实共和国的文化根基,反而作为一种无法摆脱的"历史包袱",阻碍着德国第一个资本主义民主体制的合法化步伐。②

本章首先"回到"现场,描述"11月9日"在不同政治阵营及社会团体中的差异化形象,分析当时的社会文化背景与各类政治动机;随后探析共和国初年把"11月9日"提升为国家庆祝日的各种努力及其失败的原因;最后说明其他竞争性纪念日的特征及同样未能成功的缘由。在此基础上,本章将进一步反思魏玛共和国设置"国家庆祝日"的失败经历在多大程度上是其历史政策陷入困境的表

---

① 关于"色当日"的确立风波,已有一系列研究,如 Ute Schneider, "Einheit ohne Einigkeit. Der Sedantag im Kaiserreich", in Sabine Behrenbeck und Alexander Nützenadel (Hrsg.), *Inszenierungen des Nationalstaats. Politische Feiern in Italien und Deutschland seit 1860/71*, Köln: SH-Verlag, 2000, S. 27 – 44; Jörg Koch, "Der Sedantag", in Jörg Koch (Hrsg.), *Von Helden und Opfern. Kulturgeschichte des deutschen Kriegsgedenkens*. Darmstadt: Wissenschaftliche Buchgesellschaft, 2013, S. 51 – 64。关于帝国时期确立皇帝纪念日、工人节庆日、色当日等问题的概览性研究,可参见 Arno Herzig, "Festliche Spaltung der Reichsnation? Kaisergeburtstage, Sedantag, Arbeiterfeste", in Harald Schmid und Justyna Krzymianowska (Hrsg.), *Politische Erinnerung. Geschichte und kollektive Idenität*, Würzburg: Verlag Königshausen & Neumann, 2007, S. 42 – 52。

② 有关11月9日在魏玛共和国进程中的记忆之争,目前研究成果很少,值得一提的是:Detlef Lehnert, Klaus Megerle (Hrsg.), *Politische Identität und nationale Gedenktage. Zur politischen Kultur in der Weimarer Republik*, Opladen: Westdeutsche Verlage, 1989。此书编者在导言中从理论角度提到11月9日纪念缺失的结果是共和国政治认同建构失败的表现之一,但并未具体展开。亦可参见 Elisabeth Gentner, *Deutsche Erinnerungstage. Brücken, zwischen Vergangenheit, Gegenwart und Zukunft?* Aachen: Bergmoser + Höller Verlag AG, 2017, S. 8 – 10。作者提到11月9日在德意志历史上的各种侧面及其记忆的困难性。不过,其篇幅很小。

第六章　历史政策：以国名、纪念日和公共历史书写为核心的探讨　239

现之一，从而为解答"魏玛何以失败"这一德国历史研究上的经典问题提供一种社会文化史的视角。

一　"回到"11月9日：现场与记忆

1918年11月9日，通常被视做1918—1919年革命的重要转折点之一。[①] 此前5天，11月4日，基尔水兵起义。随后，这些水兵在当地夺取行政权力，并自行脱离部队，沿着铁路线把革命消息传递出去。这场原本相对单纯的"水兵暴动"，最终演化为一场席卷整个北部的革命运动。11月5日，吕贝克被水兵占领。11月5—6日，汉堡水兵起义。11月6日，不来梅的水兵与工人合作夺取政权，并决定向科隆进军。此后，汉诺威、马格德堡、不伦瑞克、奥尔登堡、什未林、罗斯托克、科隆、德累斯顿、莱比锡、开姆尼茨、美因河畔法兰克福、斯图加特都相继爆发革命。萨克森、不伦瑞克等邦的君主被推翻。慕尼黑革命则在11月8日完成，一个所谓"巴伐利亚自由国"于当日成立。[②]

消息传到柏林后，德意志帝国正在进行中的"自上而下"的政治改革立即陷入困境。这场改革启动于一个月前。在美国以调解为由反复施压帝国政府推动民主转型，[③] 特别是当8月8日这个"德军在世界大战史上最黑暗的一天"[④] 过后，参谋总长埃里希·鲁登道夫（Erich Ludendorff）等军方高层终于决定交出最高行政权，以便让那

[①] 关于这场革命的学界共识，可参见 Eckhard Jesse und Heinrich Köhler, "Die deutsche Revolution 1918/19 im Wandel der historischen Forschung. Forschungsüberblick und Kritik an der 'herrschenden Lehre'", *Aus Politik und Zeitgeschichte*, J. 45, 1978, S. 3 - 23; Reinhard Rürup, *Die Revolution von 1918/19 in der deutschen Geschichte. Vortrag vor dem Gesprächskreis Geschichte der Friedrich-Ebert-Stiftung in Bonn am 4. November 1993*, Bonn: Friedrich-Ebert-Stiftung, 1993。

[②] 关于慕尼黑革命的进程，可参见 Hans Beyer, *Von der Novemberrevolution zur Räterepublik in München*, Berlin: Rütten & Loening, 1957, S. 1 - 13。

[③] 美国总统威尔逊自宣战日开始，便一再把和平与民主作为美国调解的两大要求，不断鼓动德国左翼"变更政府"。参见陈从阳《美国因素与魏玛共和国的兴衰》，中国社会科学出版社2007年版，第49—50页。

[④] ［瑞士］埃里希·艾克：《魏玛共和国史》（上卷），高年生等译，商务印书馆1994年版，第32页。

些民主派"现在就喝掉使我们陷于被动地位的汤汁"①，亦即让民事政府准备媾和。虽然内外压力的旨趣各有不同，但对国会内追求资本主义民主体制的"国会党团联合会"②而言，这一决定意味着帝国成立以来最大规模的政治改革拉开序幕。10月3日，西南德意志邦国巴登的马克斯亲王（即前文提到的"巴登亲王"）因其自由主义立场③而被国会党团联合会推荐为首相。其内阁成员几乎都是由国会多数派组成。引人注目的是，两位多数派社会民主党人也出现在内阁名单上：菲利普·谢德曼担任无任所国务秘书，工会领袖古斯塔夫·鲍尔出任新成立的帝国劳动局局长。10月26日，宪法修正案在国会得以通过，并于2天后生效。该修正案是对1871年宪法第15条进行的补充，规定：帝国首相需要得到国会的信任；关乎战争、和平以及国际条约等重大问题需要获得联邦参议院和国会的同意，军队被置于文官控制之下；各邦实行民主化。与此同时，普鲁士上议院终于批准了男性公民普选权。④尽管此时的首相仍然需要向皇帝负责，但改革的目的已很明确，即朝着英国模板的"君主立宪制"方向前进。而突如其来的革命风潮打乱了这一按部就班的改革进程。

在这一时刻，最为焦虑的是多数派社会民主党人。战前国会第一大党社会民主党在1917年4月因支持或反对帝国继续作战的矛盾

---

① "Erich Ludendorffs Begründung für die Forderung nach Waffenstillstands- und Friedensverhandlungen sowie nach einer Regierung der Reichstagsmehrheit vor den Offizieren der OHL am 1. Oktober 1918", in Wolfgang Ruge und Wolfgang Schumann, Hrsg., *Dokumente zur deutschen Geschichte 1917 – 1919*, Berlin: VEB Deutscher Verlag, 1975, S. 45 – 46.

② "国会党团联合会"成立于1917年7月6日，由多数派社会民主党（Mehrheitssozialdemokratische Partei Deutschlands, MSPD）、进步人民党（Fortschrittliche Volkspartei, FVP）、中央党（Deutsche Zentrumspartei, Zentrum）、民族自由党（Nationalliberale Partei, NLP）的党团议员组成，覆盖288个议席（72.5%），是名副其实的"国会多数派"。

③ 关于巴登亲王的个人传记，可参见 Arno Dietmann, "Max von Baden-ein Rassist und Antisemit. Und dennoch ein großer liberaler Demokrat？" http：//www.hohewarte.de/MuM/Jahr2004/Max-von-Baden0408.pdf，访问时间：2010年12月27日。

④ Ernst Rudolf Huber, *Deutsche Verfassungsgeschichte seit 1789*, Bd. 5, Stuttgart: Kohlhammer, 1978, S. 158 – 160.

第六章　历史政策：以国名、纪念日和公共历史书写为核心的探讨　241

立场而分裂。反战派响应卡尔·李卜克内西的号召，单独成立了"独立社会民主党"。余下者以弗里德里希·艾伯特为首，自称"多数派社会民主党"。他们支持"自上而下"的政治改革，对君主立宪制的未来也充满期待。正因如此，当11月4日基尔水兵起义的消息传来时，他们首先呼吁"人们不要离开工厂，走向街头"，应允"加快实现和平，保障所有公民自由权以及工人阶级的进一步发展"。[1] 11月6日，鉴于形势发展，特别是各地传来要求皇帝退位的呼声，艾伯特在同军方高层威廉·格勒纳（Wilhelm Groener）将军的会谈中，仍然表示自己还没有决定是否需要废止君主制。他建议，威廉二世退位，皇太子放弃继承权，转而由另一位皇子摄政。[2] 甚至在11月9日早上发行的《前进报》上，该党社论依然表示"君主制问题尚未得到决议"[3]。据巴登亲王的回忆录所言，直到11月9日10点，当成千上万的柏林工人走上街头并涌向国会大厦的消息传来时，艾伯特才不得不承认，德国未来是否推行立宪君主制问题，已无法得到绝对肯定的回答，谁来接手摄政职位一事也只能不了了之。但即便如此，在下午两点威廉二世的退位声明传来后，艾伯特还没有对德国的未来政治体制给出清晰规划。[4]

与此相反，尽管独立社会民主党人同样未能预料到水兵起义及其造成的全国性影响，但类似的革命准备却早已在筹备中。早在10月7日，党内团体"斯巴达克派"（Spartacus）便已提出"建立社会主义共和国"的口号，而这种立场在柏林工人与士兵中的影响力极大。[5] 10月23日，被赦免出狱的"斯巴达克派"领袖卡尔·李卜克

---

[1] "Aufruf des Vorstandes der Sozialdemokratischen Partei Deutschlands vom 4. 11. 1918", in Gerhard A. Ritter & Susanne Miller, Hrsg., *Die Deutsche Revolution*, 1918–1919: *Dokumente*, S. 52–53.

[2] "Besprechung General Groeners mit Vertretern der sozialdemokratischen Reichstagsfraktion und der Generalkommission der Gewerkschaften am 6. 11. 1918", in Gerhard A. Ritter, Susanne Miller (Hrsg.), *Die Deutsche Revolution*, 1918–1919: *Dokumente*, S. 53–55.

[3] *Vorwärts*, Nr. 309, 9. Nov. 1918.

[4] Max von Baden, *Erinnerungen und Dokumente*, Stuttgart: Deutsche Verlager-Anst., 1927, S. 630–643.

[5] ［民主德国］洛塔尔·贝托尔特等编：《德国工人运动史大事记》第2卷，第15页。

内西便"被佩戴着铁十字勋章的士兵举到肩上"[1]。11月8日晚,李卜克内西把斯巴达克派和柏林革命工长组织(Revolutionäre Obleute,主要由柏林军工企业中的独立社会民主党人组成)联合起来,做好了第二日发动起义的方案。[2] 他们以"柏林工兵代表会执行委员会"(Vollzugsausschuss des Arbeiter- und Soldatenrat in Berlin)为名,号召柏林工人和士兵"肩负历史的使命""起来为和平、自由和面包而斗争","走出工厂!走出兵营!"建立"社会主义共和国"[3]。于是,11月9日当天清晨,几十万人涌向市中心。人们举着"和平、面包、自由"和"兄弟们,别开枪"的标语,解除警察和军官的武装,占领警察署,袭击兵营,释放政治犯。到中午时分,示威者已控制包括皇宫、卫戍司令部和警察总局在内的大部分重要机关。帝国政权陷入瘫痪。[4]

正是在此背景下,另一位多数派社会民主党领袖谢德曼抢在李卜克内西到达国会大厦广场前宣布成立"德意志共和国"的消息。他说"这个政府将属于所有的社会主义政党",民众保持"镇静、秩序与稳定"[5]。此举旨在避免德国走上如苏俄那样的社会主义体制,而是建立一种左翼政党领导下的资本主义制度。但艾伯特听闻后却大发雷霆。他认为,谢德曼宣布德国建立共和体制的做法,偏离了多数派社会民主党一直以来追求的君主立宪制目标。尽管如此,鉴

---

[1] [瑞士]埃里希·艾克:《魏玛共和国史》上卷,高年生等译,商务印书馆1994年版,第41页。

[2] "Aufzeichnung Karl Liebknecht über die Vorbereitung des 9. November [Auszug]", in Gerhard A. Ritter, Susanne Miller (Hrsg.), *Die Deutsche Revolution*, 1918–1919: Dokumente, S. 64–67; "Aufruf der Spartakusgruppe vom 8. November 1918 zur revolutionären Machtergreifung in Berlin", in Wolfagng Ruge, Wolfgang Schumann (Hrsg.), *Dokumente zur deutschen Geschichte 1917–1919*, S. 57.

[3] "Aufruf des Vollzugsausschusses des Arbeiter- und Soldatenrates in Berlin vom 8. November 1918 zum Kampf für die sozialistische Republik", in Wolfagng Ruge, Wolfgang Schumann (Hrsg.), *Dokumente zur deutschen Geschichte 1917–1919*, S. 58.

[4] 关于柏林革命的详细进程,可参见[瑞士]埃里希·艾克《魏玛共和国史》(上卷),高年生等译,商务印书馆1994年版,第44—46页。

[5] "Scheidemann ruft die Republik aus, 9.11.1918", in Gerhard A. Ritter, Susanne Miller (Hrsg.), *Die Deutsche Revolution*, 1918–1919: Dokumente, S. 100.

于当时的形势，艾伯特最终却并未去修正它。由此，我们可以看到，对于艾伯特领导下的多数派社会民主党而言，"11月9日"当然是一个新开端，但它充满着各种无奈与混乱，并非他们理想中的制度起点。这一点为"11月9日"的纪念国家化之路蒙上了第一层阴影。

与此同时，第二层阴影接踵而至。即便被多数派社会民主党人勉强接受的"开端说"，也没有被独立社会民主党认可。独立社会民主党在进入临时政府前，便在关于内阁使命、资产阶级成员的政治权利、由革命带来的代表会运动之未来及德国政体等方面，与艾伯特等人存在巨大差异。① 特别值得一提的是，独立社会民主党开出的入阁条件，正是由李卜克内西起草的。在当日李卜克内西的公开演讲中，这场革命不仅要"创造一个新的无产阶级的国家体制"，更应"用它来呼唤世界革命的爆发"②。这一点与第二天斯巴达克派发出的呼吁书如出一辙。在这份面向柏林工人和士兵的呼吁书中，左翼革命者提醒民众，虽然霍亨索伦家族退位了，但"不能从上至下地重定职位，而应该从下至上地重组权力"，"你们的目标是立即实现无产阶级—社会主义式和平，即反对所有国家的帝国主义，实现所有国家转向社会主义社会"③。简言之，在独立社会民主党看来，11月9日仅仅完成了革命的第一步。既然革命还在进行中，那么对于11月9日的纪念便还不具有重要性。

此外，深受独立社会民主党影响下的革命工长组织也发出了一种声音。在其协调下，大柏林地区工兵代表会（Arbeiter- und Soldatenrat Groß-Berlin）在国会大厦举行大会，决议于次日举行新选举，试图接管中央政府的权力。它在事后发布的选举呼吁书中这样写道：

---

① *Vorwärts*, Nr. 310, 10. Nov. 1918.
② "Karl Liebknecht proklamiert die sozialistische Republik, 9. 11. 1918", in Gerhard A. Ritter, Susanne Miller (Hrsg.), *Die Deutsche Revolution*, *1918 – 1919：Dokumente*, S. 78 – 79.
③ "Aufruf der Spartakusgrupp an die Arbeiter und Soldaten Berlins vom 10. November 1918", in Gerhard A. Ritter, Susanne Miller (Hrsg.), *Die Deutsche Revolution*, *1918 – 1919：Dokumente*, S. 82 – 83.

"最渴望的那一天已经登场了。自 11 月 9 日以来，德意志民族把权力掌握在手中。自 11 月 9 日以来，德国是一个共和国了，而且是一个工人和士兵的社会主义共和国。我们内心充满自豪。但我们还没有时间来传递快乐。现在，应该为新共同体增添组织基础了。"① 这种表述一方面表现出更多支持独立社会民主党提出的"社会主义共和国"方案的倾向，另一方面又对 11 月 9 日的纪念价值进行了肯定。实际上，革命中风起云涌的代表会运动还抱有"直接民主制"的期待。其领导人恩斯特·道尔米施（Ernst Däumig）希望摆脱政党的控制，力图创造一种"未被歪曲的民主"。② 在此观念里，11 月 9 日当然不是其政治目标的终点。

在政治光谱的另一端，资产阶级和保守派在 11 月 9 日正面临着巨大的心理挑战。旧贵族与大资产阶级们或怨声载道，或缄默不语，如东易北河的大农场主埃拉德·冯·奥尔登堡－雅努绍（Elard von Oldenburg-Januschau）抱怨说，这场革命让"整个世界都崩溃了，还把我的生活全部变成了废墟"。保守派领袖冯·海德布兰德（von Heydebrand）当天蜷缩在西里西亚的宫殿中，拒绝外出。另一位保守派领袖库诺·冯·韦斯塔普伯爵（Kuno Graf von Westarp）则待在梅克伦堡的朋友家中。③ 右翼报刊《每日评论》（*Tägliche Rundschau*）大谈让霍亨索伦家族的皇子择机登位的可能性，甚至寄希望于艾伯特能在稍后几日"拨乱反正"。④ 总体而言，他们在这一天中看到的不过是旧帝国的消亡而已。

中左翼资产阶级虽然对水兵起义及其连带后果也感到意外，如特奥道尔·沃尔夫（Theodor Wolff）在其回忆录中坦言，革命爆发

---

① *Vorwärts*, Nr. 311, 11. Nov. 1918.
② Ernst Däumig, "Der Rätegedanke und seine Verwirklichung", in Udo Bermbach (Hrsg.), *Theorie und Praxis der direkten Demokratie. Texte und Materialien zur Räte-Diskussion*, Opladen: Westdeutsche Verlag, 1973, S. 79 – 80.
③ Hans-Joachin Bieber, *Bürgertum in der Revolution. Bürgerräte und Bürgerstreiks in Deutschland 1918 – 1920*, Hamburg: Christians, 1992, S. 50 – 52.
④ *Tägliche Rundschau*, 10. Nov., 1918.

时，资产阶级觉得震惊、不知所措、无所适从，"大家都不知道该去哪里"。① 但这些自由主义者也为这场革命"不流血"的特征感到振奋。② 特奥道尔·沃尔夫在《柏林日报》（*Berliner Tageblatt*）上便称赞这场革命拥有"攻破巴士底狱"的意义："前一天早上，整个庞大的帝国机构还存在着；昨天下午，它就消失了。"③ 当然，他们也对革命的走向颇为关注。哲学家恩斯特·特勒尔奇（Ernst Troeltsch）便忧心忡忡地写道："就过了一夜，我们便成为欧洲最为激进民主的体制……未来或许是黑暗困难的，但也是一种重建。本质上，它不能与德意志精神及其历史断裂。"④ 显然，即便他们对未来拥有信心，但对11月9日是否能够作为德意志历史的转折点、进而拥有值得记忆的价值仍然有所保留。

由此，我们看到，即便在相同的11月9日这一时间点上，不同政治图谱和地域空间的德意志人拥有并不完全相同，甚至相互对立的历史记忆。首先，对于掌权的多数派社会民主党和中左翼资产阶级知识分子而言，它意味着革命的结束、共和国的启程。尽管如此，这一天的"新开端"内涵并不那么圆满，其历史意义仍然留待后续发展来证明。其次，对于独立社会民主党及斯巴达克派而言，它意味着革命高潮的第一步，是继续革命的起点。同属于左翼的革命工长组织则期待由此走上直接民主制的发展之路。再次，对于资产阶级右翼和保守派而言，它意味着德意志帝国及第一次世界大战的突然落幕，象征着帝国荣光的黯淡。最后，同样不能忽视的是帝国成立以来的地方分治主义的续存格局。对于柏林和普鲁士之外的德意志人而言，11月9日不过是一连串地方革命的组成部分，即便它导

---

① Theodor Wolff, *Der Marsch durch zwei Jahrzehnte*, Amsterdam: de Lange, 1936, S. 203.
② Lothar Albertin, *Liberalismus und Demokratie am Anfang der Weimarer Republik*, Düsseldorf: Droste Verlag, 1972, S. 25 – 26.
③ F. L. Carsten, *Revolution in Central Europe, 1918 – 1919*, London: Temple Smith, 1972, p. 41.
④ "Ernst Troeltsch on the German Democracy (1918)", https://alphahistory.com/weimarrepublic/troeltsch-german-democracy/，访问时间：2019年11月26日。

致了皇帝退位和帝国解体的重大变动,也无法取代各地所拥有的鲜活而各异的革命记忆。德意志历史上长期存在的地方性自治理念依然强大。如此,这样一种"相同时间的不同时间性",让11月9日从其诞生之日起便注定了它的纪念日化之路崎岖难平。

二 11月9日记忆的国家化努力及其失败

当11月9日这一天结束时,革命并没有落下帷幕。在德国学界看来,这场革命至少持续到1919年,经历了数场风波、游行、罢工、暴动、镇压,此起彼伏。[①] 在此情形下,有关11月9日的记忆,自然也不会很快形成社会焦点。尽管如此,若以政治光谱而论,社会层面的记忆塑造工作至少存在四种类型。

第一种做法是把11月9日与过去联结起来,使之成为历史进步链条中的节点。多数派社会民主党是此举的最大推动者。对于它而言,11月9日尽管不是一个计划中的时间节点,但它所带来的巨大变化,仍然是值得赞赏的,而且可以通过"再造"的方式与此前的既定理想接续起来。这一立场鲜明地反映在谢德曼和艾伯特两人的各自表态中。1918年11月18日,谢德曼在《前进报》上发表文章,谈论革命之后举行国民议会选举的必要性。他开宗明义地写道:"毫无疑问,国民议会的某些特定要素总是对革命成果的一种'向后修订',并特别着重提出了要求。"[②] 事实上,革命后究竟是通过国民议会选举而建立议会民主制,还是复制苏俄模式来推行无产阶级专政,或如革命工长组织所期待的那样实行"代表会"式的直接民主制,正是这一时段的主要政治命题。多数派社会民主党人从一开始便选择议会民主制。谢德曼等人幻想借助革命的影响力,可以在

---

① 正因如此,这场革命在德语学界被称作"1918—1919年德国革命"(die deutsche Revolution 1918/19)。其阶段性发展特征可详见 Gerald D. Feldman, Eberhard Kolb und Reinhard Rürup, "Die Massenbewegung der Arbeiterschaft in Deutschland am Ende des Ersten Weltkrieges (1917 – 1920)", *Politische Vierteljahresschrift (PVS)*, 13, 1972, S. 84 – 105。

② *Vorwärts*, Nr. 318, 18. Nov. 1918.

未来选举中获得多数席位,从而实现和平过渡的目标。1919年1月19日的选举结果却让他们大失所望。多数派社会民主党并未获得超过一半的选票,因而被迫与其他资产阶级政党(德意志民主党和中央党)联合组阁,建立所谓"魏玛大联盟"。为此,当选为临时总统的艾伯特在1919年2月6日国民议会开幕式上又做了如下辩解:"我们充满忧虑地望着未来。尽管如此,我们要信任德意志民族的坚强创造力。德国权力机构的旧基础已经永久性地被摧毁了。普鲁士霸权、霍亨索伦军队、军队掌控下的政治,对于我们的未来而言,不复存在了。1918年11月9日如此与1848年3月18日联系在一起了!"① 此处,艾伯特把11月9日的意义与1848年革命结合在一起。而1848年革命的目标就是建立议会民主制。显然,多数派社会民主党人试图把11月9日安置在一条历史延续性的轨道上,承认11月9日作为国家纪念日的地位,并赋予它建立资产阶级议会民主制的价值外衣。在此后时期内,多数派社会民主党多次出面组阁,或作为国会中的第一大党存在,其观点当然拥有着较强的影响力。

第二种做法是把11月9日安置在当下,凸显其现实性意义,它的代表是独立社会民主党。纵观1918年11月9日以来独立社会民主党的表现,我们发现,其内部始终存在着不可化解的张力。李卜克内西等"左派"不断主张"继续革命",并最终在1918年12月30日分离出去,单独成立共产党(Kommunistische Partei Deutschlands, KPD)。爱德华·伯恩斯坦(Edward Bernstein)、卡尔·考茨基等"中派"则在意革命之后社会主义政党之间的合作及其联合执政,但又对艾伯特等人联合国防军镇压共产党发起的"柏林起义"颇为不满。"中派"的这种矛盾心态决定了它一方面拒绝在国民议会选举后继续留在内阁;另一方面又越发重视革命所带来的

---

① Nationalversammlung, 1 Sitzung. Donnerstag den 6. Feb. 1919, in *Verhandlung der verfassunggebenden Deutschen Nationalversammlung*, Band 326, Berlin, 1920, S. 3.

一系列重大变化。正是在此情形下，它在1918年12月9日的选举呼吁书中，便盛赞"11月9日已为我们的工作戴上了皇冠"。① 当艾伯特发表上述演讲后，也只有独立社会民主党议员"发出了一片呼声"。1919年4月，在国民议会讨论中，又是独立社会民主党人首先建议从国家层面来庆祝11月9日。② 总而言之，独立社会民主党珍视11月9日的革命意义。在所有政党中，它最为坚定地要求把11月9日确立为国家纪念日。不过，独立社会民主党在1922年又主动与多数派社会民主党合并，其上述主张也就不了了之。

第三种做法是让11月9日绑定未来，让它成为通往更远大目标的节点之一，完成自我否定的建构。斯巴达克派及其改组后的共产党和柏林革命工长组织是这一立场的表达者。正如前文所言，对于李卜克内西及其支持者而言，11月9日只是革命的第一步，甚至还不是完美的一步。另一位左翼领袖兼理论家罗莎·卢森堡（Rosa Luxemburg）在德共成立当晚的讨论中，便用"不幸的、未能完成的"等形容词来界定"11月9日革命"。③ 德共在《成立决议》中对11月9日后的发展表达了强烈不满："自11月革命以来，政治状况从摇摇晃晃到毫无原则。"它指责多数派社会民主党人拒绝执行"一种无产阶级的革命政策"。因此，11月9日之后，德共将推动"无产阶级革命"的到来。④ 为此，它在李卜克内西和卢森堡被害后，坚决拒绝参加国民议会选举。在其呼吁书中，共产党继续表达

---

① "Wahlaufruf der Parteileitung der USPD vom 9. 12. 1918", in Gerhard A. Ritter, Susanne Miller (Hrsg.), *Die Deutsche Revolution*, 1918 – 1919: Dokumente, S. 321 – 322.

② 笔者未曾在国会讨论集中找到这份提案。但在4月15日的讨论中，德意志民族人民党议员科尔施（Költsch）却明确反对"独立社会民主党议员提出的庆祝11月9日的想法"。参见 Nationalversammlung, 38. Sitzung, Dienstag den 15. April. 1919, in *Verhandlung der verfassunggebenden Deutschen Nationalversammlung*, Bd. 327, Berlin, 1920, S. 1051。

③ "Diskussion auf dem Gründungsparteitag der KPD über die Frage der Beteiligung an den Wahlen zur Nationalversammlung, 30. 12. 1918 [Auszug]", in Gerhard A. Ritter, Susanne Miller (Hrsg.), *Die Deutsche Revolution*, 1918 – 1919: Dokumente, S. 388.

④ "Resolution des Gründungsparteitages der KPD zur Trennung von der USPD und zur Gründung der KPD (Spartakusbund) vom 30. Dezember 1918", in Wolfgang Ruge, Wolfgang Schumann (Hrsg.), *Dokumente zur deutschen Geschichte 1917 – 1919*, S. 95.

了这样一种逻辑:"德国革命在11月9日把他们（指资产阶级等——引者注）赶出了德意志生活的前台","但不到两个月,一切都恢复如昔……他们又回来了";因此,它呼吁"国民议会走开"!"一切权力归工兵代表会",最终"迅速克服资本主义的反革命势力,在德国建立工人大众的苏维埃共和国"①。这种想法在较长时间里主导着共产党对于11月9日的基本立场。1928年11月13—28日,德共机关报《红旗报》还以"柏林11月9日"为题,发表了威廉·皮克（Wilhelm Pieck）的著作《德国共产党的成立》。此时,这位共产党的领袖仍然强调,11月9日只是革命的第一步,并不值得大肆庆祝。②

与此类似,革命工长组织同样不认为11月9日是革命的终点,并不主张单独纪念它。其领袖之一道尔米施便指出,"在工兵代表会的革命组织里,产生了一种新的国家权力",必须"成立一个建立在社会主义基础上的无产阶级共和国"③。当国民议会选举完成后,它便自视为革命成果的保卫者与实现者。大柏林地区工兵代表会在一份呼吁书中开宗明义地表示:"工兵代表会是革命成果的承载者。此前在经济、政治和社会关系中的德国新秩序只有在劳动人民的积极参与下才有可能实现,而工兵代表会则是国家体制转型中所创造出来的合适代表。"④ 然而无论是共产党还是革命工长组织,在国会中的席位极少,直到1928年后才有所上升,最高达到16.8%。⑤ 但它们的主张很少在工人阶级之外找到共鸣。

---

① "Aufruf der KPD von Mitte Januar 1919 zur Ablehnung der Nationalversammlung und zum Kampf für die Macht der Arbeiter- und Soldatenräte", in Institut für Marxismus-Leninismus（Hrsg.）, *Dokumente und Materialien zur Geschichte der deutschen Arbeiterbewegung*, Bd. 3, Berlin: Dietz Verlag, 1958, S. 94 – 101.

② *Die rote Fahne*, 13. – 28. Nov. 1928.

③ "Protokoll der Sitzung des Vollzugsrats der Arbeiter- und Soldatenräte vom 16. 11. 1918［Auszug］", in Gerhard A. Ritter, Susanne Miller（Hrsg.）, *Die Deutsche Revolution*, 1918 – 1919: Dokumente, S. 110.

④ *Leipziger Volkszeitung*, Nr. 27, 3. Feb. 1919.

⑤ 下文各党国会席位数据均引自 Hagen Schulze, *Weimar. Deutschland 1917 – 1933*, S. 469 – 470。

第四种做法是对 11 月 9 日的彻底否定。对于所有资产阶级及保守派政党而言，11 月 9 日显然是不堪回首的时间点。它们在革命发生后都不得不进行重组。进步人民党改组为德意志民主党（Deutsche Demokratische Partei，DDP）。它虽然欢呼革命"彻底摧毁了看上去不可征服的国家体制，根除了旧权力支撑的王朝"①，但仍然对革命带来的"丧失理智的布尔什维主义"保持警惕之心。② 它是"魏玛大联盟"的成员之一，并经常被邀入阁，其态度对中左翼选民的影响力较大。不过在 20 年代末两极分化日益严重后，它的号召力一落千丈。在 11 月 9 日的问题上，民主党一直持温和的抵制态度，即赞成为共和国选择一个成立纪念日，但反对把 11 月 9 日提升为国家纪念日。

中央党（Zentrum，Z）在巴伐利亚的分部单独成立巴伐利亚人民党（Bayerische Volkspartei，BVP），其余地区的成员建立新的中央党。它在表示愿意接受所谓"社会资本主义"改革的同时③，仍然对革命带来的一系列变化感到不满。在 1919 年 2 月 13 日的国民议会上，来自中央党的议员格罗贝尔（Gröber）十分直白地说道："11 月 9 日革命的过错并未结束。我再说一遍，这场革命，这种对平稳且合法之发展加以暴力中断的行为，就德意志民族而言，并非幸运之事。"④ 这种态度明确表达了中央党对 11 月 9 日的抵制立场。中央党既是"魏玛大联盟"的成员之一，又多次接受右翼政党邀请入阁，并贡献过 4 位共 9 届总理，其在国会中的议席数量保持着惊人的稳定性。因此，它对 11 月 9 日的立场不仅影响了南方天主教信徒，而且还是一批中间派选民的风向标。

---

① "Aufruf zur Gründung einer demokratischen Partei vom 16. 11. 1918", in Gerhard A. Ritter, Susanne Miller (Hrsg.), *Die Deutsche Revolution*, *1918 – 1919: Dokumente*, S. 311.

② Hans-Joachim Bieber, *Bürgertum in der Revolution*, S. 66.

③ "Aufruf von Mitgliedern der Zentrumspartei in der 'Kölnischen Volkszeitung' vom 20. 11. 1918 [Auszug]", in Gerhard A. Ritter, Susanne Miller (Hrsg.), *Die Deutsche Revolution*, *1918 – 1919: Dokumente*, S. 304 – 306.

④ Nationalversammlung, 6. Sitzung, Donnerstag den 13. Februar 1919, in *Verhandlung der verfassunggebenden Deutschen Nationalversammlung*, Band 326, S. 52.

在古斯塔夫·施特雷泽曼的协调下，原民族自由党的一部分成员组成"德意志人民党"（Deutsche Volkspartei，DVP）。该党的党纲明确表达了反对革命的立场："我们坚决要求消除那些干涉法院、政府机构与地方管理部门、违背结社与出版自由的、毫无专业素养的人。我们要求消除混合经济与毫无意义的公共财物与资金的浪费。我们要求消除对于经济生活不负责任的干涉。"① 1919年2月3日，施特雷泽曼还在一封邮件中写道："我们这个党坚持君主制思想，在理论上认为君主制形式是最好的国家形式……不过在实践上，它立足于既成事实的土壤之上。"② 人民党从来没有支持过把11月9日提升为国家纪念日的任何做法。相反，它更愿意追求那些塑造德意志帝国神话的纪念日，如1月18日帝国成立日。在魏玛政治版图上，该党起初影响力有限，仅在国会拥有5.9%的席位，但在20年代中叶伴随施特雷泽曼本人担任总理及外长后，其席位占有率最高曾达到22.8%，在右翼选民中的号召力极大。

立场最右的"德意志民族人民党"（Deutschnationale Volkspartei，DNVP）是由此前的德意志保守党（Deutschkonservative Partei，DP）、德意志国家党（Deutsche Vaterlandspartei，DV）等合并而成的。它对革命充满着仇恨，因为"革命没有带来和平，反而使和平离得更远"③，革命带来的"不是自由，而是借机独裁，它造成了饥饿，破坏了国家的经济与财政"④。其议员特劳布（Traub）在1919年2月20日的国民议会发言中公然表示，"11月9日，对于我们德意志民族人民党和绝大多数德意志圈子而言，这一天是一个民族受到侮辱之日"⑤。4月15日，议员科尔施（Költsch）说：11月9日就是一个

---

① Eduard Bernstein, *Die deutsche Revolution von 1918/1919. Geschichte der Entstehung und ersten Arbeitsperiode der deutschen Republik (1921)*, Bonn: Verlag J. H. W. Dietz Nachfolger, 1998, S. 261.

② Hagen Schulze, *Weimar. Deutschland 1917–1933*, Berlin: Siedler, 1998, S. 79.

③ "Gründungsaufruf der Deutschnationalen Volkspartei vom 24.11.1918", in Gerhard A. Ritter, Susanne Miller (Hrsg.), *Die Deutsche Revolution, 1918–1919: Dokumente*, S. 196–298.

④ "Aufruf des Vorstandes der Deutschnationalen Volkspartei vom 22.12.1918 [Auszug]", in Gerhard A. Ritter, Susanne Miller (Hrsg.), *Die Deutsche Revolution 1918–1919: Dokumente*, S. 300.

⑤ Nationalversammlung, 12. Sitzung, Donnerstag den 20. Februar 1919, in *Verhandlung der verfassunggebenden Deutschen Nationalversammlung*, Bd. 326, S. 209.

"黑色的哀悼日";正是在这一天,"我们迎来了民族肌体长时期流血不止","我们的海陆军崩溃","让我们的敌人能够任意妄为地凌辱我们"①。在民族人民党看来,11月9日非但不能被作为国家纪念日来看待,反而应该被塑造为国运哀悼日。该党在国会的议席比重曾从最初10.3%上升至1924年的20.5%,随后一路下跌。尽管如此,它在20年代中后期仍多次成为联合组阁政党,可见它在高层政治圈中的受欢迎程度并不低。

在第四种做法的影响下,一些右翼团体也对革命及革命后的政府充满敌意。最大的右翼社团全德联合会(Alldeutscher Verband)便叫嚣说:"对于今天的政府,全德联合会极不信任,也不把它视做适合德意志民族的统治形式……1918年11月9日之后的事件清楚明了地证明,如我们这样缺少稳定政治意识的民族,不能创造所谓自由国家的政府形式,而必须寄托于强硬领袖。与其归顺于共和国,还不如向君主制致敬!"② 1918年12月31日,一位名叫康拉德的博士在保守阵营的重要平台《十字军报》(Kreuzzeitung)上如此痛骂"11月9日":"那个导致不幸的11月9日!它夺去了我们一切的自豪荣誉。它推翻了我们德国的帝位,瓜分了我们的帝国,冲溃了我们的纪律和秩序,践踏了我们德国人的忠诚,玷污了我们德国人的名声,使我们在整个世界面前名誉扫地。"③

当然,在政治光谱之外,新德国还存在着强烈的地方意识。如同此前有关"色当日"的争论那样,革命的时间化符号也未能在各地达成统一回应。但革命产生的新效应是,传统上的中央与地方之间的对峙格局已逐步让位于政党政治色彩下的党派斗争。正因如此,上述四种路径首先在地方层面上呈现出来。

---

① Nationalversammlung, 38. Sitzung, Dienstag den 15. April 1919 in *Verhandlung der verfassunggebenden Deutschen Nationalversammlung*, Bd. 327, Berlin, 1920, S. 1052f.

② *Alldeutsche Blätter*, 1.3.1919, in Harry Pross (Hrsg.), *Die Zerstörung der deutschen Politik. Dokumente 1871–1933*, Frankfurt am Main: Fischer Bücherei, 1959, S. 323.

③ 转引自 [德] 赫尔弗里德·明克勒《德国人和他们的神话》,李维、范鸿译,商务印书馆2017年版,第90—91页。

第六章 历史政策：以国名、纪念日和公共历史书写为核心的探讨 253

20 年代初，把 11 月 9 日作为公共庆祝日来加以实践的地方平台，都是那些独立社会民主党领导下的地方政府，如萨克森、图林根、巴登、不伦瑞克和安哈特。多数派社会民主党领导下的普鲁士政府也曾在柏林庆祝过"革命日"。这些地方政府规定，在 11 月 9 日，所有州立机构及州内国立机构都应放假庆祝。不仅如此，萨克森、普鲁士两州政府还分别于 1920 年 10 月 30 日和 12 月 1 日致信中央内阁，希望推动"国家庆祝日"的设立。[①] 与此相反，主要由资产阶级及保守派政党领导的州政府，如巴伐利亚等，根本没有讨论过相关问题。当然，即便在那些左翼执政的地方，右翼仍通过不同方式表达不满。如 1923 年 5 月 16 日，图林根州的民族人民党、民主党、人民党和农民联盟联合致信中央政府，抗议该州庆祝 11 月 9 日的行为。抗议书上这样写道：在更为广泛的民众中，一些日子意味着"血腥场面"，如"革命日 11 月 9 日"被当作节庆日来庆祝；相反，赎罪日与宗教改革日却没有得到纪念。[②]

若把眼光投向全国层面，情况或许更为糟糕。中央政府不仅没有考虑过把 11 月 9 日列为国家庆祝日，甚至对州政府的行为也采取了抵制态度。如费伦巴赫内阁（1920 年 6 月 21 日—1921 年 10 月 4 日）收到萨克森州政府的询问时，做出的决定是：中央驻萨克森州的所有机构和企业不得参加庆祝。几天后，交通部还电话告知铁路董事会，警告任何"旷工"参与庆祝日的工人和职员都将面临扣薪的惩罚。针对普鲁士州政府的来信，内阁没有做出任何回应。直到第二届维尔特内阁（1921 年 10 月 26 日—1922 年 11 月 21 日），中央政府的态度才略有转变。1922 年 11 月 1 日，内政部对所有位于各州的国立机构及企业发出了下列指示：（1）在规定 11 月 9 日为法定庆祝日的州内，国立机构及企业必须尊重各州法令；（2）在没有规

---

① 萨克森州政府的来信情况见：费伦巴赫内阁纪要，第 1 卷，第 102 号，魏玛共和国内阁讨论集，网上资料库。普鲁士州政府的来信情况见：费伦巴赫纪要，第 143 号，魏玛共和国内阁讨论集，网上资料库。

② 这份来信见库诺内阁纪要，第 207 号，魏玛共和国内阁讨论集，网上资料库。

定 11 月 9 日为法定庆祝日的州内，国立机构及企业的所有员工必须继续工作。① 在此之后，有关 11 月 9 日的问题，再也没有出现在内阁讨论的议事日程上。

为何中央政府对 11 月 9 日记忆的国家化不感兴趣，甚至持反对态度呢？其中一个重要原因仍然在于革命之后共和国政治格局的重大变化。一方面，国会内的议席分配结果造成相关议案无法获得多数票。在八届国民议会中，最支持 11 月 9 日作为"国家庆祝日"的独立社会民主党在 1924 年后解体了，而此前它所获得的最多选票也不过是 18.2%（1920）。被视做共和国支柱的"魏玛大联盟"（多数派社会民主党、民主党、中央党）的选票从最初的 76.2%（1919）一路下跌到 36.3%（1932），其中绝大多数时间都无法获得一半议席。反之，来自左右两翼的反对政党瓜分了剩下议席。这便导致有关 11 月 9 日的提案根本无法在国会讨论中得以通过。

另一方面，内阁组成结构同样阻碍着 11 月 9 日记忆的国家化之路。在 21 届内阁中，"魏玛大联盟"的三个政党有 17 人次曾占据总理职位，似乎可以在正常政治秩序中获得一定发言权。但实际上，在这 14 年间，魏玛内阁更迭频繁，平均执政周期不到 239 天，最长 636 天，最短只有 48 天。更重要的是，"魏玛大联盟"同时出现在内阁中的情况只有 7 届，独立社会民主党根本没有进入内阁，而彻底反对革命的右翼政党（人民党、民族人民党及后来的纳粹党）组阁 16 届，此外则是各种政治上处于摇摆姿态的无党派人士。显而易见，内阁结构的不同政治色彩直接影响着中央政府的每一项决策。如前文提及的费伦巴赫内阁是由中央党、民主党、人民党和无党派议员组成的中右翼政府，它便不仅拒绝萨克森州政府的请求，还禁止各地中央机构和企业参加庆祝活动；到第二届维尔特内阁时，"魏玛大联盟"的三个政党同时出现，中央政府的口径则略微松动，变

---

① 以上分别见：费伦巴赫内阁纪要，第 104、143 号；维尔特第二届内阁纪要，第 396 号，魏玛共和国内阁讨论集，网上资料库。

成了要求各地中央机构和企业尊重所在地法令。在此之后，魏玛内阁不断向右转，社会民主党退出执政党系列，而人民党成为内阁常客，甚至到 1927 年第四届马克思（Wilhelm Marx）内阁（1927 年 1 月 29 日—1928 年 6 月 27 日）时，民族人民党也出现在中央政府内。①

除了政治格局的影响外，另一个值得关注的焦点是：或许是由于当时出现了其他足以产生竞争性的纪念日选择，才让中央政府无法继续聚焦于 11 月 9 日这一天。

三 取代 11 月 9 日？国家庆祝日的其他选项与持续性困顿

事实上，在共和国时期，足以同 11 月 9 日形成竞争的纪念日还有不少。其中，对于左翼阵营而言，首要选择是早已被视做国际劳工节的"5 月 1 日"。

在 1918 年 11 月 12 日人民全权代表委员会的呼吁书中，8 小时工作制已被列入革命政府的一系列诺言之中。② 众所周知，8 小时工作制与"5 月 1 日"的关系紧密。正因如此，在 1919 年 4 月 7 日的内阁会议上，劳动部就提交了一份"关于公共节日令"的草案，提出把 5 月 1 日设为"公共节日"（allgemeiner Feiertag）。但在讨论中，有人提出，这一天应该被界定为"国家节日"或者"国家庆祝日"（Nationalfesttag 或者 Nationaler Feiertag），而不是"公共节日"这种法律术语，以免引起争议。这一点被劳动部接受。③ 在第二版草案中，5 月 1 日被称为"国家节日"（Nationalfesttag），并得到各州联合委员会（Staatenasusschuß）的赞同，进而呈交国会讨论。在 4 月 15 日的一读中，劳动部发言人继续把 5 月 1 日纪念日化与当时正在

---

① 国会与内阁组成情况，系根据 Hagen Schulze, *Weimar. Deutschland 1917 – 1933*, S. 469 – 472 的两份图表所进行的整理和分析。

② "Aufruf des Rats der Volksbeauftragten an das deutsche Volk vom 12. 11. 1918", in Gerhard A. Ritter, Susanne Miller (Hrsg.), *Die Deutsche Revolution, 1918 – 1919: Dokumente*, S. 103.

③ 谢德曼内阁纪要，第 37 号，魏玛共和国内阁讨论集，网上资料库。

推进的 8 小时工作制联系在一起。然而中央党发言人却以意识形态为由加以抵制。他认为，5 月 1 日是基于特定的世界观而确立的纪念对象，加上当前德意志民族正遭受不公正待遇，因而无论如何不能被定为"国家节日"。对此，社会民主党发言人为 5 月 1 日又增加了"国际和平"的色彩。而这一点却再次遭到资产阶级政党发言人的抵制。在他们看来，5 月 1 日的问题就是一种"政治问题、文化问题"，是所有"我们必须解决的问题之中最为关键的问题"。在 8 小时工作制已经达成的情况下，资产阶级政党有权拒绝将之作为"公共节日"来进行共享。中左翼的民主党议员试图进行调和。他建议把 5 月 1 日及 11 月 9 日都作为"法定庆祝日"（gesezlicher Feiertag），但可以另外挑选一天来作为国际和平日。右翼政党代表立即表示，如果是这样，那么还可以确定一天为"公共忏悔与哀悼日"（allgemeiner Buß- und Trauertag）。[①] 最终，草案以 159 票赞成、85 票反对、10 票弃权的结果得以通过。这就是 1919 年 4 月 17 日公布的《关于公共节日令》（Gesetz über einen allgemeinen Feiertag）。

该法令在左右两翼立场的基础上做了调和，规定 5 月 1 日作为"公共庆祝日"，既为了履行"世界和平、民族联合、国际工人保障的思想"，又在 1919 年主要响应"庆祝政治与社会进步、公正和平、立即释放战犯、撤离被占领土以及在国际联盟中实现完全平等权"等典型的德意志诉求。[②] 值得注意的是，在确立 5 月 1 日的纪念日地位时，11 月 9 日虽然被提及，但最终却被大多数议员抛弃。这表明，在 5 月 1 日和 11 月 9 日之间，左翼又显然倾向于前者。

对于右翼而言，能够与 11 月 9 日产生竞争的历史记忆来自两方面：一是纪念德意志帝国成立的 1 月 18 日；二是哀悼德国被迫签订《凡尔赛和约》的 6 月 28 日。前者来自过去，后者就发生在当下。

1919 年 4 月 15 日，如前文所言，在讨论 5 月 1 日的问题时，右

[①] Nationalversammlung, 38. Sitzung, 15. April. 1919, in *Verhandlung der verfassunggebenden Deutschen Nationalversammlung*, Bd. 327, Berlin, 1920, S. 1051 – 1059.

[②] *RGBl.*, 1919, Nr. 82, S. 393.

第六章　历史政策：以国名、纪念日和公共历史书写为核心的探讨　257

翼政党已经提出了设立"公共忏悔与哀悼日"的建议。4月25日，巴登政府向内阁建议设立一个针对战争受害者的"公共纪念日"。1920年11月7日，中央党、人民党、民主党再次联合提出设立"公共哀悼日"（allgemeiner Trauertag）的议案。① 在此触动下，11月24日，内政部向内阁提交了关于把6月28日设立为"纪念战争受害者的公共哀悼日"（allgemeiner Trauertag für die Opfer des Krieges）的草案。但在内阁中，尽管设立哀悼日一事并未受到质疑，但"6月28日"的选项却颇有争议。大多数部长倾向于把哀悼日和某个宗教节日结合起来，同时希望避免影响工作日。最终，内阁决定选择11月1日。然而在1921年1月28日的跨党派联席会议上，3月6日又被定为公共哀悼日，并作为立法草案递交参议院。不过这一决议最终又因政治形势的迅速变化而不了了之。② 直到1925年3月1日，德国才出现"哀悼日"（Volkstrauertag）。但这一天并不是全国性公共纪念日，各地纪念时间并不统一，每年哀悼日也不是同一天。

同样在1920年11月24日的内阁会议上，有关是否在1921年1月18日举行纪念帝国成立50周年的议题，得到了热烈讨论。根据内政部的报告，这一议题此前已得到各方重视。内阁最终决定接受这一提案，但没有明确1月18日是否成为"法定节日"。一个月后，内政部向各州政府发出电报，要求各州在这一天向所有学生宣传"德意志帝国建立及其50年存在的意义"。它还希望"帝国建立日"能够有朝一日获得立法认可。不过，国会中的左翼党派坚决抵制这一想法。1921年1月18日，国会拒绝举行帝国建立日的庆祝活动。身为社会民主党员的总统艾伯特也不出席其他地方的纪念仪式。在此之后，1月18日也只能被视做小范围的非公共性节日，仅仅得到右翼政党或知识分子的追捧。③ 1924年，一位持保守立场的大学教授在庆祝1月18日的纪念会上这样说道："我们心怀感激，回望那一

---

① *Reichstagsprotokolle*, 1920, Nr. 841, S. 587.
② 费伦巴赫内阁纪要，第143号，魏玛共和国内阁讨论集，网上资料库。
③ 费伦巴赫内阁纪要，第143号，魏玛共和国内阁讨论集，网上资料库。

天。五十三年前的那一天,凭借俾斯麦的天才实力以及我军战无不胜的军事才能,崭新的德意志帝国得以建立。那是一个骄傲而喜人的时刻,在这个可喜可贺的时刻之后,年轻的国家走上了伟大的强国之路。可是如今呢?我们心如刀绞!我们到处都能感受到德意志国家的昏聩无能,难以言说的困难和黑暗正笼罩着我们的祖国。"① 这一番言说带上了明显的反共和国色彩。

最后,对左右两翼心目中的公共纪念日及 11 月 9 日都产生威胁的日子是 8 月 11 日。这是《魏玛宪法》得到批准公布的日子,历史上称为"宪法日"(Verfassungstag)。1919 年 11 月底,时任外交部部长的赫尔曼·米勒(Hermann Müller)率先致信内阁,提出把"8 月 11 日作为德意志国家的组成之日",因为它会平息国外对德意志国家民主体制状态的疑虑。② 内阁讨论最早出现在 1920 年 8 月 3 日,但却得出消极结果:大多数部长认为,8 月 11 日仍处于民族受辱阶段,不能用升旗来庆祝这样的"国家节日"。③ 1922—1923 年,《关于庆祝日和纪念日法令草案》(*Entwurf eines Gesetz über die Feier- und Gedenktage*)首次提出把 8 月 11 日作为德意志民众的"国家庆祝日"。然而中央政府与巴伐利亚州政府却在有关《魏玛宪法》的理解上出现了分歧。《魏玛宪法》第 139 条规定:"星期日及由'staatlich'所许可之休假日及精神修养日,以法律保护之。"此处"staatlich"一词,中央政府认为等同于"国家的"(reichlich),但巴伐利亚州政府却认为它指的是"各州的"——德语"Staat"确实除了有"国家"之意,也可被译作"州"。这一争议最终使宪法日未能上升为国家性的庆祝日。④ 到 1927 年 6 月 15 日,社会民主党和民主党联合提出议案《关于设立国家庆祝日法令草案》(*Entwurf eines Ge-*

---

① 转引自[德]库尔特·松特海默《魏玛共和国的反民主思想》,安尼译,译林出版社 2017 年版,第 90 页。译文有所修改,其中原文"德意志帝国"应为"德意志国家"。

② Bernd Buchner, *Um nationale und republikanische Identität. Die deutsche Sozialdemokratie und der Kampf um die politischen Symbole in der Weimarer Republik*, Bonn: Dietz, 2001, S. 319.

③ 费伦巴赫内阁纪要,第 42 号,魏玛共和国内阁讨论集,网上资料库。

④ 维尔特第二届内阁纪要,第 243 号,魏玛共和国内阁讨论集,网上资料库。

第六章　历史政策：以国名、纪念日和公共历史书写为核心的探讨　259

setzes über den Nationalfeiertag），其中第一条就写道："8月11日作为宪法日，是德意志人民的国家庆祝日。它在全国与各州法律条款意义上都是节日或者公共庆祝日。"它还要求公共建筑物上悬挂国旗，所有中学师生安排庆祝活动。① 这一点也得到普鲁士州政府的赞同。

但反对派并不认可。符腾堡州州长致信内政部表示，"国家节日只能是这样一天，即从这一天中，整个民族都能够思考这一天在其生命中所具有的崇高价值。但是就这一点而言，没有人会想到宪法日"。② 6月18日，中央党在国会递交了《关于节日保障的法令草案》（*Entwurf eines Gesetzes betreffend Schutz der Feiertage*），要求保护基督教节日。③ 在7月2日的内阁会议上，政治上属于中右阵营的总理威廉·马克思表示，8月11日可以作为"法定庆祝日"（gesetzlicher Feiertag），但不能作为"国家庆祝日"（Nationalfeiertag）。各州可以根据情况自行决定是否需要举办庆祝活动。几天后在参议院法律委员会上，各党派仍然没有在宪法日是否能够被界定为"国家节日"问题上达成一致意见。④

在此情况下，国会中的左翼党派只能联手坚持在当年8月11日中午举行一场由中央政府主办的宪法庆祝活动。当晚，中央政府、普鲁士州政府和柏林市政府联合举行纪念活动。这一现象一直持续到20世纪30年代初。不少地方在宪法纪念日中举行升旗、学校庆祝、公务员放假、议会讨论等活动，但这些举动并没有得到中央政府的统一认可。到弗朗茨·冯·巴本主政时期（1932年6月1日—12月2日），中央政府甚至表示"任何由公共开支来支付的庆祝活动都必须得到限制"⑤。

事实上，魏玛时期，并没有哪一天真正上升为"国家庆祝日"。

---

① *Reichstagsprotokolle*, 1927, Nr. 3428.
② 马克思第四届内阁纪要，第249号，魏玛共和国内阁讨论集，网上资料库。
③ Reichstag, 322. Sitzung, 18. Juni. 1927, *Reichstagsprotokolle*, 1927, S. 10902 – 10904.
④ 马克思第四届内阁纪要，第267号，魏玛共和国内阁讨论集网上资料库。
⑤ 巴本内阁纪要，第31号，魏玛共和国内阁讨论集，网上资料库。

这里固然还牵涉经济因素——作为"国家庆祝日",必须保证带薪假期,而这一点通常是劳资团体及其代表政党的争议焦点——但更为重要的是涉及集体记忆的竞争性问题。意识形态和地域的竞争,让魏玛共和国这样一个新生资本主义民主体制和联邦结构很难孕育产生一个为各方都能接受的"国家庆祝日"。当记忆的主体日益多元化,历史书写的竞争性不断凸显时,不成熟的民主政治运作机制反而让这种杂糅化的记忆蜕化为共和国的历史包袱,阻碍着历史共识的形成,进而无法为新一代共和主义者的成长提供合适的政治文化土壤。

11月9日,这是魏玛共和国的诞生之日。它原本可以承载建构民主记忆的重大使命,成为"社会民主者加以自省的标准日"[①]。但十分不幸的是,这一天既非左翼政党精心策划的革命日,又无法成为广大民众可以很快楔入头脑中的纪念日,甚至未能得到历史学家们的关注。[②] 来自当天经历的不同经验及其解释,成为阻碍这一天成为"公共节日"的首要障碍。如果说革命后的一年间,各种声音的出现一方面反映了不同阵营对德国未来走向不确定性的焦虑感,另一方面表明共和国政府无法(同样也是无意)迅速完成德国社会整体转型的重要使命,那么相关争议的延续特别是左翼内部、左右两翼之间、中央与地方之间的各种权力之争,让塑造共和国出生符号的努力一次次地化为乌有的结果,更能反映出魏玛德国政党政治的稚嫩性,甚至也提前喻示着资本主义制度下政党政治的顽疾。在这一点上,1920年,恩斯特·特勒尔奇颇有先见之明地写道:"政党

---

① 这是共和国末期一批左翼政治家们的反思,引自 Detlef Lehnert, Klaus Megerle (Hrsg.), *Politische Identität und nationale Gedenktage. Zur politischen Kultur in der Weimarer Republik*, Opladen: Westdeutsche Verlage, 1989, S. 109。

② 当时,大部分历史学家是民族主义者或敌视共和者,即便有意识地开展所谓"当代史"(Zeitgeschichte)研究,也自觉地同魏玛共和国保持距离。参见 Bernd Faulenbach, "Nach der Niederlage. Zeitgeschichtliche Fragen und apologetische Tendenzen in der Historiographie der Weimarer Zeit", in Peter Schöttler (Hrsg.), *Geschichtsschreibung als Legitimationswissenschaft 1918 – 1945*, Frankfurt am Main: Suhrkamp, 1997, S. 31 - 51, 此处是 S. 31, 35, 44 - 45。

必须存在。它们是政府组成的唯一工具,无论其是否令人满意。早先不满于军事统治或官僚统治的人,现在也会对政党争执及其自私自利的态度感到不满。没有一个政府会没有让人感到懊恼或迫使人们忍受的地方。创制政府与运行政府很可能永远是一件困难的事情,任何形式的政府都会如此。"[1]

更为糟糕的还在于,在有关革命的"回忆文化"塑造中,共和国始终未能给出一个令人满意的"公共历史阐释",以至于主动放弃了对当下的控制力。当然,资本主义民主机制的运行规律及各届内阁的组成特征,已经决定了确立国家庆祝日的艰难性。但即便如此,在整整十四年间,不仅 11 月 9 日未能获得令人满意的"记忆地位",其他任何有利于共和精神培育的日子、作为魏玛德国的合法性根源以及所有现实的历史原点——无论是 5 月 1 日还是 8 月 11 日——也无法脱颖而出。这些具有革命意义的纪念日仅仅在地方层面或部分阵营内部得到尊重,而没有成为具有持续性与广泛性特征的国家节日。这一点至少说明魏玛政府在历史政策上是缺少智慧和勇气的。其后果是,广大民众未能有机会在革命纪念日中接受民主共和教育,反而在各种分散性的、竞争性的、带有传统和保守性质的帝国纪念日或宗教纪念日中从内心告别共和国。

一些学者曾指出:"魏玛共和国存活的关键,根本就不在于它的反对者是否与纳粹思想处处一致、为纳粹振臂高呼,或者向纳粹暗送秋波,而在于,在所有五花八门的民族主义势力中,魏玛共和国找不到一个支持其体制的力量,满眼皆是敌人。"[2] 本节研究则可以进一步证明,魏玛政府无法也无力塑造令人满意的国家庆祝日,从而不能提供一种足以稳定社会的"公共历史阐释"。对于革命的杂糅记忆未能构建起有利于共和国发展的"回忆文化",反而造成历史认知上多样且持久的政治冲突,以至于魏玛德国始终无法完成认同建

---

[1] 转引自 Hagen Schulze, *Weimar. Deutschland 1917 – 1933*, S. 67.
[2] [德] 库尔特·松特海默:《魏玛共和国的反民主思想》,安尼译,译林出版社 2017 年版,第 24 页。

构的重大使命。这种由历史带来的政治问题正是共和国前进中不断累积的包袱,并埋下了它未来过早崩溃的祸根。

第三节 1928年"历史通俗文学之争"与公共历史书写的权力

1928年是魏玛历史节奏中颇为舒缓的间歇期。此前一年,德国的工业生产总值终于恢复到战前水平;此后一年,随着世界经济大萧条的到来,这个民主政权飞速地滑向崩溃的谷底。然而,尚属稳定的经济和政治形势并没有让1928年在歌舞升平中消逝在历史里。下半年,一本50多页名为"历史通俗文学:一份批判性文献报告"(*Historische Belletristik. Ein kritischer Literaturbericht*)的小册子[1]被悄悄地推向书市。

这本小册子是由当时被视作"学界顶尖杂志"之一的《历史学期刊》(*Historische Zeitschrift*)[2]推出的,作者分别是6位专业历史学家:罗斯托克大学中世纪与近代史教授威廉·舒斯勒(Wilhelm Schüßler)、维也纳大学近代史教授海因里希·里特·冯·苏比克(Heinrich Ritter von Srbik)、普鲁士国家档案馆研究馆员恩斯特·波斯纳(Ernst Posner)、哥廷根大学编外教授威廉·蒙森(Wilhelm Mommsen)、柏林大学近代史教授汉斯·德尔布吕克(Hans Delbrück)与柏林大学近代宪法史教授弗里茨·哈尔腾(Fritz Hartung)。他们的批判对象是:埃米尔·路德维希(Emil Ludwig)的《拿破仑》《威廉二世》和《俾斯麦》、赫尔伯特·欧伦伯格(Herbert Eulenberg)的《霍

---

[1] Schriftleitung der Historischen Zeitschrift (Hrsg.), *Historische Belletristik. Ein kritischer Literaturbericht*, München und Berlin: Oldenbourg, 1928.

[2] 除《历史学期刊》外,当时还存在两份十分重要的专业杂志《天主教德国历史政治刊物》(*Historisch-Politische Blätter für das katholische Deutschland*)和《历史学年鉴》(*Historische Jahrbuch*)。

亨索伦家族》、维尔纳·黑格曼（Werner Hegemann）的《拿破仑》和《弗里德里希大帝》以及保罗·维格勒（Paul Wiegler）的《威廉一世》。后四人当时是驰名国内外的传记作家。

根据1931年《布罗克豪斯百科全书》（Der große Brockhaus）的界定，"历史通俗文学"指的就是"传记"："它不要求严格的学术特征，其影响主要在于运用艺术性的手段和精神方面的描述，时常带有一种强烈的个人或政治世界观倾向……在德国，世界大战后，取得巨大成功的历史纯文学和历史专业学术之间便形成了尖锐的对抗。"[1]

若从今天的视角来看，这场"历史通俗文学之争"实质上就是专业史学与公众史学的一次对垒。它不仅反映了"德国历史编纂学的危机"[2]或"魏玛精神史的组成部分"[3]，更为重要的是反衬出共和国在公共历史书写领域中的权力争夺。由于"当代史就是争议史"[4]，因而这场"历史通俗文学之争"恰恰表现了90多年前魏玛德国在与其相关的"当代史"（从拿破仑战争到第一次世界

---

[1] Der große Brockhaus. Handbuch des Wissens in 20 Bänden, Bd. 8, Leipzig: Brockhaus, 1931, S. 536.

[2] Hans Schleier, "Die Historische Zeitschrift 1918–1943", in Joachim Streisand (Hrsg.), Studien über die deutsche Geschichtswissenschaft, Band 2, Die bürgerliche deutsche Geschichtsschreibung von der Reichseinigung von ober bis zur Befreiung Deutschlands vom Faschismus, Berlin (O): deb, 1965, S. 251–302, 相关内容是 S. 278–280; Hans-Jürgen Perrey, "Der 'Fall Emil Ludwig'-Ein Bericht über eine historiographische Kontroverse der ausgehenden Weimarer Republik", Geschichte in Wissenschaft und Unterricht, N. 43, 1992, S. 169–181; Eberhard Kolb, "'Die Historiker sind ernstlich böse'. Der Streit um die 'Historische Belletristik' in Wermar-Deutschland", in ders., Umbrüche deutscher Geschichte 1866/71-1918/19-1929/33. Ausgewählte Aufsätze, München: Oldenbourg, 1993, S. 311–329.

[3] Eckart Kehr, "Der neue Plutarch. Die 'historische Belletristik', die Universität und die Demokratie" (1930), in ders, Der Primat der Innenpolitik. Gesammelte Aufsätze zur preußisch-deutschen Sozialgeschichte im 19. und 20. Jahrhundert, Herausgeben und eingeleitet von Hans-Ulrich Wehler, Berlin: Walter de Gruyter, 1970, S. 269–278; Michael Kienzle, "Biographie als Ritual. Am Fall Emil Ludwig", in Rucktäschel, Zimmermann (Hrsg.), Trivialliteratur, München: Fink, 1976, S. 230–248; Christian Gradmann, Historische Belletristik. Populäre historische Biographien in der Weimarer Republik, Frankfurt a. M., 1993.

[4] Klaus Große Kracht, "Kontroverse Zeitgeschichte. Historiker im öffentlichen Meinungsstreit", in Sabine Horn, Michael Sauer (Hrsg.), Geschichte und Öffentlichkeit. Orte-Medien-Institutionen, Göttingen: Vandenhoeck & Ruprecht, 2009, S. 15–23, 此处是 S. 15。

大战）中所面临的处置难题。如何与这些历史打交道，正是"历史政策"的主要旨趣。

一　19世纪末20世纪初公共历史书写的兴起

任何一场公众史学争议都是在经历了一段酝酿期后达到临界点的。不过，与后世相比，1928年的"历史通俗文学之争"源自更为深刻的社会转型、更为紧迫的学科危机和更为强势的挑战者集结起来所产生的巨大浪潮，从中孕育产生了公共历史书写。

从帝国后期开始，德国社会日益陷入所谓"现代性"的内在冲突中。即一方面，社会财富不断增长，民主意识逐步提高；另一方面，社会裂化日趋明显，恐慌心理流行于世。尽管"一战"爆发时，"民族保卫战"的谎言曾暂时维持了"城堡和平"，但危机意识很快便在节节败退中占据主流。随着共和国的成立和《凡尔赛和约》的签订，外在的政治和经济压力，内心对现状和未来的不确定感，让一批"受过教育的资产阶级"彷徨失措。这是1918年后"历史热"兴起的重要原因之一。人们希望从历史中继续找到对当下和未来的指引。

然而，专业历史学不仅不愿，也无力承担起满足人们心理需求的重大职责。从表面来看，德国专业历史学的发展并未受到战争或革命的影响。德国史学编纂的职业化和理论化，实现了"专业性"与"通俗性"或"职业性"与"公众性"的界分，让一批信仰所谓"历史主义"（如史料考证、客观性、查阅尽可能多的文件与一手材料，直至"如实直书"）的研究者形成固定的职业群体。[1] 在魏玛时期，这些人的数量非但没有缩减，反而呈现增长态势——1910年德国高校历史教师共有185名，其中正教授82名；到1920年，这两个数字分别增加到206名和90名；11年后，它们再次增加到236名

---

[1] Stefan Berger, "Professional and Popular Historians. 1800 – 1900 – 2000", in Barbara Korte, Sylvia Paletschek, eds., *Popular History. Now and Then. International Perspectives*, Bielefeld: transcript Verlag, 2012, S. 13 – 29, 此处是 S. 15、18 – 19。

和91名。① 在这些专业历史学家中，把历史研究与普鲁士—德意志道路的政治合法性扭结在一起的"普鲁士学派"，仍然把持着历史学教席，被誉为"历史主义最后一位大师"的弗里德里希·梅尼克（Friedrich Meinecke）也掌控着《历史学期刊》这一重要阵地，从而可以把不同政治立场者排斥在历史专业圈之外。②

然而，在平静的湖面下，一场"历史主义的危机"已经出现。在历史研究者的资格、科学考证的方法、历史解释的原则和史学研究的功效方面，都出现了反对历史主义的迹象。

首先，批判性知识界出现了重大的结构性变化。一方面，随着受过高等教育者的人数增多，未能进入学界的人大量投入公众史学中③；另一方面，社会的持续裂化形成了丰富的政治光谱，极端右翼、温和右翼、理性共和派、自由派、左翼自由派和极端民主派等阵营各自找到了不同的发言渠道，如左翼知识分子即便未能进入高校，也能借助《柏林日报》和《福斯报》等报刊，拥有前所未有的影响力。④

其次，历史学研究对象产生争议。在"普鲁士学派"的主导下，政治、外交、国家和权力似乎成为永恒的话题。从解放战争到俾斯麦时代是魏玛右翼历史学家们热衷讨论的选题，因为它们契合了普

---

① Bernd Faulenbach, *Ideologie des deutschen Weges. Die deutsche Geschichte in der Historiographie zwischen Kaiserreich und Nationalsozialismus*, München: Verlag C. H. Beck, 1980, S. 4.

② 在左翼历史学家中，只有约翰内斯·茨库尔施（Johannes Ziekursch）在1927年成为科隆大学的教授，其他人始终被大学拒之门外。而在《历史学期刊》编辑部中，梅尼克的那些拥有共和思想的学生们仅仅发挥了短暂影响力，而编辑部在大部分时间内都是由右翼历史学家掌控的。参见 Hans Schleier, "Die Historische Zeitschrift 1918 – 1943", S. 255 – 256。

③ Wolfgang Hardtwig, "Die Krise des Geschichtsbewußtseins in Kaiserreich und Weimarer Republik und der Aufstieg des Nationalsozialismus", in: *Jahrbuch des Historischen Kollegs*, 2011, S. 47 – 76, 此处是 S. 54。

④ 政治光谱根据的是贝恩德·福伦巴赫（Bernd Faulenbach）的研究。参见 Bernd Faulenbach, "Deutsche Geschichtswissenschaft zwischen Kaiserreich und NS-Diktatur", in A. Dorpalen u. s. w. (Hrsg.), *Geschichtswissenschaft in Deutschland. Traditionelle Positionen und gegenwärtige Aufgaben*, München: Verlag C. H. Beck, 1974, S. 66 – 85, 此处是 S. 70 – 71。

鲁士—德意志道路的合法性论证需求。相反，左翼历史学家们却对革命、战败与和约这些"半政治化的"问题感兴趣，如范特·瓦伦汀（Veit Valentin）便首度揭示了1848年革命的历史意义，但这在当时受到了压制。①

再次，传统的历史学解释似乎已达到极限。在面对无所不在的恐慌心理时，学院派历史学家仍然延续旧有的思路，既拒绝讨论战败与民主等现实问题，又不愿意吸收陆续出现的新科学（如进化论、精神分析）。其结果是："今天的历史学家却在公众中缺少影响力。专业历史学著作即便从当下的角度来看十分有趣，也缺少读者"②；进而导致了历史主义的解释模式受到质疑，"历史主义的时代已经过去了……对于客观性历史观察的信仰业已得到克服；此前被视作主观性的、建构性的、哲学性的、艺术性的、宗教性的、几乎被排斥在外的评价，得到了重视"③。

最后，历史功用的争论日趋尖锐。"普鲁士学派"的自我意识与帝国的国家结构从来都是纠结在一起的。而在共和国中，他们受到了严重打击，一如文学家托马斯·曼（Thomas Mann）所言，"历史学教授痛恨当下的转型，因为他们把这种转型视做毫无规律的、缺乏联系的和狂妄无耻的。一言以蔽之，他们感到它是'非历史的'，而他们的心却属于那种相互联系的、虔诚的历史性的过去"④。相反，

---

① Heinz Sproll, *Französische Revolution und Napoleonische Zeit in der historisch-politischen Kultur der Weimarer Republik. Geschichtswissenschaft und Geschichtsunterricht 1918 – 1933*, München: Ernst Vögel, 1992, S. 20; Bernd Faulenbach, "Deutsche Geschichtswissenschaft zwischen Kaiserreich und NS-Diktatur", S. 71. 另外，关于选题之争的更为详尽研究，可参见 Bernd Faulenbach, *Ideologie des deutschen Weges. Die deutsche Geschichte in der Historiographie zwischen Kaiserreich und Nationalsozialismus*; 关于瓦伦廷的个人经历，可参见 Elisabeth Fehrenbach, "Veit Valentin", in Hans-Ulrich Wehler (Hrsg.), *Deutsche Historiker*, Bd. 1, Göttingen: Vandenhoeck & Ruprecht, 1971, S. 69 – 85。

② Wilhelm Mommsen, "*Legitime*" und "*Illegitime*" *Geschichtsschreibung. Eine Auseinandersetzung mit Emil Ludwig*, München, Berlin: Verlag von R. Oldenbourg, 1930, S. 7.

③ Karl Heussi, *Die Krisis des Historismus*, Tübingen: Mohr, 1932, S. 37.

④ 转引自 Christian Gradmann, *Historische Belletristik. Populäre historische Biographien in der Weimarer Republik*, S. 9。

左翼史学家却宣扬"睁开双眼，观察世界"①，甚至表现出"民主和社会主义的倾向，把价值观置于呈现的第一位，希望用一种更有意义的、有色彩的、精神上更为神话的观点，来代替原来无聊的、单调的历史编纂"②。

在这种历史主义的危机中，专业历史学家的优势不复存在，而公众史学家却找到了渗入读者的机会。公共历史书写的兴盛期出现在19世纪末。与学院派史学相比，公众史学的读者市场并不逊色，如一本有关东哥特人争夺罗马的历史小说，在1876年初版后，不断再版，到1918年已经重印了第110次！不过，战前的公众史学家也在潜意识中接受了"历史主义"的标准，如一位历史小说家便不断要求出版社为他寄去"科学性的"最新历史学著作，以便为他的读者提供"科学性的凭据"；再者，民族主义倾向（特别是反犹性）的著作在公众史学界颇为流行。③ 正因如此，专业历史学家也曾与公众史学家一起相安无事。

然而，魏玛时期的公共历史书写出现了特殊一面在于：它是以左翼传记作家为载体的，其社会影响力、创作理念、历史观和政治立场都对"普鲁士学派"形成了本质性的挑战。以路德维希为例，这位"魏玛共和国（时代）在国际上最有影响力的德语作家"④，仅在1920—1933年，他接连发表了歌德、伦勃朗、拿破仑、威廉二世、俾斯麦、耶稣、米开朗琪罗、林肯、施里曼等9本传记。此外，他还出版了讨论"一战"原因的《1914年7月》、关涉文艺创作的《天才与性格》和《艺术与命运》、自传《生命的馈赠》、游记《地

---

① Bernd Faulenbach, "Deutsche Geschichtswissenschaft zwischen Kaiserreich und NS-Diktatur", S. 66.

② 这是保守派批判左翼历史学家的评语。Schriftleitung der Historischen Zeitschrift (Hrsg.), *Historische Belletristik. Ein kritischer Literaturbericht*, S. 6.

③ Wolfgang Hardtwig, "Die Krise des Geschichtsbewußtseins in Kaiserreich und Weimarer Republik und der Aufstieg des Nationalsozialismus", S. 48 – 50; Martin Nissen, *Populäre Geschichtsschreibung：Historiker, Verleger und die deutsche Öffentlichkeit (1848 – 1900)*, Köln：Böhlau, 2009, S. 269 – 316.

④ Magrit Ketterle, "Emil Ludwig", in：Wolfgang Benz, Hermann Graml (Hrsg), *Biographisches Lexikon zur Weimarer Republik*, München 1988, S. 213 – 214, 此处是 S. 213。

中海》以及一系列剧作和政论性文章。① 据 1930 年的调查，在 1924—1929 年德语界最受欢迎的作品中，路德维希的两本传记位列第一名和第五名，作品被翻译为 25 种语言，总销售量在 130 万册以上，超过了刚刚获得诺贝尔文学奖的托马斯·曼。② 同时代人茨威格（Stefan Zweig）也承认他"是今天全世界最为人所熟知的德国作家；他复兴了传记；他见证并记录了所有当代的荣耀"。③

从某种意义上而言，"历史主义"本来是支持传记类型的。特赖奇克曾强调"人物决定历史"④。20—30 年代还是德国历史上传记风潮涌现的时期，1918—1936 年，曾有 500 本以上的传记付梓出版。但问题在于左翼传记作家的作品不仅更为成功，而且还让"普鲁士学派"感到了一种"意识形态的冲击"。⑤

仍以路德维希为例。这位头号公众史学家拥有着自成一体的传记创作理念。他提倡运用档案，结合心理分析方法，让所有伟人"就像站在街上的那个人一样"，而不是"奥林匹亚上的半神"。⑥ 正因如此，20 年代末，文学评论界认为，他是"新传记"类型的代表之一。⑦

---

① 路德维希的个人经历可参见他的自传 Geschenke des Lebens, 1931; Christian Gradmann, Historische Belletristik. Populäre historische Biographien in der Weimarer Republik, S. 38 – 45。这些作品是：Goethe. Geschichte eines Menschen (1920); Rembrandts Schicksal (1923); Napoleon (1924); Wilhelm II. (1925); Bismarck. Geschichte eines Kämpfers (1926); Der Menschensohn (1928); Michelangelo (1930); Lincoln (1930); Schliemann. Geschichte eines Goldsuchers (1932); Genie und Charakter (1924); Kunst und Schicksal (1927); Am Mittelmeer (1927)。所有作品均由柏林的 Ernst Rowohlt 出版。其他政论性文章可参见 Emil Ludwig, Für die Weimarer Republik und Europa, Frankfurt am Main u. s. w.: Peter Lang, 1991。

② Niels Hans, Der Fall Emil Ludwig, S. 9.

③ Johanna Roden, "Stefan Zweig und Emil Ludwig", in Marion Sonnenfeld (Hrsg), Stefan Zweig. The World of Yesterdays Humanist Today. Proceedings of the Stefan Zweig Symposium, Albany: State University of New York Press, 1983, pp. 237 – 245, 此处是 p. 242。

④ Bernd Faulenbach, "Deutsche Geschichtswissenschaft zwischen Kaiserreich und NS-Diktatur", S. 80.

⑤ Wolfgang Hardtwig, "Die Krise des Geschichtsbewußtseins in Kaiserreich und Weimarer Republik und der Aufstieg des Nationalsozialismus", S. 48、51 – 52.

⑥ Emil Ludwig im Urteil der Weltpresse, Berlin: Ernst Rowohlt, 1928, S. 6.

⑦ John Macy, "The New Biography", The English Journal, Vol. 17, No. 5, 1928, pp. 355 – 368, 此处是 pp. 362 – 363。

在此基础上，路德维希对专业历史学提出了挑战。其一，他强调，历史就是"人的讲述"，他虽然没有学过历史学，但也是"人"，所以有权利"讲述故事"。其二，他认为，传记的重要部分是生命本身，而不仅仅是知识。他甚至相信，艺术家是通过知识的魔法，作为上帝之手来处理历史资料的。其三，他讨论了史学与诗学的亲近，提倡用"直觉描述"（即"前感"）来驾驭历史。其四，他极为重视历史的功效。在《战争与和平》一文中，他明确主张历史著作应该让孩子们拥有精神的熏陶，思考发明家和思想家，把置人于死地的将军和救人的医生进行对比。[1] 如若我们把这些诉求与上文所提到的历史主义危机的四点特征结合起来，便会发现，路德维希恰恰点中了当时专业历史学家的死穴。

不仅如此，路德维希还颇为高调地立足于共和国的立场中。战争结束后，路德维希便以和平主义的姿态出现。当人们还在指责《凡尔赛和约》时，他却表示"让我们剪去纽带，最终，从旧的精神中解放出来！……从现在开始，他们（德国人）不再是王公贵族的奴仆，也不再是奴隶或乞丐，而是自由人！"[2] 他不断积极参与到政治生活中，宣扬欧洲精神，而且还鼓励其他公众史学家（如茨威格）用自己的影响力来支持共和国。[3] 他曾是美国总统柯立芝和罗斯福的座上宾，与德国外长瓦尔特·拉特瑙（Walter Rathenau）有着深厚友情。[4] 他同墨索里尼和斯大林做过访谈。后者还借助访谈，透露了苏联在苏波德三角关系中的基本立场。[5]

---

[1] Sebastian Ullrich, "Im Dienste der Republik von Weimar. Emil Ludwig als Historiker und Publizist", *Zeitschrift für Geschichtswissenschaft*, N. 49, 2001, S. 119 – 140, 此处是 S. 212 – 213; Franklin C. West, "Success without influence: Emil Ludwig during the Weimar Years", *Year Book of the Leo Baeck Institute* 30 (1985), pp. 169 – 189, 此处是 p. 179。

[2] Franklin C. West, "Success without influence: Emil Ludwig during the Weimar Years", p. 181。

[3] Johanna Roden, "Stefan Zweig und Emil Ludwig", S. 240。

[4] 1922 年，当他得知拉特瑙被刺身亡的消息后，公开宣布退出天主教会，以示抗议。Emil Ludwig, *Geschenke des Lebens. Ein Rückblick*, Berlin: Ernst Rowohlt, 1931, S. 572。

[5] 见当时德国驻苏使馆与外交部的分析，"Der Botschafter in Moskau von Dirksen an das Auswärtige Amt", *Akten zur Deutschen Auswärtigen Politik 1918 – 1945. Aus dem Archiv des Auswärtigen Amts. Serie B: 1925 – 1933. Band XXI. 16. August 1932 bis 29. Januar 1933*, Göttingen: Vandenhoeck & Ruprecht, 1983, S. 399 – 402, 此处是 S. 402。

人们在社会转型中的焦虑心理，未能从处于危机中的"历史主义"那里获得疏解。左翼传记作家们则高调地试图为彷徨者指明出路。这种针尖麦芒式的对立始终在寻找爆发的契机。

二 1928年"历史通俗文学"之争

对于传记作家的批评，其实早已开始。以《历史学期刊》为例，从1925年起，专业历史学家的偶尔点评已经充满着火药气息，不过散见各处，火力并不集中①。

当然，维护者也不遗余力。20年代后半叶，路德维希被外国媒体称颂为"新德国的代表"②。左翼评论家库尔特·图霍夫斯基（Kurt Tucholsky）在评论路德维希的《威廉二世》时便指出："今天在德国以共和主义方式存在的东西，需要得到保卫。路德维希的这本著作就是一种进攻而且取得了完全胜利。这是皇帝有史以来所承受的最严重的败局。"③鲁道夫·奥尔登（Rudolf Olden）在《柏林日报》上也对《俾斯麦》持肯定态度："倘若数百万德国人正确阅读路德维希的著作，那么就会看到和确保他们走在共和国的道路之上。"④

在1928年由恩斯特·罗沃尔特出版社（Ernst Rowohlt）编辑付梓的两本有关国内外报纸杂志评点路德维希作品的小册子中，人们看到的几乎都是正面评论。⑤这自然是路德维希主动维护自己在大众舆论中形象的努力，同时，也是回击专业历史学家批评的一种方式。

《历史通俗文学：一份批判性文献报告》这本小册子正是在这种

---

① 后来编辑成册的这些书评曾经刊登在《历史学期刊》的第133卷第3期和第138卷第3期上。
② Franklin C. West, "Success without influence: Emil Ludwig during the Weimar Years", S. 170.
③ Kurt Tucholsky, *Das Buch vom Kaiser*, in ders., *Gesammelte Werke*, Bd. 4: 1925 – 1926, Reinbeck bei Hamburg: Rowohlt, 1960, S. 296 – 299, 此处是 S. 296.
④ Rudolf Olden, "Emil Ludwigs Bismarck", in: *Berliner Tageblatt*, 5.12.1926.
⑤ *Emil Ludwig im Urteil der Weltpresse*; *Emil Ludwig. Im Urteil der deutschen Presse*, 值得一提的是，路德维希占有这家出版社的一半产权。

氛围中诞生的。今天，人们已经很难完全恢复该书出版的详细进程，但大致可以发现这么几点特征：第一，它以《历史学期刊》特刊的名义发行，即便不是主编梅尼克的授意，也应该得到他的允许，这表明，这位坦承自己"在内心中仍然属于君主主义者"的"历史主义大师"并不满意左翼传记作品；第二，尽管如此，梅尼克拒绝为该书写前言，后来又在信中坦承自己对舒斯勒充满着右翼口吻的前言感到不满，这又契合他作为"理性共和主义者"的身份；第三，虽然该书是书评合集，但舒斯勒的前言并没有给其他作者审阅，蒙森便在后来公开表示过不满。①

如果进一步阅读该书，我们便会发现两类重要的代表性：一方面，作者拥有着职业群体的代表性。在这些人中，年龄最大者是80岁的德尔布吕克，最小者是35岁的波斯纳和蒙森。在政治光谱中，舒斯勒和哈尔腾属于温和右翼，德尔布吕克与波斯纳属于理性共和派，蒙森属于自由派。另一方面，靶子也拥有着明显的共性：它们都是畅销传记，主题都涉及德国近代历史的关键人物，形式都采取了文学化的手法，内容上都"没有超越旧著""没有新材料"，甚至"没有看过原始文献"，即便有所引用，不是"引文不正确"，便是"毫无批判性"。更为糟糕的是，这些传记都是硬伤累累，都可列出3—5页的错误②；它们的作者除维格勒在政治上属于中立外，其他三人都是鲜明的政治左翼。③

不过，除去批判对象不同而造成的差异外，我们也能发现字里行间中的某些区别。一些人从一开始便摆出专业史学家的姿态，如舒斯勒说，传记作家们"应该感到高兴，因为专业期刊愿意讨论它

---

① Eberhard Kolb, " 'Die Historiker sind ernstlich böse'. Der Streit um die 'Historische Belletristik' in Wermar-Deutschland", S. 319 – 321, 特别是注释28; Wilhelm Mommsen, "*Legitime*" und "*Illegitime*" *Geschichtsschreibung. Eine Auseinandersetzung mit Emil Ludwig*, S. 10。

② Schriftleitung der Historischen Zeitschrift（Hrsg.）, *Historische Belletristik. Ein kritischer Literaturbericht*, , S. 42, 28, 31 – 33 以及各篇罗列错误处。

③ 路德维希是著名的左翼作家，黑格曼曾长期待在美国，接受美国自由民主文化的熏陶，欧伦贝格是著名的和平主义剧作家。

们";一些人则认为批判公众史学家是多此一举,如德尔布吕克直截了当地提出,像路德维希笔下的传记"是否可以在学术刊物上进行讨论";蒙森则站在了"认真,但并不成功"的客观立场上。① 一些批评者最终指向传记作家的政治立场,如舒斯勒在前言中便指责后者"破坏了历史学的中立性",苏比克认为传记中充满着"痛恨普鲁士的感情",哈尔腾指责他们"没有独立的学术价值","显示了美国式的烙印";相反另一些批评者却只字未提政治因素,波斯纳认为公众史学家也曾"正确地指出了最近研究中的错误趋势",蒙森进而思考传记作家"为什么成功?专业历史学家为什么不成功"等更为深层次的问题。②

这本小册子的发行量并不大,但其后续影响力却持久而强大。特刊出版前,曾在 160 本杂志和 210 份报纸上打出了广告,第一版印刷了 1650 册,随后又印过两版。研究者估计,总量应在 6000 册左右。③ 这一数字在当时的学术圈中已算惊人,但与路德维希超过 100 万册的销售量相比,可谓相形见绌。但若考虑到因其产生的各种评论与持续发酵的效应,我们便不应对它小觑。

从历史学界到公共媒介,从左到右的政治阵营中,后续评论在两年间从未间断过。这些评论都敏锐地捕捉到"历史通俗文学之争"的背后是有关史学编纂理念、政治立场和社会氛围的重大争议。④ 不过,有意思的是,当右翼评论家批判传记作家们的"精神饥渴症"及其"肤浅"而"并没有艺术性"的作品时⑤,左翼作家也认为此

---

① Schriftleitung der Historischen Zeitschrift (Hrsg.), *Historische Belletristik. Ein kritischer Literaturbericht*, S. 48, 37, 30.

② Schriftleitung der Historischen Zeitschrift (Hrsg.), *Historische Belletristik. Ein kritischer Literaturbericht*, S. 6, 16, 43, 57, 29, 36 – 37.

③ Eberhard Kolb, " 'Die Historiker sind ernstlich böse'. Der Streit um die 'Historische Belletristik' in Wermar-Deutschland", S. 316 – 317, 特别是注释⑬。另一说是 4 万册,但应该不准确。

④ 这一点特别表现在 Carl von Ossiertzky, "Die Historiker sind ernstlich böse", *Die Weltbühne*, 24/2, 1928, S. 877 – 879。

⑤ Oskar von Wertheimer, "Der Schriftsteller Emil Ludwig", in: *Archiv für Politik und Geschichte*, 6, Bd. 10, 1928, S. 261 – 276, 此处是 S. 262, 268。

类"普鲁塔克式的复兴"并没有"证明其内在质量以及它在政治上的成功",相反,"它只不过是资产阶级个人主义的最后阶段"①。路德维希甚至也没有被所谓"资产阶级历史学家"所接受,后者认为传记作家割裂了历史研究和历史编纂。②

路德维希是这场争议的首要对象,而他也顺势发起了反攻,以致在1929—1930年的争议出现了新现象。反攻之一是指出历史学家内部的裂痕。路德维希评述了两位左翼历史学家的作品:阿图尔·罗森贝格(Arthur Rosenberg)和瓦尔特·格茨(Walter Goertz)。他称颂前者关注当代历史的研究兴趣,并在结语中挑衅式地写道:"我希望,这本著作如同所有重要共和派的著作那样,被学院派拒之门外"。他认为后者主编的世界史工程如同企业般,"选举了主席",然后分工合作,这种民主方式"希望不会让教授先生们产生更大的气愤"③。反攻之二是从理论层面上宣称建立历史研究的"新学派"。他发表了《史学与诗学》(*Historie und Dichtung*)一文,卷首便引用文化史学家雅各布·布克哈特(Jakob Burckhardt)的话,来同他眼中的"旧学派"做切割。他指责历史主义学派再也没有对德国的国家和精神产生过重要的影响,而"新学派"则将以传记的形式创造一种拥有"精神的"历史编纂方式。④ 此文不久以单行本的方式出版,并免费赠送。反攻之三是出版《1914年7月》一书。该书早在

---

① Eckart Kehr, "Der neue Plutarch. Die 'historische Belletristik', die Universität und die Demokratie" [1930], in ders, *Der Primat der Innenpolitik. Gesammelte Aufsätze zur preußisch-deutschen Sozialgeschichte im 19. Und 20. Jahrhundert*, herausgegeben und eingeleitet von Hans-Ulrich Wehler, Berlin: Walter de Gruyter, 1970, S. 269 – 278,此处是 S. 270、278。

② 在当时的历史学界,左翼眼中的所谓"资产阶级的历史学家"指的是政治立场接近于时人 Stefan George 的学者,如 Ernst Hartwig Kantorowicz 便在1930年历史学家大会上拒斥路德维希及"历史纯文学"的立场。参见 Christian Gradmann, *Historische Belletristik. Populäre historische Biographien in der Weimarer Republik*, S. 174 – 176。

③ 罗森贝格曾是德共党员,其著作是《德意志共和国的诞生》;格茨是文化史学家兰普莱希特的学生,主编了《柱廊世界史》。参见 Christian Gradmann, *Historische Belletristik. Populäre historische Biographien in der Weimarer Republik*, S. 119 – 121。

④ Emil Ludwig, "Historie und Dichtung", *Die Neue Rundschau*, Jg. 40, Bd. 1, 1929, S. 358 – 381,此处是 S. 358、376、379。

20 年代初便已大致完成，1929 年推出后同样大受欢迎，在两周内便售出了 6 万册。① 他在书中指责帝国政治家的"幻想战争"导致了"七月危机"。②

路德维希的反攻之举让这场"历史通俗文学之争"得以继续推进。在各种回应③中，自由派蒙森的反馈最值得关注。他坦承历史主义出现危机，但不赞同路德维希试图拒斥传统的立场，因为所谓"新学派"的传记"不过是摧毁了英雄的形象，并且告诉公众，伟大人物也有他们的小人物形象而已"。更糟糕的是，路德维希"先入为主"的观念，既漠视非右翼历史学家的存在，又仅仅依靠"直觉"而非扎实的史料分析来进行研究。所以，即便路德维希"在德语表达上比一般专业历史学家要高"，但他所呈现的能力却是其"不合法"的象征。"合法的"历史写作不是去"统治过去"，而是为了"从自我批判的角度找到当下的问题"，从而"从当代更为坚实的基础上走向未来"④。

这场争议很快也延伸到政治舞台上。路德维希的政治活动早已引起了政治家的关注，并因此成为国家行为的利用对象。1929 年 6 月，德国外交部在制订为世界裁军会议做舆论准备的方案中，把路德维希和两位前总理相提并论，计划让这位左翼学者在美国报刊上"讨论罪责问题……稍后在美国结集成册出版"。⑤ 然而，"历史纯文学之争"也为右翼政治家提供了进攻的武器。此前在世界各地畅行

---

① Emil Ludwig, *Geschenke des Lebens*, 附录。

② Emil Ludwig, *Juli 14*, S. 12.

③ 关于左右两翼的各种回应，可参见 Christian Gradmann, *Historische Belletristik. Populäre historische Biographien in der Weimarer Republik*, S. 119 – 148。这些回应没有新意，左翼认为《1914 年 7 月》一书说出了"部分真相"，右翼称之为"最烂意义上的流行书籍"或"启蒙思潮的出口品"。

④ Wilhelm Mommsen, "*Legitime*" und "*Illegitime*" *Geschichtsschreibung. Eine Auseinandersetzung mit Emil Ludwig*, München, Berlin: Verlag von R. Oldenbourg, 1930, S. 6, 8, 11 – 12, 15.

⑤ "Aufzeichnung über die Behandlung der öffentlichen Meinung in der Abrüstungsfrage", *Akten zur Deutschen Auswärtigen Politik 1918 – 1945. Aus dem Archiv des Auswärtigen Amts. Serie B: 1925 – 1933. Band XII. 1 Juni bis 2. September 1929*, Göttingen: Vandenhoeck & Ruprecht, 1978, S. 100 – 102, 此处是 S. 101。

无阻的演讲者立即受到了负面影响。1928 年 12 月，德国驻哥本哈根的外交官以路德维希"并非为研究者"为由，阻止后者在当地大学的讲座。不久，德国驻罗马的外交官、未来的纳粹外交部部长牛赖特（von Neurath）也阻止路德维希公开演讲。此举被外交部部长施特雷泽曼视做一起"外交丑闻"，他在国会中公开把路德维希视做"德国精神的代表"。而纳粹议员却在 1929 年 6 月 24 日的国会发言中指责外交部的表态"辱没了德国人"，因为"这位科恩先生"的作品是被德尔布吕克教授严厉贬斥过的，没有学术性。①

三 公共历史书写权力争夺战的结局

1929 年末，当世界经济大萧条爆发后，整个社会自此被扭转到通往纳粹独裁的道路上。最先遭遇滑铁卢的是路德维希。据 1931 年的统计，在法兰克福，76% 的读者是中产阶层。② 经济危机和政治动荡显然带走了大部分的读者群。他的《林肯》及其自传不但没有盈利，而且还连累了自己的出版社倒闭。更为严重的是，在右翼出版社兼并《福斯报》后，路德维希失去了发表政论的舞台。③ 1932 年，身心疲倦的路德维希宣布申请成为瑞士人。他在声明中表示"我和我的朋友们信任一个新德国，这是我们努力予以精神重建的新德国……可是我们失败了。欧洲面临一场新战争"④。

然而，左翼传记作家的对手们并没有停止攻击。右翼把以"历

---

① Eberhard Kolb, "'Die Historiker sind ernstlich böse'. Der Streit um die 'Historische Belletristik' in Wermar-Deutschland", S. 326; Hans-Jürgen Perrey, "Der 'Fall Emil Ludwig' -Ein Bericht über eine historiographische Kontroverse der ausgehenden Weimarer Republik", S. 178. "科恩"是常见的犹太姓。路德维希原来姓"路德维希 - 科恩"。3 岁时，因其父治好了威廉一世的眼疾，而被恩赐去除"科恩"。但右翼批判者总是认为路德维希是故意隐匿"科恩"，来掩饰自己的犹太人身份，故而在发起攻击时，总是以"科恩先生"来称呼路德维希。

② Johanna Roden, "Stefan Zweig und Emil Ludwig", S. 239.

③ 这家右翼出版社是 Ullstein。在《福斯报》被它兼并之前，路德维希曾发表过 50 多篇政论文章；1931 年后，路德维希的名字便在该报消失了。参见 Christian Gradmann, *Historische Belletristik. Populäre historische Biographien in der Weimarer Republik*, S. 165，注释 343。

④ Franklin C. West, "Success without influence: Emil Ludwig during the Weimar Years", p. 189.

史通俗文学"在 20 年代的兴衰视作一种"案例",详加分析,以此把握住自己对整个争议的解释权。"路德维希案例"反映了"我们整个的精神状况"。他是"小巷居民们的领袖",掩饰了"一场争夺权力或者争夺观点的斗争"。他的作品"决不能成为年轻人的榜样和警示",否则"20 年后,整个一代人都会变得可笑起来"[1]。在这一意义上,1931 年《大布罗克豪斯百科全书》对"历史通俗文学"的界定,多少也是同路德维希的立场保持了距离。它在参考文献上列举了《历史学期刊》特刊与蒙森的反击论文。

1933 年 5 月 10 日,当纳粹官员宣布:"反对误解我们的历史、轻视我们历史中的伟大人物,尊敬我们的过去吧!"[2] 把路德维希与黑格曼这两位传记作家的作品投入熊熊火焰之中时,"历史通俗文学"的代表们显然在这场"争夺权力的战争"中失败了。路德维希与黑格曼流亡美国,欧伦贝格的戏剧被禁,只有维格勒因为立场中立而未受影响。同样与他们流亡的还有一批左翼历史学家。

在争议的另一方中,除德尔布吕克去世外[3],温和右翼舒斯勒与哈尔腾以欢欣鼓舞的姿态欢迎一场"保守革命",尤其是舒斯勒后来成为纳粹帝国新德国史研究所"纳粹运动史"研究部的专家[4];自由派蒙森也签名认同希特勒的统治,并加入了纳粹党;奥地利人苏比克支持德奥合并[5];只有理性共和派波斯纳因为犹太人的身份,被迫退休,并被送入集中营,最后流亡美国。从这一点而言,1933 年

---

[1] Niels Hansen, *Der Fall Emil Ludwig*, Oldenburg: Gerhard Stalling, 1930, S. 11, 172 – 173. 除此之外,重要的右翼批判作品还有:Otto Westphal, *Feinde Bismarks. Geistige Grundlagen der deutschen Opposition 1848 – 1918*, Berlin/München: Oldenbourg, 1930; Forst de Battaglia, *Der Kampf mit dem Drachen. Zehn Kapitel von der Gegenwart des deutschen Schrifttums und von der deutschen Gesiteslebens*, Berlin: Verlag für Zeitkritik, 1931.

[2] Franklin C. West, "Success without influence: Emil Ludwig during the Weimar Years", p. 189.

[3] Andreas Hillgruber, "Hans Delbrück", in Hans-Ulrich Wehler (Hrsg.), *Deutsche Historiker*, Bd. 4, Göttingen: Vandenhoeck, 1972, S. 40 – 52.

[4] Michael Buddrus, Sigrid Fritzlar, *Die Professoren der Universität Rostock im Dritten Reich. Ein biographisches Lexikon*, München: Saur, 2007, S. 379 – 380.

[5] Helmut Reinalter, "Heinrich Ritter von Sybik", in Hans-Ulrich Wehler (Hrsg.), *Deutsche Historiker*, Bd. 8, Göttingen: Vandenhoeck, 1982, S. 78 – 95.

的德国历史学已经实现了"一体化"的目标,纳粹体制便是"普鲁士学派"所欢迎的形态。①

当然,像路德维希这样的对手并不会轻言退出。他在国外,从传记转向纯粹的政论,用笔来攻击纳粹政权和让他失望的德意志民族。1941年,他出版了《德国人:一个民族的双重历史》,尖锐地批判德国人的"崇尚暴力、复仇和不安全感",并认为:"希特勒的出现,并不是由于机遇,而确实是一种德国现象。一切怀着善良愿望的人们,试图说明希特勒与德国人的性格有所不同,这就错了。"②他后来成为罗斯福的德国政策顾问,其负面的德国观对战后初期美国军政府推行严厉政策直接相关。③

"二战"后,这场公众史学争议连同"历史通俗文学"的代表们,似乎都在不同程度上消失了。路德维希回国时,感受到同胞们的巨大敌意,甚至连左翼也同他保持距离。④ 他们的著作很少得到重印。在1975年《明镜周刊》(Der Spiegel)做的传记作品排行榜调查中,20年代的左翼作家们居然一个都没有上榜。⑤ 这些人的名字也没有出现在有关魏玛文化史的著作中。⑥ 即便有所讨论,一些学者却持批判态度,认为这些传记对读者产生了负面影响,"是法西斯主义的前兆"。⑦ 在《大布罗克豪斯百科全书》的此后版本上,"历史通

---

① Bernd Faulenbach, "Deutsche Geschichtswissenschaft zwischen Kaiserreich und NS-Diktatur", S. 84 – 85.

② [德]埃米尔·路德维希:《德国人——一个民族的双重历史》,杨成绪、潘琪译,东方出版社2006年版,作者自序。

③ 他曾起草了《美国占领者在德国应遵循的十四条守则》。参见 Steven Casey, Cautious Crusade: Franklin D. Roosevelt, American Public Opinion, and The War Against Nazi Germany, Oxford: Oxford University Press, 2001, pp. 169 – 171。

④ Friedrich Stampfer, "Herr Emil Ludwig", Sozialdemokratischer Pressedienst, H. 10, 1947 (11), S. 5. 作者曾是魏玛时期社民党党刊《前进报》的主编,但在该文中写道:"这位路德维希先生又想在德国宣扬他自己和自己的著作,我告诉他,不可能。德国民众在过去所经历的一切,是他没有经历过的……他没有少误导公共观念。"

⑤ Michael Kienzle, "Biographie als Ritual. Am Fall Emil Ludwig", S. 245, 注释3。

⑥ 据笔者调查,在最近10年的魏玛史著作中,这一事件和公众史学家的名字都付之阙如。

⑦ Helmut Scheuer, Biographie. Studien zu Funktion und zum Wandel einer literarischen Gattung vom 18. Jahrhundert bis zur Gegenwart, Stuttgart: Metzler, 1979, S. 217.

俗文学"的分量不断下降,直至消失。① 只有少数历史学家在政治意义上才对他们加以肯定。如伊曼努埃尔·盖斯(Imanuel Geiss)在1965年《威廉二世》重版导读中称之为"该主题最好、可读性最强的著作",它"扫除了最根深蒂固的君主主义传统"②。

1928年的"历史通俗文学之争"是魏玛德国有关公共历史书写权力的归属冲突,反映了共和国在历史政策上的困境。一方面,它是同历史主义的危机紧密结合在一起的。这是自19世纪历史学职业化与"普鲁士学派"在德国占据主导地位以来,出现的最为深刻的学科困境。这关系到专业历史学家的自我意识与文化地位,并同一整套历史解释模式的生死存亡有关。另一方面,它又是同魏玛民主的危机紧密结合在一起的。因为公共历史书写的内容既是支持与反对共和国的斗争,又体现了德国在民族化还是国际化上所面临的两难抉择。

更为重要的是,这种面向未来的历史政策又是同西方现代性的危机紧密结合在一起的。快速的社会变迁与对于未来的渺茫心态,让大众文化对微言大义式的专业史学拉开了距离,从而使既宣扬个人英雄主义,又通过祛魅方式实现常人化的传记作品流行一时。它带来了新鲜话题,突破了记忆禁忌性问题,甚至带来了社会氛围的些许转变,特别是在"一战"后罪责意识的培育方面产生了正面效应,但终究没有产生更大的影响力。

读者面的狭窄与学术水准的问题或许限制了此类公共历史文化产品继续发挥影响的可能性,而共和国政府在此问题上的退缩与不作为,当然更是不可推卸的责任。历史政策反映的是史学与政治之间"剪不断理还乱"的关系。事实上,历史主义是以"如实直书"为口号的,但其实质却同普鲁士—德意志的国家合法性联系在一起。

---

① 在1969年版上,"历史通俗文学"被视做介于历史小说与学术性历史编纂之间的类型(Bd. 8, p. 529);1979年版的内容大致类似,但篇幅缩减(Bd. 5, S. 337);1989年版已不再收入该词条。

② Emil Ludwig, *Juli 14. Vorabend zweier Weilkrieg*, Hamburg: Rütten & Loening, 1961, S. 331.

1928年"历史通俗文学之争"中的批判者以政治中立为理由,攻击左翼传记作家,然而他们不是站在右翼阵营,便是对共和国采取了敬而远之的态度。与此相反,公共历史书写中的左翼作家们尽管在历史研究上存在各种问题,但其政治立场却未曾得到政府的正面支持。这样一种错位格局集中表现了魏玛德国在社会控制领域上的无能为力。

小　结

与其他社会政策相比,"历史政策"是一种相对隐性化,但或许花费不多却作用持久的社会治理方式。新政府之所以愿意推行有意识的历史政策,多半是出于巩固本政权合法性的考虑。在中国,后代编写前朝史书便是一种常见的历史政策。不过,到20世纪,历史政策出现了一些新挑战:一方面,政权更迭造成的断裂性看上去远胜于此前,特别是在德国。在德意志历史上,朝代更迭不过是公爵家族轮流充当统治者而已。但在1918—1919年的革命中,发端于19世纪社会主义运动的工人政党突然获得政权,所有王冠都被打倒在地。如此一来,共和国面临着全盘重估历史的重任。另一方面,民主政治取代了君权神授,构成了书写历史的多种动力。各党派之间、中央与地方之间、职业历史学家与业余历史书写者之间都围绕历史叙事及其表现形成了多面向的竞争。再者,传播方式的多元化与迅捷性,又使得历史意义的建构变得更为复杂,其转变也更为频繁。总而言之,在历史政策上,魏玛德国面临着前所未有的施展空间。这既是机会,当然也必定充满着各种陷阱。

事实证明,共和国既无意愿也无能力抓住上述机会,反而一次次地被迫落入保守派制造的困境之中。保留"Reich"的做法,看上去让德意志历史从1871年后获得了延续性的外表,但在实质上却夯实了共和国缺少"共和主义者"的缺陷。始终找不到一个纪念革命的"国庆日",使得共和国的政治合法性无法在公共空间得以呈现。最为糟糕的是,围绕左翼公共历史书写者的围剿行动,并不旨在用专业研究来启迪明智,反而让象牙塔内的保守思想继续统治普通民众的大脑,让他们远离新时代的政治理念。如此一来,共和国非但未能从过去中找到当下政治体制变革的根基,反而不断制造着抗衡民主思想的历史叙事。这样一种历史政策,无法弥合社会裂痕,进而成为营造社会认知混乱的源头。从这一角度而言,魏玛德国的历史政策是一种极不成功的社会治理教训。

第 七 章

特殊群体政策：以社会矫正措施为例

众所周知，魏玛共和国的"福利国家"原则将工人保护、社会救济、劳动权利纳为德国人民的基本权利，但在践行这些目标的同时，共和国还明确提出，国家必须承担相应的"教化人民"（Volkserziehung）责任。何为"教化人民"？简单来说就是要"在普通人'跑偏'之前，介入他们的日常生活"，并"为塑造'健康'的家庭与个体提供建议与信息"①。因此，魏玛共和国的福利制度设计无疑具备了预防和干预的属性，这一点尤其体现在针对言行举止不合社会规范的所谓"特殊群体"采取的矫正措施之中，其中又在管教"不良"青少年、约束吉卜赛人以及处置同性恋者三方面表现得最为突出。而魏玛共和国针对这三者的矫正政策，又恰恰与纳粹政权面向包括"反社会者"、吉卜赛人及同性恋者在内的所谓"共同体敌人"（Gemeinschaftsfremde）实施社会控制直至身心迫害直接相关。

鉴于本章选取的矫正对象是截然不同的三类人，因此后文将以

---

① 参见 David Crew, "'Eine Elternschaft zu Dritt', – Staatliche Eltern? Jugendwohlfahrt und Kontrolle der Familie in der Weimarer Republik 1919 – 1933", in: Alf Lüdtke (Hrsg), "*Sicherheit*" *und* "*Wohlfahrt*". *Polizei*, *Gesellschaft und Herrschaft im 19. Und 20. Jahrhundert*, Frankfurt a. M.: Suhrkamp, 1992, S. 267 – 294。

三个部分分别论述其成因及其在魏玛共和国的演变过程,最后再归纳这些直接受传统进步观念指导的矫正措施对 20 世纪上半叶的德国社会所构成的总体影响。①

第一节 "教化"青少年

19 世纪中叶开启的德国工业化与城市化进程打破了传统社会与农业定居方式对个人和家庭的束缚,这体现在:一方面,中下阶层的父母为养家糊口而疏于管教子女;另一方面,大批青少年为补贴家计直接或间接投身工作——当时法定的最低劳动年龄仅有 12 岁。

---

① 德国开启魏玛共和国青少年救济教养问题研究的最重要成果是 Detlev Peukert, *Grenzen der Sozialdisziplinierung. Aufstieg und Krise der deutschen Jugendfürsorge von 1878 bis 1932*, Köln: Bund-Verlag, 1986。随后他的另一本著作 *Jugend zwischen Krieg und Krise. Lebenswelten von Arbeiterjungen in der Weimarer Republik*, Köln: Bund-Verlag, 1987 年以魏玛共和国时期的工人子弟为特定考察对象,进一步深化前述问题。但 Peukert 研究主要集中在男性青少年身上,因此后续的相关研究如 Elisabeth Harvey, *Youth and the Welfare State in Weimar Germany*, Oxford: Clarendon Press, 1993 和 Elena Wilhelm, *Rationalisierung der Jugendfürsorge: die Herausbildung neuer Steuerungsformen des Sozialen zu Beginn des 20. Jahrhunderts*, Bern: Haupt, 2005 年。开始关注女性青少年的救济教养问题。Matin Lücke 则在 *Männlichkeit in Unordnung. Homosexualität und männliche Prostitution in Kaiserreich und Weimarer Republik*, Frankfurt/New York: Campus Verlang, 2007 年关注到这一群体中更为特殊的一部分人——同性恋青少年——的教化问题(见该书第 150—233 页的相关论述)。在吉卜赛人政策方面,最早全面整理德意志帝国及魏玛共和国涉及约束吉卜赛人的国家、邦(州)和地方立法的论文出现于 20 世纪 20 年代: Werner K. Höhne, *Die Vereinbarkeit der deutschen Zigeunergesetze und-verordnungen mit dem Reichsrecht, insbesondere der Reichsverfassung*, 德国海德堡大学 1929 年博士学位论文。进入 80 年代,Rainer Hehemann 在 *Die "Bekämpfung des Zigeunerunwesens" im Wilhelminischen Deutschland und in der Weimarer Republik 1871-1933*, Frankfurt a. M.: Haag und Herchen, 1987 年率先对威廉帝国时期的"打击吉卜赛人混乱"行动进行深入研究。进入 90 年代后较为重要的成果包括:Michael Zimmermann, "Ausgrenzung, Ermordung, Ausgrenzung. Normalität und Exzeß in der polizeilichen Zigeunerverfolgung in Deutschland (1870-1980)", in: Alf Lüdtke (Hrsg), *"Sicherheit" und "Wohlfahrt". Polizei, Gesellschaft und Herrschaft im 19. Und 20. Jahrhundert*, Frankfurt a. M.: Suhrkamp, 1992, S. 344-370; Mohammad Hassan Gharaati, *Zigeunerverfolgung in Deutschland. Mit besonderer Berücksichtigung der Zeit zwischen 1919-1945*, Marburg: Tectum-Verlag, 1996; Leo Lucassen, *Zigeuner: Die Geschichte eines polizeilichen Ordnungsbegriffes in Deutschland 1700-1945*, übersetz. von Annegret Bönner, Rolf Binner, Köln: Bohlau, 1996; Marion Bonillo, *"Zigeunerpolitik" im Deutschen Kaiserreich 1871-1918*, Frankfurt a. M.: Peter Lang, 2001。有关"第 175 条法"的最重要成果则是 Manfred Herzer (Hrsg.), *Die Geschichte des § 175-Strafrecht gegen Homosexuelle*, Berlin: Verlag rosa Winkel, 1990。

在当时的官方教育及司法文献中,这些缺乏父母管教、过早进入社会的青少年成为屡见不鲜的控诉对象。历史学家德特勒夫·J. K. 波伊克特因此将这种情况称为"学校长凳与兵营大门之间的控制盲区"①。

但这个"控制盲区"又非简单的青少年问题抑或缺乏家教。对于新生的德意志帝国而言,这其中潜藏着可能导向"与国家为敌"(Reichsfeind)的社会民主主义的政治威胁。工业化的后果其实不仅仅是家庭关系调整,它还使得德意志帝国的社会关系和政治力量格局出现重大变化:工人已逐渐成长为德国社会的绝对中坚力量,但这一群体的流动性及其内部的各种不安却令传统主流社会群体疑虑重重。因此,从19世纪70年代起,俾斯麦政府就试图通过各种强制手段对工人家庭实施社会控制,以达到从政治上控制和孤立"国家公敌"社会民主党人的目的。②"惹是生非的"工人子女显然也是这一时期被等同于"社会问题"的工人问题的一部分。

一 从立法惩戒到救济教养机制的形成

在这样的双重背景下,官方和公共领域试图纠正青少年行为"偏差"的讨论随之展开,并首先付诸刑法。1871年《德意志帝国刑法典》将承担刑事处罚的最低年龄定在12周岁(第55条)。③ 随后的1876年刑法修正案对此进一步补充:在处理未满12周岁的"犯罪"儿童时,"可按照国家法律采取相应的感化及监管措施",即在监护法庭判定该名儿童"犯罪"事实属实,并由法庭批准后送

---

① Detlev J. K. Peukert, Richard Münchmeier, "Historische Entwicklungsstrukturen und Grundproblem der Deutschen Jugendhilfe", inSachverständigenkommission 8. Jugendbericht (Hrsg.), *Jugendhilfe-Historischer Rückblick und neuere Entwicklungen* (*Materialien zum 8. Jugendbericht*), Bd. 1, München: Verlag Deutsches Jugendinstitut, 1990, S. 1–50, 此处是 S. 7。

② Peter Dudek, *Grenzen der Erziehung im 20. Jahrhundert: Allmacht und Ohnmacht der der Erziehung im pädagogischen Diskurs*, Bad Heilbrunn/Obb.: Julius Klinkhardt, 1999, S. 162.

③ "未满12周岁者犯罪,应不予追究刑事责任";"年满12周岁而未满18周岁的青少年则应承担有限刑事责任。" §55, §56, *Strafgesetzbuch für das Deutsche Reich von 15. Mai 1871*, *RGBl*, 1871, S. 137.

入教养感化机构。另外，帝国刑法典还明确提出对"犯罪"青少年父母疏于管教义务的惩戒，即当青少年"实施侵害未满18周岁……（当局）有权向其法定代表提出刑事处罚要求"[1]。

尽管法律对青少年甚至幼童的违法犯罪惩戒力度明显提高，但从1882年起犯罪统计中单独列出的青少年犯罪数据表明，该群体的犯罪率不减反增且呈现高复发的态势，这就迫使官方不得不重新审视青少年犯罪问题，并开始将视线转向预防与持续矫正性干预。

事实上，普鲁士早在1878年就出台了一部强制教养法（Das preußische Zwangserziehungsgesetz），并在全德范围内率先提出要以"教育取代惩罚"（Erziehung statt Strafe），这部法规也因此成为经（邦）国家批准、主要由教会承担经济责任的德国青少年教养制度的重要推动力。但法规对需要接受教养的对象有明确界定，即年龄在12周岁以下的儿童，以及未意识到自己行为不当的"青少年刑事犯"。而在后一种情况下，必须要先证明"无论父母或监护人主观故意，还是'客观上无法避免地'，存在一定程度上威胁儿童及青少年的'无人管教'（Verwahrlosung）的状况"[2]。一直到1900年，随着《帝国民法典》对国家干预家庭私人领域给出狭义界定，并通过相关施行法要求各邦从立法角度对强制教养政策进行调整。[3] 同年颁布的《普鲁士救济教养法》（Das preußische Fürsorgeziehungsgesetz）首次将"强制教养"（Zwangserziehung）弱化为"救济教养"（Fürsorgeziehung），这意味着针对青少年的救济教养如今成为一种新型的教育机制。法规因此还把接受救济教养的违法者年龄上限提高至18周岁。[4] 除普鲁

---

[1] 参见1876年刑法修正案，§55，§65，Strafgesetzbuch für das Deutsche Reich von 26. Februar 1876。

[2] Detlev J. K. Peukert/Richard Münchmeier, "Historische Entwicklungsstrukturen und Grundproblem der Deutschen Jugendhilfe", S. 6.

[3] Detlev J. K. Peukert/Richard Münchmeier, "Historische Entwicklungsstrukturen und Grundproblem der Deutschen Jugendhilfe", S. 7.

[4] Peter Dudek, Grenzen der Erziehung im 20. Jahrhundert: Allmacht und Ohnmacht der der Erziehung im pädagogischen Diskurs, S. 162.

士先行一步之外，德意志帝国的多数邦国也随后通过类似的"救济教养法"。这些法规中所设计的条款，不仅仅是针对是否达到判刑年龄的当事人的处置措施，也试图以监护法官干预的方式"预防未成年人彻底道德沦丧"。这就在立法层面初步建立起教育感化（而非一味惩罚）违法青少年为主的救济机制。

这一从惩戒向教养转变的过程还交织着政治意图。诚然，如果仅从社会角度出发，底层青少年之所以无法无天、不服管教，无疑是工人阶级家庭教育不符合主流资产阶级家庭理想的明证，因此在资产阶级出身的观察家或社会改革家看来，应当由国家制定的福利及教育政策加以克服。① 但俾斯麦时期反社会党人和文化斗争的经验在让帝国当局开始意识到一味政治压迫会产生不良后果的同时，也催生出一种新的观念：通过教化手段建立起旨在控制行为举止的内在机制才是普遍实现理性生活方式的成功之路，才能化解"社会问题"。青少年，特别是工人家庭的子女，当然属于需要通过教育控制其行为举止的群体。因此，当1890年《反社会党人法》到期废止之时，官方出台了针对青少年的新政策，要求将学校教育和现有的青少年看护系统纳入其中。1900年，《普鲁士救济教养法》及其他各邦的立法就是在这一背景下产生的。

相关的司法实践也随之展开：1908年科隆和美因河畔法兰克福率先设立青少年法庭专门处理青少年"犯罪"问题。至1912年，全德1933座地方法院已有556家设立专门的青少年法庭，其他法院即便尚未来得及设立专门法庭，也同样积极投入相关事务。② 接受救济教养的"问题"青少年人数因此出现显著增长，且并不仅限于男性。以普鲁士为例，1901年时接受救济教养的青少年［或称"救济生"（Fürsorgezöglinge）］人数为14000人，至1913年时这一数字则为

---

① Peter Dudek, *Grenzen der Erziehung im 20. Jahrhundert: Allmacht und Ohnmacht der der Erziehung im pädagogischen Diskurs*, S. 162.

② Detlev J. K. Peukert, Richard Münchmeier, "Historische Entwicklungsstrukturen und Grundproblem der Deutschen Jugendhilfe", S. 7f.

54464 人（其中包括 20245 名女性）。[①]

二 魏玛"社会教育"思想确立及相关立法争议

第一次世界大战造成的巨大伤亡使德国战后出生人口低于死亡人数，人口净增长数甚至不及战前的一半——1925 年人口普查结果显示，14 岁以下男性人口占比从 1910 年的 32.5% 下降为 24.1%。[②] 但与此同时，得益于战前的高出生率，魏玛共和国的青少年人数相当可观，且呈现增长态势（表 7.1）。一方面是数量庞大的客观现实，另一方面青少年的成长关乎战后德意志民族的健康与未来的意识形态发展，因此，青少年保护与教养问题在魏玛共和国成立之初就变得重要起来。魏玛宪法第 122 条就明确规定："应保护青年，使勿受利用及防止道德、精神及体力之荒废。国家及公共团体对此应有必要之设备，以达其保护之目的。以强制方式采取的救助措施，惟依据法律始得为之。"[③]

表 7.1　　1910—1933 年德国 20 岁以下人口比重变化

年龄段	1933 年 人数	占总人口比重（%）	1925 年 人数	占总人口比重（%）	1910 年 人数	占总人口比重（%）
男性人口						
6 岁以下	2979783	9.4	3626924	12.0	4166555	14.7
6—14 岁	4653461	14.7	3870086	12.8	5064492	17.8
14—16 岁	654253	2.1	1306660	4.3	1170926	4.1

[①] Detlev J. K. Peukert, Richard Münchmeier, "Historische Entwicklungsstrukturen und Grundproblem der Deutschen Jugendhilfe", S. 7.

[②] Detlev J. K. Peukert, *Jugend zwischen Krieg und Krise. Lebenswelten von Arbeiterjungen in der Weimarer Republik*, S. 32.

[③] § 122, *Die Verfassung des Deutschen Reichs vom 11. Aug. 1919*, *RGBl*, 1922, S. 1406.

续表

年龄段	1933 年 人数	1933 年 占总人口比重（%）	1925 年 人数	1925 年 占总人口比重（%）	1910 年 人数	1910 年 占总人口比重（%）
男性人口						
16—18 岁	723749	2.3	1338090	4.4	1134336	4.0
18—20 岁	1177933	3.7	1285401	4.3	1083007	3.8
女性人口						
6 岁以下	2881056	8.6	3507609	10.9	4116823	14.0
6—14 岁	4510624	13.4	3794152	11.8	5039132	17.2
14—16 岁	630419	1.9	1280,318	4.0	1170909	4.0
16—18 岁	703429	2.1	1320985	4.1	1135244	3.9
18—20 岁	1166808	3.5	1284734	4.0	1078935	3.7

资料来源：Detlev J. K. Peuker, *Jugend zwischen Krieg und Krise. Lebenswelten von Arbeiterjungen in der Weimarer Republik*, Köln: Bund-Verlag 1987, S. 35.

围绕青少年保护与教养，最棘手的问题莫过于矫正"不良"青少年的行为习惯。战争的后果、贫困、恶劣的居住条件对稳定家庭结构及传统父权的打击，使魏玛时代"不良"青少年问题相比帝国时期更为突出（见表 7.2），在收入不多、境况糟糕的中下层家庭，未成年人行为出现偏差的概率更高。1928 年多项针对"救济生"家庭背景调查显示：在 1757 名普鲁士"救济生"家庭中，绝大多数父母的月收入低于 250 马克（主要集中在 100—199 马克，只有 220 人的家长收入超过 250 马克）。而另一项面向 6810 个"救济生"家庭的更大规模调查表明：1153 个家庭曾收到批评警告；1881 个家庭中，父母经证明有"不良倾向"。此外，901 个家庭的父母曾有前科；还有 339 户家庭中的父母被鉴定为"智力低下"。[①]

[①] Detlev J. K. Peukert, Richard Münchmeier, "Historische Entwicklungsstrukturen und Grundproblem der Deutschen Jugendhilfe", S. 12.

表7.2　　　　　　　　　　1918—1923 年德国青少年犯罪率

年份	已定罪的青少年人数*	每十万名青少年中青少年犯人（青少年法庭）	青少年犯罪占全年龄犯罪行为的比率（%）
1918	99498（84845）	—	29.2
1919	64619（55447）	803	18.5
1920	91171（78622）	1137	12.5
1921	64619（63134）	956	9.7
1922	64619（61642）	906	9.5
1923	64619（76280）	1082	10.7

* 括号内为男性青少年犯的人数。

资料来源：Peter D. Stachura, *The Weimar Republic and the Younger Proletariat: An Economic and Social Analysis*, London: MACMILLAN 1989, p. 136.

一方面，父亲因战争或连续劳作而长期处于"缺席"的状态，直接动摇其作为一家之主的地位，比如有孩子提到："孩提时代我很少能见到我父亲，只有在晚间，当他下班归来。而且他也不会待很久，吃饭、阅读《福斯报》，然后上床睡觉。"[1] 另一方面，由于魏玛时期的德国经济迟迟不能恢复到"一战"前的水平，普通工人的收入并不能完全负担整个家庭开支——即便在经济相对繁荣的 20 年代中期也是如此，这就需要妻儿以各种形式帮补家用。数据表明，魏玛时期有近46%的工人妻子和超过30%的工人子女需要以打零工或当学徒的方式补贴家用。[2] 原来的家庭内部等级不仅因此动摇，甚至子女对父母的情感依附也因为家庭经济关系日益平等而渐趋瓦解。例如一名给泥瓦匠当小工的青少年就曾这样说道："如果我把钱带回家，一切都会很好。他们知道能从我这儿拿到什么……如果他们能

---

[1] Detlev J. K. Peukert, *Jugend zwischen Krieg und Krise. Lebenswelten von Arbeiterjungen in der Weimarer Republik*, Köln: Bund-Verlag, 1987, S. 62.

[2] Detlev J. K. Peukert, *Jugend zwischen Krieg und Krise. Lebenswelten von Arbeiterjungen in der Weimarer Republik*, Köln: Bund-Verlag, 1987, S. 61.

让我清静一会儿，而不是总在耳边抱怨，我就心满意足了。"①

此外，"一战"后普遍的住房危机也导致家庭作为封闭、内向的私人空间迟迟无法成功建立：82%面向德国中下层民众的"小住房"②存在不同程度的超员现象，即每间房间的居住人口超过两名（这一比例甚至高于帝国时代）；28%的小住房和57%的中等住房（即4—6居室）家庭存在与非亲非故的房客分享居住空间乃至床铺的现象。这种情况在孩子的居室中表现得更为普遍，例如20年代初针对埃森市职业学校学生的调查显示，142名学生中有108人需要与其他人分享床铺。③

在这种情况下，一部分底层青少年渴望逃离家庭内部的紧张，被称为"街头少年"（Straßenkind）的现象应运而生：由底层青少年儿童结成的街头帮派，讲究用拳头和所谓"在本街区帮派事务中展现的优越智慧"④，以斗争和争吵的方式成为各自团伙的"头目"——街道因此成为青少年"反叛"的场所。而在官方和教育界人士看来，这种混社会的行为最终将导向后果更为严重的"不良行为"，如乞讨、流浪、偷窃及卖淫。⑤一套从家庭环境不佳、父母疏于管教到辍学、沦落街头、沾染"不良倾向"，最终堕入犯罪深渊的

---

① Detlev J. K. Peukert, *Jugend zwischen Krieg und Krise. Lebenswelten von Arbeiterjungen in der Weimarer Republik*, Köln: Bund-Verlag, 1987, S. 63.
② 根据1918年国家住房普查给出的定义，即"带有最多两间起居室和一间厨房的住房，或不带厨房的三居室"，参见 Reichswohnungszählung 1918, S. 7, in Gerd Kuhn, *Wohnkultur und kommunale Wohnungspolitik in Frankfurt am Main 1880 bis 1930. Auf dem Wege zu einer pluralen Gesellschaft der Individuen*, Bonn: Dietz, 1998, S. 323。
③ Detlev J. K. Peukert, *Jugend zwischen Krieg und Krise. Lebenswelten von Arbeiterjungen in der Weimarer Republik*, S. 66.
④ Detlev J. K. Peukert, *Jugend zwischen Krieg und Krise. Lebenswelten von Arbeiterjungen in der Weimarer Republik*, S. 82.
⑤ Detlev J. K. Peukert, Richard Münchmeier, "Historische Entwicklungsstrukturen und Grundproblem der Deutschen Jugendhilfe", S. 11. 需要指出的是，在 Detlev J. K. Peukert 有关魏玛青少年教育的研究中，仅提到家庭教养疏忽对于女性会导向通奸、卖淫，并未提及男性。但1932年教育学家汉斯·穆泽尔（Hans Muser）在收集20年代有关同性恋与青少年救济的统计资料中就已经发现，男性青少年的卖淫行为同样是造成他们接受各种强制感化教育的原因之一。相关讨论参见 Matin Lücke, *Männlichkeit in Unordnung. Homosexualität und männliche Prostitution in Kaiserreich und Weimarer Republik*, Frankfurt/New York: Campus Verlag, 2007, S. 153 – 158。

推断就此成立。

既然青少年的家庭教养业已缺失，就需要国家以社会教育的方式介入家庭，甚至国家在必要时还可以取代父母履行教育子女的义务。但社会教育本身并非魏玛共和国首创，它源于法学家威廉·波利希凯特于1905年提出的观点。波利希凯特深受帝国时代以教化手段实现个体行为举止合乎社会规范目标的影响，明确提出，"社会必须确保每个人尽可能接受必要道德教育，这是实现其社会有用性的前提条件"①。但需要指出的是，波氏的想法尽管契合当时预防犯罪、防止中下阶层道德沦丧的社会思潮，但他实际上更希望建立一个社会规训的网络，具体来说，是通过对在校学童进行建档登记和监督，配合强制教养类的矫正措施，对每一种所谓"尚未来得及实施的怪异行为"加以惩戒。② 但这一提前介入的措施放在帝国时代不可不谓超前，原因在于：尽管1900年帝国民法典允许社会教育介入家庭，但无论是民法施行者，还是各邦的地方法规，在这个问题上仍是有条件的放松，而波利希凯特的构想则要求国家或公共机关普遍介入私人家庭生活。因此只有当新政权确立"福利国家"原则并要求福利机关承担"教化人民"职责之后，这一设想才有可能实现。

奠定魏玛共和国规范青少年福利与矫正措施法律基础的《国家青少年福利法》（*Reichsgesetz für Jugendwohlfahrt*，RJWG）与《国家青少年法庭法》（*Reichsjugendgerichtsgesetz*，RJGG）正是在此背景下产生的。以《国家青少年福利法》为例，该法的核心思想是明确"儿童教养权"，即"每个德国儿童都享有强健身心、促进社会能力之教养的权利"③。这里所说的"教养权"，并非单纯确认儿童享有

---

① Detlev J. K. Peukert, Richard Münchmeier, "Historische Entwicklungsstrukturen und Grundproblem der Deutschen Jugendhilfe", S. 9.
② Detlev J. K. Peukert, Richard Münchmeier, "Historische Entwicklungsstrukturen und Grundproblem der Deutschen Jugendhilfe", S. 9.
③ § 1, Abs., I., *Reichsgesetz für Jugendwohlfahrt von 29. Juli 1922*, RGBl. 1922, S. 633.

接受教育的个人权利,而是强调在青少年家庭教育缺失的情况下,国家有权取代亲生父母代行教养并"进行可能的纠正"的职能:"因家庭无法满足儿童之要求,则由公共的青少年援助介入其中"[1]。"无人管教"(Verwahrlosung)因此正式成为《国家青少年福利法》中的专门术语。而围绕青少年的行为偏差与"无人管教"问题,该法规定将由青少年局、警方、监护法庭和救济教养机构共同界定、评估和采取措施予以纠正。

但即使是在魏玛共和国,关于国家能否介入青少年教育,从立法阶段起就存在各种争议。《国家青少年福利法》于1918年夏由国家内政部着手起草,1919年底进入国会一读。但围绕青少年福利的行政管辖权,法案面临来自巴伐利亚州和国家财政部的质疑。前者认为,社会福利作为一项州事务,国家不应插手,否则就是"对自由州权力的侵犯";且"对教育权的主张不应作为一项具有约束力的法条写入法规"[2]。时任国家财政部部长马蒂亚斯·埃茨贝格尔(Matthias Erzberger)则从国家与地方财政关系的角度出发,提出国家在处理青少年事务方面仅应承担监督和协调作用;相应地,青少年福利事务的资金也应由州和地方政府筹措。[3]

反对国家全面介入青少年事务的另一股不容小觑的势力则是教会。在德国的社会治理传统中,教会在慈善救济领域扮演着举足轻重的角色。但1878年《普鲁士强制教养法》的颁布,率先标志着由国家许可的青少年教养机制开始进入这一原本由教会掌控的领域。到"一战"爆发前,尽管收容未成年人的各类福利或感化机构仍大多掌握在教会手中,但若干大城市已出现由城市当局介入青少年救济教养事务的苗头,例如柏林市议会在1913年3月和6月的决议中正式批准新建市属、跨教派的施特鲁弗斯农庄教养院,预计收容约

---

[1] Detlev J. K. Peukert, Richard Münchmeier, "Historische Entwicklungsstrukturen und Grundproblem der Deutschen Jugendhilfe", S. 9.
[2] Young-Sun Hong, *Welfare, Modernity, and the Weimar State, 1919–1933*, p. 79.
[3] Young-Sun Hong, *Welfare, Modernity, and the Weimar State, 1919–1933*, p. 79.

200名男性"救济生"。这一决定甚至可以追溯到1911年12月柏林市政府相关救济教养措施的改革建议。[①] 因此，天主教慈善联盟（Caritas）就提出，"社会教育"取代家庭教育意味着"事涉未成年人福祸的决定越来越多地掌握在政治当局……降低了家长对其孩子负责的责任意识"[②]。而当父母没有能力教育儿童时，教会应当挺身介入其中，而非国家。不同于各级政府有关谁来管的疑问，来自教会的质疑声实际是对国家主导的世俗机构参与竞争青少年福利工作的不满。

在各方的妥协之下，《国家青少年福利法》最终于1924年2月14日正式生效。该法首先，地方、州和国家三级青少年局（Jugendamt）是魏玛共和国时期负责青少年事务的主管机关，与其他的教育机构（如学校）在法律上构成平等的地位。[③] 其次，青少年局的职责范围包括：保护寄养儿童，救助需要援助的未成年人，共同处理监护权事务（尤其涉及孤儿）和对"救济生"的保护性监管，青少年法庭援助，参与抚育战争遗孤及伤残军人子女。此外，它还应依据各州具体法规参与童工及青少年劳工问题的监督以及警方的青少年援助行动。[④] 但其中涉及强制教养的具体任务由各级青少年局交给自由福利协会执行。该部门负责管理和监督执行过程和团体本身，但对其具体教养方案不做干涉。[⑤]

[①] Martin Lücke, "Aufsätze männlicher Fürsorgezöglinge aus der Weimarer Republik. Einleitung", Werkstatt Alltagsgeschichte (Hrsg.), "Du Mörder meiner Jugend.：Edition von Aufsätzen männlicher Fürsorgezöglinge aus der Weimarer Republik", Münster u. s. w.：Waxmann, 2011, S. 35.

[②] David Crew, "'Eine Elternschaft zu Dritt', - Staatliche Eltern? Jugendwohlfahrt und Kontrolle der Familie in der Weimarer Republik 1919-1933", S. 270.

[③] David Crew, "'Eine Elternschaft zu Dritt', - Staatliche Eltern? Jugendwohlfahrt und Kontrolle der Familie in der Weimarer Republik 1919-1933", S. 163.

[④] § 2, Abs., I., § 3, Abs., II., Reichsgesetz für Jugendwohlfahrt vom 9. Juli 1922, RGBl. 1922, S. 633f. 见附录14。

[⑤] Peter Dudek, Grenzen der Erziehung im 20. Jahrhundert：Allmacht und Ohnmacht der der Erziehung im pädagogischen Diskurs, S. 163. 以魏玛时期教会主办的感化院为例，它们大多位于农村地区，因此教养实践的内容多与农活相关，并着重强调往日的传统农业理想社会。

三 青少年矫正实践与问题

(一) 救济教养与"寄养儿童"

在《国家青少年福利法》通过的前一年3月,《国家青少年法庭法》正式生效。《国家青少年法庭法》规定,年满14岁而未满18岁①,因诸如"精神和道德发育不良"原因免于起诉,但仍需要进行救济教养的青少年,由监护法庭酌情处以:①批评警告;或②交由监护人或学校监管;或③安排特殊照顾、寄宿;或④保护性监管(Schutzaufsicht)或救济教养(Fürsorgeerziehung)。② 其中强制程度最高的矫正性措施是保护性监管和救济教养。所谓"保护性监管",简单来说是"依家长、法定监护人或青少年局申请",将"有危险的"孩子留在其常住地址内,由青少年局指派一名社工(当时称"援助者")上门进行矫正干预。③ 一旦保护性监管不再奏效,则由监护法庭决定执行救济教养。《国家青少年福利法》第55条和第62条也做出规定,为了预防或克服"无人管教"现象,尤其对有援助需要的未成年人,必须将"该名未成年人带离其当前生活环境";"救济教养应在合适的家庭内或公共监督及资金负担的教养机关中实行。"④ 换言之,救济教养是指将前述"有危险的"青少年带离原生家庭,交由第三方进行监护。这些青少年主要是由公共机关进行监管:一半被安排教育或强制劳动,另一半则进入专门的教养院。做出上述规定后,部分因沿街乞讨、流浪、不道德行为甚至是刑事犯罪而接受救济教养的青少年年龄甚至被提高至18—21岁。⑤

尽管魏玛共和国时期的教养机构所有权不一,且可以自行制订

---

① 魏玛共和国刑法将承担刑事责任的最低年龄提高到14岁。
② § 1–5, Abs. I, *Jugendgerichtsgesetz vom 16. Feb. 1923*, RGBl. 1923, S. 135.
③ § 56, Abs., Ⅵ., *Reichsgesetz für Jugendwohlfahrt vom 9. Juli 1922*, RGBl. 1922, S. 643.
④ § 55, Abs., Ⅴ., § 62, Abs. Ⅶ, *Reichsgesetz für Jugendwohlfahrt vom 9. Juli 1922*, RGBl. 1922, S. 642.
⑤ Peter D. Stachura, *The Weimar Republic and the Younger Proletariat: An Economic and Social Analysis*, London: MACMILLAN, 1989, S. 148.

教养方案，但无论是公办还是教会所有，这些教养院的主要功能和目的都是通过强制劳动和学习的方式来改造和重塑"救济生"的人格。例如柏林施特鲁弗斯农庄教养院就明确提出①：

> 借由教导员模范生活的力量，通过亲切的个人影响力和因人而异的考量，通过心理辅导和授课养成严格自律、有序、纯洁和有规律劳动的习惯，将学员转变为以信任为基础自由发展，并将其教养成热爱劳动、性格稳定的个体。

施特鲁弗斯农庄是一座以农业劳动教养为主，主要针对男性青少年的公立教养院。② 学员被分成三类：第一类是已脱离学校（即14岁以上）的普通学员，被安排在"附近的庄园和农场接受农业劳动教养"。第二类是已脱离学校且"难以被教化"的学员则必须在"运河管理部门的严格监督下，从事高强度的劳动"。第三类学员则是尚在学龄期且"过半数为天赋较低"的学员，他们被安排在教养院附属学校中接受教育。但与普通学校不同的是，这里的学习计划由柏林的州立青少年局特别制定。从1926年至1930年，领导施特鲁弗斯农庄教养院的是一个由4名教师、33名教导员（包括2名女性）组成的教养团队，而除了教导员之外，三类学员宿舍都设有扮演"父亲"角色的舍监，以协助教导员开展教养工作；学龄期学员的学习以及集体生活则由教养院学校的老师负责。整个教养院区域用铁丝网和灌木与外部隔绝。晚间8时，整个教养院就进入就寝时间，并由两名夜间值班人员负责检查。

另有一部分已被判接受救济教养或保护性监督的儿童则会交由

---

① Martin Lücke, "Aufsätze männlicher Fürsorgezöglinge aus der Weimarer Republik. Einleitung", S. 36.

② Martin Lücke 指出，该教养院在1926年时可容纳270名学龄期和脱离学校的男性学员，但到了1930年时，这一数字下降为220名，另增加了30个名额用于安置学龄期的女学员。Martin Lücke, "Aufsätze männlicher Fürsorgezöglinge aus der Weimarer Republik. Einleitung", S. 40.

寄养家庭代为抚养，这些被称为"寄养儿童"的孩子大多年纪较小且处于"无人管教"的状态，如父母酗酒或本身身陷囹圄。此外，非婚生子女也是"寄养儿童"的主要组成部分。魏玛共和国中前期的人口统计显示，1919—1926 年非婚生子女的数量占全部德国儿童的比例始终在十分之一左右浮动：11.2%（1919）、10.5%（1923）和 12.6%（1926）。[1] 虽然宪法第 121 条确认私生子与婚生子享有同等权利[2]，但在当时的官方及福利专家眼中，家庭出身不完整仍是导致非婚生子女日后陷入经济、教养和情感劣势的罪魁祸首；且私生子的诞生本身也与女性教养缺失、过早享有性自由密切相关。因此，《国家青少年福利法》出于促进这部分青少年身心健康发展及社会福利保障的目的，授权青少年局承担非婚生子女的官方监护权，并由其负责为未成年的非婚生子女挑选"合格"的寄养父母。但与此同时，青少年局仍需承担起监管义务，直到他们成年为止。

数据显示，普鲁士 1926 年共有 251112 名年满六周岁的寄养儿童被安置于 137241 个寄养家庭中，即"每 10000 名居民拥有 65.9 名寄养儿童和 36 个寄养家庭"[3]。

（二）"社会教养"中的冲突与问题

尽管《国家青少年福利法》规范了魏玛共和国青少年福利与矫正措施的组织机构与行动范围，但由于法案本身就是政治妥协的产物，因此在具体实践过程中不断产生出新的问题，最终动摇了由国家保障"儿童强健身心、促进社会能力之教养的权利"的初衷。

冲突首先体现在"寄养儿童"领域。按照最初的设想，由青少年局择定的"合格"寄养家庭，应当是体面的工人阶级或中产阶级家庭。但在实践过程中，往往是低收入家庭更迫切希望获得寄养儿童。

---

[1] Detlev J. K. Peukert, *Jugend zwischen Krieg und Krise. Lebenswelten von Arbeiterjungen in der Weimarer Republik*, S. 61.

[2] 魏玛宪法第 121 条明文规定："非婚生子依法享有与婚生子同等促进身心及社会发展之待遇。"参见 § 121, *Die Verfassung des Deutschen Reichs vom 11. Aug. 1919*, RGBl. 1919, S. 1406。

[3] GStA PK I. HA Rep. 77B, Ministerium des Innern, Volkswohlfahrt, Nr. 1772, *Die Jugendämter in Preußen nach der Statistik des preußischen Ministeriums für Volkswohlfahrt* (Stichtag 1. 7. 1926), S. 11

一份勃兰登堡及柏林最高行政长官就撤销一对姓柯尔克的夫妇抚育寄养儿童的许可所作的说明，清楚道出个中缘由："可惜大部分接收寄养儿童的人士仅是出于可预期的金钱利益。"① 在农村，一些家庭甚至希望接收年长一些的寄养儿童，以便能省下一个有偿雇佣的劳力。

这一经济上的考量在魏玛末期表现得越发明显。在经历了经济大危机之后的1932年，有评论指出寄养行为与经济酬劳之间的负相关性，即"在失业率稳定上升的情况下……可以提供寄养的家庭数量表现出增长趋势；而在经济景气时期，如果工人收入不错且生活条件有序，亦即往往有能力抚育一名城市寄养儿童的时期，却缺乏合适的寄养家庭"②。显然，接收寄养儿童并不一定是高尚的慈善义举，而更可能是笔增加收入的好买卖。寄养儿童的生活和教育状况也因此可想而知。尽管一部分地方青少年局也曾试图扭转这一局面，例如汉堡城市青少年局就曾专门组织面向寄养妈妈举办的"母亲之夜"活动，传播"现代"儿童教育理念。③ 但青少年局往往因为缺乏足够经费，或因活动本身并不强制寄养妈妈出席，以至于通过宣传教育改变"寄养父母"思想的手段收效甚微。

既然教化的方式失败了，拥有"寄养儿童"监护权的青少年局就不得不通过行政手段来处置不称职的"寄养父母"：将孩子带离寄养家庭，取消养父母的抚育资格，情节严重时养父母甚至会被起诉。但如此一来，青少年局与养父母在抚养问题上的矛盾就不可避免地爆发出来。这种张力首先集中体现在社工往往需要在警方的保护下，才能安全地将"寄养儿童"带离养父母家。但更大的麻烦则体现在

---

① GStA PK I. HA Rep. 77B, Nr. 1801, S. 24, Oberpräsident von Provinz Brandenburg und von Berlin an dem Pr. Minister für Volkswohlfahrt, O. P. 19054, 27. 12. 1926.

② Direktor Eberhard Giese (Görlitz), "Ein Notjahr im Jugendamt", in ZJJ 23, 1931/32, S. 168, 转引自 David Crew, " 'Eine Elternschaft zu Dritt', -Staatliche Eltern? Jugendwohlfahrt und Kontrolle der Familie in der Weimarer Republik 1919－1933", S. 276。

③ Direktor Eberhard Giese (Görlitz), "Ein Notjahr im Jugendamt", in ZJJ 23, 1931/32, S. 168, 转引自 David Crew, " 'Eine Elternschaft zu Dritt', -Staatliche Eltern? Jugendwohlfahrt und Kontrolle der Familie in der Weimarer Republik 1919－1933", S. 276。

第七章　特殊群体政策：以社会矫正措施为例

各级行政及司法部门往往要花费大量时间来处理来自"寄养父母"的投诉案例，来回审查寄养事实及其抚育儿童的资格。

上文中的柯尔克夫妇便是其中的典型案例。1925 年 7 月，这对夫妇抚育"寄养儿童"的资格因擅自接纳陌生房客及"不具备抚育寄养儿童之必要资格"而遭撤销，随后夫妇二人分别于 1926 年 6 月和 7 月两度提出申诉遭否决后，当年 10 月又锲而不舍地发起第三次行动，委托律师直接向普鲁士内政部部长申诉，同时还在法院提起诉讼。最终柏林上诉法庭于 1927 年 5 月宣布柯尔克夫妇并未违反《国家青少年福利法》。到 1929 年初，这对当时已逾花甲的夫妇竟然又再度提出抚育寄养儿童申请。[1]

与青少年福利机构矛盾重重的不仅是养父母们，还包括亲生父母！这是因为魏玛共和国青少年社会教养体系的基本出发点由政府充当父母——所谓的"公共家长"（Öffentliche Elternschaft）的角色，通过各种救济和强制的方式使青少年儿童摆脱"玩忽职守"的父母或"不健全"的家庭，从而弥补"家庭一般职能的缺陷"[2]。例如在施特鲁弗斯农庄教养院，为避免接受教养的青少年"来自家庭的消极影响"，对学员的假释和与家庭的联系做出严格规定。[3] 而青少年局有权参与的青少年就业及童工事务中也体现了同样思路：该部门有权在对未成年人父母的经济状况乃至"道德品质"进行抽检后，决定是否发放给未成年人工作许可。1928 年，杜塞尔多夫青少年局拒绝签发的两份儿童用工卡一事正说明了这一点。在第一个案例中，

---

[1] GStA PK I. HA Rep. 77B, Nr. 1801, S. 20, Dr. Karrass an Pr. Minister des Innern, 13.10.1926; S. 25, Pr. Minister für Volkswohlfahrt an Prof. Danicke, Mitglied des Landtages, 07.05.1927; S. 67–68, Beschwerde gegen die Versagung der Erlaubnis zur Aufnahme von Pflegekindern, 24.06.1929. 但 1929 年的这一申请同样遭到从勃兰登堡省到柏林市各级政府否决，主要原因除申请人已届高龄（丈夫 61 岁，妻子近 60 岁）之外，官方坚持认为申请人"显然不宜抚育较年幼的孩子。他们接纳年幼的陌生孩子的主要出发点是为了改善自身的经济状况"，因此他们即使在 1927 年打赢了官司，仍不能重新获得接纳寄养儿童之许可。

[2] Detlev J. K. Peukert/Richard Münchmeier, "Historische Entwicklungsstrukturen und Grundproblem der Deutschen Jugendhilfe", S. 4.

[3] Martin Lücke, *Männlichkeit in Unordnung*, S. 36.

青少年局认为12岁的赫尔穆特·R.在当地商人处打零工，为他提供了在父母不知情的情况下溜出去游玩的机会，长此以往会构成"道德风险"；而在第二个案例中，该局在了解到一名体质虚弱的儿童从事屠夫工作仅仅是为了与母亲一同供养后者好吃懒做的同居男友后，便断然拒绝发放用工卡。①

然而官方这种塑造"正常家庭"的目标在亲生父母看来，无疑是对其权利——尤其是父权——严重侵扰，特别是当自己的子女被官方判定需要接受矫正教育，官方无论是直接或间接的"教养"措施都被视做是干涉家长权利之举。最严重时，家长有可能无权决定如何抚养自己的孩子及接受怎样的教育。这一举措招致许多父母对青少年局乃至整个社会教养体系的不满。1929年，南德的一位父亲在给当地福利机关的申诉信中就要求立即停止对其子采取劳动教养，因为这是"剥削他的劳动力"；而救济教养在他和孩子看来"也就那么回事"。他认为，救济当局所声称的其子目前品行尚不能终止"救济教养"，不过是一种"高调的谎言"而已。②

家长们对于青少年局插手子女教育满腹牢骚，就此引发众多抗议和申诉。例如，1928—1929年，柏林一位名叫A.埃尔曼（Ellmann A.）的牙医就曾反复申诉舍内贝格区（Schöneberg）青少年局"不断插手其子罗尔夫抚养问题"。埃尔曼医生甚至还给时任总统兴登堡寄了上访信。③按照他的叙述，1925年，他当时只有11岁的儿子因与同学搞恶作剧（但档案中并未提及具体事由——引者注）而被青

---

① Stadtarchiv Düsseldorf, III 5425, Die städt. Polizeiverwaltung Düsseldorf, 14. 11. 1922; betr. die Arbeitskarten für schulpflichtige Kinder 1904/7 – 1932, 转引自 David Crew, " 'Eine Elternschaft zu Dritt', -Staatliche Eltern? Jugendwohlfahrt und Kontrolle der Familie in der Weimarer Republik 1919 – 1933", S. 279。

② Stadtarchiv Düsseldorf, III 5425, Die städt. Polizeiverwaltung Düsseldorf, 14. 11. 1922; betr. die Arbeitskarten für schulpflichtige Kinder 1904/7 – 1932, 转引自 David Crew, " 'Eine Elternschaft zu Dritt', -Staatliche Eltern? Jugendwohlfahrt und Kontrolle der Familie in der Weimarer Republik 1919 – 1933", S. 272。

③ GStA PK I. HA Rep. 77B, Nr. 1801, S. 44 – 48, Gesuch des Dentisten A. Ellmann und Beschwerde über das Schöneberger Jugendamt von 22. 02. 1929 u. Abschrift an das Ministerium für Volkswohlfahrt vom 06. 03. 1928.

少年局处以警告处罚,此后就遭到越来越多的不公平对待:"其子罗尔夫被很多部门认定难以被教化,因此青少年局有权利、有义务照看该名儿童的教养问题"①,甚至"至今仍不断对其进行调查和信息收集"。埃尔曼认为,青少年局这种持续经年的做法不仅可能会影响到如今即将进入学徒期的罗尔夫取得学徒岗位,还造成其家庭内部的紧张感,更损害他本人的声誉,"作为全权抚养自己孩子的父亲……我感到这种监督是对我个人的侮辱"②。

埃尔曼的申诉也是青少年社会教养体系面临困境的突出表现之一:当时约定俗成的观点认为,"养不教,父之过"的情况在贫困的社会底层更为普遍,因此一般"体面"家长羞于面对官方给出疏于管教子女的批评,从而造成中间阶层家庭与社会教养体系的对立。

但除了父母与社会教养机构矛盾日益加深之外,救济教养措施的有效性从魏玛共和国中后期开始也日益受到公众质疑。这主要体现在许多"不良"青少年依然"屡教不改",出入多个教养机构接受改造。如在施特鲁弗斯农庄教养院收集的 37 份学员自述中,就有 20 人分别提到自己被转入施特鲁弗斯农庄接受"教养"前,已在柏林多个教养机构之间辗转。③ 一名叫 P. 海因里希(Heinrich P.)的青年在 1926—1928 年的经历也证明了这一点:海因里希生于 1908 年,17 岁之前曾反复接受戒酒治疗;1926 年因重大盗窃罪被判处 10 个月监禁,1927 年 9 月起被送入法姆森教养院,三次企图逃脱但被警方追回;1928 年 1 月终于逃脱成功,但一个月后就因诈骗被再次送入少年犯监狱。④

---

① GStA PK I. HA Rep. 77B, Nr. 1801, S. 35, Oberpräsident von Provinz Brandenburg und von Berlin an Dent. A. Ellmann, 05. 05. 1928.
② GStA PK I. HA Rep. 77B, Nr. 1801, S. 33, Dent. A. Ellmann an den Pr. Minister für Volkswohlfahrt, 11. 05. 1928.
③ Martin Lücke, "Aufsätze männlicher Fürsorgezöglinge aus der Weimarer Republik. Einleitung", S. 39f.
④ Detlev J. K. Peukert, *Grenzen der Sozialdisziplinierung. Aufstieg und Krise der deutschen Jugendfürsorge von 1878 bis 1932*, S. 155.

随着德国经济日益恶化，青少年犯罪再次呈上升趋势（表7.3），尤其是青少年罪犯中非熟练青工或失业青年比重的增加，更加深了公众对魏玛"社会教养"体系的质疑。

表7.3 　　　1930—1931 年德国五座城市青少年犯罪与失业率

城市	青少年犯中失业人数		14—18 岁青少年犯中失业人数占比（%）	
	1930	1931	1930	1931
柏林	417	524	18.1	28.5
汉堡	254	255	35.7	34.9
科隆	224	255	53.4	48.3
杜伊斯堡—哈姆博恩	157	156	41.4	45.5
杜塞尔多夫	59	119	19.6	57.0

资料来源：Peter D. Stachura, *The Weimar Republic and the Younger Proletariat：An Economic and Social Analysis*, p. 140.

1930 年，柏林这一群体犯罪率为 51.1%，1931 年为 48.8%；而位居第二的学徒则分别为 21.8% 和 26.1%；同期其他大城市如汉堡、科隆、莱比锡、埃森和德累斯顿，包括在慕尼黑这个"并不拥有大量无产阶级的主要工业中心"城市，也都呈现这样的趋势；青年工人与学徒的犯罪率高发也并非大城市独有的现象，中小城市中的情况也是如此。而在 1930—1933 年"违法乱纪"的青少年中，以 16—18 岁年龄段的"犯罪分子"人数最多，占到 67%—69%；15—16 岁年龄段次之，为 24%。男女青少年比则为 7∶1。[①]

除此之外，青少年街头帮派问题的卷土重来，这个问题不仅在 1928—1929 年因为一些众所周知的法庭诉讼而进入公众的视野，更被一些媒体渲染为"令整个街区感到恐惧"。在柏林的大街小巷，

---

① Peter D. Stachura, *The Weimar Republic and the Younger Proletariat：An Economic and Social Analysis*, p. 142.

这些被称为"狂野小团体"(Wilde Clique)的帮派大大小小有600多个，人数多达1.5万人。① 而在莱茵地区的杜塞尔多夫—杜伊斯堡，类似的小团体则被称为"基特尔巴赫海盗"(Kittelbachpiraten)。② 这些帮派往往由未受过专业培训或非正式就业或失业的青少年组成。他们在工场、学校、社区、酒馆或其他娱乐场所相互结识，身着奇怪的"流浪汉"服饰，聚集在街角、公园或城乡接合部，举止挑衅，喜欢大声歌唱、酗酒、打架斗殴，炫耀早熟的男性气息与性经历。③ 这些青少年帮派崇尚力量与男子汉气质，并以此决定内部等级。他们热衷通过强调身体力量的方式来证明自己，而暴力方式便是其中的一种方式。尽管帮派内只有少部分人才是"真正"的罪犯，大多数人只是在合法与轻度违法之间来回走钢丝，但无论故意搞破坏，小偷小摸，还是一般的吵嚷，不仅给本地居民带来糟糕的观感，这种感受又因媒体报道而向全社会蔓延，例如柏林的媒体就这些小团体为"降临在柏林贫困交加的工人阶级身上的不幸命运，并因此在公众当中不断引发广泛丑闻"。④

表面看来，魏玛共和国时期的青少年教养措施从帝国时代带有明显强制性警察措施，逐步转向"福利国家"背景下的"保护""照管"和"救济"形式。这种基于"福利"基础之上构成的教养手段固然对"失足"青少年及其家庭构成的控制与监督更为彻底，这是与青少年局自身的组织与职能密切相关；青少年局作为肩负青少年福利与管教双重任务的机构，甚至还相应承担起配合其他部门开展相关工作的职责。例如，1926年普鲁士的青少年局统计即显示，普鲁士全部717个地方（市级、县辖市级及乡镇）青少年局中，

---

① Peter D. Stachura, *The Weimar Republic and the Younger Proletariat: An Economic and Social Analysis*, p. 146.
② Detlev J. K. Peukert, *Jugend zwischen Krieg und Krise*, S. 251.
③ Detlev J. K. Peukert/Richard Münchmeier, "Historische Entwicklungsstrukturen und Grundproblem der Deutschen Jugendhilfe", S. 21.
④ Peter D. Stachura, *The Weimar Republic and the Younger Proletariat: An Economic and Social Analysis*, p. 148.

超过半数配合警方、就业指导、学徒及工作介绍，以及打击"伤风败俗"。① 但官方为实现建立一套社会规则的理想，培养社会中的优秀分子和可造之才②，而充当"公共家长"，填补家庭和学校在教育教养方面的漏洞。这些举动使魏玛共和国的青少年教养措施对于家庭的进犯甚至相比过去此前的警察措施更具有侵略性。并且在实践过程中，往往会因为官方与家长在教养问题上各执一词，而使得起初旨在矫正青少年行为举止的良好目的在广泛实践中遭遇重重矛盾。

第二节 "约束"吉卜赛人

相比"不良"青少年问题多少是一个现代社会问题，吉卜赛人问题则由来已久。早在 15 世纪，吉卜赛人就已出现在德意志的官方文献中。③ 出于定居者对"非我族类"和流浪民族"奇异"生活方式的恐惧，吉卜赛人历来被描绘为"一个盗窃成癖、误入歧途且不讲信用的民族，像妓女和流氓那样聚众闹事"④，甚至还有充当"间谍"的重大嫌疑。对于各国统治者而言，出于维护本国安全与地区治安稳定的考虑，他们迫切需要对此类集体流浪的外来者加以管束。因此自前现代社会以来，剥夺法律权利与驱逐出境是针对吉卜赛人的最普遍措施。例如，1621 年符腾堡公国的相关法律直接明令禁止吉卜赛人踏上符腾堡的土地，并提出违者"应被官员投入监狱；他们的篷车和货物应当被充公；他们的妻儿老小应当从这片土地上被

---

① GStA PK I. HA Rep. 77B, Nr. 1772, *Die Jugendämter in Preußen nach der Statistik des preußischen Ministeriums für Volkswohlfahrt*, S. 12. 这一数据分别为 374、369、397 和 487 家。

② Detlev J. K. Peukert/Richard Münchmeier, "Historische Entwicklungsstrukturen und Grundproblem der Deutschen Jugendhilfe", S. 10.

③ Rainer Hehemann, *Die "Bekämpfung des Zigeunerunwesens" im Wilhelminischen Deutschland und in der Weimarer Republik 1871 – 1933*, Harnau a. M: Haag + Herchen, 1987, S. 42.

④ Rainer Hehemann, *Die "Bekämpfung des Zigeunerunwesens" im Wilhelminischen Deutschland und in der Weimarer Republik 1871 – 1933*, S. 46.

驱逐出去"。①

一 帝国时代的"吉卜赛人"② 问题

随着德国在 19 世纪逐步迈向统一的民族国家，且工业发展日益加速，官方对于吉卜赛人的歧视与压迫也呈现越发严厉的态势。德意志帝国建立后，俾斯麦在 1870 年和 1886 年两度以帝国首相身份发布命令，要求严厉处置吉卜赛人，并就此引发各邦严格立法驱逐吉卜赛人的风潮。③ 例如，1870 年 10 月 22 日普鲁士内政部下令："斯洛伐克的吉卜赛补锅匠、修补师傅……通过沿街乞讨或以一种近乎敲诈的方式寻找工作，在全国范围内游荡，……属此类者，无论其是否携带旅行证件，都不得入境，也不得为其签发合法的流动职业证明。"④ 而巴伐利亚则在 1871 年 1 月再度通过决议，要求巴伐利亚警方截停旅行中的吉卜赛人及同类外国人并核查其身份，如出现证件不合要求则将之驱逐出巴伐利亚；同时，在巴伐利亚从事流动

---

① Werner K. Höhne, *Die Vereinbarkeit der deutschen Zigeunergesetze und-verordnungen mit dem Reichsrecht, insbesondere der Reichsverfassung*, S. 2.

② 当前德国政治及公共领域已一律将"辛提及罗姆人"取代"吉卜赛人"的旧称。改变的起点是 1995 年 5 月联邦德国正式承认"辛提及罗姆人"的少数民族地位；同时，"德国辛提及罗姆人中央委员会"（Zentralrat Deutscher Sinti und Roma）也正式确认：辛提人于 15 世纪进入德意志地区，拥有德国国籍；罗姆人的来源则相对复杂，一部分来自东南欧，于 19 世纪末前往德国的罗姆人拥有德国国籍；而不具备德国国籍的罗姆人则迟至 20 世纪才进入德国。但这一现代区分仍不能完全等同于本节讨论的"吉卜赛人"，原因如下：一方面，尽管吉卜赛人来源目前仍未有明确定论，但学界对作为历史概念的"吉卜赛人"已有共识，认为 20 世纪初官方所指称的"吉卜赛人"并非一个"同质或有明确界定的种族，而是从外部将众多具有不同生活方式的人口划为一个类型"，因此除了血统上的所谓"吉卜赛人"之外，还包括了以流浪为生的德国人。参见 Juliane Tatarinov, *Kriminalisierung des ambulanten Gewerbes. Zigeuner- und Wandergewerbepolitik im späten Kaiserreich und in der Weimarer Republik*, Frankfurt a. M.：Peter Lang, 2015, S. 11；Leo Lucassen：*Zigeuner*：*Die Geschichte eines polizeilichen Ordnungsbegriffes in Deutschland 1700 – 1945*, übersetz.：Annegret Bönner, Rolf Binner, Köln：Böhlau, 1996, S. 7. 另一方面，诚如德国著名作家君特·格拉斯（Günter Grass）在 1997 年一次演讲中所述，"辛提及罗姆人"之所以并不等同于"吉卜赛人"，在于后者还包含了"流浪骗子""反社会分子""罪犯"以及"社会边缘群体"成员等诸多歧视性内涵，参见 Günter Grass, "Wie ich zum Stifter wurde". *Rede anläßlich der Feierstunde am 28. Sept. 1997 im Lübecker Rathaus zur Gründung der "Stiftung zugunsten des Romavolkes"*, http：//www. luebeck. de/incl/pressedienstarchiv/sep97/970531r. html（查询时间：2018 年 8 月 2 日）。

③ Marion Bonillo, *"Zigeunerpolitik" im Deutschen Kaiserreich 1871 – 1918*, Frankfurt a. M.：Peter Lang, 2001, S. 82ff., 94f.

④ Rainer Hehemann, *Die "Bekämpfung des Zigeunerunwesens" im Wilhelminischen Deutschland und in der Weimarer Republik 1871 – 1933*, S. 245.

性行业者不得携带儿童。①

从社会治理的角度来看，工业化时代人们对于吉卜赛人的恐慌，与其说是流传已久带有种族意识的异族想象，毋宁说是定居者与未能得到妥善调控的频繁流动人口之间对立的直接反映。虽然吉卜赛人一贯被视为德意志文化中始终保持不变的外来者，但他们从18世纪晚期开始逐步取得部分公民权利也是不争的事实。② 这部分定居下来、随后还取得国籍的吉卜赛人首先就不属于被驱逐者的行列。俾斯麦1886年7月有关吉卜赛政策指导建议相关规定中恰恰证明了这一点：这份指导意见明确提出所有外国人以及无法拿出确凿证明其为德意志诸邦籍的人口，应立即被驱逐出帝国；而所谓"国内吉卜赛人"则应以定居安置。③ 从19世纪晚期到20世纪初的实际情况也证明，货真价实的"外来者"——外国吉卜赛人群（主要来自东欧及东南欧）从未占据过德意志地区流动人口的主流。④ 因此，在整个德意志帝国时期，所谓"打击吉卜赛人"，实际上更倾向于对以流浪为生的本国人——所谓"吉卜赛人及以吉卜赛方式行事者"——的监控与管理。

工业化时代的开启使得社会流动的规模空前扩大，在各级政府（及后来的警察部门）看来，流动人口的大量出现无疑会使预防犯罪和防范流行病传染的成本无形增加，而当时约定俗成的解决方案是让流动人口定居下来。

如何让流浪成性的"吉卜赛人"定居下来？一种办法是提高"流浪"门槛，即通过种种行政和警察手段限制吉卜赛人流浪，包括

---

① Rainer Hehemann, *Die "Bekämpfung des Zigeunerunwesens" im Wilhelminischen Deutschland und in der Weimarer Republik 1871 – 1933*, S. 277f., S. 317f.

② 例如普鲁士吉卜赛人在19世纪40—60年代相继取得包括财产、婚姻、迁徙自由在内的部分公民权利。参见Werner K. Höhne, *Die Vereinbarkeit der deutschen Zigeunergesetze und-verordnungen mit dem Reichsrecht, insbesondere der Reichsverfassung*, S. 2。

③ Marion Bonillo, *"Zigeunerpolitik" im Deutschen Kaiserreich 1871 – 1918*, S. 82ff., 94.

④ 甚至在一些小邦，如西部的利珀（Lippe），直至1913年前都没有外来吉卜赛人居住的记录。Michael Zimmermann, "Ausgrenzung, Ermordung, Ausgrenzung. Normalität und Exzeß in der polizeilichen Zigeunerverfolgung in Deutschland (1870 – 1980)", in Alf Lüdtke (Hrsg.), *"Sicherheit" und "Wohlfahrt". Polizei, Gesellschaft und Herrschaft im 19. und 20. Jahrhundert*, S. 344 – 370, 此处是S. 344。

登记个人及旅行证件——尤其是专门发放从事流动从业人员的"流动经营许可证"（Wandergewerbeschein），颁发公共卫生及兽医相关的许可和禁令，制定税收与刑事条例——尤其禁止乞讨、流浪、非法渔猎，限制对吉卜赛儿童的救济及逗留许可，禁止"成群结队"旅行及歇脚在内的"打击吉卜赛人"，不一而足。此外，官方还严令禁止"非法同居"的"吉卜赛婚姻"。但这些措施并未达成迫使吉卜赛人定居下来的效果。

但这一局面的产生归根究底在于帝国时代缺乏有效"约束"吉卜赛人的统一立法与政策。尽管帝国吉卜赛人政策的源头可以追溯到俾斯麦于1886年发布的指导意见，但鉴于针对流动人口的执法权在各邦警察部门手中，而各基层地方（尤其是城市）的自治空间又相对较高，致使邦国之间、邦国与城镇之间在约束吉卜赛人的具体措施上存在各自为政、缺乏配合的现象。

在邦一级层面，以第一和第二大邦普鲁士和巴伐利亚为例，前者根据1906年有关打击吉卜赛人的指令将流浪吉卜赛人监控工作下放分配给各相关职能机关。[①] 而后者则试图通过建立"安全警察吉卜赛人情报部"[②] 的机构，对巴伐利亚各地出现的吉卜赛人进行集中管理。但两者均面临如何与基层配合的问题：在巴伐利亚，尽管已设立"吉卜赛人中心"，并根据字母排序将人口信息列入"吉卜赛人登记册"（Zigeunerkataster），但事实上，并非所有各行政区的警察部门都有义务向上级部门通报情况，只有"反复出现'吉卜赛人'的巴伐利亚地区，当地警方和其他政府机关需电报告知"[③]。而在普鲁士，上报

[①] 参见附录15。
[②] 巴伐利亚安全警察吉卜赛人情报部门（Nachrichtendienst für die Sicherheitspolizei in Bezug auf Zigeuner），简称"吉卜赛人中心"（Zigeunerzentral），于1899年3月在慕尼黑警察总局成立。这是德国第一个通过刑事监视和登记一切"吉卜赛人及以吉卜赛方式行事者"的中央警察情报部门。
[③] Reimar Gilsenbach, "Die Verfolgung der Sinti-ein Weg, der nach Auschwitz führte", in: Wolfagang Ayaß, Reimar Gilsenbach, Ursula Körber, Klaus Scherer, Patrick Wagner, Mathias Winter, *Feinderklärung und Prävention. Kriminalbiologie, Zigeunerforschung und Asozialenpolitik*, Berlin: Rotbuch-Verlag, 1988, S. 11 – 42, 此处是 S. 17。

吉卜赛人数量的多寡更是与当地行政流程和地方政府的限制直接相关。因此，作为被监控对象的吉卜赛人便可以充分利用当局之间的对立，继续流浪生涯。对于地方政府来说，它们既恐惧于本地爆发所谓"吉卜赛瘟疫"，必然不愿承担为吉卜赛人提供定居点的责任，因此对基层来说，最有效"打击吉卜赛人"措施便是驱逐，且往往为节约成本，授意邦宪兵将查获的非本辖区内的吉卜赛人（及其家属）遣送至本地与其他地区的交界处便一了百了。[①] 当时所谓的"打击"效果也就可想而知了。此外，普鲁士和巴伐利亚围绕帝国吉卜赛政策主导权的争夺也在一定程度上影响到吉卜赛人政策的实施效果。

二 魏玛"约束"政策的各种表现和争议

（一）"约束"吉卜赛人的立法与措施

事实上，德国针对吉卜赛人的标志性法案都是在1933年之后才陆续出台的[②]，那么对吉卜赛人的"约束"是如何从帝国时代未达预期目标[③]一步步走向系统迫害少数族裔的政府行为？这一政策酝酿收紧的关键期恰恰出现在魏玛共和国。这一点首先直观地反映在针对"吉卜赛人"的立法和具体措施的制定上。

---

① Michael Zimmermann, "Ausgrenzung, Ermordung, Ausgrenzung. Normalität und Exzeß in der polizeilichen Zigeunerverfolgung in Deutschland (1870 – 1980)".

② 如全国性的警察条例：1933年生效的《德国各州抗击吉卜赛困境协议》(Vereinbarung der deutschen Länder über die Bekämpfung der Zigeunerplage)；地方一级的条例则首推同年8月出台的《不来梅保护人民不受吉卜赛人、流浪者和游手好闲者骚扰的法案》(Bremische Gesetz zum Schutze der Bevölkerung vor Belästigung durch Zigeuner, Landfahrer und Arbeitsscheue)，这些法案中均强化了对吉卜赛人的惩戒措施，如吉卜赛人可能因无法出示合格"工作证明"而被扭送劳教。

③ Michael Zimmermann 在考察帝国时代各邦对吉卜赛人的驱逐行动时明确提出，由于各邦吉卜赛政策存在理论不一致和实践缺陷，因此"辛提人对警方收紧制裁毫无防备的论点被夸大了"。参见其论文"Ausgrenzung, Ermordung, Ausgrenzung. Normalität und Exzeß in der polizeilichen Zigeunerverfolgung in Deutschland (1870 – 1980)"。Wolfgang Günter 则在具体考察汉诺威及其下属县吉卜赛人定居问题时同样发现地方政府与基层地方在定居问题的意见上大相径庭，因此"普鲁士吉卜赛人政策的基本问题，即为吉卜赛人的定居寻找特定的地点。但这一问题在整个第二帝国时期都是无解的"。参见 Wolfgang Günther, *Die preußische Zigeunerpolitik seit 1871 im Widerspruch zwischen zentraler Planung und lokaler Durchführung. Eine Untersuchung am Beispiel des Landkreises am Rübenberge und der Hauptstadt Hannover*, Hannover: ANS, 1985, S. 35。

魏玛共和国加强对流浪吉卜赛人的约束措施，始于遏制战败德国社会形势继续恶化的考虑。一方面，恶劣的国内经济形势与严重的住房短缺，再加上短时间内无数返乡军人和德意志难民涌入德国，大批民众变得无家可归，一部分人甚至因此选择举家居住在篷车中，或依靠四处流浪赚取生活费，因此过上了"吉卜赛人式"的生活；另一方面，包括吉卜赛人在内的乞丐、游民和流动商贩又引发了所到之处居民的普遍不满。为此，1919年7月23日国家颁布涉及外来人口及难民移入的条例，普鲁士福利部据此于1920年出台公告，特别禁止吉卜赛人出现在疗养场所（如浴场、休闲场所），"违者将处以最高1500马克的罚金或监禁"①，以此化解这些地方的居民对吉卜赛人的不满。

同帝国时代的情况一样，魏玛共和国对于"吉卜赛人"的约束权同样下放至各州。其中对立法约束吉卜赛人态度积极的州仍是巴伐利亚。该州从1922年起就开始制定有关严格约束吉卜赛人的法律，并于1924年1月率先在莱茵河左岸的巴伐利亚地区试行《打击吉卜赛人条例》（Anordnung zur Bekämpfung der Zigeuner）。规定地方政府有义务严格登记"吉卜赛人和居无定所者"，通过对其身份证明进行查验以加强监控，"尤其驾驶房车流浪者必须持有警方许可证；不得携带武器；驱赶牲畜（马匹、狗等）需取得当局授权；在进入指定其歇脚的地方过夜时，警方需暂时收缴其证件"②；最为重要的一点是该条例严禁"两个独立个体联合在一起"的所谓"群体"流浪，即"吉卜赛人和居无定所者只能单独或以家庭为单位流浪或在某地停留"③。而在此基础上，1926年7月巴伐利亚正式颁布《关于

---

① Erlass des Ministers für Volkswohlfahrt v. 27. Juli 1920（ABl. F. Volkswohlfahrt, S. 217, Maraun 1920, II. S. 1277）. In: Werner K. Höhne, *Die Vereinbarkeit der deutschen Zigeunergesetze und-verordnungen mit dem Reichsrecht, insbesondere der Reichsverfassung*, S. 119.

② Mohammad Hassan Gharaati, *Zigeunerverfolgung in Deutschland. Mit besonderer Berücksichtigung der Zeit zwischen 1919 – 1945*, Marburg: Tectum-Verlag, 1996, S. 50.

③ Rainer Hehemann, *Die "Bekämpfung des Zigeunerunwesens" im Wilhelminischen Deutschland und in der Weimarer Republik 1871 – 1933*, S. 193.

打击吉卜赛人、居无定所及好逸恶劳者法》（Gesetz zur Bekämpfung von Zigeunern, Landfahren und Arbeitsscheuen vom 16. Juli 1926, ZigArbschG），它也成为德国首部以约束吉卜赛人为目标的成文法。该法除包含 1924 年条例中已经涉及的内容外，还增添了加强对非巴伐利亚籍吉卜赛人途经和停留的限制；同时明确提出年满 16 周岁以上的吉卜赛人如无正当工作则将被送入救济教养机构劳动改造。[①]

普鲁士的情况则有所不同，除了出台若干部门公告外，它并未效仿巴伐利亚制定法规，但这并不意味着普鲁士就放松了对吉卜赛流动人口的监控，相反至 1927 年，普鲁士也已形成一套相对完整的登记与查验吉卜赛人身份的警察机制。1927 年 11 月，普鲁士内政部为进一步强化对吉卜赛人口的登记与监控，要求采集所有非定居的吉卜赛人及以吉卜赛方式流浪人群的指纹，理由是"警方提出自行申报义务对吉卜赛人并不起作用，并且经常无法确定这些人的身份"。[②] 普鲁士各地警察部门在接到内政部命令之后，于 11 月 23—26 日在逐步排查清楚辖区内吉卜赛人及以吉卜赛方式流浪的群体情况后，采集了所有年满六周岁者的指纹。经过指纹采集后的吉卜赛人会得到一份由警方签发的身份证明——这一身份证件的封面上用红色字样标明："吉卜赛人"。所有吉卜赛人必须向警方出示该身份证件，如无法出示则可能遭到严厉处置。拥有相应证明却隐瞒不报，则被视为有造假可能并需对此进行展开调查；同时必须重新采集指纹以便做比对。[③]

除了各州加强"约束"措施之外，魏玛共和国吉卜赛人政策的最重要变化是各州警察部门开始明确就"打击吉卜赛人"建立合作、加强联系，例如，1921 年 12 月德国各州警察部门代表在慕尼黑召开

---

① Mohammad Hassan Gharaati, *Zigeunerverfolgung in Deutschland*, S. 51. 见附录 16。
② Runderlass des Ministeriums des Innern vom 3. 11. 1927, MBliV. S. 1045ff,, in Werner K. Höhne, *Die Vereinbarkeit der deutschen Zigeunergesetze und-verordnungen mit dem Reichsrecht, insbesondere der Reichsverfassung*, S. 124 – 129. 见附录 17。
③ Rainer Hehemann, *Die "Bekämpfung des Zigeunerunwesens" im Wilhelminischen Deutschland und in der Weimarer Republik 1871 – 1933*, S. 272.

了首次"吉卜赛人会议";1926 年,德国刑事警察委员会发起"德国各州抗击吉卜赛困境协议"(Vereinbarung der deutschen Länder über die Bekämpfung der Zigeunerplage),协议于 1933 年生效。该协议的主要内容即各州彼此交换与吉卜赛人相关的信息,并共享位于慕尼黑的"吉卜赛人中心"的情报。慕尼黑"吉卜赛人中心"曾在 1919 年遭受重创[1],但很快便恢复组织机构并不断壮大。该机构的影响力尤其表现在对吉卜赛人震慑作用以及对其生活习性的把握,早在 1922 年,当时的慕尼黑警察总监就盛赞该中心在"监控吉卜赛人工作卓有成效"[2]。"吉卜赛人中心"收集的信息可谓包罗万象,除了一般的统计数据与各类照片之外,从吉卜赛人惯用的花招与骗术,到其生活方式与习惯的路线、聚集场所,甚至吉卜赛人的乐器、语言和巫术,应有尽有,此外还有对吉卜赛人犯罪历史的论述[3]。1926 年前后,慕尼黑"吉卜赛人中心"保存的吉卜赛人档案数量增加至 1.4 万份左右[4]。而随着各地警方合作的展开,这里凭借着大量收集的信息,成为当之无愧的"全国"中心。此外,1927 年普鲁士警方采集指纹和制作身份证明的做法也为配合全国性的联合"打击吉卜赛人"提供进一步可操作空间。普鲁士要求尽可能为年满 18 岁以上的人制作三张最新的证件照,一张贴在发放给吉卜赛人的身份证明上,另两张则贴在指纹证明上——而其中一份指纹连同照片将被寄往慕尼黑[5]。在慕尼黑,除了负责收集吉卜赛人信息的"中心"之

---

[1] 1919 年 4 月慕尼黑爆发武装起义并短暂建立起苏维埃共和国,4 月 29 日一队工人武装占领了慕尼黑警察总局,数千份"吉卜赛人档案"随同警察部门的其他资料被付之一炬。

[2] Polizeidirektion München am 19. 3. 1920, Bay HStA München, M Inn 72576, 转引自 Rainer Hehemann, Die "Bekämpfung des Zigeunerunwesens" im Wilhelminischen Deutschland und in der Weimarer Republik 1871 – 1933, S. 292。

[3] Rainer Hehemann, Die "Bekämpfung des Zigeunerunwesens" im Wilhelminischen Deutschland und in der Weimarer Republik 1871 – 1933.

[4] Joachim S. Hohmann, Geschichte der Zigeunerverfolgung in Deutschland, Frankfurt a. M. : Campus, 1988, S. 67.

[5] Rainer Hehemann, Die "Bekämpfung des Zigeunerunwesens" im Wilhelminischen Deutschland und in der Weimarer Republik 1871 – 1933, S. 275.

外，巴伐利亚警察总局还建立了一个吉卜赛人特别咨询部门，其主要工作便是鉴识此类指纹材料，以便在指纹所有者涉及刑事犯罪时能立即配合全国各地警方开展调查。

（二）公众对"约束"吉卜赛人的反应

相比帝国时代，魏玛共和国各州在强化对吉卜赛人流动的"约束"以及实现全国合作方面显然已迈出一大步。正是这种种措施为日后第三帝国吉卜赛人政策奠定了基础。但这些具体实践过程中所面临的种种问题却未能得到有效解决——这一点不仅对政策本身的合理性造成负面影响，更奇特的是还反过来引发公众对于治理对象的强烈不满。

如果按照1922年慕尼黑警察总局的解释，民众对于吉卜赛人的厌恶源于人数不断增多的吉卜赛人"以不稳定的生活和陌生感不断扰乱着带给善良民众安全感的一切稳定环境；他们的生活方式缺乏规则，并与定居者的风俗习惯相去甚远。加上收入不稳定，使得类似纯吉卜赛人的群体构成刑法意义上对普遍秩序的持续威胁。"[①] 但事实上，民众的"被损害"感并非全然如巴伐利亚官方指控那般充满意识形态色彩。这种情绪更多是因日常生活中相互牵扯而起，即吉卜赛人——尤其是取得所谓"流动经营许可证"吉卜赛人——的"定居"及由此与当地居民产生的生活摩擦。

尽管各州限制吉卜赛人自由迁徙的政策日益严苛，但由于"一战"后社会流动的加剧，对吉卜赛人申请"流动经营许可证"实际审核已有明显放松。以汉诺威地区为例，要想在周边地区逗留较长一段时间的吉卜赛人只需向汉诺威市警察局，而非所在地区的警察局提交申请并提供租房证明即可，因此"吉卜赛人一般只在他们申请流动经营许可证时，才会在客栈租房或添置家具，一旦申请被核

---

① Polizeidirektion München am 19. 11. 1922，BayHStA München，M Inn 72576，转引自 Rainer Hehemann，*Die "Bekämpfung des Zigeunerunwesens" im Wilhelminischen Deutschland und in der Weimarer Republik 1871 – 1933*，S. 295.

准，他们再取消这一住所"①。警方对此的应对措施只是临时抽检其"固定住处"，一旦出现造假则取消其来年的申请资格。此举便为吉卜赛人在各地流浪创造了机会，以致有些地方政府和议会向大区政府抗议："吉卜赛困境在最近一段时间……变得尤其令人绝望。"②

从 20 年代中期起，普鲁士大城市如柏林、马格德堡、汉诺威成为吉卜赛人过冬的首选地点；因此为进入城市的吉卜赛人提供人员车辆逗留的专门营地成为一部分私人土地所有者眼中的"好"买卖。但趋利的营地提供者往往又并不负责提供包括厕所、流动饮用水以及垃圾处理设施等最基本的基础设施，从而导致居住在这些营地的"吉卜赛人"不得不在露天大小便，向附近租客或者房主乞讨饮水，并将垃圾随意丢弃在尽可能远离自己住处的地方。正是这些看似日常生活中的琐碎小事成为他们与周围居民长期冲突的导火线。在当地居民看来，这些乱哄哄的吉卜赛人的所作所为还提高了传播疾病的风险。1932 年一份汉诺威房主协会刊物就曾刊登了一份控诉由当地一家地产公司设立的吉卜赛人营地对周围环境构成污染的请愿书③：

> 目前伤寒威胁迫在眉睫。广场上都没有一口水井，没有垃圾处理，没有厕所。据目击者称，人类的排泄物用报纸包裹着扔出篱笆。因此存在着极大的隐患，花园内的租户本身会被这些棕色皮肤的同胞传染疾病。

而新闻媒体也不遗余力地渲染与吉卜赛人相关的负面事件，进

---

① Wolfgang Günther, *Die preußische Zigeunerpolitik seit 1871 im Widerspruch zwischen zentraler Planung und lokaler Durchführung*, S. 39.

② Ein Brief von Coblenz an dem Reiberungspräsident vom 29. 07. 1925，in Wolfgang Günther, *Die preußische Zigeunerpolitik seit 1871 im Widerspruch zwischen zentraler Planung und lokaler Durchführung*, Dokumente, S. 77.

③ Wolfgang Günther, *Die preußische Zigeunerpolitik seit 1871 im Widerspruch zwischen zentraler Planung und lokaler Durchführung*, S. 41.

一步煽动起愤怒的民意。仍以汉诺威为例，1924年9月4日的《低地德意志报》就曾这样描绘当地某街区吉卜赛人聚集的情况：

> 数月以来，利斯特区——尤其是毗邻"四边农庄"的场地上，还有霍夫街都成为吉卜赛人的长期定居点。这些人连同他们的大篷车生活在这里，这期间共有15—20辆车长期驻扎于此，而这个问题地区完全没有受到警方的打扰。间或他们的人数会因为大部队的到来而呈现增长，以至于停放在指定地点和霍夫街的大篷车增加了15—20辆之多。其结果是导致上述地区不断有大量此类流氓无赖聚集于此。长期以来，他们令人匪夷所思的无耻行径引发了附近居民的愤慨。这群人中的女性成员则向过往的路人以及居住于周围街道上，尤其是理查德·瓦格纳街和瓦尔登湖街的居民进行乞讨。

报道还提到吉卜赛人聚集对当地社会风气的败坏：

> 这些藏污纳垢的地方总是被一群猎奇者所包围，他们着迷于这些下流人毫无廉耻，又肮脏不堪的家庭生活。年轻围观者们因此完全放弃道德，而这里还时时笼罩着其他危险。

甚至还有传言称"有一名儿童在此遭到劫持"。[①]

"吉卜赛人"在公众中的负面形象还因各州原本为区别吉卜赛人与正当经营的流动商贩而制定的例外原则进一步恶化。为保护正当经营的流动商贩的利益，巴伐利亚内政部在1926年《关于打击吉卜赛人、居无定所及好逸恶劳者法》中专门列出针对所谓"品行端正"商贩的例外原则。1927年普鲁士内政部令亦如法炮制，规定拥

---

① Wolfgang Günther, *Die preußische Zigeunerpolitik seit 1871 im Widerspruch zwischen zentraler Planung und lokaler Durchführung. Eine Untersuchung am Beispiel des Landkreises am Rübenberge und der Hauptstadt Hannover*, S. 37.

有合法流动行商证件的"正派"兜售商人或流浪艺人不受吉卜赛人约束措施的限制。[1] 但这一例外原则在基层地方的实践却呈现出另一番景象。以 1924 年 8 月南部埃尔兰根附近一个名为布鲁克乡投诉事件为例。当时谣传有"十辆满载吉卜赛人的大篷车"在当地逗留长达数周,各种纠缠强卖让当地居民不胜其烦。但经当地宪兵调查后,发现实际仅有 4 辆篷车,且分属两名来自伊肯豪斯和慕尼黑的正经商贩。然而,由于这两名商贩不属于受监控的"吉卜赛人"或流浪汉,即便他们"同行带了很多孩子,行为举止也厚颜无耻",最终也仅由宪兵押解出当地了事,而他们在其他乡镇逗留的权利也未受影响。这样的处理结果显然让当地居民感到十分不满,该乡乡长更在致埃尔兰根市的公函中直指这些人就是"按照吉卜赛方式流浪的商贩"[2]。

此外,随着 20 年代晚期大城市财政的日益恶化,地方财政日益吃紧,最终产生出将吉卜赛人彻底赶出城市还是要求将其集中在永久定居点的公共争论。以 1929 年下半年汉诺威市为例,由于市政当局并无驱赶吉卜赛人的执法权,加上迫于财政压力亦无心购置土地来集中安置吉卜赛人,因此要求警方出面将吉卜赛人驱赶出城区。但警方则认为应由地方政府牵头此事,并建立集中安置吉卜赛人营地,警察局长称经过缜密调查,"至少在普鲁士的大城市如汉堡、法兰克福和柏林的做法是相同的……达成惊人的一致,各地在安置吉卜赛人上的经历完全一样,更列举法兰克福为吉卜赛人设立'集中营'"——这也是首次出现"吉卜赛人集中营"的术语。[3] 然而这场

---

[1] Rainer Hehemann, *Die "Bekämpfung des Zigeunerunwesens" im Wilhelminischen Deutschland und in der Weimarer Republik 1871–1933*, S. 275.

[2] Leo Lucassen, *Zigeuner, Die Geschichte eines polizeilichen Ordnungsbegriffes in Deutschland 1700–1945*, S. 195.

[3] Wolfgang Günther, *Die preußische Zigeunerpolitik seit 1871 im Widerspruch zwischen zentraler Planung und lokaler Durchführung*, Dokumente, S. 43, Anm. 41. 但此时的"集中营"尚不具备它后来的意义,该"集中营"只是建在法兰克福的远郊一处集中安置吉卜赛人的营地,那里的居民仍可自由出入。

争执并未在魏玛共和国彻底分晓：一方面，汉诺威警方并未像法兰克福一样在城郊建成专门容纳吉卜赛人的营地；另一方面，尽管汉诺威市得偿所愿将未能在城区内找到正常居所的吉卜赛人驱赶到郊区的指定场地，但地方政府仍不得不为驻扎于此的吉卜赛家庭提供救济补助。①

魏玛共和国地方政府专门设立吉卜赛人安置点的尝试构成了第三帝国初年开启的强制安置吉卜赛人的先声。城市吉卜赛人的居留条件因此变得越发恶劣：科隆于1935年建立了一个部分封闭的吉卜赛营地，至1937年时那里已有50—60辆车，有400—500名"营地居民"。而更为著名的强制迁徙吉卜赛人事件则是1936年因召开柏林奥运会之故，柏林市特地为吉卜赛人设立一处营地，避免前来参访运动盛会者看到"吉卜赛污点"。1936年6月16日约600名吉卜赛人从他们的驻地被驱逐至位于马灿的城市边缘地带。②

毋庸置疑，魏玛共和国吉卜赛人政策实现了针对吉卜赛人的流动人口政策逐步向对特定群体普遍歧视的转变。

构成这一转变的首个重要推动力就是1926年巴伐利亚颁布的《关于打击吉卜赛人、居无定所及好逸恶劳者法》。尽管魏玛共和国刑法典在将无业游民视为危害集体安全对象的同时，从始至终并未特别列出吉卜赛人，因此似乎并不构成对特定群体的歧视。而《关于打击吉卜赛人、居无定所及好逸恶劳者法》也只是一部地方性法规。但正是这部地方性法规对日后第三帝国针对吉卜赛人的迫害措施产生了直接影响：一是该法明确授予警察部门可在未经审理情况下行使权力而不受任何限制，即"任何采取不正派吉卜赛生活方式"并表现出类似举动或进行相关营生者，警方可从安全角度随意处

---

① Wolfgang Günther, *Die preußische Zigeunerpolitik seit 1871 im Widerspruch zwischen zentraler Planung und lokaler Durchführung*, Dokumente, S. 48.
② Michael Zimmermann, "Ausgrenzung, Ermordung, Ausgrenzung. Normalität und Exzeß in der polizeilichen Zigeunerverfolgung in Deutschland (1870 – 1980)", S. 353.

置。① 二是有关"吉卜赛人"的定义。在这部法规里，首次出现将吉卜赛人归为一个种族的明确表述②——而当时其他州采纳的仍是1906年普鲁士拟定的所谓"本国"吉卜赛人概念。③ 同时该法又明确将吉卜赛人、流浪者与好逸恶劳者联系在一起，这就使得"纳粹时期的'吉卜赛人问题'成为交织着反社会和种族理论重要观点的领域。"④

其次，借由巴伐利亚的立法和普鲁士的警察手段，德国终于在魏玛时期迈出了全国性"约束"吉卜赛人的实质性一步。慕尼黑"吉卜赛人中心"在其中尤其扮演了重要角色。数据显示，至纳粹上台后的30年代中期，德国种族专家从该中心获得的基本材料已多达1.9万份。⑤ "吉卜赛中心"所掌握的这些吉卜赛人信息，为纳粹政权迫害吉卜赛人提供了极大便利。

如果说上述两点直接构成第三帝国有针对性地迫害吉卜赛人最直接的法规与实践基础，那么共和国官方在制定和实施"打击吉卜赛人"措施时出现的种种纰漏与矛盾，无论是通过立法或采取实际措施区别对待"流浪吉卜赛人"与所谓"正派"流动商贩，抑或建立促使吉卜赛人定居下来定居点建设的尝试，官方为平衡各方利益往往处于两难境地，从而进一步激发公共领域乃至普通民众将对地方政府的不满转化为对流浪吉卜赛人的厌恶之情，这也为纳粹日后明正言顺地驱逐和迫害吉卜赛人奠定舆论基础。

---

① Mohammad Hassan Gharaati, *Zigeunerverfolgung in Deutschland*, S. 51.

② Gesetz zur Bekämpfung von Zigeunern, Landfahrern und Arbeitsscheuen vom 16. Juli 1926 (GVBl., S. 359; GerS., Bd. 93, S. 339). In: Werner K. Höhne, *Die Vereinbarkeit der deutschen Zigeunergesetze und-verordnungen mit dem Reichsrecht, insbesondere der Reichsverfassung*, S. 142 – 153.

③ 即"经证明拥有某一德意志邦国邦籍的吉卜赛人"。参见 Anweisung zur Bekämpfung des Zigeunerunwesens. Vom 17. Februar 1906 (MBliV. S. 53), In: Werner K. Höhne, *Die Vereinbarkeit der deutschen Zigeunergesetze und-verordnungen mit dem Reichsrecht, insbesondere der Reichsverfassung*, S. 106 – 115.

④ Leo Lucassen, *Zigeuner: Die Geschichte eines polizeilichen Ordnungsbegriffes in Deutschland 1700 – 1945*, S. 202.

⑤ Rainer Hehemann, *Die "Bekämpfung des Zigeunerunwesens" im Wilhelminischen Deutschland und in der Weimarer Republik 1871 – 1933*, S. 292.

第三节 "矫正"同性恋

一 "同性恋"在1918年前德意志社会的地位

直到18世纪晚期,德语地区对于一切"反自然淫乱行为"的惩戒都异常严苛,其中就包括对同性恋的惩罚:此类"罪犯"应与施行巫术、伪造钱币、纵火和盗窃教堂财物的罪犯一起处以火刑。[①] 尽管奥地利在1787年的《约瑟夫法典》[②] 率先废除同性恋死刑,改为惩戒、监禁和"公共劳动"惩罚,但当时所谓的"公共劳动",其实是被送往死囚船服苦役,因此本质上依然是"一种隐蔽、残忍的长期死刑"。直到1794年,普鲁士出台《普鲁士王国通用邦法》(Allgemeine Landrecht für die preußischen Staaten)才真正取消剥夺同性恋者生命权的最严厉处罚。其中第1069条明文规定:"必须消除兽奸及其他因其骇人听闻而难以启齿的反自然罪行的记忆。因此,此类罪犯应在接受包含欢迎和告别式(即各种体罚——引者注)的一至数年监禁后,永远被逐出其现居住且丑行业已传扬的地方。"[③]

进入19世纪,受拿破仑战争的影响,德意志各邦国针对同性恋的量刑进一步放松:除巴伐利亚和一度被法国占领的莱茵河左岸地区已基本采取有"罪"不罚的态度外,汉诺威王国、符腾堡王国以

---

① Bernd-Ulrich Hergemöller, "'iubemus insurgere leges'-Vom 'Senatus consultum de Baccanalibus' bis zum 'Allgemeinen Landrecht für die Preußischen Staaten'", in Manfred Herzer (Hrsg.), *Die Geschichte des § 175-Strafrecht gegen Homosexuelle*, Berlin: Verlag rosa Winkel, 1990, S. 30 – 41, 此处是 S. 21。Hergemöller 指出,这一处置措施完全照搬1507年《班贝格死刑庭条例》(*Constitutio Criminalis Bambergensis*)第141条的相关规定。

② 该法典也称《通用民法典》(*Allgemeines bürgerliches Gesetzbuchs*),是神圣罗马帝国皇帝约瑟夫二世针对哈布斯堡家的德意志世袭领地颁布的民法典,1786年颁布第一部分,1787年1月1日正式生效。

③ 该法条转引自 Manfred Herzer, "Deutsches Schwulenstrafrecht vor der Gründung des zweiten Kaiserreichs (1795 – 1870)", in: ders (Hrsg.), *Die Geschichte des § 175-Strafrecht gegen Homosexuelle*, S. 30 – 41, 此处是 S. 39。

及不伦瑞克公国也规定，只有在"受害者举报"或引起公愤的情况下，"罪犯"才会被处以六个月以下监禁。① 相比之下，普鲁士对于放松包括同性恋在内的"反自然淫乱行为"处罚则相对滞后，直到1851 年，普鲁士才在编订刑法典时对此做出修改，规定此类行径将被处以 6 个月至 4 年不等的监禁，同时剥夺公民权（第 143 条）。②

随着普鲁士统一德意志之路的开辟，特别是自 1866 年后，普鲁士的刑法典作为宣示其统治地位的重要手段而被广泛移植到其他德意志地区。这使得那些原本已废除同性恋入刑的地区重启刑事处罚，客观上造成全德范围内对同性恋惩治力度的加重。最终，在 1851 年《普鲁士王国通用邦法》第 143 条和《北德意志刑法典》第二版草案第 173 条的基础上，诞生了 1872 年 1 月 1 日生效的《德意志帝国刑法典》第 175 条（"Paragraph 175"）："男性之间或人兽之间反自然的淫乱行为将被处以监禁（Gefängnis）③；亦可剥夺公民权。"④ 由此，"第 175 条"不仅划定了日后德国长达一百二十余年同性恋入刑的基准线⑤，更因此成为德国惩戒男性同性恋的重要象征。

"第 175 条"的出台固然是德国社会长期以来视同性恋为违背自然的罪恶行径的体现，但在具体司法实践过程中，一方面是法学界对"反自然淫乱行为"的界定始终存在法理上的解释困难，因此转而谋求从医学和精神病学角度分析同性恋。从 1890 年开始，越来越

---

① 该法条转引自 Manfred Herzer, "Deutsches Schwulenstrafrecht vor der Gründung des zweiten Kaiserreichs（1795 – 1870）", in: ders（Hrsg.）, *Die Geschichte des § 175-Strafrecht gegen Homosexuelle*, S. 30 – 41, 此处是 S. 30f。

② 该法条转引自 Manfred Herzer, "Deutsches Schwulenstrafrecht vor der Gründung des zweiten Kaiserreichs（1795 – 1870）", in: ders（Hrsg.）, *Die Geschichte des § 175-Strafrecht gegen Homosexuelle*, S. 30 – 41, 此处是 S. 32。

③ 在德意志帝国和魏玛共和国时期，执行一天拘役至五年有期徒刑的监狱被称为"Gefängnis"；而关押一年有期徒刑至无期徒刑的所谓"重刑犯监狱"，称"Zuchthaus"，犯人需要在此进行艰苦的劳动改造。

④ § 175, *Strafgesetzbuch für das Deutsche Reich von 15. Mai 1871*, RGBl, 1871, S. 161.

⑤ 直到 20 世纪 60 年代，民主德国（1968）、联邦德国（1969）才先后基本禁止同性恋入刑，但仍存在例外情况，即男同性恋的伴侣分别小于 18 岁（西德）、16 岁（东德），将被视为触犯刑法，分别获刑五年和两年。1994 年，联邦德国正式废除"第 175 条"（东德则在 1988 年已废除该法条），标志着德国最终彻底终结同性恋入刑的百年历程。

多的医生出现在法庭，对同性恋"犯人"进行精神评估以证明其活动是否触犯刑法。因为一旦证明"这种病态本能无法通过道德或法律来加以矫正，那么就应当采取治疗方案"①——依据是帝国刑法典第 51 条对有精神障碍者可免于处罚承担责任及处罚的规定。另一方面，对许多"经济独立、受过教育，且大多生活在城市中，并游离于传统家庭之外"的同性恋者来说，也迫切需要用"精神障碍"这个理由，减少因自己"不道德和有罪"行为而产生的内疚感。②

从 19 世纪下半叶起，现代精神病学和性心理学逐步奠定其学科基础，正是这两门新兴学科为此提供了出口。奠定病理化同性恋理论基础的是德国/奥地利精神病学家理查德·冯·克拉夫特-埃宾（Richard von Krafft-Ebing）。克拉夫特-埃宾深受德国精神病学中的生物学研究路径及当时盛行一时的"退化"（Degeneration）理论影响③，认为先天同性恋具有稳定的行为取向，并由此形成同性恋者才具有的特殊社会性格；随后他又将后天获得性的同性恋也归为一种病态的神经症，原因是"没有及时介入治疗而导致性格持续彻底改变，从而与天生的同性恋者无异"④。因此，从克拉夫特-埃宾开始，很多医生和精神病学家倾向于认为同性恋是"病"而非"罪"。

在此背景下，进入 20 世纪后，围绕同性恋是否必须入刑的公共讨论呈现出摇摆态势。这一点在两桩家喻户晓的公众事件中表现得尤为突出：1902 年，工业巨子弗里德里希·阿尔弗雷德·克虏伯

---

① Jörg Hutter, § 175 RStGB im Zweiten Deutschen Reich von 1890 – 1919, in Manfred Herzer（Hrsg.），Die Geschichte des § 175-Strafrecht gegen Homosexuelle, S. 62 – 81, 此处是 S. 62。这种被称为"克拉夫特-埃宾疗法"的治疗方案是尝试通过环境影响、诱惑、过度饮食以及手淫的方式矫正先天或后天获得性的同性恋者。

② Harry Oosterhuis, "Sexual Modernity in the Works of Richard von Krafft-Ebing and Albert Moll", Med. Hist.（2012），vol. 56（2），pp. 133 – 155, 此处是 pp. 139 – 140。

③ Harry Oosterhuis, "Sexual Modernity in the Works of Richard von Krafft-Ebing and Albert Moll", Med. Hist.（2012），vol. 56（2），pp. 133 – 155, 此处是 p. 134。

④ Günter Dworek, "Für Freiheit und Recht. Jusitz, Sexualwissenschaft und schwule Emazipation 1871 – 1896", in: Herzer（Hrsg.）Die Geschichte des § 175-Strafrecht gegen Homosexuelle, S. 42 – 61, 此处是 S. 46。

（Friedrich Alfred Krupp）因天主教和社会民主党报大肆披露他的同性恋取向而选择在意大利的家宅中结束生命。① 克虏伯自杀事件一度引发公众对于同性恋宽容和对"第175条"是否合理的讨论。但五年之后，同样被报纸媒体大肆报道并最终引发诉讼的菲利普·楚·奥伦堡（Phillipp zu Eulenburg）同性恋疑云却朝着截然不同的方向发展：因奥伦堡本人为德皇威廉二世密友，他的性取向不仅引发政治丑闻，而且激起更激烈地反同性恋浪潮。② 这股舆论浪潮最终导致帝国司法部在1909年修订刑法时明确规定要严打一切同性行为——包括此前长期被忽视的女同性恋者，"决定男性之间反自然淫乱行为的那些理由，同样也适用于处罚女性之间的反自然淫乱行为"③。

二 魏玛时期"第175条"修订争议

"一战"的爆发最终阻止了包含修改同性恋条款的1909年刑法修正案出台，这使得围绕同性恋是否入刑的争议依然贯穿整个魏玛共和国的刑法修正案讨论之中。

帝国时代要求废除同性恋入刑的改革呼声率先得到回应。1921年10月，致力于减少死刑和徒刑对罪犯的影响，强调帮助犯人重返社会的法学家、社民党人古斯塔夫·拉德布鲁赫出任中央司法部部长。他于1922年负责起草《德意志通用刑法典草案》（*Entwurf eines Allgemeinen Deutschen Strafgesetzbuchs*，ADStGB，也称"1922年草案"）。在这部草案中，拉德布鲁赫明确废除同性恋普遍入刑原则

---

① Jörg Hutter, " § 175 RStGB im Zweiten Deutschen Reich von 1890 – 1919", in ders（Hrsg）, *Die Geschichte des § 175-Strafrecht gegen Homosexuelle*, S. 62 – 81，此处是 S. 73。

② 从1906年11月起，柏林的出版人马克西米利安·哈登（Maximilian Harden）多次撰文揭露奥伦堡为同性恋者，由于其指控对象为威廉二世身边宫廷秘密小团体的实际领导者，政治地位超然，此事一经披露便在公众中掀起轩然大波。这一事件随后进一步发酵，于1907—1908年引发多场宫廷及政府与传播消息的报刊及哈登的诉讼案。奥伦堡本人虽未发起诉讼，但这些案件均直接或间接与其性取向有关，加之他所领导的秘密团体被曝光，引发公众对小团体操弄最高政治权力的极度不满，继而对男性的同性"友谊"提出质疑。围绕奥伦堡性取向的审判最终于1909年被宣告永久中止，但其政治生涯也同时宣告终结。

③ Jörg Hutter, " § 175 RStGB im Zweiten Deutschen Reich von 1890 – 1919", S. 70, 73.

（即"第175条"），取而代之以"特殊案件"入刑——成年男性诱骗男性青少年与之发生关系，或男男之间存在卖淫行为时才触犯刑法；且前者情节严重的话可判处最高不超过五年监禁（Gefängnis）。[1] 然而，这部草案最终因为政府更替及恶性通胀危机的爆发而遭到搁置，直到1924年11月才在"维持基本原则不变，仅修改个别内容"再提交威廉·马克思内阁及参议院审议。[2] 但此时形势已经发生改变，不仅草案负责人变更为人民党籍的中央司法部部长奥斯卡·赫尔格特（Oskar Hergt），社会形势也发生了重大变化：就在1924年上半年，爆出弗里茨·哈曼（Fritz Haarmann）连环杀人案。此人于1923—1924年诱奸、胁迫并残忍杀害二十余名10—22岁青少年男性，震惊整个德国。正是在连环杀手的阴影下，法学界对完全废除"第175条"或将产生的后果表示忧虑，继而转向要求严格惩治同性恋者。最终，在这部由赫尔格特负责起草的刑法草案中，第276条重拾"第175条"针对同性恋者的普遍惩治，但它也保留了拉德布鲁赫版本中对"特殊案件"的规定，即不仅规定与男性青少年发生关系者最低刑期不得少于6个月，且从事职业卖淫的同性恋罪犯则将被判五年以内监禁（Zuchthaus）。[3] 这部刑法草案因此被称为"1925年官方草案"。

　　然而，草案在1926年1月提交参议院一读，立即引发各州代表的不同意见。例如巴伐利亚代表传统势力的观点，认为对"反自然淫乱行为"惩罚应当扩大到女性；图林根对此表示赞同。而汉堡和萨克森—安哈特的代表则支持此前拉德布鲁赫的意见，他认为应取消同性恋普遍入刑。[4] 且汉堡代表的态度颇为坚决，其在该草案申请

---

[1] Bodo Mende, "Die antihomosexuelle Gesetzgebung in der Weimarer Republik", in Ebenda., S. 82 - 102, S, 85f.

[2] Bodo Mende, "Die antihomosexuelle Gesetzgebung in der Weimarer Republik", in Ebenda., S. 88.

[3] Bodo Mende, "Die antihomosexuelle Gesetzgebung in der Weimarer Republik", in Ebenda., S. 88.

[4] Bodo Mende, "Die antihomosexuelle Gesetzgebung in der Weimarer Republik", in Ebenda., S. 94.

参议院二读时仍坚持取消普遍入刑的要求（但仍遭拒绝）。而在此基础上于1927年交国会审议的版本更进一步将同性恋入刑区分为对"单纯同性恋"（第296条）和对涉及通过人身威胁或从事职业卖淫的所谓"特别案件"的同性恋犯罪（第297条）的刑事处罚。[①]

围绕同性恋是否普遍入刑的争议事实上是帝国时代同性恋去罪化的刑法改革要求延续，而各州对此的不同态度，甚至可以追溯到帝国建立之前各邦司法实践中对同性恋惩戒的松紧不一。但从帝国时代"第175条"到1927年草案第296、297条的设计，转变本身意味着魏玛官方反同性恋的立法程度正在加深，也更具针对性。这种转变当然不会是因极端事件而发生，而是官方对这一时期相当突出的社会现实的直接反映。

奥地利作家斯蒂芬·茨威格（Stefan Zweig）曾在回忆录《昨日的世界》（*Die Welt von Gestern*）中这样描述20世纪20年代的柏林街景[②]：

> 身穿做作的紧身衣，浓妆艳抹的年轻人沿着选帝侯大街漫步，他们中不光有职业老手；每个高中生都想挣点钱花花。而在昏暗的酒吧里，人们可以看到政府官员和高级财务人员正在毫不羞耻地向醉酒的水手献媚。

而在这股性自由风尚背后掩藏的更糟糕的问题是如历史学家波伊克特所说："在法律保持不变的情况下，同性恋在魏玛共和国时期得到广泛公开，而随着犯罪率的提高，未成年人也加入到这一行列中。"[③] 1919—1938年，柏林夏洛滕堡地方法院处理的1217件涉及13周岁以上青少年救济教养的案件中，虽然仅有34起案件确认涉及男性青少年通过与同性发生性关系赚取金钱，但这批卷宗出现了大

---

① Bodo Mende, "Die antihomosexuelle Gesetzgebung in der Weimarer Republik", in Ebenda., S. 94.
② 转引自 Yvonne Schymura, "Hexensabbat für Schwule und Lesben", in *Zeit*, 03.08.2013。
③ Detlev J. K. Peukert, *Grenzen der Sozialdisziplinierung*, S. 208.

量对"四处游荡"青少年的处置意见。在魏玛时期,"四处游荡"是被视为男性青少年"不良倾向"的突出表现之一,但更耐人寻味的是这些青少年出没的具体地点:蒂尔加滕、波茨坦广场或普鲁士公园——这些地方恰恰是当时柏林男性卖淫活动发生的"重灾区"。[1]

同样男风盛行的还有被认为是现代交通枢纽的火车站。1920年,汉堡市青少年局一份工作报告显示,青少年局的工作人员出于救助弱势青少年,监控堕落分子,往往需要在火车站各处严密巡逻,并要与铁路管理部门、警方保持密切联系,例如"与厕所管理员取得联系,如果有同性恋者疑似找青少年麻烦就立即告知"。[2] 因此,从事福利救济理论研究的学者汉斯·穆泽尔(Hans Muser,他曾供职汉堡青少年局)30 年代初在基于统计数据对同性恋与青少年救济的研究中认为,德国大城市青少年局 95% 的男性"客户"(当时由青少年局照管监护的青少年被称为"客户")至少有过一次卖淫经历。除此之外,魏玛时期的公众舆论往往还将同性恋与"敲诈勒索"[3] 的罪行联系在一起,例如 1926—1927 年柏林陪审法庭一件涉及以不正当关系敲诈勒索并致人自杀身亡[4]的卷宗中就提到,

---

① Matin Lücke, *Männlichkeit in Unordnung*, S. 168.

② Tätigkeitsbericht des Jugendpflegers Karl Otto vom 12. 07. bis zum 31. 07. 20 (SAH Jugendbehörde I 354 – 5 – I 65 Tätigkeitsberichte der Jugendpfleger, Blatt 14 – 15),转引自:Martin Lücke, *Männlichkeit in Unordnung*, S. 198。

③ 早在 1909 年帝国司法部有关德国刑法典修订案的初步构想中,就已经专门提到男性卖淫者是"一种以特殊方式体现'反自然淫乱'社会危害性的最可疑对象";"这种类似妓女所从事的,但更无耻的交易,通常还会不断出现敲诈勒索",整个群体"比妓女危险得多并且包含严重犯罪因子"。Reichsjustizamt (Hrsg.), *Vorentwurf zu einem Deutschen Strafgesetzbuch. Bearbeitet von der hierzu bestellten Sachverständigen-Kommission*, Berlin 1909, Anm. 50, S. 692,转引自 Martin Lücke, "Hierarchien der Unzucht. Regime männlicher und weiblicher Prostitution in Kaiserreich und Weimarer Republik", in *L'Homme. Europäische Zeitschrift für Feministische Geschichtswissenschaft*, H. 1, Jg. 21, 2010, S. 49–64,此处是 S. 55。

④ 1926 年 10 月,奥地利籍男子阿洛伊斯·戴蒙(Alois Dämon)因涉嫌敲诈勒索邮递员奥托·策恩(Otto Zöhn)并致后者自杀身亡而遭警方逮捕。法庭审判书显示,两人结识于 1926 年 3—4 月,至策恩自杀时戴蒙已通过敲诈和威胁等方式从死者处取得 400—500 马克,而死者每月收入 100 马克,终因无法负担戴蒙长期敲诈勒索选择自杀身亡。参见 LAB A Rep. 358 – 01 Nr. 1012 MF Nr. A 718 (1926 – 1928), S. 3, Beschlussbegründung des Schöffengerichtsverfahrens vom 22. 12. 1926,转引自:Martin Lücke, *Männlichkeit in Unordnung*, S. 143f。需要补充的是,戴蒙因此案遭警方逮捕时年方 20 岁,而他最初因从事卖淫活动进入德国警方视野时刚满 18 岁。

被告"从 1924 年起就以'危害大众的男妓及勒索者'被警方登记在册"。正是因为担心同性恋会如同流行病一般蔓延并导致男性普遍道德沦丧与社会的瓦解,就要求官方率先通过立法为开展严格打击男性同性恋(尤其是同性卖淫活动)的"社会预防性斗争"奠定基础。

尽管直到 1930 年 3 月 27 日最后一届大联盟政府终结,德国刑法委员会都未能出台一部新的刑法,因此也未能形成对第 175 条的实质性修订,但从 1925 年和 1927 年的刑法草案中实际上已明确说明了德国在惩戒同性恋问题上的政策收紧。

三 魏玛时期的同性恋"矫正"实践

汉堡大学民族经济学教授瓦尔德马·齐默尔曼(Waldemar Zimmermann)在穆泽尔博士学位论文的评审意见中这样写道:"同性恋对于那些男性青少年,特别是那些青年工人,或毋宁说是失业青少年的威胁极度扩张。"[①] 由于男性青少年同性恋者也属于需要感化教养的"行为存在偏差群体",因此主要依据《国家青少年福利法》相关规定,由地方法院、监护人法庭、青少年局以及警方等政府机关对其采取相应措施。例如青少年局将会同警方在特定地区(如火车站)采取联合行动,排查可疑青少年,并对他们采取相应的保护性监管措施。而监护人法庭甚至州立法院则负责受理青少年局提出的相应教养申请,经法庭审理后这些犯有通奸罪的青少年会被送往救济机构接受教养改造。从这一意义上而言,涉及青少年同性恋行为的处理,尽管法院仍会对"犯罪"事实进行认定,但官方的基本出发点与针对其他青少年行为偏差的矫正措施并无太大差别。

但就整个群体而言,对同性恋者的控制除类似"教化"青少年或约束吉卜赛人那样的司法或行政强制措施外,自帝国时代以来还

---

① Hans Muser, *Homosexualität und Jugendfürsorge*,德国汉堡大学 1933 年博士学位论文,转引自 Matin Lücke, *Männlichkeit in Unordnung*, S. 157。

明确存在一条病理化同性恋的发展脉络。正如前文已经提到的，克拉夫特-埃宾提出病理化同性恋的初衷是为了倡导对同性恋者去刑事化，然而最初他在将同性恋归为一类神经症的同时，也强调包括同性恋在内的各种变异是一种"神经性精神变态的部分表现，大多具有遗传性，意味着一种功能性退化"[1]。因此，同性恋就不仅是一种病症，而且还是个体"退化"的标志。而在具体实践中，尽管法院会对此类经证明出现严重"退化现象"的人采取宽大处理；但与此同时，一旦被确定为"罹患精神障碍"的同性恋者就会被送往封闭式的疯人院。这样一来，被标记为"退化"或"变态"的个体，或许可以逃脱道德和法律的审判，却也因此成为医学控制与约束的牺牲品；而这种牺牲的背后还有着更为严重的后果，即成为"正常人"的对立面。

另外，19世纪末以来的同性恋去罪化的支持者及性学家虽然竭力反对根据性取向来加以定罪，却也坚持"引入性教育和道德观念以预防性放纵"[2]。这种试图在同性恋群体中建立类似异性恋道德观的做法，也让男性卖淫者在同性恋圈子中都属于"下等人"。而这些人在整个社会中的形象更为不堪，除被认为是破坏道德与家庭的"勒索者"，另一种刻板印象也随之形成：男子气概的丧失。例如，最早倡议同性恋去刑化的法学家卡尔·海因里希·乌尔里希斯（Karl Heinrich Ulrichs）就将卖淫者与"正派的同性恋者"区分开来，称他们"特别女性化"；而克拉夫特-埃宾则将男性卖淫者"视为身体上肉眼可见、具有退化的女性化特质的男性象征"[3]。

表面看来，由于战争导致的社会巨大变革使魏玛共和国的大城市（特别如柏林）在两性关系上的风气极为开放，甚至有人认为，

---

[1] R. v. Krafft-Ebing, "Über gewisse Anomalien des Geschlechtstriebes und die klinisch-forensische Verwerthung derselben als eines wahrscheinlich functionellen Degenerationszeichens des centralen Nerven-Systems", *Archiv für Psychiatrie und Nervenkrankheiten*, 7. 1877, S. 291–312.

[2] Harry Oosterhuis, "Sexual Modernity in the Works of Richard von Krafft-Ebing and Albert Moll", p. 137.

[3] Lücke, *Männlichkeit in Unordnung*, S. 110.

同性恋是"体现20世纪20年代审美变化与道德变革的类型之一"①。那么当1933年纳粹上台后,为何宽容的社会氛围却急转直下,特别是为了服务第三帝国的人口政策,地方政府纷纷采取逮捕、登记、刑事迫害和隔离同性恋者——因为这些人"应当被'改造'和'治疗'或在不成功的情况下被消灭"②。诸如"改造"和"治疗"字样的出现,显然并非全社会突然转向纳粹意识形态后才横空出世。恰恰相反,从魏玛共和国围绕刑法中同性恋法条的修订讨论,对涉及同性恋青少年(包括卖淫者)的处理(甚至还包括19世纪晚期以来同性恋病理化的演变过程),均表明对于同性恋者的人身控制不仅没有放松,反而在无形中慢慢收紧。实际上,魏玛时期的有关同性恋处置措施的具体司法讨论看似无果,但最终都体现在1935年出台的刑法典对第175条所做的修改和补充中。新"第175条"明确规定:(1)男性同性恋者将被判处监禁(Gefängnis);(2)只有在当事人犯案时未满21周岁且情节特别轻微才不予处罚③;并在补充条款175a条中就同性通奸重罪量刑做出具体说明。④

小　结

在德国的社会治理传统中,始终贯彻着这样一种观念:在关怀"大众福祉"的同时往往要求采取一定的强制手段,即在"教导不守规矩或冥顽不化的'对象'时,除了需要实质性的引导和榜样,

---

① Yvonne Schymura, "Hexensabbat für Schwule und Lesben".
② Günter Grau, Verfolgung und Vernichtung 1933 – 1945. Der § 175 als Instrument faschistische Bevölkerungspolitik, in: der (Hrsg.), *Die Geschichte des § 175-Strafrecht gegen Homosexuelle*, S. 105 – 117, 此处是 S. 106。
③ Art. 6, Gesetz zur Änderung des Strafgesetzbuchs vom 28. Juni 1935, *RGBl*. I S. 839.
④ Art. 6, Gesetz zur Änderung des Strafgesetzbuchs vom 28. Juni 1935, *RGBl*. I S. 839. 175a条规定最高可判处十年有期徒刑,情节较轻者也不得少于三个月。包括威胁伤害生命或身体,利用工作或上下级关系胁迫,诱导未成年人,以及出于商业目的纵容他人同性通奸,都据此量刑。

也需要警告与惩罚"①。魏玛共和国以"教化"青少年,"打击"吉卜赛人以及"矫正"男同性恋者为代表的特殊群体矫正措施,毫无疑问就属于此类强制手段。虽然这些政策的缘起均可追溯至德意志帝国,甚至更早,但在"福利国家"原则影响下,共和国时期围绕这些前承帝国的政策所出现的讨论、变动,甚至是矛盾,对政策本身的后续演变起到不可小觑的作用。

"一战"结束后,随着社会福利政策范围的拓展,国家对于社会生活的干预与控制日益深入,不仅已深度介入属于私人领域的家庭,甚至还介入了德国人的身体领域。也正是由于国家以关怀"大众福祉"的理由对私人领域的进犯过深,导致很大一部分本章涉及的矫正对象在纳粹统治时期被顺理成章地贴上"反社会"或"种族价值低下"的标签,更因被当成"共同体敌人"②或种族"累赘"(*Ballastexistenzen*)而遭到残酷迫害,很多人为此付出生命的代价。这一从控制到迫害的转变,当然可以简单归因于纳粹的种族意识形态——人们也确实将第三帝国对吉卜赛人的迫害等同于犹太种族灭绝。但如果从社会治理的角度出发,则不难发现,纳粹政权在社会领域通过制度化控制以排除"异己"的理论与实践,首先是魏玛共和国期待达成积极目的干预家庭及个人等政策的直接延续和扩展,而并不局限于单纯的种族意识形态。以《国家青少年福利法》中的"儿童抚育权"规定为例,该权利强调"国家代表儿童享有对其教养过程实施监督并对可能出现的偏差进行纠正的权利"③,虽确有降低青少年犯罪率的意图,但归根结底它所遵循的基本指导思想是要

---

① David Crew, "'Eine Elternschaft zu Dritt', -Staatliche Eltern? Jugendwohlfahrt und Kontrolle der Familie in der Weimarer Republik 1919 – 1933".

② 有关强制教养与"共同体敌人"关系的讨论可参见 Wolfgang Benz, Barbara Distel (Hrsg.), "*Gemeinschaftsfremde*". *Zwangserziehung im Nationalismus*, *in der Bundesrepublik und der DDR*, Dachau: Metropol-Verlag 2016; 尤其是 Wolfgang Benz, "Deutsche Gesellschaften und ihre Außenseiter. Kontinuitäten im Umgang mit 'Gemeinschaftsfremden'", S. 9 – 30。

③ Detlev J. K. Peukert, Richard Münchmeier, "Historische Entwicklungsstrukturen und Grundproblem der Deutschen Jugendhilfe", S. 9.

为社会提供"有用之人"。①

同样的意识也贯穿于对所谓"打击吉卜赛混乱"的预防措施之中。"打击吉卜赛人混乱"固然包含了流动人口管理机制中常见的维护地区治安稳定甚至疾病防控的正当动机，但按照1925年6月卡尔斯鲁厄警察大会的意见，吉卜赛人及其他流浪者的最大问题在于他们好逸恶劳、四处流浪的生活方式。这种生活方式"不仅仅威胁着有秩序人口和平与安宁，而且如果不采取严密的安全警察监督，他们还将在短时间内在自己狂野且令人沮丧的生活方式基础上达到纯种吉卜赛人的文化水平"②。而且在警方看来，今天所谓"吉卜赛人"，其实"大多数就出自本民族的各个阶层"，虽然这一判断已脱离对特定种族的歧视。显然"吉卜赛人"更多是被符号化为一种及时行乐与好逸恶劳的生活态度，他们的生活方式不仅不能给社会创造任何经济价值，还会破坏既有的稳定秩序，因此"吉卜赛人"同样是"无用的人"！

在同性恋问题上，马丁·吕克的研究指出，纳粹分子对于卖淫问题的理论"创新"在于将严厉处置卖淫与同性恋活动纳入他们对"民族共同体"的建构当中。③ 正是伴随着这套话语逻辑的成立，纳粹分子从1933年2—3月起开始针对大城市同性恋者采取大规模逮捕与恐怖行动，并最终于1935年颁布此前一直难产的新"第175条"。然而吕克同时也承认，纳粹分子围绕对于包括男妓在内的卖淫问题处理的讨论其实并无创新之处。个中原因在于：一方面，病理化同性恋的观念已深入人心：相对于"正常人"，同性恋者是"不正常的"，因此同性恋者是"退化的"。尽管这一观点的始作俑者克

---

① Detlev J. K. Peukert, Richard Münchmeier, "Historische Entwicklungsstrukturen und Grundproblem der Deutschen Jugendhilfe", S. 10.
② Rainer Hehemann, Die "Bekämpfung des Zigeunerunwesens" im Wilhelminischen Deutschland und in der Weimarer Republik 1871–1933, S. 242.
③ Rainer Hehemann, Die "Bekämpfung des Zigeunerunwesens" im Wilhelminischen Deutschland und in der Weimarer Republik 1871–1933, S. 242.

拉夫特-埃宾本人在去世前不久已完全抛弃这一观点①，但这种针对特定群体的刻板印象却在公众的头脑中被不断固化。另一方面，在这个被外界视为"不正常群体"内部也存在等级制，其中处于鄙视链最底层的男性卖淫者，更被视做"破坏市民社会存在两大基础的家庭与财产"②的反面形象而遭到社会严重唾弃和严格约束。因此，种族主义和与性别、等级相关的社会排斥机制在魏玛时代已经有效联系起来，随后才被贴上"共同体敌人"的标签遭到迫害。

上述逻辑演变的极端产物是1933年7月纳粹政权出台的《遗传健康法》（Erbgesundheitsgesetz）。作为一部杜绝所谓"有害后代"的预防性法案，它支持对一切种族"累赘"采取强制绝育措施。从1933年出台法案到纳粹政权覆灭的十余年间，有超过40余万靠救济金过活者、长期失业者、酗酒者、"反社会者"、精神病人、残疾人及其他被认为"价值低下"群体被合理合法地强制执行绝育③——其中还不包括被送进集中营直接被肉体消灭的吉卜赛人与同性恋者。

但与"矫正"手段目标明确形成鲜明对比的则是这些措施在具体执行过程中的逐渐"失序"，这些逐渐失去控制的实践又反过来加剧了公众对于魏玛共和国社会秩序和福利目标的质疑，并最终倒向了另一面。在这方面表现最为明显的便是吉卜赛人政策与青少年政策。

表面来看，纳粹政权迫害吉卜赛人当然可以追溯至16世纪晚期包括吉卜赛人、犹太人以及异教徒在内的少数群体无权享受其他普通德意志"臣民"所享有的自由与权利的规定。数个世纪以来的歧视与偏见不仅孕育出普遍的种族主义意识，也构成了对其采取现代警察技术监控的出发点。然而在后者的具体实践中，从帝国时代开

---

① Harry Oosterhuis, "Sexual Modernity in the Works of Richard von Krafft-Ebing and Albert Moll", p. 137.

② Martin Lücke, "Hierarchien der Unzucht. Regime männlicher und weiblicher Prostitution in Kaiserreich und Weimarer Republik", S. 62.

③ Wolfgang Benz, "Deutsche Gesellschaften und ihre Außenseiter. Kontinuitäten im Umgang mit 'Gemeinschaftsfremden'", S. 11.

始的种种限制至1926年巴伐利亚正式出台有关吉卜赛人登记管理的措施，无论如何采集指纹、照相、发放证件，事实证明都无法真正做到区分并有效监控所谓"麻烦制造者"，也不可能"有计划地展开与那些不明确犯罪的罪犯做斗争"，其最终结果是官方刻意煽动的"吉卜赛人混乱"，不仅未能在魏玛时代得到妥善解决，相反还因管理不善引发吉卜赛人与当地居民的日常生活摩擦而在公众中激发出对吉卜赛人的极大愤怒。这在某种程度上也为日后普通德国民众选择支持或至少默认纳粹采取极端处置手段奠定了群众基础。

而在青少年教养问题上，政策执行的"失序"一方面表现在试图取"玩忽职守"父母职责而代之的公权力与以家庭和父母为代表的私人领域之间的极度紧张，这种紧张不仅是因干涉传统父权而起，甚至还涉及围绕"寄养儿童"而产生的社会问题与经济纠纷，由此青少年矫正政策连带其塑造"正常家庭""抚育人民"目标的合理性就遭到广泛质疑，从而进一步加深了魏玛共和国公众与官方之间的分裂；另一方面，魏玛末年青少年犯罪率上升，不仅让人片面地对青少年救济教养实际效果产生怀疑，更使得此类"不良"青少年一部分继成为"令整个街区感到恐惧"的问题人物之后，成为第三帝国需要被消灭的"反社会分子"中的一员。

结　　语

　　本书既非包罗万象的整体描述，也不是一系列杂乱无章的个案分析之综合。每一个案都代表着魏玛社会政策发展历程的重要面向。它们之间既有联系，亦有区分，但都从一种侧面反映了德国历史上的第一个"民主体制"如何进行危机管控、社会治理及合法性塑造的政治实践。

一

　　本书关注的七大社会政策——雇员保护政策、住房政策、劳动力市场政策、传统社会保险政策、家庭政策、历史政策和特殊群体政策——各自提供了一套解决"社会问题"的方式。

　　雇员保护政策旨在解决劳动过程中的"条件问题"。这些"条件"包括劳动时间、劳动环境、劳动待遇、劳动尊严等方面。在资本主义发展早期，资本家自视为"企业主人"，并不在意这些"条件"，由此对雇员的身心健康漠不关心。伴随马克思主义的兴起，再加上劳动经济学的影响，一方面资本家越来越意识到改善劳动条件，有可能对生产效益构成事半功倍的作用；另一方面雇员们也日益发现自己同样是"企业主人"，有权向企业主及国家诉求各种保障

"条件"。正是在此背景下，限制童工、减少夜晚劳动、制定标准劳动时间等社会政策相继出台。魏玛时期，"8 小时工作制"的出现也是这一解决"条件问题"思路的延续。当然，鉴于当时的实际政治和经济状况，共和国也允许一些特例出现，如在采矿业，当工人运动发展迅猛时支持 7 小时或 6 小时工作制，而当重工业家以"恢复状态"为名要求提高生产效率时又倒向 9 小时甚至 10 小时工作制。总而言之，在**劳动时间**问题上，魏玛政府采取了**标准化与弹性操作的二重模式**。当然，这种二重性最终没有让共和国两面逢源，反而跌入两面夹击的困境。

住房政策旨在解决城市化进程中的"住房问题"。大量农业人口进城，固然是城市住房紧缺的重要源头。但与此同时，人们对"质"的需求也构成了"住房危机"的心理根基，所谓"健康居住"的口号极具吸引力。不仅如此，缺乏政府监管的土地及住房投机导致房租高涨，亦造成住房市场的跌宕起伏。鉴于"住房问题"还与就业稳定性存在紧密关联，魏玛政府史无前例地在控制房租、平抑房价的同时，还积极地投入**社会福利住房建设**中。它试图**把"住"和"建"结合起来，推行具有经济政策色彩的社会政策**。不过，在具体实践中，共和国的联邦体制引发了三级政府在住建投入上的尖锐冲突，所谓"房租税"也未能有效支撑整个住房政策的持续性发展，进而导致社会福利住房建设无果而终。

劳动力市场政策旨在根据市场需求有效调节劳动力的分配，解决岗位不足或过剩的现象。自由主义经济理论认为，市场拥有自主调节的能力，可以自动地进行劳动力优化配置。然而在魏玛时期，人们发现，遭受过战争与革命的国内市场已经失去了上述能力。不仅如此，"失业者"进而构成了整个社会稳定发展的隐形炸弹。为此，共和国不得不出手，推行一种今天称为**消极劳动力市场政策**——**失业保险体制**。这种社会政策的基本理念在于让三级政府和劳资双方未雨绸缪，共同构建一张就业安全网。问题在于，失业保险体制必须依赖于一种长期稳定发展的经济局面，其"消极性"

表现在它不得不受到劳资双方的投保金比例、三级政府的贴补水平等制约，在覆盖人数、支付期限、给付额度上都缺乏积极回旋余地。当 1929 年经济大萧条爆发后，这种社会政策不仅无法应对失业浪潮，反而成为让最后一届民主内阁倒台的直接动因。

传统社会保险政策旨在用"保险"的方式来解决"社会安全"诉求。这是源于德意志帝国的创举。它调动劳资双方及三级政府共同注资，来保障被保险者在疾病、事故、年老和残疾等三种危急情况下的最低生活标准。魏玛德国延续了这种做法，但予以**进一步扩大**，在强制保险人群、投保内容、三级政府补贴等方面有所创新。然而未曾想到的是，正是由于这种扩大趋势，让传统社会保险政策不得不面临**两大社会群体的挑战**：一方面是希望获得特殊待遇的"**新穷人**"。他们认为，魏玛德国的社会政策还不足以让他们获得"社会安全"的保障。另一方面是争取保留自主权的"**医生群体**"。他们抗议共和国的社会政策让他们流失了大量"自由"病患，并不公正地让一部分同行成为"保险医生"，从而剥夺了他们的"安全感"。这两类社会群体是传统社会保险政策扩大后新出现的"社会问题"，而魏玛政府事实上根本无力在短时间内应对如此南辕北辙的、存在明显张力的诉求。

家庭政策旨在鼓励人口增殖、塑造新时代的家庭观。它一方面希望尽快恢复所谓"正常的"人口增长率，以便为德国的复兴奠定基础；另一方面又承载着共和民主的新价值理念，使之作为魏玛精神在"社会细胞"中的延伸，消除父权主义、培育"新女性"、推广优生学。这两方面的使命集中在**"堕胎禁令"的存废争议**中，鲜明地体现出一种内在张力。魏玛政府试图在这种紧张感中谨慎地推动社会进步，即在修改刑法表述、减轻罪责的同时，向民众提供健康咨询与生育控制信息、大规模推广避孕手段、宣传性卫生知识。然而事与愿违，对立阵营的撕裂感不仅没有被抚平，反而在一次次的争议中变得更为尖锐。尤为糟糕的是，这样一种**兼具恢复传统道德、满足现实需求与传播民主观念为一身**的社会政策，最终却导向了臭名昭著的"种族卫生学"与"种族优生学"。

历史政策旨在用各种政策措施来干预、改变或塑造社会公众的历史记忆,从而建构政治合法性。它既表现在处理"过去"的光辉中,**如"国名"问题**;又必须面向"当下"的创制成果,如**"宪法日"问题**;同时也表现在基于"未来"的认识上,如**公共历史文化中的"战败"问题**。总体而言,魏玛政府在这些"社会问题"上进退失据,缺少比较成熟且妥当的处理手段,而是采取了**一种模糊而留恋过去的方式**。正因如此,它在国名中保留了"帝国"(Reich),始终无法确立11月9日作为共和国的诞生之日或8月11日作为纪念《魏玛宪法》颁布的国家庆祝日,又在有关"一战"的公共历史记忆之争中倾向于保守的职业历史学家群体。共和国就是在这一次次的公共历史文化建构的失败中丧失了塑造自身合法性的机会。

特殊群体政策旨在针对那些"非正常"社会群体推行社会化管控。其中,**社会矫正措施**只是一系列管控手段之一。此外,当时还存在过集中营、驱逐等手段。相比之下,**针对问题少年的"教化"、针对吉卜赛人的"约束"、针对同性恋者的"矫正"**还算相对温和。当然,相对于其他社会政策而言,面向特殊群体的社会政策仍然是一种**拥有明显强制色彩的社会治理**方式。它基于当时的社会道德观,反映的是共和国普遍存在的"秩序"意识。尽管从某种程度上看,这些所谓"反社会"的群体,无论是问题少年,还是吉卜赛人或同性恋者,并没有从根本上危害魏玛民主的根基,但为了塑造所谓"正常家庭"或"正常社会",现代政府仍然动用了一系列警察技术,去监控、排挤甚至改造"麻烦制造者",从而进一步加深了公众与官方之间的裂痕,且在实际上也并没有真正消除各社区存在的所谓"恐惧感"。

总而言之,七大社会政策都是面向不同"社会问题"而提出的各种解决手段。它们有的是强制性的,如强制保险、强制矫正;有的具有弹性,如8小时工作制;有的是抽象性的,如历史政策;有的充满矛盾和张力,如家庭政策。它们反映了魏玛政府力图安抚不同社会群体、解决层出不穷的现代问题的努力。

二

尽管七大社会政策各有所长、各有目标、各有兴衰，但它们若归总起来，则不仅为我们呈现了魏玛德国社会政策在整个德国历史上的延续性特征，而且也提供了它作为危机管控、社会治理及合法性塑造的手段之一所留下的一些新意。

魏玛德国的绝大多数社会政策都能够在帝国时期甚至更早时代发现它们的源头。雇员保护政策可追溯到19世纪初普鲁士的童工保护令，传统社会保险立法源于俾斯麦时代，禁止堕胎的法令最早出现在1851年的普鲁士宪法中，针对特殊群体的社会矫正措施同样能在帝国刑法或内政部法令中找到印痕。虽然时人曾感慨，失业保险是整个帝国社会保险大厦上"尚未插上的一翼"[①]，但有关失业保险的讨论却早已出现在19世纪末的社会舆论中。从内容而言，真正具有新意的或许只有历史政策。然而即便如此，共和国的历史政策也无一不透露出对于德意志帝国的深深留念。

与此相关，魏玛德国的大部分社会政策同样在纳粹上台后得以延续。一些社会政策被视做希特勒政权构建"民族共同体"的支柱，如保留几乎所有的社会保险政策，甚至延伸雇员保护政策，大大改善劳动条件，免费提供住宅等。另一些社会政策则不再模棱两可，而且带上了明确的种族主义烙印，如"堕胎禁令"不仅得以延续，而且还增加了惩罚力度（最高处以死刑），但与此同时，纳粹德国却迫使那些"反社会"的特殊群体"绝育"，以保留所谓"种族纯洁"。共和国的历史被一笔勾销，从弗里德里希大王到希特勒的"神系"成为纳粹历史政策的重要根基。从这一点而言，自魏玛到纳粹

---

① A. Faust, "Sfate and Unemployment in Germany", p. 150.

的社会政策历史并没有出现真正的中断。

由此，我们可以看到，魏玛德国的社会政策事实上处于从德意志帝国到纳粹帝国近七十五年漫长历史的中轴线上。它一方面体现了社会政策发展的延续性特征。伴随现代国家的成长，社会问题层出不穷，治理危机接连不断，从而导致社会政策在"量"上的持续增长。这表现为：（1）内容不断扩大，从最初的三大社会保险，到失业保险，再延伸至家庭、住房等领域；（2）花费不断增长，从1885年社会政策开支占国家财政总开支的0.3%，增加到1932年的9.2%[①]，而这一数字还不包括如历史政策中消耗在纪念日筹办等问题上的花费；（3）覆盖群体不断增多，从工人阶级到职员，直至所有公民都被网罗其间；（4）国家的权力不断延伸，从控制企业管理，到市场中的劳动力流动，从住建和租赁两个领域内的调控，到家庭内部的统治结构和生育教育，从管控社会边缘人群到塑造共同体的历史记忆，国家的触手伴随着保险局、调解局、职业介绍中心、教养院、流浪人群登记中心、性咨询机构等公法或私法组织的成立而变得无处不在。最终，不断膨胀的社会政策孕育产生了一个看上去无所不能的国家——而当共和国不再能够满足民众对美好生活的向往时，由各种社会政策搭建起来的"福利国家"（Sozialstaat）便成为"镜中月"，只会被人们所抛弃，进而颠倒成为"国家控制下的社会"（Staatsozial）——这正是俾斯麦时代出现的"国家社会主义"模式，随后在纳粹德国的独裁体制中再次得到反映。

但另一方面，魏玛德国的社会政策也在很多方面展示出时代所赋予的新意和特性。这首先体现在《魏玛宪法》对于社会政策的界定中。尽管帝国末期已经出现了把社会政策视做建构社会权利意识的一些举动，但直到共和国建立后，社会政策在平权、民主等领域中的进步意义才得以彰显。宪法在下列条目中对国家的社会治理责

[①] Manfred G. Schumdt: *Sozialpolitik in Deutschland: Historische Entwicklung und Internationaler Vergleich*, S. 49.

任加以郑重承诺：第 119 条"……产妇得要求保护及扶助之"；第 122 条"应保护青年，使勿受利用及防道德上、精神上及体力上之荒废"；第 155 条"土地之分配及利用，应由联邦监督，以防不当之使用，并加以监督，以期德国人均受保障，并有康健之住宅，及德国家庭尤其生齿繁多之家庭，得有家产住宅及业务之所需规章则时，尤应注意参战人员"；第 157 条"劳力，受国家特别保护。联邦应制定划一之劳工法"；第 159 条"应保护及增进劳工条件及经济条件之结社自由，无论何人及何种职业，均应予以保障"；第 161 条"为保持康健及工作能力，保护产妇及预防因老病衰弱之生活经济不生影响起见，联邦应制定概括之保险制度，且使被保险者与闻其事"；第 162 条"关于工作条件之国际法规，其足使世界全体劳工阶级得最低限度之社会权利者，联邦应赞助之"；第 163 条"德国人民，不妨害其人身自由时，应公共福利之需要，应照精神上、体力上之能力。尽道德上之义务。德国人民应由可能之机会，从事经济劳动，以维持生计。无相当劳动机会时，其必需生活应筹划及之"；第 164 条"农工商之独立中流社会，应由立法行政机关设法发展及保护之，使不负担过重及被吞并"；第 165 条："劳动者及受雇者，得以同等权利会同企业家制定工金劳动条件及生产力上之全部经济发展之规章。双方所组织之团体及其协定，均受认可……劳动会议及经济会议，在该管辖范围内，有监督及管理之权"[①]。简言之，魏玛德国的社会政策不仅仅是国家面向社会问题时的"即兴创作"，它还承担着夯实民主根基、塑造社会权利意识的时代重任。再者，历史政策也体现了魏玛社会政策从具体到抽象的拓展，反映了共和国的部分思想家们已经认识到公共文化建设对于社会稳定的必要性。这是它有别于此前帝国社会政策的重要特征。

其次，尽管七大社会政策都拥有自己的发展脉络，但从整体而言，大致都与魏玛共和国的历史节奏同拍，具有不可复制性。绝大

---

① 戴学正等编：《中外宪法选编》（下），第 204、210—212 页。

多数社会政策都是战争与革命的产物。安抚军人、稳定后方、保证复员、促进转型,这些愿望构成了共和国的第一次社会政策浪潮。在 1918—1922 年的政治空间中,"工人社会"的影子远胜于"回归正常状态"的诉求,倾向于雇员的各种社会政策法令因而得以出台。然而 1923 年鲁尔危机与恶性通货膨胀成为所有社会政策的转折点。社会保险基金因货币贬值而失去效力,从失业救济体制向失业保险体制的转向努力由此暂停。更重要的是,当资方的影响力伴随内阁组成的右转而增强时,一些被视做"不必要"的社会政策遭到了删减。直到 1926—1927 年,德国经济才开始走出阴影,一些新的社会政策,如失业保险,最终得以落地。但好景不长,1929 年世界经济大萧条发生后,社会政策之争导致产生了政治困境。三届"总统内阁"不断借助紧急令,压制与社会政策相关的一切财政开支。实际上,从长远来看,不少社会政策或许并不一定成为共和国的催命符,如增加社会保险内容、保证 8 小时工作制、在堕胎问题上小心谨慎等,但在特定的历史时空中,它或受到时势挤压,或成为时局恶化的催化剂,反而与时代困境紧密结合。无怪乎不少研究者感慨,社会政策的失败,正是魏玛共和国的失败。

再次,与帝国时代不同,魏玛时代的社会政策从单向度的国家政策转变为各种社会势力相互竞争的政治场域。如上文所展现的那样,每一项社会政策都吸引着不同的利益集团逐鹿其间。代表各种职业群体的且拥有各种政治倾向的工会,代表轻重工业、进出口贸易的资本家利益团体的确是社会政策舞台上的常客。但魏玛共和国的民主性体现在它为几乎所有的利益攸关方都提供了施加影响的机会。于是,我们可以听到知识界的声音,看到女权主义者的抗议,发现如"新穷人""医生群体"一类在传统社会政策视阈下通常被忽视的人群之抗议。由此,每一次社会政策的变化(无论革新还是退步),都将面临从学术争议到社会讨论,从内阁对话到联邦议会或国会之论辩,甚或还会借助街头抗议的形式。这一切让魏玛德国的社会政策更具民主色彩,但成为大众话题的恶果却让每一次妥协变得如此艰难，以至于直到今天，研究者依然会把共和国的失败与千分之五的失业保险投保金比例问题挂钩①，仿佛社会政策的僵局直接导致了魏玛共和国的败局。

与之相关，魏玛德国的社会政策最后还拥有着一个特点，即它所招致的敌人远胜于它所取悦的对象。当俾斯麦试图用社会保险来"吸引"工人时，社会民主党保持了高度警惕。但事实证明，工人阶级并不因为参加社会保险而放弃了斗争之心。相反，在各大保险基金中，来自左翼的被保险者代表掌控着越来越大的管理权。这一点使得帝国时代社会政策的发展能够得到更多人的支持。然而到共和国时期，我们却发现，社会政策的覆盖面越大、投入越多、内容越丰富，敌视者却也随之增长。不仅资方不遗余力地攻击"8 小时工作制"，连不少工人阶级也不满意"8 小时"的界限，转而为"7 小时"甚至"6 小时"而抗争。失业者群体在失去共和国庇护后，纷纷流入攻击魏玛民主的激进党派中。得不到特殊对待的"新穷人"与失去独立性的"医生群体"都对社会保险体制的扩大感到不满，前者认为扩大不够，后者却认为过于宽泛。无房者、租客、房东则在不同层面上批评魏玛政府的住房政策。保守派与"新女性"都对"堕胎禁令"的修改结果感到失望。左右两翼同样抵触共和国在历史认识上浅尝辄止的态度。被"规制"的特殊群体当然对共和国充满怨恨，而反感这些群体的右翼们却认为魏玛政府过于软弱、未能斩草除根。这种奇怪的场面似乎再次证明了当时人所评论的那样，魏玛就是一个"没有共和主义者的共和国"②。

---

① ［联邦德国］海因茨·赫内：《德国通向希特勒独裁之路》，第 68 页。
② 1927 年 3 月 12 日，德国期刊 *Simplicissimus* 的封面刊登了一则卡通画，上面分别有 8 个人举着"Republik"这 8 个字母，但这些人都是"非共和主义者"。他们来自教会、军队、贵族、纳粹党等，实际上都是共和国的敌人。漫画下面的文字一针见血："他们举着公司的字母，但谁举着公司的精神呢？"当然，关于这一点，学界也存在争议。在一些研究者看来，共和派的力量并不能小觑，而且中右翼政党在 20 年代中叶进入内阁一事，从另一方面也证明，共和体制的运作至少在一定程度内甚至还获得了反共派的支持。参见 Colin Storer, *A Short History of The Weimar Republic*, pp. 75–80。

三

总而言之，我们认为，魏玛德国的社会政策既具有承上启下的延续性，又拥有着不可复制的时代特点。

事实上，魏玛共和国正处于德国现代化进程中的危机时代。这不仅是由于战败和赔款等一系列突如其来的困境所造成的，而且还反映了德国社会进一步转型所带来的"现代性危机"，如工人社会出现、城市化铺开、女权意识上升、家庭结构变化、劳动模式革新、边缘群体增加、历史记忆的竞争性增强等。究其根本而言，魏玛时代的社会问题便是上述两股潮流纠缠在一起而产生并不断恶化的结果。共和国的社会政策不但没有解决这些社会问题，反而由于时间短促及两大困境而陷入更为糟糕的境地。

第一大困境是社会政策在增加国家权力与保障社会权利之间的张力。19世纪以降，西欧各国启动了"国家/社会"二分讨论及实践。在德意志，"国家"被赋予重要使命。历史学家海因里希·冯·特莱奇克（Heinrich von Treitschke）的名言"国家即是权力"[1]，上承黑格尔的"国家是绝对精神的外化"，通过1870年统一战争的胜利，一直延续到20世纪二三年代的德国。即使当弗里德里希·梅尼克隐约地感受到强权中的"恶魔"时，他也无法在魏玛时期彻底地否定"国家理性"。[2] 这是德国历史的遗产，完全有别于其他西方国家。这种区别表现在，当其他西方国家随着经济发展，被迫采取国家干预主义的方式时，在德国，相同的举措早已开始实施，并得到了德国自由主义者的容忍。在此影响下，德国社会对国家寄予的责任、依赖，乃至迷信，在西方国家中首屈一指。共和国成立后，以

---

[1] 邹永贤等：《现代国家学说》，福建人民出版社1993年版，第72页。
[2] ［德］梅尼克：《德国的浩劫》，何兆武译，生活·读书·新知三联书店2002年版，第10页。

"人民的国家"自居,社会主义者力图推进"有组织的资本主义"(鲁道夫·希法亭语),更进一步使国家角色增强。① 与此相对,共和国为社会诉求营造了民主的公共空间,把社会政策视做保障民权平等的重要手段。问题在于,社会并非一个实体,它包容了众多彼此相对的利益集团。在社会政策事务上,这些力量都有权提出建议乃至施加压力。由此造成的后果是:(1)社会的利益不统一,进步主义者要求建立一个预防性、治疗性的福利体制,社会民主主义者追求福利组织的统一性,宗教势力希望由教会"发现和恢复家庭文化",劳工希望得到国家的保护,企业主则强调"经济理性"②;(2)当它们无法相互协调时,必然回过头去诉诸国家权威,从而促成了极权体制的上台,正如中央党的一位政治家在1930年3月写给妻子的信中所言"人人都感到软弱、无能。我们整个政府机制都显得软弱无能","独裁!让我们自己来掌握命运吧!"③

第二大困境是社会政策在经济政策与政治政策之间的张力。毋庸置疑,在整个魏玛时期,社会政策被视做危机管控、社会治理及合法性塑造的手段,"福利国家"的政治意义获得了前所未有的重视。为此,历届内阁往往是从如何平复社会不满的角度出发,来应对各种"社会问题"。然而事实上,每一次政治决策都离不开经济支持。不断上升的社会开支让始终未能从战争与革命阴影中走出来的共和国捉襟见肘。而问题在于,当福利国家建设成为《魏玛宪法》的郑重承诺后,任何削减举动又会被视做动摇政治根基的反动行为,遭到舆论谴责。如此一来,所有的社会政策演化为一种"福利陷阱",窟窿变得越来越大,其不可承受性日积月累,最终化为乌有,进而影响到共和国的自身安全。

---

① Eve Rosenhaft & W. R. Lee, *State, Social Policy and Social Change in Germany 1880 – 1994*, Berg, Oxford, 1997, p. 2.
② Young-sun Hong, *Welfare, Modernity and the Weimar State, 1919 – 1933*, pp. 44 – 58.
③ [联邦德国]海因茨·赫内:《德国通向希特勒独裁之路》,张翼翼、任军译,商务印书馆1987年版,第23页。

尽管历史已成过去，魏玛不再重生，但魏玛德国的社会政策之兴衰，特别是上述两大困境，为我们揭示了20世纪资本主义国家发展中的问题，并为其他正在现代化的国家提供了值得重视的经验和教训。

对于国家而言，有效把控社会政策的范围和规模，正确认识社会政策的效用与限度，则是实现进退有度的重要前提。在关注社会变动、干预社会关系、解决社会问题的一系列行动中，国家不可避免地把越来越多的社会事务揽入怀中。国家的责任由此呈现绝对向上的趋势。但是，一方面，任何政府都应该仔细评估这些责任与自身能力之间的关联度，特别是必须审视这些社会政策的经济压力，才能更为稳妥地、长期性地解决社会问题；另一方面，"授人以鱼不如授人以渔"，任何一种社会政策绝不能变成国家大包大揽，更不能由此促生官僚化管理阶层，以增强国家权威。事实上，社会政策的基本目标仍应只是保障基本权利和基本公正，最终促成社会各阶层的正常活力。

对于社会而言，确保社会权利良性扩张的前提是社会的责任意识，即如何在利益争执中学会妥协、承担责任。在魏玛共和国时期，社会的责任感从未形成，激进主义浪潮又此起彼伏，碎裂化的社会利益最终导致人们对民主制度的厌恶乃至抛弃。从这一角度来看，魏玛德国试图以保障社会权利来实现"国家与社会的分离"，在缺乏民主教育的社会中，正是一次超前的尝试。事实上，在现代性的不断推进中，魏玛困境始终如"达摩克利斯之剑"悬挂在每一个社会头上。每一个社会利益群体都应不断地接受民主启蒙，学会民主的论辩方式，理解并尝试接受不同利益攸关方的权利诉求，为每一次社会政策的扩张、缩小或革新提供建设性的建议而非破坏性的影响。

唯有如此，我们或许能够在新时代的建设浪潮中，"打造共建共治共享的社会治理格局"。

附　　录

1. 1918 年 11 月 12 日人民全权代表委员会致德意志人民呼吁书

致德意志人民！

从革命中产生的政府，其政治领导层是纯粹社会主义的。该政府确立的使命是去实现社会主义方案。现在，它宣布以下具有法律效应的内容：

（1）取消戒严。

（2）结社权、集会权不再受到限制，公务员与国家工人也有权［结社、集会］。

（3）不再进行出版审查。取消戏院审查。

（4）口头与书面表达意见是自由的。

（5）保障宗教信仰自由。不能强迫任何人参加宗教活动。

（6）赦免所有政治罪犯。凡涉及政治罪的任何罪行都取消。

（7）仆役章程无效，针对农业工人的例外法也是如此。

（8）战争爆发时被取消的工人保护条例再次生效。

进一步的社会政策条令将很快公布。最迟在 1919 年 1 月 1 日，8 小时最高工作时间将得到确立。政府将竭尽全力来保证更多的劳动机会。有关失业者救济的条令将完成。它将由国家、各州和城镇政府分担。

在疾病保险领域内，至今为止强制保险的收入限额 2500 马克将得到提升。

住房危机将通过住房提供的方式予以解决。

确保向人民提供有规划的食品供应。

政府将确保有序生产、保障私人财产不受侵犯,保障个人自由与安全。

所有公法机构的选举,都将按照公平、秘密、直接与普遍选举的方式,在比例代表制的基础上,向所有20岁以上的男性和女性开放。

同样,这一选举方式也适用于立宪大会。随后将出台进一步的规范条例。

艾伯特、哈阿泽、谢德曼、兰茨贝格、迪特曼、巴尔特

资料来源:"Aufruf des Rats der Volksbeauftragten an das deutsche Volk vom 12. 11. 1918", in: Gerhard A. Ritter und Susanne Miller, *Die Deutsche Revolution 1918 – 1919: Dokumente*, Hamburg: Fischer, 1975, S. 103 – 104.

2. 1918年11月23日复员部关于规范工商业工人劳动时间的法令(节选)

第1条 本法令针对所有工商企业内的工商业工人,包括矿场、国营企业、州营企业、城镇所属企业——即便这些企业并非以营利为目的——也包括在农业相关企业中进行的工商业劳动者。

包括休息时间在内,一般每日劳动时间不能超过8小时。假如通过协商而背离上述规定,仅在周日及休假日前夜缩短劳动时间,那么这些天在劳动时间上的损失,则将在其他工作日上予以分摊弥补。

第3条 那些在交通业(包括铁路管理、邮政管理和电报管理)中受到时间条件限制的就业者,一般处于上述条款的规范之外。他们立即由企业领导层与雇员联合会之间的协商决定。假如协商无法在两周内完成,那么则交由其他法令来规范。

资料来源:"Anordnung des Demobilmachungsamtes über die Regelung der Arbeitszeit gewerblicher Arbeiter vom 23. 11. 1918〔Auszug〕", in: Gerhard A. Ritter und Susanne Miller, *Die Deutsche Revolution 1918 – 1919: Dokumente*, Hamburg: Fischer, 1975, S. 248.

3. 1923 年 10 月 13 日《授权法》

第 1 条　中央政府得到授权,在其认为处于紧急状态下的财政、经济和社会领域中采取措施。为此,可以偏离国家宪法所规定的基本权利。

此次授权不涉及规范劳动时间、缩减养老金、救济社会保险体制下的被保险者和养老金领取者,而且也不涉及领取失业保险的小养老金领取者。

即将颁布的法令必须得到国会与参议院的迅速通过。这些法令将在国会的要求下被立即废止。

第 2 条　本法自公布日起生效。当本中央政府换届,或其政党政治组成发生变化,或最迟到 1924 年 3 月 31 日,本法失效。

资料来源:"Ermächtigungsgesetz vom 13. October 1923", in: Wolfgang Ruge und Wolfgang Schumann, *Dokumente zur deutschen Geschichte 1919 – 1923*, Berlin: VEB Deutsche Verlag der Wissenschaften, 1975, S. 82.

4. 1923 年 12 月 21 日《劳动时间令》

根据 1923 年 12 月 8 日的授权法案(国家立法通告,第 1 部分,第 1179 页),中央政府与参议院和 15 人组成的国会委员会进行了磋商,决定颁布以下最终规定:

第 1 条　对于 12 月 17—23 日有关国家立法通告的第 1334 和 1436 页中规定工商业工人劳动时间的命令,还有 1919 年 3 月以来的经济复员期间内关于职员劳动时间的规定的法令(国家立法通告,第 315 页),二者的法律效力将获得如下更改和补充。尤其是 1918 年 11 月 23 日所颁布命令的第 1 条和 1919 年 3 月 18 日所颁布法令的第 11 条提到的,雇员正常的工作日劳动时间(休息时间除外)不得超过 8 小时。但是，在与法定企业代表会协商之后，职工可在本周或下周的其余工作日时间内，通过加班来补偿企业或企业部门在个别工作日内发生的工时损失。

第 2 条　对于那些持有强烈劳动意愿的行业部门或职工群体而言，可以通过工资合同来达成脱离第 1 条第 2、3 句话的规定。如果没有这种工资合同，或是不允许这种工资合同的劳动关系存在，涉及的劳资利益团体也可以通过中央劳动部部长来进行协商。

第 3 条　在不损害第 10 条之例外的情况下，在与法定企业代表会协商之后，企业或企业部门的职员可以不顾第 1 条第 2、3 句话对最高工时的规定，在由雇主每年选择的 30 个岗位上工作，加班时间最多为两小时。

第 4 条　在与法定企业代表会协商后，女工和童工的劳动时间不得超过整个企业所允许的劳动时间 1 小时，在下列情况下，16 岁以上的男性职工每天劳动时间不得超过整个机构所允许的劳动时间 2 小时。

（1）为某一企业或其他企业的长远发展所依赖之设施的看管、清洁和维护工作；

（2）为整个企业的恢复或保持所需要的工作；

（3）港口船舶或火车车厢的装卸工作，还有火车车厢的调动工作，前提是这类工作的加班劳动对于避免交通停滞阻塞，或是对于顺利装卸是必要的；

（4）对上述三条所规定的工作进行监督的工作。

第 5 条　如果通过工资合同，劳动时间越过了第 1 条第 2、3 句话所规定的界限，则对此工资合同有义务的从业职工，他们的决定可以取代第 1 条的规定。

一个公开的工资合同，即便它不对所有人都负有义务，如果它含有劳动时间的规定，而这一劳动时间与职工尤其是女工、童工的利益诉求不相符合，州最高机构可以拒绝批准这些规定；如果这些规定没有按期更改，州最高机构可以［强制］使该规定符合法律准许的劳动时间。这一条也符合上述第 2 条提到的工作合同。

在一份工资合同中，若对特殊岗位的劳动时间存在更为详细的特殊规定，如果在州最高机构确定的合理期限内［对此］未达成协议或决定，州最高机构可以先对劳动时间的合法长度进行［临时］规定，这一规定在［上述］协议或决定达成前一直有效。

在第 2 段和第 3 段所提及的情况下，如果某一劳动合同适用于许多州，则中央劳动部部长取代这些州最高机构的职能。

除工资合同外，第 3 条、第 4 条和第 10 条的例外情况也适用。

第 6 条　如果工资合同没有规定劳动时间，则在某一企业或企业部门负责人的要求之下，在与法定企业代表会协商之后，可以通过负责的企业或矿山监督员，撤销与第 1 条第 2、3 句话不相符合的劳动时间规定，前提是这些规定有着企业的技术原因，尤其是自然灾害、事故或其他不可避免的原因，或者是有着普遍的经济原因作为背景。在与雇主和职员［共同］参与的经济协会协商之后，其他针对整个部门或职业的监督员可以获得和州最高机构相同的权力，在涉及多个州的情况下，则获得中央劳动部部长的权力。

除非是由国家或州最高机构裁定，否则对企业最终决定的投诉都是被允许的。……

如果之后达成了工资合同的规定，则这一规定将取代政府［临时］规定。

第 7 条　在工资协议（第 5 条）或官方批准（第 6 条）的基础上，针对生命或健康面临特殊风险的工业部门或工人群体，特别是对于在高温、有毒物质、粉尘或爆炸危险中工作的地下矿工，只有在出于公共政策原因需要超限，或是经过多年实践证明安全的情况下，才允许超过第 1 条第 2、3 句话所规定的时限，且超过时长不得大于半个小时。

中央劳动部部长将会规定，这种限制将会运用于哪些工业部门或工人群体。

第 8 条　在地下矿场中，工资合同可以酌情缩短气温大于 28 摄氏度的情况下的劳动时间。如果此类协议未能实现，矿业主管部门应在与相关经济协会讨论后，命令雇主和工人减少劳动时间。

在煤炭开采行业中，日常劳动时间就是劳动时间。它从［矿工］顺着绳索爬进矿井开始计算，直到矿工到达出口处再重新开始计算；或是从某个矿工进入矿洞开始计算，直到他重新出来为止。

第 9 条　即使应用第 3 条至第 7 条中所规定的例外情况，劳动时间也不得超过每天 10 小时。

第 7 条所规定的时限绝对不允许被逾越，除非是出于公共利益的原因。

其他有关解雇职工，尤其是解雇女工和童工的法令，则不受影响。

女工应怀孕和哺乳期间的要求，应尽可能避免工作时长超过第 1 条第 2 句的规定时限。

第 10 条　本法令对劳动时间的限制不适用于防止原材料变质或劳动商品失效等紧急的情况。

第 11 条　如果有人不遵守这项法令，或者是第 1 条中提到的法条，或者是根据本法令而发布的规定，将被处以罚款。

任何因第 1 段规定的行为而受到罚款后，再次蓄意违反的人，将被处以罚款和最高六个月的监禁。

如果加班是由特殊情况引起，并且不是持续性的，并且如果这种加班不会给职工造成困境或迷惑，也不会带来伤残危险，则雇主接受自愿加班之举不受惩罚。

第 12 条　工资合同与劳动合同中涉及本法令效力的及低于本法令所允许劳动时间的规定，将在 30 天内作废。

如果在这种合同中，工资是以时间工资衡量的，那么这些［时间工资］规定也应废止。

只要不超过第 3 条和第 9 条所允许的最高时限，则 1923 年 11 月 18 日至本条例生效期间订立的劳动合同不受影响。

第 13 条　对于国家和各州的企业和管理机构（包括国家银行）

以及地方和地方协会的管理机构而言，这些企业和管理机构的服务部门也有权行使本法令赋予中央劳动部部长或其他部门的权力。如此会让上述企业和管理机构的其他职员享受到适用于公务员的劳动时间法令，即便这与现行的合同可能会相互冲突。

第14条　1918年12月17日至23日有关工商业工人劳动时间命令中的Ⅱ、Ⅵ、Ⅶ中的第1段和第2段还有Ⅹ，1919年3月18日以来的经济复员期间有关职员劳动时间法令中的第1、4、5、6、7和18条，宣告废除。1922年7月17日颁布的地下矿场劳动时间法案（国家立法通告，第1部分，第628页）也失去效力。

上述法令中所称的复员委员会由州最高机构取代。

1919年3月18日法令的第12条第2项所确定的7000马克的限度将被保险法为职员规定的年工资最高限度取代。

对于面包店和糕点店及其同等设施，则适用于1918年11月23日颁布的面包店和糕点店的劳动时间法令（国家立法通告，第1329页）。

第15条　中央劳动部部长有权发布该法令的实施细则。

中央劳动部部长也有权将本法令赋予他的其他权力转让给另一部长。权力转让也适用于州最高机构。

中央劳动部部长可以将第1条第1句话中提到的以及国家职业法令中包含的有关劳动时间的规定，并连同本法令引起的［其他法令］变更，统一整合起来，以"劳动时间令"的名义发表。

第16条　这项法令自1924年1月起生效。柏林，1923年12月21日。

总理：马克思
中央劳动部部长：布劳恩斯博士

资料来源：*Reichsgesetzblatt*, 1923, Teil 1, Nr. 134, S. 1249 – 1251.

5. 1917 年 7 月 26 日《承租人保护公告》(节选)

第 1 条 如在乡镇辖区内设有调解局（1914 年 12 月 14 日《有关设立调解局的条例》第 1 条），则各邦中央政府可授予调解局如下权力：

（1）在承租人提出出租人有关 1917 年 6 月 1 日之后的解除合约有效性申诉时，确定终止之租赁关系之延续及其可持续性，以及通过提高房租延续合同的可能性；

（2）取消房东按照第 1 条所提出与新租户达成的租赁合同的申诉。

资料来源：Bekanntmachung zum Schutz der Mieter. Vom 26. Juli. 1917, in: *RG-Bl.* 1917, Nr. 140, S. 659 – 670.

6. 1923 年 6 月 1 日《承租人保护及租赁调解局法》(节选)
第一部分 承租人保护
a. 终止租赁关系的限制

第 2 条 出租人可在如下情况下提出终止租赁关系，承租人或者承租人家庭或者店铺中的一员，或者承租人转让租住房屋使用权给第三方，则要对出租人或其他居民所遭受的明显伤害承担责任；或因不当使用或疏忽大意损坏出租屋或者该栋建筑；或承租人在不获允许的情况下房屋转租给第三方。

第 3 条 如必须在短于季度的时间周期内缴纳房租的承租人拖欠租金达两个月，出租人可提出终止租赁关系。如租金可按季度或更长周期内缴纳，则承租人如拖欠达一个季度，则可以提出终止租赁关系申诉。（……）

第 4 条 出租人如出于特别原因迫切希望收回出租房屋，考虑承租人情况也会对出租人构成严重不公时，出租人可提出终止租赁关系申诉。（……）

资料来源：Gesetz über Mieterschutz und Mieteinigungsämter. Vom 1. Juni 1923，in：*RGBl.* 1923，I S. 353 – 366.

7. 1924 年 2 月 14 日《国家税收紧急条例》（节选）

……

B. 州一级的货币贬值补偿

1. 已建地皮货币贬值补偿

第 26 条

（1）各州及依照进一步的州法律之规定，各乡镇（乡镇联盟）结合已建地皮租赁规定征税。

（2）税收所得应用于满足各州及乡镇（乡镇联盟）的普通财政需求，以及用于满足根据第 42 条第一段独立规定之任务的支出。各州和乡镇（乡镇联盟）将在不违背第 29 条规定的前提下，至少将税收所得的 10% 用于促进新建住房的建设。

第 27 条

（1）各州有权管理违背 1922 年 3 月 24 日《国家租赁法》（RGBl. I S. 273）规定的租赁税部分。

（2）如各州在上述规定中以其他方式违背《国家租赁法》中涉及的公民权利，则需取得中央政府的同意；中央政府可在参议院批准的范围内制定基本原则。

（3）各州应利用第一段之授权，使租金随着普遍经济形势的发展逐步接近和平租金。因此，除各州和乡镇的税收需求外，还必须考虑一般利益，尤其是对房屋的适当维护和修缮以及租户群体的能力。租赁税约定为 1914 年 7 月 1 日开始的租赁周期，其换算为金马克的金额视为和平租金。各州可在特殊情况制定有关和平租金的规定。

……

第 29 条

在 1918 年 7 月 1 日后落成或重新加以改扩建的建筑物被排除在

征收范围内，除非此类新建或改扩建的建筑物得到公共资金的资助。从此类新建筑中征收来的税金将仅用于促进住房建设之用。州政府可凭借这笔税金负担的有公共资金援助建设的建筑物及土地，通过提供至少40%折算成金马克的补贴贷款或相应比率的和平租金。（……）

第30条

由于登记为一项特别的增值税，因此适用于如下的原则：

1. 该税依据各州确定和平租金百分比加以征收。各州在保留对租金税构成规定的情况下该税被转嫁给租户。

2. 因租赁合同（租赁、使用等）而改变使用用途的建筑（含建筑部分），租金等同视之。

3. 如下情况免于征收：

a）公共法人所有且用于公共目的建筑；

b）依据章程、基金会或其他基本结构，服务于公益性、慈善、道德或宗教目的的国内人员协会或资金组织所有，并用于上述目标的建筑；

c）派出国所有的大使馆、公使馆及领事馆，并用于上述目的的建筑。

只要建筑物的一部分符合上述规定之前提条件，则这部分建筑免于征收。

……

资料来源：Dritte Deutsche Steuernotverordnung. Vom 14. Feb. 1924（RGBl. 1924，I Nr. 11 S：745；Nr. 19 S. 172，in：*Finanzarchiv*，Jg. 41，Bd. 2. S. 113 – 131.

8. 1918年11月13日《失业者救济令》（节选）

基于人民全权代表委员会发布的命令，1918年11月12日已经成立的中央经济复兴部（复员部）授权颁布下列法令：

第1条　中央政府准备使用国家手段来支持城镇政府或城镇联合体在失业者救济领域中的行为。

第 2 条 城镇政府有义务为失业者提供救济，同时不能附加济贫式的法律特征。

第 3 条 倘若有些城镇鉴于紧急需求却无力提供必要的失业者救济，但同时得到地区监督机构或者州中央机构相关制定部门之支持，那么这些机构不仅能够为城镇救济账目提供必要规范，而且还能够决定在城镇支付能力出现问题时支持不同城镇联合起来，或者接过救济的使命。

第 4 条 城镇或城镇联合体将从国家和州那里分别得到失业者救济总额的 6/12 和 4/12。中央政府或者受其制定的机构可以为支付能力比较弱的地区提供更高的国家救助金。……

第 5 条 负责失业者救济工作的失业者居住所在地的城镇政府或者城镇联合会……

第 6 条 救济应该针对那些 14 岁以上的、具有劳动能力和意愿的人，而且这些人是由于战争而被迫处于失业状态的……

第 7 条 只有当女性被证明具有就业能力时才能够得到救济；倘若此前家用提供者恢复劳动能力，则女性不能得到失业者救助。

第 8 条 失业者有义务接受在其职业之外、居住地之外的被证明是适合的劳动岗位……也必须接受被削减的劳动时间……

第 9 条 城镇政府或城镇联合体决定救助的形式与额度、确定最短为 1 周的等待期。其中，参战者除外，他们的救助金可由疾病基金支付……

第 10 条 城镇政府或城镇联合体可以为失业者救助设定更多条件（例如参与普遍教育、职业培训、到访工作室等），特别是针对青少年。

第 11 条 在评价需求情况时，可以不考虑比较微小的财产（如小额储蓄、居所）。

第 12 条 ……

第 13 条 为了实施失业者救济，必须成立救济委员会，由劳资代表对等组成。

第 14 条 ……

第 15 条 ……

第 16 条 ……

第 17 条 ……

第 18 条　本令在发布之日起生效，有效期最迟到颁布后一年。中央政府或其制定的机构可以确定失效的日期。

中央经济复兴部，克特

资料来源：Gerhard A. Ritter und Susanne Miller, *Die Deutsche Revolution* 1918 – 1919. *Dokumente*, Hamburg: Hoffmann und Campe, 1975, S. 245 – 248.

9. 魏玛时期就业和失业情况一览表

A. 根据疾病统计而计算的就业者人数（以千计）

B. 失业保险体制的主要给付金人数（以千计）

C. 危机救济体制的主要给付金人数（以千计）

D. 福利失业者（以千计）

E. 在劳动局登记的求职者人数（以千计）

F. 在劳动局登记的失业者人数（以千计）

G. 工会会员失业率（％）

H. 工会会员短期工率（％）

	1920 年				1921 年			
	3 月底	6 月底	9 月底	12 月底	3 月底	6 月底	9 月底	12 月底
A								
B	330	323	333	410	413	314	186	165
C								
D								
E								
F								
G	1.9	4.0	4.5	4.1	3.7	3.0	1.4	1.6
H								

续表

	1922年				1923年			
	3月底	6月底	9月底	12月底	3月底	6月底	9月底	12月底
A								
B	116	20	17	85	222	186	534	1534
C								
D								
E								
F								
G	1.1	0.6	0.8	2.8	5.6	4.1	9.9	28.2
H								

	1924年				1925年			
	3月底	6月底	9月底	12月底	3月底	6月底	9月底	12月底
A								
B	695	426	514	536	466	195	266	1499
C								
D								
E								
F								
G	16.6	10.5	10.5	8.1	5.8	3.5	4.5	19.4
H	9.9	19.4	17.5	6.5	5.1	5.2	8.5	19.8

	1926年				1927年			
	3月底	6月底	9月底	12月底	3月底	6月底	9月底	12月底
A				12416	13947	14689	14607	17904
B	1942	1741	1394	1749	1121	541	355	1188
C					223	208	137	172
D								
E				2390	1920	1193	867	1926
F								
G	21.4	18.1	15.2	16.7	11.5	6.3	4.6	12.9
H	21.7	17.2	12.7	7.3	4.4	2.7	2.4	3.1

续表

	1928 年				1929 年			
	3 月底	6 月底	9 月底	12 月底	3 月底	6 月底	9 月底	12 月底
A	18736	20183	20234	18611	18828	20775	20576	18761
B	1011	611	577	1702	1899	723	749	1775
C	198	114	87	127	192	207	162	210
D								
E	1673	1207	1157	2545	2671	1495	1527	2895
F								2851
G	9.2	6.2	6.6	16.7	16.9	8.5	9.6	20.1
H	3.7	5.9	6.9	7.5	8.0	6.7	6.8	8.5

	1930 年				1931 年			
	3 月底	6 月底	9 月底	12 月底	3 月底	6 月底	9 月底	12 月底
A	18597	19403	18957	17125	16677	17908	17128	15293
B	2053	1469	1493	2166	2317	1412	1345	1642
C	294	366	473	667	924	941	1140	1506
D				761	940	1017	1208	1565
E	3091	2696	3067	4439	4830	4083	4460	5746
F	3041	2641	3004	4384	4744	3954	4355	5668
G	21.7	19.6	22.5	31.7	33.6	29.7	35.0	42.2
H	12.6	12.6	15.1	16.9	18.9	17.7	22.1	22.3

	1932 年				1933 年			
	3 月底	6 月底	9 月底	12 月底	1 月			
A	11934	12779	12834	12983	11487			
B	1579	940	618	792	953			
C	1744	1544	1231	1281	1419			
D	1944	2164	2047	2407	2459			
E	6126	2600	5280	5821	6119			
F	6034	5476	5103	5773	601			
G	44.6	43.1	43.6	45.1	46.2			
H	22.6	22.4	22.7	22.7	23.7			

资料来源：Ludwig Preller，*Sozialpolitik in der Weimarer Republik*，Athenaeum：Droste Tascenbuecher Geschichte. 1978，S. 166 – 167.

10. 1922 年疾病保险令（节选）

在参议院同意后，国会批准以下法律：

第一部分　保险义务

第 1 条　《国家保险法令》的第 165 条添加如下条文：

a. ［以下职业的］疾病情况可以得到投保

（1）工人、助手、帮工、学徒、佣人等；

（2）公司职员、部门领导或从事其他类似工作的人员，前提是这一工作是他们的主要职业；

（3）商店或药房的助手和学徒；

（4）剧团或乐团的成员，无论演出的艺术价值如何；

（5）教师和职业培训师；

（6）年收入不能保证有 4 万马克的家庭手工业者；

（7）某艘明确船只的船员，只要他们［的情况］不适用于海员法令的第 59 条至第 62 条（国家立法通告，第 1902 页第 175 条及第 1904 页第 167 条），也不适用于《商业法》的第 553 条和第 553b 条，此条款也适用于内航船只的船员。

对于上述第一段第 1—5 句话和第 7 句话涉及的人群而言，任何形式被雇佣的学徒，只要没有遵守第 160 条所规定的报酬，都不得享受此保险；对于第 2—5 句话涉及的人群包括船员而言，如果他们的常规年收入不超过四万马克，则也可以享受此保险。以上是该保险的前提条件。

b. 在《国家保险法令》的第 577 条第一段和第 1084 条中，"1.5 万"一词改为"4 万"。

第 2 条　自 1920 年 5 月 10 日以来，由于超过 1.5 万马克的额度而被排除于疾病保险和矿工疾病保险的人，可在本法令生效后 6 周内，根据《国家保险法令》的第 313 条向保险公司申请重新加入，但前提是，此人此前有权退出保险，且现在不对上述第 1 条规定的保险义务负责。

如果某个有资格的人申请加入，那么疾病保险基金可以让此人接受身体检查。再次加入保险时就已经存在的疾病，则不享受此疾病保险。

任何因为正常年收入大于 1.5 万马克，根据上述第 1 条条文要缴纳矿工疾病保险或加入医疗互助组织的人，只要他们在本法令生效后六周之内提出申请，今后就可以免除缴纳强制性的矿工疾病保险。

第 3 条　正常年收入超过 1.5 万马克但不到 4 万马克的人，如果他们在本法令生效前，继续被看作疾病保险和矿工疾病保险的成员，即便他们的收入已超过保险义务所要求的收入限额，他们的成员身份也不再被否认。这也适用于本法生效时存在争议的情况。

第 4 条　上述第 1 条所规定的所有雇员，[保险] 申请持续时间可以延长到本法令生效后八天，只要他们的情况不符合《国家保险法令》的第 317 条。这一申请甚至可以在本法令产生效力前生效。

第二部分　保险权利

第 5 条　在《国家保险法令》的第 176 条中，"2500" 一词被 "4 万" 取代。

第 6 条　根据上述第 5 条有权获得保险的人，如果在本法令生效前自愿接受了某疾病保险，即便他的年总收入大于 2500 马克，也将按照上述第 3 条处理。

第 7 条　1918 年 11 月 22 日颁布的法令（国家立法通告，第 1321 页）第 2 条第 2 段的《国家保险法令》第 313 条第 1 段最后一句话失去效力。

在第 313 条后，加入下述文本作为第 313a 条：

"在继续保险的开始或持续期间内，保险成员可以根据自己的收入情况，申请转入较低的 [保险] 水平和级别。如果被保人的保险费与他的总收入及他在患病期间得到的保险赔偿费严重不匹配，保险主管部门也可以在本人未同意的情况下，将被保人转移到更高的 [保险] 水平和级别上。保险成员有权在一个月内向保险办提出上诉，反对［主管部门］对他们申请的驳回，或是反对执行主管部门的命令，直至最后裁决。

已经发生的保险项目，成员级别或工资水平的变化没有影响。"

第 8 条 作为对"废除 1920 年 4 月 1 日颁布的国家立法通告第 433 条法令，并从 1920 年 4 月 30 日起增加基本工资和扩大疾病保险义务"这一法令的修订，在《国家保险法令》第 180 条第 2 段中，将"24"改为"40"，将"30"改为"80"。

第 9 条 由于上述第 8 条基本工资增加而导致的条文变更，不需要等到《国家保险法令》第 180 条的进一步法律变更。同时，保险主管部门必须确定基本工资的变化。只有在基本工资最高限额超过 40 马克的情况下，才需要保险委员会作出决定；但是对于疾病保险基金而言，如果［基本工资的］最高限额迄今已经超过了 24 马克，则将此最高限额提升到 60 马克以上。

此后基本工资超过上述最高限额的成员，自主管部门决议生效起，有权拥有与其新的基本工资相对应的更高保险额度，其中也包括本法令生效时已发生的保险。

第 10 条 针对被要求成为地方、各州或工会疾病保险或矿工疾病保险成员的雇员，或基本工资由于本法令而有所增加，超过了其健康保险之前规定的最高限额的雇员，雇主必须在本法令生效后的四周之内，提供计算保险费用所需的信息。

第三部分 结论

第 11 条 在家庭手工业者疾病保险的新法规面世之前，家庭手工业者的疾病保险条例《国家保险法令》第 165 条第 1 段第 6 号，作为对第 1 条的修改依然有效。对其余［群体］而言，该法律条文自 1922 年 1 月 1 日起生效，同时，上述第 7 条所提到的 1918 年 11 月 22 日法令的第 1、3、4、5 条，以及上述第 8 条提到的 1920 年 4 月 30 日法令的第 2、5、8、10 条，宣告作废。

国家总统：艾伯特

中央劳动部部长：布劳恩斯博士

资料来源：*Reichsgesetzblatt*, 1922, Teil 1, Nr. 2, S. 5 – 7.

11. 1924 年疾病保险令

在 1923 年 12 月 8 日的"授权法案"（国家立法通告，第 I 部分，第 1179 页）的基础上，在听取了国会和参议院的意见后，中央政府颁布如下法令：

第 1 条 以下第 2 条到第 7 条，适用于空间扩大之地区的疾病保险。

第 2 条 疾病保险基金可以由指定的地区、指定的成员群体或是其他企业部门组成，并将收入和支出的份额分配给这些组成者。其中详细的内容，特别是关于任务、章程、管理和职权的细节，在经最高保险办同意后方得确定。应保险公司的要求，最高保险办可根据被保人的诉求，下令安排部门的组成。不论是保险公司的主管部门反对这项命令，还是申请人抵制保险公司主管部门的反对，都可以在一个月内向最高政府机关提出申诉。

第 3 条 疾病保险基金组建医疗片区，应规避交通情况和区域面积产生的运费。按照规定，应为每个片区指定一名医生。同时，在片区划分中，也应规划［各片区的］医疗助手。

第 4 条 如果一个保险公司想要组建疾病保险片区，则必须在规定的时间内通知在公司任职的医生和当地负责疾病保险的医生协会。如果片区发生的变化较为轻微，则通知参与的医生就足够了。

如果［这些］医生或医生协会对此既没有提出建议，也没有达成协定，监督委员会将最终决定各区的划分和分配。在这种情况下，应保险公司的申请，由保险公司主管部门指定两名代表，其中必须是一名雇主和一名雇员，来接替监督委员会的其他代表之位。

第 5 条 除非有紧急情况，否则疾病保险基金可以拒绝向不负责医疗片区的医生支付工资。如果某被保人不愿承担额外的开支，则可以选择不再享受疾病保险基金所许可的医生［的会诊］，这是国家的医生和疾病保险基金委员会敲定的条件。

第 6 条　在主管部门与该片区雇主组织达成协议，且咨询疾病保险基金委任的医生后，疾病保险基金的规章可以规定，由参与此协议的雇主承担其雇员必要的医生和医疗运费。

第 7 条　保险公司可以聘请护士作为护理人员和医生的助手，国家的医生和疾病保险基金委员会可以为这些护士设立工作准则。

第 8 条　在《国家保险法令》第 187a 条后面，加入如下条文作为第 187b 条：

"疾病保险基金可以向保险成员及其家属发放健康保险卡，最高可收取 10 个金芬尼。但发生意外或传染病的情况不予收费。"

第 9 条　《国家保险法令》第 94 条第 2 段"仅来源于实物工资"更改为"全部或多数来源于实物工资"。

第 10 条　《国家保险法令》第 437 条添加如下条文作为第 2 段：

"规章可以规定，针对从授权服务者处获得免费的食物和住宿的被保人，授权服务者必须在医院护理期间，最迟到《民法典》第 617 条规定的时间范围内，按照规定的价格（《国家保险法令》第 160 条第 2 段）向保险公司提出报销。前提是这些被保人是依靠授权服务者的申请得以入院，并且不涉及传染病的情况。"

第 11 条　在 1923 年 10 月 30 日颁布的"疾病保险基金医护法令"第 25 条（国家立法通告，第 I 部分，第 1054 页）中，第 3、4 段由以下条款取代：

"由国家的医生和疾病保险基金委员会来决定第 1、2 段条文的例外情况。在［该委员会］决定之前，例外情况由主管部门确定，尤其是紧急的意外情况和特别严重的疾病。

保险公司主管部门确定如何将保险成员及其开支份额照顾周到。"

第 12 条　如果在本法令第二条所说的"新建部门"过程中，疾病保险基金的职员和雇员是可有可无的，则这些新设的职务或岗位必须首先关照《国家保险法令》的第 290 条。其余情况则适用于第

302 条和第 305 条。

第 13 条　1923 年 10 月 30 日颁布的关于"疾病保险基金医护"的法令第 4 条（国家立法通告，第 I 部分，第 1054 页）失去效力。

第 14 条　1923 年 9 月 23 日颁布的基于紧急法（疾病保险）的法令第 IX 款（国家立法通告，第 I 部分，第 908 页），第 2 句和第 3 句话增加如下修订：

"本法令第 I 至 VII 款将于 1925 年 3 月 31 日到期。中央劳动部部长可以将有效期延长至后一年。"

第 15 条　1923 年 3 月 27 日颁布的《国家保险法令》第 276 条关于保护有能力有效率的保险公司的法令（国家立法通告，第 I 部分，第 225 页），附上如下条文作为第 2 段：

"如果工会保持团结，则工会疾病保险基金也就保持团结。"

《国家保险法令》第 282 条中，在数字"276"后面加上"第 2 段"三个字。

1923 年 7 月 19 日颁布的《国家保险法令》第 373a 条（国家立法通告，第 I 部分，第 686 页）失去效力。

《国家保险法令》第 374 条中，"第 373a 条"一词失去效力。

柏林，1924 年 2 月 13 日

国家总理：马克思

中央劳动部部长：布劳恩斯博士

资料来源：*Reichsgesetzblatt*, 1924, Teil 1, Nr. 12, S. 16 – 18.

12. 1925 年德国医生联合会同盟执行委员会的纲领

（1）日益增长的堕胎举动，主要出于社会经济原因和道德伦理原因；它们无法仅仅通过刑法与警察禁令来加以解决；

（2）取消法定的惩罚条款或许是一种灾难性的错误干涉举动。毫无限制地接受堕胎，进一步降低性道德，增加性病，或许就是不可避免的结果。

（3）刑法所需要事先的是：

A. 在下列意义上来改变现存的刑法条款，即修改刑罚界限的权利交由法官来决定，特别是由其来判定紧急情况是否合理；

B. 由于被认定的紧急情况所导致的中止妊娠之行为，应该是不违法的。但是，倘若是那些出于营利目的而帮助实施中止妊娠行为的人，则不能被免除刑事责任。

（4）普遍性的由医生来判定堕胎必要性的做法，是防止无意义堕胎的前提，而且也可以防止因此而导致的疾病问题。……

（5）根据学术原则而由医生做出的中止妊娠之决定，特别是为了防止孕妇出现健康或生命之危险而做出的决定，是一种紧急救助，不是违法的，而且也不是刑法意义上的堕胎。……

（6）医生做出中止妊娠的决定，必须基于医学知识和实践知识，必须根据下列标准条件：

A. 中止妊娠只能出于医学理由，而且是为了健康或者预防危险；所谓"社会因素"是医生无法负责的，它不能作为中止妊娠的理由；所谓"优生学因素"，在学术上的研究还很少，无法在实践操作中得到支持。

B. 紧急情况下的处理，由更多医生来进行判断。咨询结果要以报告形式呈交。

（7）反对堕胎企图之斗争，是进行充分的教育，即有关怀孕之生物学重要性，以及中止妊娠的健康危险。医生的帮助是必不可少的。

（8）除了刑罚之外，预告与兜售堕胎工具是必要的社会和经济措施，照顾孕妇、保障怀孕者，照料多子女家庭，增强母亲感，都是我们奋斗的目标。

资料来源：Dr. Vollmann, "Die Bekämpfung der Abtreibungsseuche", 收录于 Karen Hagemann, （Hg.）, *Eine Frauensache Alltagsleben und Geburtenpolitik* 1919 – 1933. *Eine Ausstellungsdakumentation*, S. 130 – 133。

13. 1919 年 4 月 17 日《关于公共节日令》

德意志立宪国民议会在各州联合委员会赞同的情况下，批准下列法令：

第 1 条　设立一个公共节日，以符合世界和平、民族联合、国际工人保障的思想，并致力于符合世界节日之特征。

该节日的最终确立将在和约缔结与宪法通过之后。

今年，5 月 1 日将得到庆祝。这一天，同时将庆祝政治与社会进步、公正和平、立即释放战犯、撤离被占领土以及在国际联盟中实现完全平等权。

在全国与各州法律条例中，1919 年 5 月 1 日被视做公共节日。

第 2 条　本法在公布之日起生效。

柏林，1919 年 4 月 17 日

资料来源：Reichsgesetzblatt, 1919, Nr. 82, S. 393.

14. 1922 年 7 月 19 日《国家青少年福利法》（节选）

经参议院批准，国会通过如下法律：

第一部分　概论

第 1 条　每个德国儿童均享有强健身心、促进社会能力之教养的权利。

本法不涉及父母教养之权利及义务。只有在法律许可情况下，才准予违背监护人意愿加以干涉。

家庭未能履行对儿童教养要求，在不违背志愿合作的原则下，由公共青少年援助介入。

第 2 条　学校的公共青少年援助的机关为青少年福利局（青少年局、州青少年局、国家青少年局），依法不享有对其他公共团体或机构，尤其是学校的管辖权。

公共青少年援助包括促进青少年福利（青少年照管及青少年救

济）的一切官方措施并在不违背现行法律的基础上制定如下规定。

第二部分　青少年福利机关

1. 青少年局

a. 管辖权

第 3 条　青少年局的任务：

2. 依据第 19 至 31 条保护寄养儿童；

3. 依据第 32 至 48 条参与履行监护权职责，尤其是乡镇孤儿理事会的工作；

4. 依据第 49 至 55 条救济需要援助的未成年人；

5. 依据国家法规给予青少年法庭援助；

6. 依据详细州立法规参与监管童工及青少年劳工；

7. 参与救济战争遗孤及因战伤残者子女；

8. 依据详细州立法规参与警方的青少年援助，尤其是预防性处置安排。

第 4 条　青少年局的任务还包括促进、鼓励并在必要时为实现以下目标设立机构、安排活动：

1. 青少年事务咨询；

2. 孕产妇保护；

3. 婴儿福利；

4. 幼儿福利；

5. 义务教育阶段青少年的课堂外福利；

6. 辍学青少年福利。

更详细规定可由各州最高机关确定。

第 5 条　国家、各州、地方自治当局及青少年局应相互协助，青少年局之间应履行青少年福利任务彼此给予支援。

第 6 条　青少年局应在保持其独立性及合法性基础上支持促进青少年福利的志愿活动，以便将之与所有青少年援助和青少年运动相关的机关和机构联系起来。

第 7 条　青少年局应对居住在其辖区内的所有未成年人负责。

青少年负责制定有限满足其辖区内公共青少年援助需求的临时措施。

有关管辖权的争议由州最高当局裁定，如涉及不同州青少年局则由国家行政法院裁定。

……

第三部分　寄养儿童保护

1. 接收许可

第 19 条　寄养儿童是指 14 岁以下，除事先确认为无偿临时照管者外，长期或一天中的固定时段处于陌生人照管下的儿童。

第 20 条　欲接纳寄养儿童者需事先获得青少年局许可。紧急情况下，事后追加的许可亦可立即生效。携此类儿童搬迁至某一青少年局辖区者，必须立即取得继续照管之许可。

如事先确定为无偿或非营利性的临时照管，则仅需在青少年局登记即可。

第 21 条　本部分之规定适用于由三级以内亲属及姻亲以有偿方式、出于盈利或习惯照管的儿童。

本部分之规定不适用于在放学后的固定时段照管儿童，以及因在外求学而寄养在被学校领导认为合适并加以监督的家庭的情况。

第 22 条　获取许可、取消或废除许可的前提条件依据第 15 条或由州青少年局进一步规定。

出于儿童身体、精神健康，或道德福祉需要，可废除许可。

第 23 条　青少年负责签发和废除常住地址为其辖区内的寄养人的许可。

2. 监管

第 24 条　寄养儿童由青少年局加以监管。此规定同样适用于由母亲抚养的非婚生子女。

特别是针对促进儿童健康与道德成长所必需的监管权限，应依据第 15 条或由州青少年局加以规定。

第 25 条　在第 15 条规定或州青少年局指导方针基础上，可依据青少年局规定撤销对寄养儿童的照看权。

为保障儿童的福利，与母亲一同生活的非婚生子女抚养权可予以撤销。

依据民法第 1706 条第二段名义上归为母亲配偶所出的非婚生子女，在其与母亲及其配偶生活期间的抚养权可以被撤销。此条同样适用于由祖父母或其监护人照看的儿童。

第 26 条　任何照看依第 24 条第 1 段监管之儿童者，有义务立即向青少年局报告其接收、交出儿童、住所迁移及职业情况。进一步的规定应依据第 15 条或由州青少年局加以规定。

……

5. 处罚规定

第 30 条　任何人未按照规定获取许可或登记，或在许可终止或取消后仍继续照看寄养儿童，则依据第 22 条第一段规定，将被处以最高十万马克罚金，或拘留，或最高不超过三个月的监禁。

同样的处罚适用于那些依照第 26 条之规定未能正确报告或未按规定报告寄养儿童或非婚生子女安葬情况者。

任何未能履行第 26 条之规定告知义务者，将被处以最高十万马克罚金或拘留。

只有应青少年局申请方能实施处罚。申请可以被撤销。

……

资料来源：Reichsgesetz für Jugendwohlfahrt. Vom 9. Juli 1922, in: *Reichsgesetzblatt*, 1922, Teil 1, Nr. 54, 29, Juli 1922, S. 633 – 648.

15. 1906 年 2 月 17 日普鲁士《关于打击吉卜赛人混乱的指示》（节选）

A. 外国吉卜赛人

预防外国吉卜赛人穿越帝国国界

1）应采取一切法律允许的强制手段禁止外国吉卜赛人穿越帝国国界。

所有未能拿出确凿证据证明其拥有某一德意志邦邦籍的吉卜赛人均被视为外国吉卜赛人。

驱逐出现于国内的外国吉卜赛人出境。

2) 对已出现在本邦内的外国吉卜赛人仍予以逮捕并驱逐出境。地方警察当局亦有权采取该措施。

由此产生的费用如未向被驱逐者征收，可由邦警察基金承担。

3) 如与被驱逐吉卜赛人所属国家有过接收协议，则依据该协议规定的程序以强制运输方式实施驱逐。

4) 如不存在此类协议，驱逐可依警方指示行事并将其送上前往其母国方向的交通工具，并在最便利的帝国边境地点上运出。如这一地区属于另一邦国，则在确保帝国边境愿意接收或取得另一邦国同意运输时，方始运送。

5) 如因特殊原因无法进行运输——如无法确定被驱逐者之国籍，驱逐由警方依威胁程度做出指示，并在必要情况下依 1883 年 7 月 30 日的《邦行政法》立即执行行政处罚。在此情况下，警方必须确保被驱逐者切实离开本国，他们一旦重新越境折返，则将因违法而遭起诉。

B. 国内吉卜赛人

概述

1) 国内吉卜赛人，即经证明拥有某一德意志邦国邦籍的吉卜赛人，则尝试尽可能使其定居在某一特定地点，不再因四处流浪而成为民众负担。

为阻止吉卜赛人流浪，考虑采取如下措施：

Ⅰ. 预防措施

a) 应谨慎签发身份证件。

b) 应为被忽视的吉卜赛儿童申请救济教养。

Ⅱ. 镇压措施

c) 应尤其注意流浪吉卜赛人的一切犯罪行为。

d) 流浪途中的吉卜赛人团伙应由警方持续监控。

此外，还应注意如下情况：

身份证件

1）只有对申请人的人品及其德国国籍毫无异议的情况下，才准予签发身份证件。通行证只予每年签发一次。工作许可签发参考1904年5月1日《帝国工商条例》执行令第185条。

……

警方对流浪吉卜赛人的监控

16）为尽可能防止吉卜赛人犯罪，或在他们实施犯罪后采取惩罚措施，以及实现流浪期间吉卜赛团伙——尤其是较大团伙——的分化，需由警方持续监控。

……

资料来源：Nr. 5. Anweisung zur Bekämpfung des Zigeunerunwesens. Vom 17. Feb. 1906 (MBliV. S. 52), in：Werner K. Höhne, *Die Vereinbarkeit der deutschen Zigeunergesetze und-verordnungen mit dem Reichsrecht, insbesondere der Reichsverfassung*, Jur. – Dissertation von Universität Heidelberg, 1929, S. 106 – 113.

16. 1926年7月16日巴伐利亚州内政部关于执行《关于打击吉卜赛人、居无定所及好逸恶劳者法》的决议（节选）

……

A. 吉卜赛人与居无定所者

1）概念界定。"吉卜赛人"的定义众所周知且无须做进一步阐述。种族学已就何为吉卜赛人作出说明。"居无定所者"则被理解为虽依据种族及出身不属于吉卜赛人，但照其全部行为举止、活动及其游牧式的生活方式与吉卜赛人别无二致者。

……

资料来源：Nr. 25. Min. -Entschl. zur Ausführung des Zigeuner- und Arbeitsscheuen-Gesetzes vom 16. Juli 1926 des Staatsministeriums des Innern, in：Werner K. Höhne, *Die Vereinbarkeit der deutschen Zigeunergesetze und-verordnungen mit dem Reichsrecht, insbesondere der*

Reichsverfassung, Jur. – Dissertation von Universität Heidelberg, 1929, S. 124 – 129.

17. 1927 年 11 月 4 日普鲁士内政部通令（节选）

根据 1927 年 2 月 4 日通函第 5 条（……）应取得所有未定居吉卜赛人及以吉卜赛人方式流浪者的指纹。由于通常警方登记义务在实际工作中并不适用于这些人，且往往无法确定他们的身份，因此此项规定是必要的。

为避免过于强硬，该规定的执行需特别规定。本人因此做出如下安排：

Ⅰ. 在同时执行 1906 年 2 月 17 日打击吉卜赛人混乱的内政部指示（尤其是第 16 条）的同时，地方警察机关必须于 1927 年 11 月 23—26 日期间按计划确定在其辖区内逗留的所有未定居吉卜赛人及以吉卜赛人方式流浪者人口。

为达成该目标应取得年满 6 周岁的上述全部人的指纹。

在取指纹之前应详细检查其所携证件，确定是否为警察正在查找或通缉的人员并予以逮捕。

Ⅱ. 应为每人制作两枚指纹页，并寄往主管的州刑事警察处，并由其将指纹转交州刑事警察局。州刑事警察局则将一份指纹页连同复核情况信息转往慕尼黑警察总署的吉卜赛人中心。指纹页正面上方用红色字体标记"吉卜赛人"。

指纹页的"备注栏"下应注明，此人经由哪些证件（列举发证机关和签发日期）证明自己身份。有关明显错误或可能是伪造证件的申述，应在提示采取行动的情况下予以特别注意。其结果应告知主管的州刑事警察处，必要情况下通报慕尼黑的吉卜赛人中心及州刑事警察局。

Ⅲ. 所有人或其法定代表在取指纹后，都会取得一份按下文模板（……）印制的证明（图1），除非此人遭到逮捕。在后一种情况下，证明将在其被释放时才予发放。如遭逮捕者被移送法庭，则这份证明将一并提供。

Ⅳ. 如在 1927 年 11 月 26 日之后涉及未定居吉卜赛人及以吉卜赛人方式流浪者人口的事务，则按规定进行检查，即是否所有年满 6 周岁者或其法定代表拥有第 3 条规定之证明。因此应仔细查验该证明，是否为伪造。此外还应以此目的采集的指纹与证明上的指纹加以比对是否一致。必要情况下可由主管的州刑事警察处或相关的警察或州狩猎部门加以比对。但指纹比对应在签发证明后获距上一个监控说明三个月才能进行。

如存在伪造嫌疑，或对此人有所怀疑，或指纹不匹配的情况，必须确认此人身份；必要情况可暂行羁押。

任何确认或怀疑存在吉卜赛人犯罪行为的情况应依据 1927 年 5 月 12 日通令（……）之规定向主管刑事警察处报告。

未携带该证明出行者，则同样依据本条第二段处理。

如经身份核查后并无理由提出异议，则依据第 2 条第一段之规定所取得之指纹补发证明，并说明为何未能携带证明的理由：例如"1. 证明可能遗失"或"可能还未完成"。在寄送的指纹页时应特别指出这一点。

证明签发后的任何后续检查都应在证明预先设定的栏目中注明（于何时在何地由谁查验），如有可能使用专门的印章。检查说明不得加盖公章。

在当局或官员拥有摄像器材，并且可以根据具体情况拍摄照片，也不会导致大量费用产生的情况下，应当为 18 岁以上者制作 3 张为真人身高七分之一的照片。一张放在前面，另两张则放在页内。照片应贴在证明的指定位置并且尽可能加盖印章，否则应有官员亲笔签名——位于照片中间。其余两张照片则附在指纹页内。如无法取得照片，则应在证明中注明："未拍摄照片"。

Der Polizeipräsident.
Die staatliche Polizeiverwaltung. ...., den ....19....
Landjägerei – Dienststelle.

Bescheinigung.

Fingerabdrücke der rechten Hand: Daumen | Zeigefinger | Mittelfinger | Ringfinger | Kleiner Finger

Lichtbild (abgestempelt oder Vermerk: nicht angefertigt)

Heute ist die nachstehend näher bezeichnete Person in .... angehalten worden. Es wurden von ihr Fingerabdrücke genommen und Lichtbilder angefertigt. Ueber ihre Personalien hat sie folgende nicht nachgeprüfte Angaben gemacht:

Name: ....

Vornamen: ....
(Rufnamen unterstreichen)

Besond. Kennzeichen: ....

Geburtstag: ....

Geburtsort (Kreis, Land): ....

Staatsangehörigkeit: ....

Beruf: ....

Personenstand: (led., verh., verw., gesch.) ....

Zeit und Ort der Eheschließung: ....

Ehefrau (Ehemann), Namen des Vaters und der Mutter: ....

Ausgewiesen durch (Ausweispapiere im einzelnen nach Ort, Ausstellungsbehörde und -tag bezeichnen): ....

(Dienststempel)　　　I.A.

Wer diese Bescheinigung nicht bei sich führt, setzt sich der Gefahr aus, falls begründete Zweifel über seine Persönlichkeit bestehen, zur Feststellung seiner Persönlichkeit unter den gesetzlichen Voraussetzungen vorläufig festgenommen zu werden. Die Bescheinigung ist auf Verlangen jedem Polizei- oder Landjägereibeamten vorzuzeigen.

Geprüft am .... in .... durch (Name u. Dienstgrad)

图 1

资料来源：Nr. 22 Runderlass des Ministeriums des Innern vom 3. Nov. 1927 MBliV. S. 1045ff，in-Werner K. Höhne，*Die Vereinbarkeit der deutschen Zigeunergesetze und-verordnungen mit dem Reichsrecht*，*insbesondere der Reichsverfassung*，Jur. – Dissertation von Universität Heidelberg，1929，S. 124 – 128.

译名表

A

阿布拉斯,布鲁诺 Ablaß, Bruno
阿登纳,康拉德 Adenauer, Konrad
阿迪克斯,弗朗茨 Adickes, Franz
阿什,布鲁诺 Asch, Bruno
爱尔福特 Erfurt
爱森纳赫 Eisenach
艾伯特,弗里德里希 Ebert, Friedrich
艾斯纳,库尔特 Eisner, Kurt
埃茨贝格尔,马蒂亚斯 Erzberger, Matthias
埃尔曼,A. Ellmann, A.
埃伦贝格,理查德 Ehrenberg, Richard
埃森 Essen
埃文斯,班查德·J. Evans, Richand
哀悼日 Volkstrauertag
安哈特 Anhalt
奥尔登,鲁道夫 Olden, Rudolf
奥尔登堡 Oldenburg
奥尔登堡－雅努绍,埃拉德·冯 Oldenburg-Januschau, Elard von
奥格斯堡 Augsburg
奥伦堡,菲利普·楚 Eulenburg, Phillipp zu
奥托一世 Otto I.

B

《8点晚报》8-Uhr-Abendblatt
巴本,弗朗茨·冯 Papen, Franz von
巴伐利亚 Bayern
巴特曼·霍尔韦格,特奥巴尔德·冯 Bethmann Hollweg, Theobald von
巴罗佐 Barroso, J. M.
拜姆斯,赫尔曼 Beims, Hermcan
拜尔,约翰内斯 Bähr, Johannes
鲍尔,古斯塔夫 Bauer, Gustav
鲍姆－舒赫,克拉拉 Bohm-Schuch, Clara

保护性监管 Schutzaufsicht

保障礼仪风俗民族共同体 Volksgemeinschaft zur Wahrung von Anstand und Sitte

俾斯麦，奥托·冯 Bismarck, Otto von

柏林 Berlin

柏林工兵代表会执行委员会 Vollzugsausschuss des Arbeiter- und Soldatenrat in Berlin

柏林及郊区促进地方疾病基金建立自由选择医生体制协会 Verein zur Einführung der freien Arztwahl bei den Ortskrankenkassen Berlins und der Vorort

《柏林日报》*Berliner Tageblatt*

《柏林协议》*Berliner Abkommen*

波鸿 Bochum

波利希凯特，威廉 Polligkeit, Wilhelm

波萨道维斯基-韦讷尔，阿图尔·冯 Posadowsky-Wehner, Arthur von

波斯纳，恩斯特 Posner, Ernst

波伊克特，德特勒夫 J. K. Peukert, Detlev J. K.

柏拉图 Plato

伯斯，古斯塔夫 Böß, Gustav

博格斯，瓦尔特 Bogs, Walter

布尔格道尔夫，弗里茨·弗里德里希 Burgdörfer, Fritz Friedrich

布克哈特，雅各布 Burckhardt, Jakob

布莱腾巴赫，保罗·冯 Breitenbach, Paul von

布劳尔，特奥道尔 Brauer, Theodor

布劳恩，奥托 Braun, Otto

布劳恩斯，海因里希 Brauns, Heinrich

布卢门罗特，乌利希 Blumenroth, Ulrich

布吕宁，海因里希 Brüning, Heinrich

布伦塔诺，卢约 Brentano, Lujo

布歇尔，赫尔曼 Bücher, Hermann

不伦瑞克 Braunschweig

C

《采取国家资金保障建设补贴的决议》*Bestimmung für die Gewährung von Baukostenzuschüssen aus Reichsmitteln*

查理五世 Karl V.

《承租人保护公告》*Bekanntmachung zum Schutze der Mieter*

《承租人保护及租赁调解局法》*Gesetz über Mieterschutz und Mieteinigungsämter*

茨威格，斯蒂芬 Zweig, Stefan

D

大柏林地区工兵代表会 Arbeiter-

und Soldatenrat Groß-Berlin
大卫,亨利·P. David, Henry P.
达玛施克,阿道夫 Damaschke, Adolf
《打击吉卜赛人条例》Anordnung zur Bekämpfung der Zigeuner
当策尔,保罗 Danzer, Paul
德尔布吕克,汉斯·冯 Delbrück, Hans von
德国保险基金主协会 Hauptverband Deutscher Krankenkassen
德国残疾者和遗孀中央联合会 Zentralverband der Invaliden und Witwen Deutschlands
德国妇女联合会同盟 Bund Deutscher Frauenvereine, BDF
《德国各州抗击吉卜赛困境协议》 Vereinbarung der deutschen Länder über die Bekampfung der Zigeunerplage
德国疾病保险基金总协会 Der Gesamtverband der Krankenkassen Deuts-chlands
德国工商业大会 Deutsche Industrie- und Handelskammertag, DIHT
德国工业家全国联合会 Reichsverband der Deutschen Industrie, RDI
德国雇主协会联合会 Vereinigung der Deutschen Arbeitgeberverbände, VDA
德国医生联合会同盟 Deutsche Ärztevereinsbund
德古特,让—玛丽·约瑟夫 Degoutte, Jean-Marie Joseph
《德国企业家报》Deutsche Arbeitgeber-Zeitung
《德国社会政策的歧路》Irrwege der deutschen Sozialpolitik
德国退休者同盟 Deutscher Rentnerbund
《德国医生报》Deutsche Ärzteblatt
德国职业介绍协会 Verband Deutscher Arbeitsnachweise
德累斯顿 Dresden
德意志联盟 Deutsches Bund
《德意志通用刑法典草案》Entwurf eines Allgemeinen Deutschen Strafgesetzbuchs, ADStGB
德意志种族卫生学协会 Deutsche Gesellschaft für Rassenhygiene
《第三帝国》Das Dritte Reich
迪特里希,赫尔曼 Dietrich, Hermann
《帝国保险条例》Reichsversicherungsordnung
帝国战争伤残者和伤残军人救济委员会 Reichausschuss der Kriegsbeschädigten- und Kiegsbehindertenfürsorge
蒂森,奥古斯特 Tyssen, August
多子女全国联盟 Reichsbund der Kinderreichen, RdK

E

恩格尔,恩斯特 Engel, Ernst

奥伦堡,菲利普·楚 Eulenburg, Phillipp zu

F

法兰克福,美因河畔 Frankfurt am Main

反对第218条全国委员会 Reichskomitee gegen den §218

范登布鲁克,穆勒 van den Bruck, Moeller

房屋局 Wohnungsamt

房租税 Hauszinssteuer

费尔德曼,格拉尔德·D. Feldmann, Gerald D.

费勒尔,卡尔·克里斯蒂安 Führer, Karl Carl

费伦巴赫,康斯坦丁 Fehrenbach, Constantin

费舍尔,理查德 Fischer, Richard

弗莱克,埃米尔 Frankel, Emil

弗莱明,延斯 Flemming, Jens

弗朗肯塔尔,凯特 Frankenthal, Käte

弗雷,马丁 Frey, Martin

弗里德里希二世 Friedrich II.

弗洛恩德,理查德 Freund, Richard

《福斯报》Vossische Zeitung

富尔特 Fürth

福克斯,比特 Fux, Beat

福利国家 Sozialstaat, Wohlfahrtstaat

G

盖斯,伊曼努埃尔 Geiss, Imanuel

戈拉德曼,克里斯蒂安 Gradmann, Christian

格茨,瓦尔特 Goertz, Walter

格拉登,阿尔宾 Gladen, Albin

格罗皮乌斯,瓦尔特 Gropius, Walter

格罗斯曼,阿提纳 Grossmann, Atina

格罗特雅恩,阿尔弗雷德 Grotjahn, Alfred

各州联合委员会 Staatenasusschuß

根特 Gent/Ghent

《共和国》Republik

公共家长 Öffentliche Elternschaft

共同体敌人 Gemeinschaftsfremde

古诺,威廉 Cuno, Wilhelm

《关于保障新房建设国家贷款的新公告》Über die Bewährung von Darlehen aus Reichsmitteln zur Schaffung neuer Wohnungen

《关于打击吉卜赛人、居无定所及好逸恶劳者法》Gesetz zur Bekämp-fung von Zigeunern, Landfahren und Arbeitsscheuen vom 16. Juli 1926, ZigArbschG

《关于疾病保险中疾病救助金的法令》Verordnung über Krankenhilfe bei den Krankenkassen

《关于公共节日令》Gesetz über einen allgemeinen Feiertag

《关于公共救济的前提、方式、程度的国家原则》Reichsgrundsätze über Voraussetzung, Art und Mass der öffentlichen Füsorge, RGr

《关于维护疾病保险基金的支付能力令》Gesetz zur Erhaltung leistungsfähige Krankenkassen

《关于医生和疾病保险的法令》Verordnung über Ärzte und Krankenkassen

《关于征收促进住房建设税国家法》Reichsgesetz über die Erhebung einer Abgabe zur Förderung des Wohnungsbaus

《国家家园法》Reichsheimstättengesetz

《国家救济条令》Reichsfürsorgepflichtverordnung, RFV

《国家矿工法》Reichsknappschaftsgesetz

《国家劳动报》Reichsarbeitsblatt

《国家青少年法庭法》Reichsjugendgerichtsgesetz, RJGG

《国家青少年福利法》Reichsgesetz für Jugendwohlfahrt, RJWG

《国家税收紧急条例》Die Dritte Steuernotverordnung

《国家租赁法》Reichsmietengesetz

国家敌人 Reichsfeind

H

哈阿泽,胡戈 Haase, Hugo

哈登,马克西米利安 Harden, Maximilian

哈登贝格,卡尔·奥古斯特·冯 Hardenberg, Karl August von

哈曼,弗里茨 Haarmann, Fritz

哈格曼,卡伦 Hagemann, Karen

哈勒 Halle

汉堡 Hamburg

汉诺威 Hannover

汉撒同盟 Hansa

哈兰德,蒂尔曼 Harlander, Tilman

赫林,迪特 Häring, Dieter

哈尔腾,弗里茨 Hartung, Fritz

哈尔茨,古斯塔夫 Hartz, Gustav

哈维,伊丽莎白 Harvey, Elisabeth

黑格曼,维尔纳 Hegemann, Werner

赫尔曼,赖纳尔 Hehemann, Rainer

黑尔帕赫 Hellpach

亨利三世 Henrich III.

亨特舍尔,弗尔克尔 Hentschel, Volker

赫尔格特,奥斯卡 Hergt, Oskar

赫克纳,海因里希 Herkner, Heinrich

赫尔勒,雅克布 Herle, Jacob

赫尔策,曼弗雷德 Herzer, Manfred

黑森 Hessen

黑森-拿骚 Hessen-Nassau

海德布兰德,冯 Heydebrand, von

霍夫,胡贝特 Hoff, Hubert
赫内,维尔纳·K. Höhne, Werner K.
洪永孙 Hong, Young-Sun
霍内弗尔,恩斯特 Horneffer, Ernst
洪堡,威廉·冯 Humblodt, Wilhelm von
胡特尔,约尔根 Hutter, Jörg

J

基尔勒,艾尔斯 Kienle, Else
基尔希曼-罗尔,伊丽莎白 Kirschmann-Roehl, Elisabeth
保险医生 Kassenarzt
保险医生联合会 Kassenärztliche Vereinigungen
基特尔巴赫海盗 Kittelbachpiraten
吉尔里,迪克 Geary, Dick
吉卜赛人 Zigeuner
吉斯贝尔斯,约翰内斯 Giesberts, Johannes
纪念战争受害者的公共哀悼日 allgemeiner Trauertag für die Opfer des Krieges
家庭陌生人 Familienfremde
家庭政策 Familienpolitik
杰克森,克里斯托弗·雷 Jackson, Christopher Rea
金茨勒,米夏埃尔 Kienzle, Michael
教化人民 Volkserziehung
救济教养 Fürsorgeerziehung
救济生 Fürsorgezöglinge

君特,沃尔夫冈 Günter, Wolfgang
《军人抚恤金法》Reichsversorgunsgesetz, RVG

K

卡尔,威廉 Kahl, Wilhelm
卡尔斯鲁厄 Karlsruhe
卡普暴动
开姆尼茨 Chemnitz
考茨基,卡尔 Kautsky, Karl
科恩,奥斯卡 Cohn, Oskar
科尔布,埃伯哈德 Kolb, Eberhard
科尔内曼,罗尔夫 Kornemann, Rolf
科隆 Köln
科特布斯 Cotbus
《克服住房短缺措施试行条例》Musterverordnung betreffend Maßnahmen gegen Wohnugnsmangel
《克服住房短缺的措施公告》Bekanntmachung über Maßnahmen gegen Wohnungsmangel
克拉夫特-埃宾,理查德·冯 Krafft-Ebing, Richard von
克劳贝尔,列奥 Klauber, Leo
克鲁,大卫·F. Crew, David F.
克虏伯,弗里德里希·阿尔弗雷德 Krupp, Friedrich Alfred
克瑙尔,鲁道夫 Knauer, Rudolf
克特,约瑟夫 Koeth, Joseph
库厄塞尔,路德维希 Quessel, Lud-

wig

夸克，马克斯 Quark, Max

"狂野小团体" Wilde Clique

L

拉德布鲁赫，古斯塔夫 Radbruch, Gustav

拉特瑙，瓦尔特 Rathenau, Walter

莱比锡 Leipzig

莱比锡协会 Leipziger Verband

《莱比锡人民报》 Leipziger Volkszeitung

莱帕特，特奥道尔 Leipart, Theodor

莱歇特，雅各布·威廉 Reichert, Jakob Wilhelm

莱因-威斯特伐伦 Rhein-Westfalen

兰茨，弗里茨 Lenz, Fritz

兰茨贝格 Lansberg

兰德曼，路德维希 Landmann, Ludwig

劳歇，保罗 Reusch, Paul

勒瓦尔德 Lewald

勒维克，彼得 Lewek, Peter

雷曼，赫尔穆特 Lehmann, Hellmuth

李卜克内西，卡尔 Liebknecht, Karl

李茨特，爱德华·里特·冯 Liszt, Eduard Ritter von

里尔，威廉·海因里希 Riehl, Wilhelm Heinrich

里克，埃尔文 Like, Erwin

利伯曼，本 Lieberman, Ben

《历史通俗文学：一份批判性文献报告》 Historische Belletristik. Ein kritischer Literaturbericht

《历史学期刊》 Historische Zeitschrift

流动经营许可证 Wandergewerbeschein

鲁登道夫，埃里希 Ludendorff, Erich

鲁尔 Ruhr

鲁克，米夏埃尔 Ruck, Michael

路德维希，埃米尔 Ludwig, Emil

吕贝克 Lübeck

吕卡森，利奥 Lucassen, Leo

吕克，马丁 Lücke, Martin

吕森，约恩 Rüsen, Jörn

罗森贝格，阿图尔 Rosenberg, Arthur

罗斯托克 Rostock

罗沃尔特，恩斯特（出版社） Rowohlt Ernst

M

马克思，卡尔 Marx, Karl

马克思，威廉 Marx, Wilhelm

马克斯，巴登亲王 Max, Prinz von Baden

马克西米利安一世 Maximilian I.

马格德堡 Magdeburg

迈，恩斯特 May, Ernst

迈尔，奥斯卡 Mayer, Oskar

曼，托马斯 Mann, Tomas

曼海姆 Mannheim

梅尼克,弗里德里希 Meinecke, Friedirch

蒙森,威廉 Mommsen, Wilhelm

门德,博多 Mende, Bodo

米勒,赫尔曼 Müller, Hermann

《民族观察家报》 Völkerischer Be-obachter

《明镜周刊》 Der Spiegel

莫尔登豪尔,保罗 Moldenhauer, Paul

母亲保障与性改革联盟 Bund für Mutterschutz und Sexualreform, BfM

慕尼黑 München

《慕尼黑医学周刊》 Münchener medizinischen Wochenschrift

穆勒特,奥斯卡 Mulert, Oskar

穆泽尔,汉斯 Muser, Hans

N

瑙曼,弗里德里希 Naumann, Friedrich

尼特尔哈默,卢茨 Niethammer, Lutz

牛赖特 Neurath, von

纽伦堡 Nürmberg

《女性斗争者》 Die Kämpferin

O

欧伦伯格,赫尔伯格 Eulenberg, Herbert

P

P.,海因里希 P., Heinrich

派纳,丽萨 Pine, Lisa

佩里,汉斯－于尔根 Perrey, Hans-Jürgen

皮克,威廉 Pieck, Wilhelm

普莱勒,路德维希 Preller, Ludwig

《普鲁士规章》 Preußisches Regulativ

《普鲁士强制教养法》 Das preußische Zwangserziehungsgesetz

《普鲁士社会福利保障(1919—1923年)》 Die staatliche Wohlfahrtspflege in Preußen 1919–1923

《普鲁士王国一般邦法》 Allgemeine Landrecht für die preußischen Staaten

《普鲁士住房法》 Das preußische Wohnungsgesetz

普罗伊斯,胡戈 Preuss, Hugo

普通养老金领取者 Kleinrentner

Q

齐隆卡,杨 Zielonka, Jan

齐默尔曼,米夏埃尔 Zimmermann, Michael

齐默尔曼,瓦尔德马 Zimmermann, Waldemar

齐泽,卡尔 Ziese, Carl

《前进报》 Vorwärts

《氰化钾》 Cyankali

青少年局 Jugendamt

R

人口政策 Bevölkerungspolitik

S

沙赫特,亚马尔 Schacht, Hjalmar
尚茨,古斯塔夫 Schanz, Gustav
《社会保险的损害》Die Schäden der sozialen Versicherung
社会保险金领取者 Sozialrentner
社会保险新体制工作组 Arbeitsgemeinschaft für Neuordnung der Sozialversicherung
社会改革协会 Gesellschaft für Sozialreform
社会国家(福利国家) Sozialstaat
社会政策 Sozialpolitik
社会主义医生联合会 Verein Sozialistischer Ärzte
生育控制与性卫生全国委员会 Reichsverband für Geburtenregelung und Sexualhygiene
《失业者救济令》Verordnung über Erwerbslosenfürsorge
施蒂达,威廉 Stieda, Wilhelm
施特莱歇尔,约瑟夫 Streicher, Joseph
施莱歇尔,库尔特·冯 Schleicher, Kurt von

施利克,亚历山大 Schlicke, Alexander
施罗德,路易斯 Schroeder, Louise
施密特,曼弗雷德 · G. Schmidt, Manfred G.
施莫勒,古斯塔夫 Schmoller, Gustav
施泰尼施,伊姆加德 Steinisch, Iimgard
施坦因,劳伦茨·冯 Stein, Lorenz von
施特雷泽曼,古斯塔夫 Stresemann, Gustav
什未林 Schwerin
《史学与诗学》Historie und Dichtung
市政行动主义 municipal activism
《授权法》Ermächtigungsgesetz
舒尔茨,君特 Schulz, Günter
舒斯勒,威廉 Schüßler, Wilhelm
萨克森 Sachsen
萨克森工业家协会 Verband Sächsischer Industrieller
散权化单一制国家 dezentralisierte Einheitsstaat
斯蒂芬孙,吉尔 Stephenson, Jill
斯坦尼斯,伊尔玛嘎德 Steinisch, Irmgard
斯特拉斯堡 Strasbourg
斯特里特,玛丽 Stritt, Marie
斯廷内斯,胡戈 Stinnes, Hugo
《斯廷内斯—列金协议》Stinnes-Le-

gien-Abkommen
斯图加特 Stuttgart
斯托克尔,海伦娜 Stöcker, Helene
松内曼,列奥波德 Sonnemann, Leopold
宋,吉春 Song, Gi-Chul
苏比克,海因里希·里特·冯 Srbik, Heinrich Ritter von
苏格拉底 Socrates

T

塔瑙,弗里茨 Tarnow, Fritz
坦茨勒,弗里茨 Tänzler, Fritz
汤姆森,彼得 Thomsen, Peter
陶特,布鲁诺 Taut, Bruno
特林伯恩,卡尔 Trimborn, Carl
滕施泰特,弗洛里安 Tennstedt, Floran
天主教慈善联盟 Caritas
通货膨胀补偿税 Gebäudeen-tschuldungssteuer
统一的青少年援助 Einheit der Jugendhilfe
图霍夫斯基,库尔特 Tucholsky, Kurt
图林根 Thüringen

W

瓦格纳,马丁 Wagner, Martin
瓦伦汀,范特 Valentin, Veit
《晚上世界报》Die Welt am Abend

韦伯,马克斯 Weber, Max
韦斯塔普伯爵,库诺·冯 Westarp, Kuno Graf von
维尔茨堡 Würzburg
维尔特,约瑟夫 Wirth, Joseph
维格勒,保罗 Wiegler, Paul
维特,彼得-克里斯蒂安 Witt, Peter-Christian
维滕堡 Wittenberg
威廉二世 Wilhelm II.
威廉,伊莲娜 Wilhelm, Elena
威塞尔,鲁道夫 Wissell, Rudolf
魏斯布罗德,贝恩德 Weisbrod, Bernd
"为了民族健康的工作组" Arbeitsgemeinschaft für Volksgesunderung
《为祖国志愿服务法》Gesetz über den Vaterländischen Hilfsdienst
沃尔夫,弗里德里希 Wolf, Friedrich
沃尔夫,特奥道尔 Wolf, Theodor
沃尔弗鲁姆,埃德加 Wolfrum, Edgar
沃廷斯基,弗拉迪米尔 Woytinsky, Wladimir
乌尔里克,塞巴斯蒂安 Ullric, Sebastian
乌尔里希斯,卡尔·海因里希 Ulrichs, Karl Heinrich
乌纳 Unna
乌斯鲍内,科内利 Usborne, Cornelie

X

西门子,卡尔·弗里德里希·冯 Siemens, Carl Friedrich von
西弗尔贝格,保罗 Silverberg, Paul
希尔林,威廉 Siering, Wilhelm
希尔齐费尔,海因里希 Hirtsiefer, Heinrich
希尔施-敦克尔工会 Hirsch-Dunckersche Gewerkvereine
希尔斯,马克斯 Hirsch, Max
希法亭,鲁道夫 Hilferding, Rudolf
希特勒,阿道夫 Hitler, Adolf
席克勒,勒内 Schickele, Rene
夏洛滕堡 Charlottenburg
宪法日 Verfassungstag
谢德曼,菲利普 Scheidemann, Philipp
《新社会民主党员》 *Neue Social-Demokrat*
性咨询机构 Sexualberatungsstellen
兴登堡,保罗·冯 Hindenburg, Paul von

Y

亚里士多德 Aristotle
亚历山大里亚的费伦 Philon von Alexandria
医生协会同盟 Ärztevereinsbund e. V.
《遗传健康法》 *Erbgesundheitsgesetz*
英诺森三世 Innozenz III.
约希姆森,卢克 Jochimsen, Luc
孕妇救助金 Wochenhilfe

Z

战士家园 Kriegsheimstätten
拯救婚姻民族同盟 Volksbund rettet die Ehre
《职业介绍与失业保险法》 *Gesetz über Arbeitsvermittlung und Arbeitslosenversicherung, AVAVG*
中巴登 Mittelbaden
《住房问题警告》 *Mahnruf in der Wohnungsfrage*
转租者 Aftermieter
自由工会 Allgemeiner Deutscher Gewerkschaftsbund, ADGB
自由主义工会,即希尔斯-敦克尔工会 Hirsch-Dunckersche Gewerkvereine
租床客 Schlafgänger
租房者 Chambregarnist
租赁调解局 Mieteinigungsamt
《最高租金条例》 *Höchstmietenverordnung*
《昨日的世界》 *Die Welt von Gestern*

参考文献

一　中文文献

第一部分　著作

曹卫东主编：《危机时刻：德国保守主义革命》，上海人民出版社2014年版。

陈从阳：《美国因素与魏玛共和国的兴衰》，中国社会科学出版社2007年版。

戴学正等编：《中外宪法选编》，华夏出版社1994年版。

丁建弘、陆世澄：《德国通史简编》，人民出版社1991年版。

蒋劲松：《德国代议制》（第2卷），中国社会科学出版社2009年版。

孟钟捷：《德国1920年〈企业代表会法发生史〉》，社会科学文献出版社2008年版。

姚玲珍编著：《德国社会保障制度》，上海人民出版社2011年版。

邹永贤等：《现代国家学说》，福建人民出版社1993年版。

第二部分　论文

郭辉：《国家纪念日与抗战时期政治合法性之建构》，《史学月刊》2016年第9期。

黄凤祝：《帝国文化的复兴——论希特勒与阿登纳帝国理念的转换》，黄凤祝、安妮主编：《亚洲和欧洲的第二次世界大战：战争、记忆与和解》，Bonn：Engelhardt-NG Verlag，2011。

李工真：《德国魏玛时代"社会福利"政策的扩展与危机》，《武汉大学学报》（哲学社会科学版）1997年第2期。

林闽钢、李缘：《福利国家积极劳动力市场政策的类型化及其改革取向》，《劳动经济研究》2016年第4期。

刘亚秋：《记忆研究的"社会—文化"范式对"哈布瓦赫—阿斯曼"研究传统的解读》，《社会》2019年第1期。

王亚平：《中世纪晚期德意志帝国改革与民族国家构建》，《历史研究》2015年第2期。

吴燕：《从春秋祀孔到孔子纪念日：民国时期时间秩序重构的一个个案》，《自然科学史研究》2018年第2期。

朱联璧：《从感恩节到国殇纪念日（1919—1932）：管窥两战之间加拿大国家认同变迁》，《历史教学问题》2015年第2期。

第三部分　译著（含中译论文）

［德］阿斯特莉特·埃尔、冯亚琳主编：《文化记忆理论读本》，北京大学出版社2012年版。

［德］恩格斯：《论住宅问题》，《马克思恩格斯文集》第3卷，中央编译局编译，人民出版社2009年版。

［德］威廉·冯·施特恩堡：《从俾斯麦到科尔——德国政府首脑列传》，许右军等译，当代世界出版社1997年版。

［德］埃米尔·路德维希：《德国人——一个民族的双重历史》，杨成绪、潘琪译，东方出版社2006年版。

［德］马克思、恩格斯：《共产党宣言》，中央编译局编译，人民出版社2014年版。

［德］阿·米尔：《德意志皇帝列传》，李世隆等译，东方出版社1995年版。

［德］赫尔弗里德·明克勒：《德国人和他们的神话》，李维、范鸿译，商务印书馆2017年版。

［德］库尔特·松特海默：《魏玛共和国的反民主思想》，安尼译，译林出版社2017年版。

［德］汉斯－乌尔里希·韦勒：《德意志帝国》，邢来顺译，青海人民出版社2009年版。

［瑞士］埃里希·艾克：《魏玛共和国史》上卷，高年生等译，商务印书馆1994年版。

［丹］考斯塔·艾斯平－安德森：《福利资本主义的三个世界》，郑秉文译，法律出版社2003年版。

［苏］奥尔洛娃：《1923年的德国》，虎溪译，高等教育出版社1959年版。

［民主德国］洛塔尔·贝托尔特等编：《德国工人运动史大事记》第1卷，葛斯等译，人民出版社1983年版。

［民主德国］洛塔尔·贝托尔特等编：《德国工人运动史大事记》第2卷，孙魁等译，人民出版社1986年版。

［英］理查德·蒂特马斯：《蒂特马斯社会政策十讲》，江绍康译，吉林出版集团2011年版。

［联邦德国］卡尔·哈达赫：《20世纪德国经济史》，杨绪译，商务印书馆1984年版。

［联邦德国］海因茨·赫内：《德国通向希特勒独裁之路》，张翼翼、任军译，商务印书馆1987年版。

［古希腊］柏拉图：《理想国》，郭斌和、张竹明译，商务印书馆1986年版。

［古希腊］亚里士多德：《政治学》，吴寿彭译，商务印书馆1997年版。

二 德文文献

第一部分 档案与文件集

Akten zur Deutschen Auswärtigen Politik 1918 – 1945. Aus dem Archiv des Auswärtigen Amts. Serie B：1925 – 1933. Band XXI. 16. August 1932 bis 29. Januar 1933，*Göttingen*：*Vandenhoeck & Ruprecht*，1983.

Das Kabinett Müller II. 28. Juni 1928 bis 27. Maerz 1930，Band 2，Martin Vogt（bearbeitet），*Boppard*：*Harald Boldt Verlag*，1970.

Deutsche Sozialgeschichte. Ein historisches Lesebuch，Werner Abelshauser，Anselm Faust，Dietmar Petzina（Hrsg.），*München*：*Verlag C. H. Beck*，1985.

Die Deutsche Revolution 1918 – 1919：Dokumente，Gerhard A. Ritter，Susanne Miller（Hrsg.），*Hamburg*：*Fischer*，1975.

Die Erste Republik. Dokumente zur Geschichte des Weimarer Staates，Peter Longerich（Hrsg.），*München*：*R. Piper*，1992.

Dokumente zur deutschen Geschichte 1919 – 1923，Wolfgang Ruge，Wolfgang Schumann（Hrsg.），*Berlin*：*VEB Deutsche Verlag der Wissenschaften*，1975.

Eine Frauensache Alltagsleben und Geburtenpolitik 1919 – 1933. Eine Ausstellungsdakumentation，Karen Hagemann（Hrsg.），*Pfaffenweiler*：*Centaurus-Verlagsgesellschaft*，1991.

Familienleben im Schatten der Krise. Dokumente und Analysen zur Sozialgeschichte der Weimarer Republik 1918 – 1933，Jens Flemming，Klaus Saul，Peter-Christian Witt（Hrsg.），*Düsseldorf*：*Droster Verlag*，1988.

Max Weber Zur Neuordnung Deutschlands，Schriften und Reden 1918 –

1920, Wolfgang J. Mommsen (Hrsg.), *Tübingen*: *J. C. B. Mohl (Paul Siebeck)*, 1988.

Statistischer Amt der Stadt Berlin: *Statistisches Taschenbuch der Stadt Berlin 1923*, Berlin: 1924.

Verhandlungen der verfassunggebenden Deutschen Nationalversammlung, 1919 – 1933.

Bundesarchiv Deutschland (BArch): R 401/1409, der vorläufige Reichswirtschaftsrat Standort 51 Magazin M 201. Reihe 25, 4. 2. 1922 – 31. 7. 1925.

Geheimes Staatsarchiv preußischer Kulturbesitz (GStA PK): I. HA Rep. 193A Deutscher. und. Preußischer Städtetag.

Geheimes Staatsarchiv preußischer Kulturbesitz (GStA PK): I. HA Rep. 151C Finanzministerium.

Geheimes Staatsarchiv preußischer Kulturbesitz (GStA PK): I. HA Rep. 77B Ministerium des Innern.

Alldeutsche Blätter, 1919.

Die rote Fahne, 1928.

Leipziger Volkszeitung, 1919.

Vorwärts, 1918 – 1933.

第二部分 工具书（含辞书）

Der große Brockhaus. Handbuch des Wissens in *20 Bänden*, Bd. 8, *Leipzig*: *Brockhaus*, 1931.

Handwörterbuch der Staatswissenschaft (3. Aufl.), *Jena*: *Verlag Gustav Fischer*, 1909.

Handwörterbücher des Wohnungswesens, *Leipzig*: *Jena Fischer*, 1930.

GebhardtHandbuch der Deutschen Geschichte (Bd. 18), *Stuttgart*: *Klett-Cotta*, 2010.

Biographisches Lexikon zur Weimarer Republik, *München*:

C. H. Beck, 1988.

《朗氏德语大词典》（德德版），外语教学与研究出版社2012年版。

第三部分　著作

Adelheid von Saldern, *Häuserleben. Zur Geschichte städtischen Arbeiterwohnens vom Kaiserreich bis heute* (Aufl. 2), Bonn: Dietz, 1997.

Albin Gladen, *Geschichte der Sozialpolitik in Deutschland. Eine Analyse ihrer Bedingungen, Formen, Zielsetzungen und Auswirkungen*, Wiesbaden: Franz Steiner Verlag GmbH, 1974.

Aleida Assmann, *Der lange Schatten der Vergangenheit. Erinnerungskulture und Geschichtspolitik*, Berlin: bpb, 2007.

Alf Lüdtke (Hrsg.), "*Sicherheit*" *und* "*Wohlfahrt*". *Polizei, Gesellschaft und Herrschaft im 19. Und 20. Jahrhundert*, Frankfurt a. M.: Suhrkamp 1992.

Alfred Körner, *Die Gemeinnützige Bautätigkeit in München*, München: Reinhardt, 1929.

Andreas Gestrich, *Agrarischer Protest und Krise der Familie. Zwei Versuche zur Geschichte der Moderne*, Wiesbaden: VS. Verlag für Sozialwissenschaften / GWV Fachverlage, 2004.

Andreas Gestrich, *Geschichte der Familie im 19. und 20. Jahrhundert*, München: R. Oldenbourg, 1999.

Astrid Erll, *Kollektives Gedächtnis und Erinnerungskulturen. Eine Einführung*, Stuttgart: Metzler, 2005.

Axel Schildt, Arnold Sywottek (Hrsg.), *Massenwohnung und Eigenheim. Wohnungsbau und Wohnen in der Großstadt seit dem Ersten Weltkrieg*, Frankfurt/ New York: 1988.

Beat Fux, *Der familienpolitische Diskurs. Eine theoretische und empirische Untersuchung über das Zusammenwirken und den Wandel von Familienpolitik, Fertilität und Familie*, Berlin: Duncker & Humblot, 1994.

Bernd Buchner, *Um nationale und republikanische Identität. Die deutsche Sozialdemokratie und der Kampf um die politischen Symbole in der Weimarer Repbulik*, Bonn: Dietz, 2001.

Bernd Faulenbach, *Ideologie des deutschen Weges. Die deutsche Geschichte in der Historiographie zwischen Kaiserreich und Nationalsozialismus*, München: Verlag C. H. Beck, 1980.

Bernd Steinmetz, *Über den Wandel der Arbeit und das Problem der Arbeitslosigkeit*, Münster: List, 1997.

Bernd Weisbrod, *Schwerindustrie in der Weimarer Republik, Interessenpolitik zwischen Stablisierung und Krise*, Wuppertal: Hammer, 1978.

Christian Gradmann, *Historische Belletristik. Populäre historische Biographien in der Weimarer Republik*, Frankfurt a. M., 1993.

David F. Crew, *Germans on Welfare: From Weimar to Hitler*, Oxford: Oxford University Press, 1998.

Detlef Lehnert, Klaus Megerle (Hrsg.), *Politische Identität und nationale Gedenktage. Zur politischen Kultur in der Weimarer Republik*, Opladen: Westdeutsche Verlage, 1989.

Detlev J. K. Peukert, *Die Weimarer Republik: Krisenjahre der Klassischen Moderne*, Frankfurt a. M.: Suhrkamp, 1987.

Detlev J. K. Peukert, *Grenzen der Sozialdisziplinierung. Aufstieg und Krise der deutschen Jugendfürsorge von 1878 bis 1932*, Köln: Bund-Verlag 1986.

Detlev J. K. Peukert, *Jugend zwischen Krieg und Krise. Lebenswelten von Arbeiterjungen in der Weimarer Republik*, Köln: Bund-Verlag 1987.

Dieter Häring, *Zur Geschichte und Wirkung staatlicher Interventionen im Wohnungssektor. Gesellschaftliche und sozialpolitische Aspekte der Wohnungspolitik in Deutschland*, Hamburg: Hammonia-Verlag 1974.

Eberhard Kolb, *Die Weimarer Republik*, mit Dirk Schumann, 8. Aufl., München: De GruyterOldenbourg, 2012.

Eberhard Kolb, *Die Weimarer Republik*, München: De Gruyter Oldenbourg 1998.

Eduard Bernstein, *Die deutsche Revolution von 1918/1919. Geschichte der Entstehung und ersten Arbeitsperiode der deutschen Republik*（1921）, Bonn: Verlag J. H. W. Dietz Nachfolger, 1998.

Elena Wilhelm, *Rationalisierung der Jugendfürsorge: die Herausbildung neuer Steuerungsformen des Sozialen zu Beginn des 20. Jahrhunderts*, Bern: Haupt 2005.

Elisabeth Gentner, *Deutsche Erinnerungstage. Brücken, zwischen Vergangenheit, Gegenwart und Zukunft?* Aachen: Bergmoser + Höller Verlag AG, 2017.

Elisabeth Harvey, *Youth and the Welfare State in Weimar Germany*, Oxford: Clarendon Press 1993.

Emil Ludwig im Urteil der Weltpresse, Berlin: Ernst Rowholt, 1928.

Emil Ludwig, *Für die Weimarer Republik und Europa*, Frankfurt am Main u. s. w. : Peter Lang, 1991.

Emil Ludwig, *Geschenke des Lebens. Ein Rückblick*, Berlin: Ernst Rowohlt, 1931.

Emil Ludwig, *Juli 14. Vorabend zweier Weilkrieg*, Hamburg: Rütten & Loening, 1961.

Ernst Engel, *Die morderne Wohnungsnoth. Signatur, Ursachen und Abhülfe*, Leipzig: Dunker & Humblot, 1873.

Ernst Rudolf Huber, *Deutsche Verfassungsgeschichte seit 1789*, Bd. 5, Stuttgart: Kohlhammer, 1978.

Erwin Carigiet, Ueli Mäder, Jean-Michel Bonvin, *Wörterbuch der Sozialpolitik*, Zürich: Rotpunktverlag, 2003.

Florian Tennstedt, *Sozialgeschichte der Sozialpolitik in Deutschland*, Göttingen: Vandenhoeck & Ruprecht, 1981.

Forst de Battaglia, *Der Kampf mit dem Drachen. Zehn Kapitel von der Gegenwart des deutschen Schrifttums und von der deutschen Gesiteslebens, Berlin: Verlag für Zeitkritik, 1931.

Franz Knipping, u. s. w. (Hrsg). *10 Jahre Trauhadstelle für Bergmannswohnstätten im rheinisch-westfälischen Steinkohlenbezirk G. m. b. H.*, Essen: Treuhandstelle, 1930.

Friedrich Zahn, *Familienpolitik. Generalbericht an die Zweite Delegiertenversammlung*, Internationale Vereinigung fuer Sozialversicherung, 1927.

Fritz Burgdörfer, *Das Bevölkerungsproblem, Familienstatistik und Familienpolitik, mit besonderer Berücksichtigung der deutschen Reformpläne und der französischen Leistung*, München: Verlag von H. Buchholz, 1917.

Fritz Naphtali, *Wirtschaftsdemokratie: Ihr Wesen, Weg und Ziel*, Berlin: Verlagsgesellschaft des ADGB, 1928.

Fritz Tänzler, *Die deutschen Arbeitgeberverbände 1904 – 1929, Ein Beitrag zur Geschichte der deutschen Arbeitgeberbewegung*, Berlin: O. Elsner Verlagsges., 1929.

Gabriele Czarnowski, *Das kontrollierte Paar. Ehe- und Sexualpolitik im Nationalsozialismus*, Weinheim: Deutscher Studien Verlag, 1991.

Gerald D. Feldman, Irmgard Steinisch, *Industrie und Gewerkschaften, 1918 – 1924: Die überforderte. Zentralarbeitsgemeinschaft*, Stuttgart: Deutsche Verlags-Anhalt, 1985.

Gerd Kuhn, *Wohnkultur und kommunale Wohnungspolitik in Frankfurt am Main 1880 bis 1930. Auf dem Wege zu. einer pluralen Gesellschaft der Individuen*, Bonn: Dietz, 1995.

Gert Kähler (Hrsg.), *Geschichte des Wohnens. 1918 – 1945: Reform, Reaktion, Zerstörung (Bd. 4)*, Stuttgart: Deutsche Verlags-Anstalt, 1996.

Gi-Chul Song, *Die Staatliche Arbeitsmarktpolitik in Deutschland zwischen der Revolution 1918/19 und der Währungsreform 1923/24. Möglichkeiten und Grenzen des arbeitsmarktpolitischen Staatsinterventionismus in der Weimarer Republik*, Hamburg: Kraemer, 2003.

Gottfried Niedhart, *Deutsche Geschichte 1918 – 1933. Politik in der Weimarer Republik und der Sieg der Rechten*, Stuttgart: Verlag W. Kohlhammer, 1996.

Gustav Böß, *Berlin von Heute. Stadtverwaltung und Wirtschaft*, Berlin: Gsellius 1929.

Gustav Böß, *Die Not in Berlin. Tatsachen und Zahlen*, Berlin: Zentral, 1923.

Hagen Schulze, *Weimar. Deutschland 1917 – 1933*, Berlin: Siedler, 1998.

Hans Beyer, *Von der Novemberrevolution zur Räterepublik in München*, Berlin: Rütten & Loening, 1957.

Hans F. (Hrsg.) Zacher, *Abhandlungen zum Sozialrecht*, Heidelberg: Müller Juristischer Verlag, 1993.

Hans F. Zacher (Hrsg.), *Bedingungen für die Entstehung und Entwicklung von Sozialversicherung. Colloquium der. Projektgruppe für Internationales und Vergleichendes Sozialrecht der Max-Planck-Gesellschaft Tutzing 1978*, Berlin: Duncker & Humblot, 1979.

Hans Jörg Rieger, *Die farbige Stadt. Beiträge zur Geschichte der farbigen Architektur in Deutschland und der. Schweiz 1910 – 1939*, 瑞士苏黎世大学1976年博士学位论文。

Hans Jürgen Teuteberg, (Hrsg.). *Stadtwachstum, Industrialisierung, Sozialer Wandel. Beiträge zur Erforschung der Urbanisierung im 19. Und 20. Jahrhundert*, Münster: Duncker & Humblot, 1985.

Hans Jürgen Teuteberg, *Homo habitans. Zur Sozialgeschichte des ländlichen und städtischen Wohnens in der Neuzeit*, Münster: F. Coppenrath 1985.

Hans Mommsen (Hrsg.), *Arbeiterbewegung und industrieller Wandel. *Studien zu gewerkschaftlichen. Organisationsproblem im Reich und an der Ruhr*, Wuppertal: Hammer, 1980.

Hans Pohl (Hrsg.), *Staatliche, Stadtische, Betriebliche und Kirchliche Sozialpolitik von Mittelalter bis zur Gegenwart*, Stuttgart: Franz Steiner Verlag, 1991.

Hans-Joachin Bieber, *Bürgertum in der Revolution. Bürgerräte und Bürgerstreiks in Deutschland 1918 – 1920*, Hamburg: Christians, 1992.

Hans-Ulrich Wehler, (Hrsg.), *Scheidewege der deutschen Geschichte. Von der Reformation bis zur Wende 1517 – 1989*, München: C. H. Beck 1995.

Hans-Ulrich Wehler, *Deutsche Gesellschaftsgeschichte*, Bd. 2, München: Verlag C. H. Beck, 3. Aufl., 1996.

Hans-Ulrich Wehler, *Deutsche Gesellschaftsgeschichte*, Bd. 4, München: C. H. Beck, 2003.

Harry Pross (Hrsg.), *Die Zerstörung der deutschen Politik. Dokumente 1871 – 1933*, Frankfurt a. M.: Fischer Bücherei, 1959.

Heinrich August Winkler, *Weimar 1918 – 1933, die Geschichte der ersten deutschen Demokratie*, München: C. H. Beck, 2005.

Heinrich Hirtsiefer, *Die staatliche Wohlfahrtspflege in Preußen 1919 – 1923*, Berlin: Karl Hehmanns Verlag, 1924.

Heinrich Hirtsiefer, *Die Wohnungswirtschaft in Preußen.* Eberwalde: Verlagsgesellschaft R. Müller 1929.

Heinrich Klotz, *Ernst May und das Neue Frankfurt 1925 – 1930*, Berlin: Ernst Wilhelm & Sohn 1986.

Heinrich Pudor, *Familienpolitik*, Gautzsch bei Leipzig: Felix Dietrich, 1914.

Heinz Sproll, *Französische Revolution und Napoleonische Zeit in der historisch-politischen Kultur der Weimarer Republik. Geschichtswissenschaft und Geschichtsunterricht 1918 – 1933*, München: Ernst Vögel, 1992.

Helmut Scheuer, *Biographie. Studien zu Funktion und zum Wandel einer literarischen Gattung vom 18. Jahrhundert bis zur Gegenwart*, Stuttgart: Metzler, 1979.

Horst Möller, *Weimar. Die unvollendete Demokratie*, München: dtv, 1985.

Jan Trützschler, *Die Weimarer Republik*, Schwalbach / Ts.: Wochenschau Verlag, 2011.

Joachim S. Hohmann, *Geschichte der Zigeunerverfolgung in Deutschland*, Frankfurt a. M.: Campus, 1988.

Johannes Bähr, *Staatliche Schlichtung in der Weimarer Republik. Tarifpolitik, Korparatismus und industrieller Konflikt zwischen Inflation und Deflation, 1919–1932*, Berlin: Colloquium Verlag, 1989.

Johannes Frerich, Martin Frey, *Handbuch der Geschichte der Sozialpolitik in Deutschland*, Band 1, München: R. Oldenbourg, 1993.

Joseph Streicher, *Die Beziehungen zwischen Arbeitgeber und Arbeitnehmer zeit 1918. Eine Untersuchung ueber die Entwicklung des Kraefteverhaeltnisses zwischen den beiden Parteien unter besonderer Beruecksichtigung ihrer Organisationen der Gewerkschaften und Unternehmerverbaende*, 德国弗赖堡大学 1924 年博士学位论文。

Juliane Tatarinov, *Kriminalisierung des ambulanten Gewerbes. Zigeuner- und Wandergewerbepolitik im späten Kaiserreich und in der Weimarer Republik*, Frankfurt a. M.: Peter Lang, 2015.

Karin Hausen, *Geschlechtergeschichte als Gesellschaftsgeschichte*, Göttingen: Vandenhoeck & Ruprecht, 2012.

Karl Christian Führer, *Arbeitslosigkeit und die Entstehung der Arbeitslosenversicherung in Deutschland: 1902–1927*, Berlin: Colloquium-Verlag, 1990.

Karl Christian Führer, *Mieter, Hausbesitzer, Staat und Wohnungsmarkt: Wohnungsmangel und Wohnungszwangswirtschaft in Deutschland 1914 –*

1960, Stuttgart: Franz Stein, 1995.

Karl Dietrich Bracher, *Die deutsche Diktatur. Entstehung, Struktur, Folgen des Nationalsozialismus*, Köln: Kiepenheuer & Witsch, 1993.

Karl Heussi, *Die Krisis des Historismus*, Tübingen: Mohr, 1932.

Klaus Schönhoven, *Geschichtspolitik: Über den öffentlichen Umgang mit Geschichte und Erinnerung*, Bonn: Friedrich-Ebert-Stiftung, 2003.

Knut Borchardt, *Wachstum, Krisen, Handlungsspielräum der Wirtschaftspolitik*, Göttingen: Vandenhoeck & Ruprecht, 1982.

Kurt Tucholsky, *Das Buch vom Kaiser*, in: ders., *Gesammelte Werke*, Bd. 4: 1925–1926, Reinbeck bei Hamburg: Rowohlt, 1960.

Leo Lucassen, *Zigeuner: Die Geschichte eines polizeilichen Ordnungsbegriffes in Deutschland 1700–1945*, übersetz. von Annegret Bönner, Rolf Binner, Köln: Bohlau, 1996.

Liselotte Ungers, *Die Suche nach einer neuen Wohnform. Siedlung der zwanziger Jahre damals und heute*, Stuttgart: Deutsche Verlags-Anstalt, 1983.

Lothar Albertin, *Liberalismus und Demokratie am Anfang der Weimarer Republik*, Düsseldorf: Droste Verlag, 1972.

Luc Jochimsen (Hrsg.), *§ 218. Dokumentation eines 100jährigen Elends*, Hamburg: konkret Buchverlag, 1971.

Ludwig Preller, *Sozialpolitik in der Weimarer Republik*, Athenaeum: Droste Tascenbuecher Geschichte. 1978.

Lujo Brentano, *Über die Ursachen der heutigen sozialen Noth. Ein Beitrag zur Morphologie der Volkswirtschaft. Vortrag gehalten beim Antritt des Lehramts an der Universität Leipzig am 27. April 1889*, Leipzig: Duncker & Humblot, 1889.

Lutz Niethammer (Hrsg.), *Wohnen im Wandel. Beiträge zur Geschichte des Alltags in der bürgerlichen Gesellschaft*. Wuppertal: Peter Hammer Verlag, 1979.

Manfred G. Schmidt, *Sozialpolitik in Deutschland: Historische Entwicklung und Internationaler Vergleich*, Opladen: Leske + Budrich, 2. Aufl., 1998.

Manfred Herzer (Hrsg.), *Die Geschichte des § 175-Strafrecht gegen Homosexuelle*, Berlin: Verlag rosa Winkel, 1990.

Manfred Scheuch, *Atlas zur Zeitgeschichte: Europa im 20. Jahrhundert*, Wien: Brandstätter, 1992.

Marion Bonillo, *"Zigeunerpolitik" im Deutschen Kaiserreich 1871 – 1918*, Frankfurt a. M.: Peter Lang, 2001.

Martin Nissen. *Populäre Geschicchtsschreibung: Historiker, Verleger und die deutsche Öffentlichkeit (1848 – 1900)*, Köln: Böhlau, 2009.

Martin Wagner, *Neue Bauwirtschaft. Ein Beitrag zur Verbilligung der Baukosten im Wohnungsbau*. Berlin: Karl Hehmanns Verlag, 1918.

Matin Lücke, *Männlichkeit in Unordnung. Homosexualität und männliche Prostitution in Kaiserreich und Weimarer Republik*, Frankfurt/New York: Campus Verlag, 2007.

Matthias Kitsche, *Die Geschichte eines Staatsfeiertages. Der 7. Oktober der DDR 1950 – 1989*，德国奥格斯堡大学1990年博士学位论文。

Max von Baden, *Erinnerungen und Dokumente*, Stuttgart: Deutsche Verlager-Anst., 1927.

Michael Arndt, Holger Rogall, *Berliner Wohnungsbaugenossenschaft. Eine exemplarische Bestandsaufnahme und analytische Beschreibung der Merkmale des genossenschaftlichen Wohnens in der Gegenwart*, Berlin: Berlin Verlag, 1987.

Michael Buddrus, Sigrid Fritzlar, *Die Professoren der Universität Rostock im Dritten Reich. Ein biographisches Lexikon*, München: Saur, 2007.

Michael Grüber, *Die Spitzenverbände der Wirtschaft und das erste Kabinett Brüning. Vom Ende der Großen Koalition 1929/30 bis zum Vorabend der Bankenkrise 1931. Eine Quellenstudie*, Düsseldorf: Droste Verlag, 1982.

Michael Ruck, *Gewerkschaften, Staat, Unternehmer. Die Gewerkschaften im sozialen und politischen Kräftefeld 1914 bis 1933*, Köln: Bund-Verlag, 1990.

Mohammad Hassan Gharaati, *Zigeunerverfolgung in Deutschland. Mit besonderer Berücksichtigung der Zeit zwischen 1919 – 1945*, Marburg: Tectum-Verlag, 1996.

Niels Hansen, *Der Fall Emil Ludwig*, Oldenburg: Gerhard Stalling, 1930.

Otto Westphal, *Feinde Bismarks. Geistige Grundlagen der deutschen Opposition 1848 – 1918*, Berlin/München: Oldenbourg, 1930.

Paul Danzer, *Volkstum und Wirtschaft als Grundlage deutscher Familienpolitik*, München: Landesverband Bayern im Reichsbund der Kinderreichen Deutschlands zum Schutz der Familie e. V., 1931.

Peter Lewek, *Arbeitslosigkeit und Arbeitslosenversicherung in der Weimarer Republik 1918 – 1927*, Stuttgart: Franz Steiner, 1992.

Peter Thomsen, *Ärzte auf dem Weg ins "Dritte Reich". Studien zur Arbeitsmarksituation, zum Selbstverständnis. und zur Standespolitik der Ärzteschaft gegenüber der staatlichen Sozialversicherung während der Weimarer Republik*, Husum: Matthiesen Verlag, 1996.

Rainer Hehemann, *Die "Bekämpfung des Zigeunerunwesens" im Wilhelminischen Deutschland und in der Weimarer Republik 1871 – 1933*, Frankfurt a. M.: Haag und Herchen, 1987.

Rebecca Heinemann, *Familie zwischen Tradition und Emanzipation. Katholische und sozialdemokratische. Familienkonzeptionen in der Weimarer Republik*, München: R. Oldenbourg Verlag, 2004.

Reichsarbeitsministerium, *Deutsche Sozialpolitik 1918 – 1928. Erinnerungsschrift des Reichsarbeitsministeriums*, Berlin: Verlag von Ernst Siegfried Mittler und Sohn, 1929.

Reiner Marcowitz, *Weimarer Republik 1929 – 1933*, Darmstadt: WEB,

2007.

Reinhard Rürup, *Die Revolution von 1918/19 in der deutschen Geschichte. Vortrag vor dem Gesprächskreis Geschichte der Friedrich-Ebert-Stiftung in Bonn am 4. November 1993*, Bonn: Friedrich-Ebert-Stiftung, 1993.

Schriftleitung der Historischen Zeitschrift (Hrsg.), *Historische Belletristik. Ein kritischer Literaturbericht*, München und Berlin: Oldenbourg, 1928.

Theodor Eschenburg, *Die improvisierte Demokratie. Gesammelte Aufsätze zur Weimarer Republik*, München: Piper, 1964.

Theodor Wolff, *Der Marsch durch zwei Jahrzehnte*, Amsterdam: de Lange, 1936.

Tilman Harlander, Katrin Hater, Franz Meiers, *Siedeln in der Not. Umbruch von Wohnungspolitik und Siedlungsbau am Ende der Weimarer Republik*, München: Christians, 1992.

Ulrich Blumenroth, *Deutsche Wohnungspolitik seit der Reichsgründung. Darstellung und kritische Würdigung*, Münster: Insituts für Siedlungs- und Wohnungswesen, 1975.

Ulrike Haerendel, *Kommunale Wohnungspolitik im Dritten Reich. Siedlungsideologie, Kleinhausbau und "Wohnraumarisierung" am Beispiel Münchens*, München: De Gruyter Oldenbourg, 1999.

Ursula Büttner, *Weimar: Die überforderte Republik 1918 – 1933. Leistung und Versagen in Staat, Gesellschaft, Wirtschaft und Kultur*, Stuttgart: Klett-Cotta, 2008.

Vera Caroline, *Gefeierte Nation: Erinnerungskultur und Nationalfeiertag in Deutschland und Frankreich seit 1990*, Frankfurt am Main: Campus-Verlag, 2010.

Volker Hentschel, *Geschichte der deutshen Sozialpolitik. Soziale Sicherung und kollektives Arbeitsrecht*, Frankfurt a. M. : Suhrkamp, 1983.

Walter Bogs, *Die Sozialversicherung in der Weimarer Demokratie*,

München: J. Schweitzer Verlag, 1981.

Walter Fey, *Leistungen und Aufgaben im deutschen Wohnungs- und Siedlungswesen* (Sonderhefte des Instituts für Konjunkturforschung, H. 42), Berlin: Institut für Konjunkturforschung, 1936.

Walter Holtgrave, *Neues Miet- und Wohnrecht. Kommentar zum Gesetz über den Abbau der Wohnungszwangswirtschaft und über ein soziales Miet- und Wohnrecht*, Berlin: Vahlen 1960.

Walter Troeltsch, *Das Problem der Arbeitslosigkeit*, Vortrag gehalten bei der Kaisergeburtstagsfeier der Univerität Marburg, Marburg, 1907.

Werkstatt Alltagsgeschichte (Hrsg.), "*Du Mörder meiner Jugend.*: *Edition von Aufsätzen männlicher Fürsorgezöglinge aus der Weimarer Republik*", Münster u. s. w.: Waxmann, 2011.

Werner Abelshauer (Hrsg.), *Die Weimarer Republik als Wohlfahrtsstaat*: *Zum Verhältnis von Wirtschafts- und Sozialpolitik in der Industriegesellschaft*, Stuttgart: Franz Steiner Verlag Wiesbaden, 1987.

Werner Hegemann, *Das steinerne Berlin. Geschichte der größten Mietskasernenstadt der Welt* (4. Aufl.), 1930. (Nachdruck: Braunschweig/Wiesbaden: 1992).

Werner K. Höhne, *Die Vereinbarkeit der deutschen Zigeunergesetze undverordnungen mit dem Reichsrecht, insbesondere der Reichsverfassung*, 德国海德堡大学1929年博士学位论文。

Wilhelm Mommsen, "*Legitime*" *und* "*Illegitime*" *Geschichtsschreibung. Eine Auseinandersetzung mit Emil Ludwig*, München, Berlin: Verlag von R. Oldenbourg, 1930.

Wolfgang Benz, Distel, Barbara (Hrsg.), "*Gemeinschaftsfremde*". *Zwangserziehung im Nationalismus, in der Bundesrepublik und der DDR*, Dachau: Metropol-Verlag, 2016.

Wolfgang Günther, *Die preußische Zigeunerpolitik seit 1871 im Widerspruch zwischen zentraler Planung und lokaler Durchführung. Eine Untersuchung* am Beispiel des Landkreises am Rübenberge und der Hauptstadt Hannover, Hannover: ANS, 1985.

Wolfgang Hofmann, Gerd Kuhn (Hrsg.), *Wohnungspolitik und Städtebau 1900 – 1930*, Berlin: Verlag Technische Universität Beriln, 1993.

W. Rohrbeck (Hrsg.), *Beträge zur Sozialversicherung. Festgabe für Dr. Johannes Krohn zum 70. Geburtstag*, Berlin: Duncker & Humblot, 1954.

第四部分 论文

Andreas Hillgruber, "Hans Delbrück", Hans-Ulrich Wehler (Hrsg.), *Deutsche Historiker*, Bd. 4, Göttingen: Vandenhoeck, 1972.

Arno Herzig, "Festliche Spaltung der Reichsnation? Kaisergeburtstage, Sedantag, Arbeiterfeste", Harald Schmid, Justyna Krzymianowska (Hrsg.), *Politische Erinnerung. Geschichte und kollektive Identiät*, Würzburg: Verlag Königshausen & Neumann, 2007.

Atina Grossmann, "Die 'Neue Frau' und die Rationalisierung der Sexualität in der Weimarer Republik" Ann Shitow, Christine Stansell, Sharon Thompson (Hrsg.), *Die Politik des Begehrens. Sexualität, Pornographie und neuer Puritanismus in den USA*, Berlin: Rotbuch Verlag, 1985.

Bernd Faulenbach, "Deutsche Geschichtswissenschaft zwischen Kaiserreich und NS-Diktatur", A. Dorpalen u. s. w. (Hrsg.), *Geschichtswissenschaft in Deutschland. Traditionelle Positionen und gegenwärtige Aufgaben*, München: Verlag C. H. Beck, 1974.

Bernd Faulenbach, "Nach der Niederlage. Zeitgeschichtliche Fragen und apologetische Tendenzen in der Historiographie deer Weimarer Zeit", Peter Schöttler (Hrsg.), *Geschichtsschreibung als Legitimationswissenschaft 1918 – 1945*, Frankfurt am Main: Suhrkamp, 1997.

Carl von Ossiertzky, "Die Historiker sind ernstlich böse", *Die Weltbühne*, 24/2, 1928.

Christoph Bernhardt, "Aufstieg und Krise der öffentlichen Wohnungsbauförderung in Berlin 1900 – 1945. Zusammenhang und. Brüchigkeit der Epoche", DEGEWO u. a (Hrsg.), *Ausstellung Wohnen in Berlin. 100 Jahre Wohnungsbau in Berlin*, Berlin: Edition StadtBauKunst, 1999.

Christoph Bernhardt, "Wohnungsbauförderung in Berlin 1918 – 1932", DEGEWO u. a (Hrsg.), *Ausstellung Wohnen in Berlin. 100 Jahre Wohnungsbau in Berlin*, Berlin: Edition StadtBauKunst.

Christoph Kühn, "Stadtweiterung und hygienischer Städtebau in Leipzig. Zu den administrativen Wurzeln einer Wohnreform um 1900", Alena Janatkova, Hanna Kozinska-Witt (Hrsg.), *Wohnen in der Großstadt* 1900 – 1939: *Wohnsituation und Modernisierung im europäischen Vergleich*. Stuttgart: Franz Steiner 2006.

C. J. Fuchs, "Die Beschaffung von Baugelände", Albert Gut (Hrsg.), *Der Wohnungswesens in Deutschland nach dem Weltkriege*, München: F. Bruckmann, 1928.

Detlev J. K. Peukert, Richard Münchmeier, "Historische Entwicklungsstrukturen und Grundproblem der Deutschen Jugendhilfe", Sachverständigenkommission 8. Jugendbericht (Hrsg.), *Jugendhilfe-Historischer Rückblick und neuere Entwicklungen (Materialien zum 8. Jugendbericht)*, Bd. 1, München: Verlag Deutsches Jugendinstitut, 1990, S. 1 –50.

Eberhard Kolb, " 'Die Historiker sind ernstlich böse'. Der Streit um die 'Historische Belletristik' in Wermar-Deutschland", ders., *Umbrüche deutscher Geschichte* 1866/71-1918/19-1929/33. *Ausgewählte Aufsätze*, München: Oldenbourg, 1993.

Eckart Kehr, "Der neue Plutarch. Die 'historische Belletristik', die

Universität und die Demokratie" (1930), ders, *Der Primat der Innenpolitik. Gesammelte Aufsätze zur preußisch-deutschen Sozialgeschichte im 19. und 20. Jahrhundert*, Herausgegeben und eingeleitet von Hans-Ulrich Wehler, Berlin: Walter de Gruyter, 1970.

Eckhard Jesse, Heinrich Köhler, "Die deutsche Revolution 1918/19 im Wandel der historischen Froschung. Forschungsüberblick und Kritik an der 'herrschenden Lehre'", *Aus Politik und Zeitgeschichte*, Jg. 45, 1978.

Edgar Wolfrum, "Geschichte als Politikum-Geschichtspolitik. Internationale Forschungen zum 19. und 20. Jahrhundert", *Neue Politische Literature*, No. 41, 1996.

Elisabeth Fehrenbach, "Veit Valentin", Hans-Ulrich Wehler (Hrsg.), *Deutsche Historiker*, Bd. 1, Göttingen: Vandenhoeck & Ruprecht, 1971.

Emil Ludwig, "Historie und Dichtung", *Die Neue Rundschau*, Jg. 40, Bd. 1, 1929.

Ernst Däumig, "Der Rätegedanke und seine Verwirklichung", Udo Bermbach (Hrsg.), *Theorie und Praxis der direkten Demokratie. Texte und Materialien zur Räte-Diskussion*, Opladen: Westdeutsche Verlag, 1973.

Florian Tennstedt, "Hundert Jahre Sozialversicherung in Deutschland. Jubiläumsaktivitäten und Forschungsergebnisse", *Archiv für Sozialgeschichte*, 1981.

Friedrich Stampfer, "Herr Emil Ludwig", *Sozialdemokratischer Pressedienst*, H. 10, 1947 (11).

Fritz Friedrich Burgdörfer, "Familienpolitik und Familienstatistik", *Münchener medizinischen Wochenschrift, Zur. Erhaltung und Mehrung der Volkskraft. Arbeiten einer vom Ärztlichen Verein München eingesetzten Kommission*, München: Verlag von J. F. Lehmann, 1918.

Gerald D. Feldman, Eberhard Kolb und Reinhard Rürup, "Die Massenbewegung der Arbeiterschaft in Deutschland am Ende des Ersten Weltkrieges (1917 – 1920)", *Politische Vierteljahresschrift (PVS)*, 1972 (13).

Gerald D. Feldman, Irmgard Steinisch, "Die Weimarer Republik zwischen Sozial- und Wirtschaftsstaat. Die Entscheidung gegen den Achtstundentag. Hans Rosenberg zum kommenden 75. Geburtstag gewidmet", *Archive für Sozialgeschichte*, 1978.

Greven, "Die Finanzierung des Wohnungsneubaus", Albrecht Gut (Hrsg.), *Der Wohnungswesens in Deutschland nach dem Weltkriege*, München: F. Bruckmann, 1928.

Günter Schulz, "Kontinuität und Brüche in der Wohnungspolitik von der Weimarer Zeit bis zur Bundesrepublik", Hans Jürgen Teuteberg (Hrsg.): *Stadtwachstum, Industrialisierung, Sozialer Wandel. Beiträge zur Erforschung der Urbanisierung im 19. Und 20. Jahrhundert*, Münster: Duncker & Humblot, 1985.

Hans Schleier, "Die Historische Zeitschrift 1918 – 1943", Joachim Streisand (Hrsg.), *Studien über die deutsche Geschichtswissenschaft*, Band 2, *Die bürgerliche deutsche Geschichtsschreibung von der Reichseinigung von ober bis zur Befreiung Deutschlands vom Faschismus*, Berlin (O.): deb, 1965.

Hans-Jürgen Perrey, "Der 'Fall Emil Ludwig' -Ein Bericht über eine historiographische Kontroverse der ausgehenden Weimarer Republik", *Geschichte in Wissenschaft und Unterricht*, No. 43, 1992.

Hartmut Pogge von Strandmann, "Deutscher Imperialismus nach 1918", Dirk Stegmann, Bernd-Jürgen Wendt und Peter-Christian Witt (Hrsg.), *Deutscher Konservatismus im 19. Und 20. Jahrhundert, Festschrift für Fritz Fischer*, Bonn: Verlag Neue Gesellschaft, 1983.

Heidrun Kämper, "'Kollektives Gedächtnis' als Gegenstand einer integrierten Kulturanalyse. Kulturlinguistische Überlegungen am Beispiel", Heidrun Kämper und Ingo H. Wamke (Hrsg.), *Diskursinterdisziplinär*: *Zugänge*, *Gegenstände*, *Perspektiven*, Berlin: De Gruyter, 2015.

Heinz Reif, "Die Reise nach Amerika 1929. Ernst Reuter und der 'Aufstieg Berlins zur Weltstadt'", ders (Hrsg.): *Ernst Reuter. Kommunalpolitiker und Gesellschaftsreformer*, Bonn: Dietz 2009.

Helmut Reinalter, "Heinrich Ritter von Sybik", Hans-Ulrich Wehler (Hrsg.), *Deutsche Historiker*, Bd. 8, Göttingen: Vandenhoeck, 1982.

Johanna Roden, "Stefan Zweig und Emil Ludwig", Marion Sonnenfeld (Hrsg.), *Stefan Zweig. The World of Yesterdays Humanist Today. Proceedings of the Stefan Zweig Symposium*, Albany: State University of New York Press, 1983.

Jörg Koch, "Der Sedantag", ders (Hrsg.), *Von Helden und Opfern. Kulturgeschichte des deutschen Kriegsgedenkens*. Darmstadt: Wissenschaftliche Buchgesellschaft, 2013.

Karl Haedenkamp, "Das neue Krankenversicherungsgesetz", *Ärztliche Mitteilungen*, Jg. 31, 1930.

Karl Teppe, "Zur Sozialpolitik des Dritten Reiches am Beispiel der Soziaversicherung", *Archiv für Sozialgeschichte*, Vol. 17, 1977.

Klaus Große Kracht, "Kontroverse Zeitgeschichte. Historiker im öffentlichen Meinungsstreit", Sabine Horn, Michael Sauer (Hrsg.), *Geschichte und Öffentlichkeit. Orte-Medein-Institutionen*, Göttingen: Vandenhoeck & Ruprecht, 2009.

Klaus Große Kracht, "Kontroverse Zeitgeschichte. Historiker im öffentlichen Meinungsstreit", Sabine Horn, Michael Sauer (Hrsg.), *Geschichte und Öffentlichkeit. Orte-Medein-Institutionen*, Göttingen: Vandenhoeck & Ruprecht, 2009.

Ludwig Quessel, "Die Enteignung des städtischen Hausbesitzes", *SozMh* 26, 1920（2）.

Lutz Niethammer, "Wie wohnten Abeiter im Kaiserreich?", *Archiv für Sozialgeschichte*, Vol. 14, 1976.

Lübbert, "Die staatlichen Beihilfeverfahren für den Kleinwohnungsbau. Kritik des bisherigen Verfahrens nebst einem Verbesserungsvorschlag für 1921", *Volkswohnung. Zeitschrift für Wohnungsbau und Siedlungswesen*, H. 2, JG. 2, 1920.

Magrit Ketterle, "Emil Ludwig", Wolfgang Benz, Hermann Graml（Hrsg.）, *Biographisches Lexikon zur Weimarer Republik*, München 1988.

Manfred Hettling, "Umstritten, vergessen, erfolgreich. Der 17. Juni als bundesdeutscher Nationalfeiertag", *Deutschland Archiv*, Vol. 33（3）, Jan. 1, 2000.

Martin Hartwig, "Einheitliches Paragrafenmonster. Reichsversicherungsordnung trat vor 100 Jahren in Kraft", *Deutschlandfunk Kultur*, 19.07.2011.

Martin Lücke, "Aufsätze männlicher Fürsorgezöglinge aus der Weimarer Republik. Einleitung", Werkstatt Alltagsgeschichte（Hrsg.）, *"Du Mörder meiner Jugend.：Edition von Aufsätzen männlicher Fürsorgezöglinge aus der Weimarer Republik"*.

Martin Lücke, "Hierarchien der Unzucht. Regime männlicher und weiblicher Prostitution in Kaiserreich und Weimarer Republik", *L'Homme. Europäische Zeitschrift für Feministische Geschichtswissenschaft*, H. 1, Jg. 21, 2010.

Maureen R. Sommer, "Bodenreform im Kaiserreich und in der Weimarer Republik", Wolfgang Hofmann, Gerd Kuhn（Hrsg.）, *Wohnungspolitik und Städtebau 1900 – 1930*, Berlin：TU Berlin Verlag, 1993.

Michael Kienzle, "Biographie als Ritual. Am Fall Emil Ludwig", Zimmermann Rucktäschel（Hrsg.）, *Trivialliteratur*, München：Fink,

1976.

Michael Ruck, "Der Wohnungsbau-Schnittpunk von Sozial- und Wirtschaftspolitik. Probleme der öffentlichen Wohnungspolitik in der Hauszinssteuerära (1924/25 – 1930/31)", Werner Abelshauser (Hrsg.): *Die Weimarer Republik als Wohlfahrtsstaat. Zum Verhältnis von Wirtschafts- und Sozialpolitik in der Industriegesellschaft*), Stuttgart: Stein, 1987.

Michael Ruck, "Die öffentliche Wohnungsbaufinanzierung in der Weimarer Republik. Zielsetzung, Ergebnisse, Probleme", Axel Schildt, Arnold Sywottek (Hrsg.): *Massenwohnung und Eigenheim. Wohnungsbau und Wohnen in der Großstadt seit dem Ersten Weltkrieg*, Frankfurt a. M./New York: Campus, 1988.

Michael Ruck, "Finanzierungsprobleme der Althaussanierung in der Weimarer Republik", Christian Kopetzki u. a (Hrsg.): *Stadterneuerung in der Weimarer Republik und im Nationalsozialismus. Beiträge zur stadtbaugeschichtlichen Forschung*, Kassel: Gesamthochsch. Kassel, 1987.

Oskar von Wertheimer, "Der Schriftsteller Emil Ludwig", *Archiv für Politik und Geschichte*, 6, Bd. 10, 1928 (6).

Otto Mugdan, "Ueber das 'Berliner Abkommen'", in: *Deutsche Medizinische Wochenschrift*, Vol. 40 (10), 1914.

Peter Reichel, "Ohne geschichtlichen Glanz: Der Nationalfeiertag", Peter Reichel, *Glanz und Elend. deutscher Selbstdarstellung, Nationalsymbole in Reich und Republik*, Göttingen: Wallstein Verlag, 2012.

Reimar Gilsenbach, "Die Verfolgung der Sinti-ein Weg, der nach Auschwitz führte", Wolfagang Ayaß, Reimar. Gilsenbach, Ursula Körber, Klaus Scherer, Patrick Wagner, Mathias Winter, *Feinderklärung und Prävention. Kriminalbiologie, Zigeunerforschung und Asozialenpolitik*, Berlin: Rotbuch-Verlag, 1988.

Rudolf Olden, "Emil Ludwigs Bismarck", *Berliner Tageblatt*, 5. 12. 1926.

R. von Krafft-Ebing, "Über gewisse Anomalien des Geschlechtstriebes und die klinisch-forensische Verwerthung derselben als eines wahrscheinlich functionellen Degenerationszeichens des centralen Nerven-Systems", *Archiv für Psychiatrie und Nervenkrankheiten*, 1877 (7).

Schriftleitung der Historischen Zeitschrift (Hrsg.), *Historische Belletristik. Ein kritischer Literaturbericht*, München und Berlin: Oldenbourg, 1928.

Sebastian Ullric, "Der Streit um den Namen der ersten deutschen Demokratie 1918 – 1949", Moritz Graf Rüdiger Föllmer (Hrsg.), *Die "Krise" der Weimarer Republik: Zur Kritik eines Deutungsmustes*, Frankfurt/New York: Campus Verlag, 2005.

Sebastian Ullric, "Im Dienste der Republik von Weimar. Emil Ludwig als Historiker und Publizist", *Zeitschrift für Geschichtswissenschaft*, No. 49, 2001.

Ulfried Neumann, "Gustav Radbruchs Beitrag zur Strafrechtsreform", *Gustav Radbruch als Reichsjustizminister (1921 – 1923)*, Konferenz der Friedrich-Ebert-Stiftung/Forum Berlin, 2004.

Ute Schneider, "Einheit ohne Einigkeit. Der Sedantag im Kaiserreich", Sabine Behrenbeck und Alexander Nützenadel (Hrsg.), *Inszenierungen des Nationalstaats. Politische Feiern in Italien und Deutschland seit 1860/71*, Köln: SH-Verlag, 2000.

Volker Hentschel, "Das System der sozialen Sicherung in historischer Sicht 1880 bis 1975", *Archiv für Sozialgeschichte*, Vol. 18, 1978.

Weber, "Die Unterstützung der Neubautätigkeit mit öffentlichen Mitteln im Jahre 1920", *Volkswohnung*. H. 2, Jg. 2, 1920, S. 21 – 23.

Werner Conze, Elisabeth Fehrenbach, "Reich", Reinhard Koselleck, Werner Conze, Otto Brunner, *Geschichtliche Grundbegriffe. Historisches Lexikon zur Politische-sozialen Sprache in Deutschland*, Bd. 5, Stuttgart: Klett-Cotta, 1994.

Wolfgang Hardtwig, "Die Krise des Geschichtsbewußtseins in Kaiserreich und Weimarer Republik und der Aufstieg des Nationalsozialismus", *Jahrbuch des Historischen Kollegs*, 2011.

Wolfram Wette, "Die militärische Demobilmachung in Deutschland 1918/19 unter besonderer Berücksichtigung der revolutionären Ostseestadt Kiel", *Geschichte und Gesellschaft*, H. 1. Jg. 12, 1986.

W. Thiele, "Zum Verhältnis von Ärzteschaft und Krankenkassen 1883 – 1913", W. F. Haug (Hrsg.), *Entwicklung und Struktur des Gesundheitswesens. Argumente für eine soziale Medizin (V)*, Argument Sonderband, 4, Berlin (W.): Argument-Verlag, 1974.

"Das Berliner Wohnungsproblem. Ein Interview des Schriftleiters mit Stadtbaurat Dr. Wagner", *Das neue Berlin*, 1929, H. 3.

三 英文文献

第一部分 著作

Barbara Korte, Sylvia Paletschek, eds., *Popular History. Now and Then. International Perspectives*, Bielefeld: transcript Verlag, 2012.

Ben Lieberman, *From Recovery to Catastrophe: Municipal Stabilization and Political Crisis in Weimar Germany*, New York & Oxford: Berghahn, 1998.

Christopher Rea Jackson, *Industrial Labor between revolution and repression: Labor law and society in Germany, 1918 – 1945*, 美国哈佛大学1993年博士学位论文。

Cornelie Usborne, *Cultures of Abortion in Weimar Germany*, New York/Oxford: Berghahn Books, 2007.

David F. Crew, *Germans on Welfare: From Weimar to Hitler*, Oxford: Oxford University Press, 1998.

Eda Sagarra, *A social history of Germany 1648 – 1914*, London: Methuen & Coltf, 1977.

Edmund Heery, Mike Noon, *A Dictionary of Human Resource Management*, 2. Rev. ed., Oxford: Oxford University Press, 2008.

Eve Rosenhaft, W. R. Lee, *State, Social Policy and Social Change in Germany 1880 – 1994*, Berg, Oxford, 1997.

F. L. Carsten, *Revolution in Central Europe, 1918 – 1919*, London: Temple Smith, 1972.

Gerard Braunthal, *Socialist Labor and Politics in Weimar Germany: The General Federation of German Trade Unions*, Hamden: Archon Books, 1978.

John E. Knodel, *The Decline of Fertility in Germany, 1871 – 1939*, Princeton, New Jersey: Princeton University Press, 1974.

Lisa Pine, *Nazi Family Policy, 1933 – 1945*, Oxford: Berg, 1999.

Maryanne Cline Horowitz ed., *New Dictionary of the History of Ideas*, Vol. 4, New York: Scribner, 2005.

Peter D. Stachura, *The Weimar Republic and the Younger Proletariat: An Economic and Social Analysis*, London: MACMILLAN, 1989.

Richard Bessel, *Germany after the First World War*, Cambridge: Cambridge University Press, 1993.

Richard J. Evans, Dick Geary, *The German Unemployed: Experiences and Consequences of Mass Unemployment from the Weimar Republic to the Third Reich*, London: Croom Helm, 1987.

Steven Casey, *Cautious Crusade: Franklin D. Roosevelt, American Public Opinion, and The War Against Nazi Germany*, Oxford: Oxford University Press, 2001.

Tim Mason, *Social Policy in the Third Reich. The Working Class and the "National Community"*, Cambridge: Cambridge University Press, 1993.

W. J. Mommson, Wolfgang Mock, *The Emergence of the Welfare State in Britain and Germany, 1850 – 1950*, Croom Helm, London, 1981.

Young-Sun Hong, *Welfare, Modernity, and the Weimar State, 1919 – 1933*, New Jersey: Princeton University Press 1998.

第二部分　论文

Albin, Eser, "Reform of German Abortion Law: First Experiences", *The American Journal of Comparative Law*, Vol. 34, No. 2, 1986 (Spring).

Christiane Elfert, Pamela E. Selwyn, "Coming to Terms with the State: Maternalist Politics and the Development of the Welfare State in Weimar Germany", *Central European History*, Vol. 30, No. 1, 1997.

Cornelie Usborne, "Abortion in Weimar Germany-the debate amongst the medical profession", *Continuity and Change* 5, 1990.

David F. Crew, "German socialism, the state and family policy, 1918 – 33", *Continuity and Change*, Vol. 1, Issue 2, 1986.

Edward Ross Dickingson, "Reflections on Feminism and Monism in the Kaiserreich, 1900 – 1913", *Central European History*, Vol. 34, No. 2001 (2).

Emil Frankel, "The Eight-Hour Day in Germany", *The Journal of Political Economy*, No. 3, 1924.

Franklin C. West, "Success without influence: Emil Ludwig during the Weimar Years", *Year Book of the Leo Baeck Institute* 30, 1985.

Harry Oosterhuis, "Sexual Modernity in the Works of Richard von Krafft-Ebing and Albert Moll", *Med. Hist.* Vol. 56, No. 2, 2012.

Henry P. David, Jochen Fleischhacker, Charlotte Hohn, "Abortion and Eugenics in Nazi Germany", *Population and Development Review*, Vol. 14, No. 1, 1988.

Jeffrey S. Richter, "Infanticide, Child Abandonment, and Abortion in

Imperial Germany", *The Journal of Interdisciplinary History*, Vol. 28, No. 4, 1998 (Spring).

Jenny Macleod, "Britishness and Commemoration: National Memorials to the First World War in Britain and Ireland", *Journal of Contemporary History*, Vol. 48, No. 4, 2013 (Oct.).

Jill Stephenson, "'Reichsbund der Kinderreichen', The League of Large Families in the Population Policy of Nazi Germany", *European History Quarterly*, Vol 9, No. 3, 1979.

John Macy, "The New Biography", *The English Journal*, Vol. 17, No. 5, 1928.

Macy John, "The New Biography", *The English Journal*, Vol. 17, No. 5, 1928.

Paul Lerner, "Psychiatry and Casualties of War in Germany, 1914 – 1918", *Journal of Contemporary History*, Vol. 35, No. 1, Special Issue: Shell-Shock, 2000 (Jan.).

Stefan Berger, "Professional and Popular Historians. 1800 – 1900 – 2000", Barbara Korte, Sylvia Paletschek, eds., *Popular History. Now and Then. International Perspectives*, Bielefeld: transcript Verlag, 2012.

Susan Gross Solomon, "The Demographic Argument in Soviet Debates over the Legalization of Abortion in the 1920's", *Cahiers du Monde russe et soviétique*, Vol. 33, No. 1, 1992 (Jan. – Mar.).

四　网络文献

1918—1933 年（德国）国会备忘录：https://www.reichstagsprotokolle.de/rtbiiizu.html（部分）。

魏玛共和国内阁档案集：http://www.bundesarchiv.de/aktenreichskanzlei/1919 – 1933/。

德国刑法文本：http：//lexetius. com/StGB/。

魏玛宪法：http：http：//www. documentarchiv. de/wr/wrv. html#ERSTER_ABSCHNITT。

Arno Dietmann, "Max von Baden-ein Rassist und Antisemit. Und dennoch ein großer liberaler Demokrat?" http：//www. hohewarte. de/MuM/Jahr2004/Max-von-Baden0408. pdf.

Günter Grass, "Wie ich zum Stifter wurde", Rede anläßlich der Feierstunde am 28. Sept. 1997 im Lübecker Rathaus zur Gründung der "Stiftung zugunsten des Romavolkes", http：//www. luebeck. de/incl/pressedienstarchiv/sep97/970531r. html .

Stefan Troebst, "Geschichtspolitik", *Docupedia-Zeitgeschichte. Begriffe, Methoden und Debatten der zeithistorischen Forschung*, http：//docupedia. de/images/1/13/Geschichtspolitik. pdf.

后　　记

关于本书主题的最早谋划，可回溯到二十年前。当时，我还是一名硕士研究生，向学校研究生院申请到了平生第一个研究项目，题目是"德国魏玛时代的社会保障制度研究"。这个想法有两个源头：一个是我立志做德国史，但又想和导师郑寅达教授有所不同，作为纳粹德国"前奏"的魏玛共和国自然是首选；另一个则是我试图从政治史转向社会史，关注社会问题及其解决方法，"社会保障制度"便是一条很好的中间路径。不过现在想来，当时的胆子可能太大了：国内只有一篇武汉大学李工真教授的论文真正涉及过相关问题，其他重要的一手档案史料全部在德国。我只能凭借为数不多的二手英语著作，才完成了5万字左右的项目报告《魏玛共和国的劳工政策》。

硕博连读后，我就想继续做这个题目，并成功地在出国之前以《魏玛共和国的社会政策研究》为题申请到了学校优秀博士生科研项目，并完成了论文开题。直到与德方导师不来梅大学的Doris Kaufmann教授第一次交谈，我才意识到如此选题确实过于宏大了。在这一领域内，研究成果虽然算不上汗牛充栋，但好歹也有几十年的积累。我作为一位外国的德国史初学者，完全不可能在短期内做出超越性研究的。在Doris Kaufmann教授和郑寅达教授的联合指导下，我最终把博士学位论文选题从宏大的魏玛共和国社会政策研究缩小到 1920 年《企业代表会法》发生史研究，即仅仅关注社会政策中的劳资关系问题。此后十余年间，我围绕这一点，完成了德国劳资关系史研究三部曲：《德国 1920 年〈企业代表会法〉发生史》（社会科学文献出版社 2008 年版）、《寻找黄金分割点：联邦德国社会伙伴研究》（上海辞书出版社 2010 年版）、《20 世纪德国企业代表会体制演变研究》（上海人民出版社 2016 年版）。

尽管如此，我内心中始终对"魏玛共和国的社会政策"这一题目保留着好奇心。从 2011 年起，我趁每年在德国有 1—2 个月的访学机会，不断收集第一手的档案资料，关注研究进展，逐步把我的部分研究重心拉回到这个场域——当然，另一半焦点放在了有关第二次世界大战的记忆研究中，但它推动了我对历史学的本位认知，进而有助于我在本书写作中的一些处理，特别是有关历史政策的认识。2013 年，我以"德国魏玛时代的社会政策研究"为题，得到了国家社科基金青年项目的资助。我的博士后王琼颖共同参与了研究，承担了本书第二章和第七章的写作及附录文献翻译等工作。其余部分则由我来完成。

在研究的持续推进中，我们把相应成果陆续发表在《历史研究》《世界历史》《华东师范大学学报（哲学社会科学版）》《武汉大学学报（人文科学版）》《历史教学问题》《人民论坛·学术前沿》《经济社会史评论》《都市文化研究》等学术期刊上。十分感谢外审匿名专家和各刊责任编辑的认真审读与批评指正。特别感谢郑寅达教授、邢来顺教授等中国德国史研究会的前辈学者一直以来对我们青年学者的关心扶持。

这次能入选中国历史研究院的资助项目，首先感谢焦兵、郭子林两位学友的提醒，让我能够及时知晓申报消息。其次，向三位匿名外审专家致敬，感谢他们认真而细致的阅读。部分建议已体现在修改稿中，有些内容增加了补充说明。当然，由于出版时间紧迫，进一步的提升想法，只能留待后续研究（接下来，我想沿着历史政策这条线，把魏玛时期德国人的"一战"记忆进行全面梳理，或许更能显现出历史政策作为社会政策组成部分的功能及意义所在)。最后向中国社会科学出版社的张湉博士致谢，感谢她的理解和细致编辑。

一个保存着长达二十年之久的研究梦想，终于化为现实。对我而言，既是一个圆满的句号，又是开启新征程的起点。在这条道路上，我的父母、岳母、妻子唐韵、儿子孟亦搏始终是我前进的动力与放松的港湾。

孟钟捷

辛丑年初春于沪上三省居